如何构建现代企业文化

How to Build a Modern Enterprise Culture

——温州建设集团企业文化建设工程

邵奇杰　李建华　著

东北大学出版社
·沈阳·

图书在版编目（CIP）数据

如何构建现代企业文化：温州建设集团企业文化建设工程 / 邵奇杰，李建华著. —沈阳：东北大学出版社，2014.9（2024.8重印）
ISBN 978 - 7 - 5517 - 0784 - 8

Ⅰ. ①如…　Ⅱ. ①邵…②李…　Ⅲ. ①建筑企业集团—企业文化—研究—温州市
Ⅳ. ① F426. 9

中国版本图书馆 CIP 数据核字（2014）第 197906 号

出 版 者：东北大学出版社
　　　　　地址：沈阳市和平区文化路 3 号巷 11 号
　　　　　邮编：110004
　　　　　电话：024 - 83687331（市场部）　83680267（社务室）
　　　　　传真：024 - 83680180（市场部）　83680265（社务室）
　　　　　E-mail：neuph@ neupress. com
　　　　　http：∥www. neupress. com
印 刷 者：三河市天润建兴印务有限公司
发 行 者：东北大学出版社
幅面尺寸：185mm ×260mm
印　　张：18
字　　数：464 千字
插　　页：32
出版时间：2014 年 9 月第 1 版
印刷时间：2024 年 8 月第 3 次印刷
责任编辑：刘乃义 李 鸥　　　　　　　　　　　责任校对：子 衿
封面设计：唐敏智　　　　　　　　　　　　　　　责任出版：唐敏智

ISBN 978 - 7 - 5517 - 0784 - 8　　　　　　　　　　　定　　价：65. 00 元

目　　录

第1章　企业文化是企业战无不胜的动力之源

——企业文化导论

> 企业文化是企业持续发展的导航，统领着企业的方向和战略。企业文化是基础，支撑企业所有经营管理内容。企业文化从企业管理实践中提炼，又植根于管理实践本身。企业文化建设兑现品牌承诺，又致力于构建企业品牌信仰。我们认为："经营企业就是经营文化。"

1.1　企业文化的兴起和发展

有企业就有企业文化存在，优秀的企业文化是企业成功发展极其重要的软实力。有个故事，是说我国古代伟大的哲学家和思想家、道家学派创始人老子，有一天将弟子们叫到跟前，然后张开嘴让弟子们往嘴里看，过了一会儿他问弟子们："看到了什么？"弟子们不语，最后老子说："满口齿无，舌头犹在。"意思是说像牙齿这类硬的东西往往寿命不长，像舌头这样软的东西才能生命常在。一个企业如能生命常在，并做强做大，企业的成长和发展，技术、管理、市场营销等硬件要素当然必不可少，但企业文化作为软实力才是根本的、决定性的力量。分析一个企业是否成功，绝不仅仅是经济指标，还要看社会影响、环境状况和人文因素。企业文化是企业生存、竞争和发展的灵魂，是企业战无不胜的动力之源。企业必须进行文化修炼，苦练内功，才能在激烈的市场竞争中获得持续发展。

1.1.1　企业文化在国外

企业文化的兴起是从日本经济的崛起和美国人的反思开始的。100多年来，美国一直是西方世界企业管理的领路人，从泰勒的"科学管理"，到行为科学与管理科学理论的发展，都给美国带来了巨大财富。然而，20世纪70年代的挫折使这个领路人蓦地惊醒：在东方的日本，一种更为先进的管理模式使日本人在激烈的竞争和危机中安然无恙，而且，在许多经济领域中已大踏步地超过了美国。过去，在美国人以及世界其他国家人的眼里，日本只不过是一个国土陆地面积占世界陆地面积0.25%、人口占世界总人口2.7%、资源奇缺的弹丸小国。然而，就是这样的一个刚刚经历了第二次世界大战的弹丸小国，1980年的国民生产总值却高达10300万亿美元，占世界生产总值的8.6%，跃居世界经济强国之列。整个世界都震惊了，而美国人则强烈地感受到一种威胁，一种来自日本对其经济霸主地位的直接挑战。统计资料显示：20世纪70年代后期，日本经济增长率就为美国的4倍；日本出口到美国的集成电路从1973年的6.27亿日元狂增到1980年的723.61亿日元，而且，日本的彩色电视机、录像机也在美国拥有较高的市场占有率；1981年，美国对日本的贸易逆差高达 180 亿美元，达到历史最高水平，占美国贸易赤字总额的一半左右。其实，早在 1965 年，美国国际商用机器公司（IBM）以转让 IBM 计算机制造技术为条件打开了日本市场，但很快就被三菱、富士、日本电器赶出日本。富士抢走了 IBM 在香港的市场后，IBM 在菲律宾、泰国、新加坡等老牌的东南亚市场也相继沦落在日本人手中。非但如此，日本还巧妙地利用资本出口替代了产品出口，在美国及欧洲市场上开始投资办厂。即便是在非洲等第三世界市场上，美、日两国的争夺战也搞得如火如荼。面对日本咄咄逼人的气势，美国人不得不承认：美国的时代已经结束了，它与战后不久的美国大搞"马歇尔计划""第四点计划"从而推行其政治、经济霸权的情形已经彻底不同了！震惊之余，美国人不得不开始反思：日本经济为何能迅速崛起？它是凭借什么力量实现持续、高速增长的呢？日本是一个岛国，陆地面积狭小，国内资源匮乏，而且作为第二次世界大战的战败国，政治、经济、文化都受到致命的打击。就是这样一个经济基础几乎为零的国家，经济从 20 世纪 60 年代开始起飞，在 70 年代又安然地渡过世界石油危机，在 80 年代一举成为世界经济强国。在不到 20 年的时间里，日本不仅赶上了西方的发达国家，而且还一跃成为经济超级大国。其变化之快，令人不禁想摸清这背后的究竟。正是在这样的背景下，受到冲击最大的美国于 20 世纪 70 年代末以及 80 年代初两度派了几十位经济学家、心理学家、文化学家、管理学家前往日本考察，这其中便有著名的《Z 理论》的作者威廉·大内和《日本企业管理艺术》的作者 R. 帕斯尔以及 A. 阿索斯。考察的结果表明，美国经济增长速度低于日本的原因不在于科学技术不发达，也不是物力、财力匮乏，而是因为日本的管理更加先进。在进行管理比较的研究之后，专家们发现，美国倾向于组织结构、战略计划、规章制度等硬件方面的管理，而忽略了对人的重视，因而管理比较僵化，阻碍了企业活力的发挥。他们还认为，这种管理差异背后存在着文化的差异。正是由于日本企业内部一种强大的精神因素，也就是日本企业的企业文化和企业精神，在推动着日本经济的崛起。美国人在研究了日本经济的发展之后，迅速把目光聚焦在本国企业的文化上，掀起了追求卓越、重塑美国的热潮。在 1981 年到 1982 年这短短两年的时间里，在美国，《Z 理论——美国企业界怎样迎接日本的挑战》《日本企业管理艺术》《企业文化》《寻求优势——美国最成功公司的经验》4 部著作相继问世。这些著作，旨在以日本企业文化为基础，结合本国文化背景、经济体制等方面的因素来调整本国的企业文化。在这之后，一股传播和丰富企业文化理论的热潮便在全球范围内掀起，并直接引发了企业管理思想的革命。

企业文化研究在 20 世纪 80 年代就出现了两种派别。一派是以美国麻省理工学院的沙因教授为代表的定性化研究，他们对企业文化的概念和深层结构进行了系统的探讨，也曾提出进行现场观察、现场访谈以及对企业进行文化评估的步骤等。但是，由于这种方法难以进行客观的测量，在探讨组织文化与组织行为和组织效益的关系时，难以进行比较研究，因而受到批评。另一派是以密歇根大学工商管理学院的奎恩教授为代表的定量化研究，他们认为组织文化可以通过一定的特征和不同的维度进行研究，因此，他们提出了一些关于组织文化的模型，这些模型可以用于组织文化的测量、评估和调查。但是，这种方法被归为现象学的方法，认为只是研究组织文化的表层，而不能深入到组织文化的深层意义和结构。1984 年，奎恩和肯伯雷将奎恩提出的用于分析组织内部冲突与竞争紧张性的竞争价值理论模型扩展到对组织文化的测查，以探查组织文化的深层结构和与组织的价值、领导、决策、组织发展策略有关的基本假设。该理论模型有两个主要维度：一是反映竞争

需要的维度，即变化性与稳定性；另一个是产生冲突的维度，即组织内部管理与外部环境。在这两个维度的交互作用下，出现了四种类型的组织文化：群体性文化、发展型文化、理性化文化和官僚式文化。竞争价值理论模型，为后来组织文化的测量、评估和调查提供了重要的理论基础。20世纪90年代，随着企业文化的普及，企业组织越来越意识到规范的组织文化对企业组织发展的重要意义，并在此基础上，以企业文化为基础来塑造企业形象。因此，企业文化研究在80年代理论探讨的基础上，由理论研究向应用研究和量化研究方面迅猛发展。企业文化研究出现了四个走向：一是企业文化基本理论的深入研究；二是企业文化与企业效益和企业发展的应用研究；三是关于企业文化测量的研究；四是关于企业文化的调查和评估的研究。企业文化的研究在20世纪80年代和90年代已经成为管理学、组织行为学和工业组织心理学研究的一个热点，80年代和90年代也被称为管理的企业文化时代。90年代，西方企业面临着更为激烈的竞争和挑战，因此，企业文化的理论研究从对企业文化的概念和结构的探讨发展到企业对文化在管理过程中发生作用的内在机制的研究，如：企业文化与组织气氛（Schneider，1990）、企业文化与人力资源管理（Authur K. O. yeung，1991）、企业文化与企业环境（Myles A. Hassell，1998）、企业文化与企业创新（Oden Birgitta，1997）等。由此，企业文化在西方国家迅速发展起来。

1.1.2 企业文化在国内

20世纪80年代，主要是改革开放以后，中国企业面临着与过去完全不同的新情况、新问题。这些新情况、新问题主要表现在三个方面：一是科技发展，使企业中劳动的性质和劳动力的构成发生了重大变化；二是企业脑力劳动者和"文化人"增多，物质性需求对员工虽然仍是基本需求，但员工对精神上的自由和人格方面自尊的需求日趋增大；三是企业的外部环境更具开放性质，企业的国际化趋势日益增强，市场竞争日趋激烈，使得各个企业为了谋求发展乃至生存，都不得不重视形成和发展自己的企业文化，以立于不败之地。

中国正式提出"企业文化"这一概念是在1986年。1988年9月，全国企业文化研讨会在成都召开；1988年末，中国企业文化研究会在北京成立。在此之后，全国各地企业文化团体相继成立，全国企业文化建设更加蓬勃地发展起来。真正推动企业文化建设在中国兴起的根本原因，还在于改革开放和市场经济体制的逐步建立，使企业文化成为企业进入市场经济和自身发展的内在要求，成为企业开启新世纪大门的"金钥匙"。企业文化作为经济领域的文化现象，存在于经济发展史中，与企业同始同终。因此，研究中国企业文化的形成，必须客观地看待中国企业文化的历史和现状。中国企业文化的演变和发展过程，大致可以划分为以下三个阶段。

（1）第一阶段：简单商品经济和民族资本主义工业时期的企业文化

这一时期的企业文化特点有如下两点。

① 强调伦理道德，注重产品信誉。简单商品经济条件下的所谓企业，实际上是一种手工作坊或手工工场等形式的"家庭企业"。"家庭企业"因采取手工作坊的组织形式，生产过程简单，企业范围也比较狭小，企业的管理和企业活动只处于从属的地位，企业文化也主要表现在生产者对自己劳动产品的认同上。例如，人们将自己的姓名（家庭企业主人或技工师傅的姓名）印在自己的劳动产品上或以自己的姓名、家乡名称来称谓自己的劳动产品，如"王麻子剪刀""张小泉剪刀""李连贵大饼""景德镇瓷器"等。在简单商品

经济条件下，"家庭企业"式的企业文化只能是一种与小商品经济相适应的企业文化，但已反映出劳动者朦胧的以质量、信誉来求得企业生存的价值取向，更反映出中华民族长期以来形成的强调伦理道德、注重产品信誉的传统文化。我国一些优秀的传统产品之所以能够相传几代、几十代，历经几百年，发展成21世纪的名特产品，走向世界，是与产生于简单商品经济条件下的"企业文化"分不开的。

②既有衙门作风，又彰显自强自力。近代民族资本主义工业时期开始出现了真正意义上的企业。19世纪70年代，中国开始有了洋务派创办的工业，而且大都是一些以"强兵"为主的军事工业，后来又创办了一些"寓强于富"的民用工业，民族资本主义工业在近代开始兴起。由于殖民地、半殖民地、封建、半封建社会历史条件的限制，民族工业既依赖于外国资本主义，又不断同帝国主义侵略和封建势力压迫作斗争。这一时期的企业文化，受封建思想和封建文化的束缚，是专制独断、管理森严、封建家族式的管理方式，其企业文化完全是一种"衙门文化"。例如，清末1889年，清政府委派张之洞修建卢沟桥到汉口的铁路，筹办汉阳铁厂。用了8年时间，只修建了10余公里铁路。同时，因民族工业处于在夹缝中求生存的特定历史条件，企业文化又表现出强烈的自强、自立民族精神和民族意识。例如，近代著名企业家卢作孚先生为其公司创立了"服务社会、便利人群、开发产业、富强国家"的"民生精神"，提出"梦寐不忘国家大难，作息均以人群为乐"的口号，并将这些口号印在船上的床单和茶杯上，使之深入人心；天津东亚毛纺公司把他们生产的毛线命名为"抵羊牌"（抵制洋货之意）；上海"冠生园"提出"本心（事业心、责任心）、本领（企业管理和技术业务能力）、本钱（资本和资金）"，等等。

（2）第二阶段：计划经济时期的企业文化

这一时期的企业文化特点有如下几点。

①政治色彩浓厚。企业引进和运用了解放军思想政治工作的优良传统，普遍建立了思想政治工作机构，配备了专职思想政治工作干部，培养了一支思想政治工作队伍，形成了上课、座谈、谈心、采访、抓思想苗头、开展文体活动等各种思想政治工作的方法，促进了企业职工思想政治上的进步，为解放初期企业的迅速发展奠定了思想政治文化基础。

②主人翁意识突出。昔日处于社会最底层的工人阶级第一次成为国家的主人、企业的主人，成为自身命运的主宰。职工对自身价值、所肩负历史使命的认识和对社会主义、共产主义美好前景的向往与追求，使其在国民经济恢复和社会主义建设初期的困难面前，自觉肩负起社会主义建设的历史重任。以厂为家，埋头苦干，把个人的精力和智慧，都倾注在社会主义建设中，倾注在企业生产中。例如，20世纪50年代在企业中蓬勃开展的"合理化建议"活动和比、学、赶、帮、超的社会主义劳动竞赛，就是具体体现。

③民主管理氛围明显。企业普遍建立了有职工参加的工厂管理委员会和职工代表会议制度。1957年，又根据中央决定进一步将由工会主持的职工代表会议改为职工代表大会，使之成为一项基本的企业民主管理制度。许多企业开展了群众性的"合理化建议"活动，还采取了专业人员与群众相结合的经济核算制度，形成了人人核算、个个理财的民主氛围。企业民主意识大大增强，干群关系密切，职工的积极性非常高涨。

④艰苦创业精神凸显。新中国成立初期，经济上的"一穷二白"，政治上的国际资本主义包围、禁运和封锁，加上20世纪60年代初期连续三年自然灾害和"左"倾错误造成的危害，国民经济举步维艰。于是党和国家大力倡导自力更生、艰苦奋斗、奋发图强、勤俭建国，企业的艰苦创业精神蔚然成风。例如，20世纪50年代以回收各种废旧物资而闻

名全国的"孟泰精神",在全国范围内开展节约一厘钱、一滴油、一度电、一根棉纱的增产节约运动和大庆人"有条件要上,没有条件创造条件也要上"的创业精神等。

⑤"文化大革命"时期企业文化全面政治化。这一时期的企业文化是"以阶级斗争为纲""政治挂帅",把政治斗争视为"大于一切、高于一切、重于一切"的任务,将企业的一切活动都纳入了政治轨道,造成企业文化全面政治化。"文化大革命"时期对企业文化的"革命",使企业的基本信念、价值观念、企业哲学、思维方式和行为方式都带有浓厚的政治、行政色彩,政治评价标准成了衡量企业行为的最高准则。就连已经形成的社会主义企业文化的精华,如20世纪50年代鞍钢的"孟泰精神",60年代大庆油田的"铁人精神"等,都以"左"的方法宣传、运用,使其失去了本来的意义。

(3)第三阶段:市场经济时期的企业文化

这一时期的企业文化特点有如下几点。

① 企业文化的形式日益多样化。一些反映企业卓越成就、反映企业良好经济成果的企业文化以各种形式表现出来。例如:四川长城特钢公司确立的"以振兴中华为己任,把最优秀的产品贡献给社会主义现代化建设事业,向各行各业提供日益增多的高温合金产品、优质特殊钢材及其深加工产品,竭尽全力为国内外客户服务"的企业宗旨所反映出的"负责任、作贡献"的价值观;常州柴油机厂提出的从"超'洋马'(日本名牌企业,其生产的'洋马'柴油机曾是世界一流产品),夺银牌","赶超'洋马'、夺金牌","国内再夺金牌,国际争创名牌"到"在世界经济奥运会上称雄"的奋斗目标所反映出的积极进取观念;广州酒家以服务规范化为中心,提出的"诚暖顾客心"的口号所反映出的服务意识。再譬如长春百货大楼把企业文化概括为"三种精神"(改革创新精神、建功立业精神、同心实干精神)、"四个观念"(市场观念、服务观念、竞争观念、效益观念)、"五个基本点"(思想教育、劳动竞赛、选树典型、人员培训、关心员工生活),以此激励员工,使之成为企业管理的重要法宝。

② 企业文化质量日益提高。自1986年中国正式提出"企业文化"这一概念之后,理论界陆续将国外一些企业文化方面的专著翻译过来,使人们认识到,西方国家的企业文化,反映了社会经济和企业发展的一般规律,值得认真学习,特别是中国企业家阶层的形成,也为建设具有企业家人格特征的企业文化提供了可靠的保证。一些卓有成效的企业家精心培育和塑造的具有时代风貌、被企业员工认同并共同遵守的企业文化质量越来越高。譬如海尔(青岛)企业文化模式。

海尔精神:敬业报国,追求卓越

海尔作风:迅速反应,马上行动

海尔管理模式:OEC管理法,即日事日毕

海尔名牌战略:要么不干,要干就争第一

海尔质量观:高标准、精细化、零缺陷

海尔营销观:先卖信誉,后卖产品

海尔服务观:用户永远是对的

海尔技改观:先有市场,再建工厂

海尔人才观:人人是人才,赛马不相马

海尔目标:本世纪初进入世界500强

③ 企业文化的影响力越来越强。企业从它创办的第一天起就潜存着文化基因,而文

化基因又影响和构筑着不同的企业。企业管理不仅仅是对人、财、物、产、供、销的管理，更重要的是人性化的管理。企业管理，从无形到有形、从虚到实、从表象到内在，企业文化居于核心的地位。没有企业文化，企业的发展就没有了主心骨。而有了健康向上的企业文化，企业便有了源源不断的发展动力，就有了发展的"灵魂"。在长期的企业文化实践中，正泰集团董事长南存辉逐步总结出四句话：企业文化是领导班子的战斗力，企业文化是全体员工的亲和力，企业文化是企业进步的推动力，企业文化是企业发展的生产力。

1.1.3　企业文化的未来发展

1998 年，经济学家、诺贝尔奖得主阿马蒂亚·森提出："企业文化和经济伦理在下一个 10 年将成为企业兴衰、国家经济振兴与否的关键因素。"企业文化的未来发展将呈现下述几种趋势。

（1）更加注重学习氛围的培养

20 世纪末最成功的企业是学习型组织，它不仅仅被视为是业绩最佳、竞争力最强、生命力最强、最具活力的，更重要的是使人们在学习的过程中，逐渐在心灵上潜移默化地升华生命的意义。随着知识经济时代的到来，企业组织形式向扁平式的灵活方向发展，其管理的核心为发挥人的主观能动性，实现从线性思维到系统思维和创造性思维的转变，对个人及企业的知识水平提出了更高的要求。彼得·圣吉在《第五项修炼》中强调"系统思维和创造性思维根源于知识及知识的灵活运用和潜能及智慧的开发"。可见，学习对组织的持续发展至关重要，新经济环境下最成功的企业仍会是学习型组织，学习型组织在企业文化建设中将进一步受到关注。但是要注意学习过程中个人和团体的搭配问题，搭配的状况不同就会对企业产生不同的结果：个人及团体都不断学习及良好搭配，会对企业产生一股强大的发展动力，从而推动企业迅猛发展；个人及团体都不断学习但是搭配不好，"个性"太强，反而不利于企业的发展。

（2）更加注重与生态文化的有机结合

生态文化是一种新型的管理理论，它包括生态环境、生态伦理和生态道德，是人对解决人与自然关系问题的思想观点和心理的总和。生态文化属于生态科学，主要研究人与自然的关系，体现的是生态精神。而企业文化则属于管理科学，主要研究人与人的关系，体现的是人文精神，但是本质上两者都属于一种发展观，运用系统观点和系统思维方法，从整体出发进行研究；都强调科学精神，即实事求是，努力认真地探索；从狭义角度来看，都是观念形态文化、心理文化，而且都以文化为引导手段，以持续发展为目标。同时，企业文化发展的诸多方面，需要与生态文化相结合。这是因为：第一，大部分企业在企业文化建设过程中，重视人的价值，却忽视了对周边环境的影响，为环境的恶化及末端治理付出了沉重的代价；第二，现代消费群更青睐于绿色产品，企业也想通过"绿色浪潮"提高产品的生态含量；第三，企业要实现可持续发展，"生态化"是其必由之路，生态文化融入企业文化后不仅可扩大企业文化的外延，而且有利于企业树立良好形象。

（3）更加注重树立良好的企业形象

企业形象直接与企业的兴衰、优劣相联系，企业的知名度与美誉度有机结合构成了企业在公众中的形象。良好的知名度与美誉度，是企业一笔巨大的无形资产。如果声誉卓著，企业就能招揽到更多的优秀人才和顾客，能吸引到更多的投资，能得到周围邻里的支

持和帮助。经济全球化使得竞争更为激烈，企业要脱颖而出，形象战略尤为重要，它是企业在市场经济中运作实力、地位的体现。21世纪，企业竞争除了人才与科技的竞争以外，还有比较重要的一点就是，谁最先发现消费空当，并以良好的形象占据消费者之心，谁就能占据市场，不断扩大经营效益。

（4）更加注重企业精神与企业价值观的人格化

价值观是企业文化的核心。企业要努力培育"生死与共"的价值观，使企业全体员工增强主人翁意识，能与企业同呼吸、同成长、同发展、共生死，做到企业精神与企业价值观的人格化，实现"人企合一"。海尔的文化建设是中国企业文化建设的典范。海尔集团极具远见，公司对职工的工作给予鼓励，使他们对工作经常保持新鲜度，责任感无形中得到加强。

（5）企业文化将从商业氛围升华出来，更重视于人

商业化管理的本质特征是以物为中心，以全面追求利润最大化为目标，忽视人的因素，在管理上着迷于铁的纪律、绝对服从和至高无上的权威。这里，劳资之间变成了纯粹的雇佣与被雇佣关系。著名学者杨振宁说："21世纪企业的竞争是人才与科技的竞争，是中国超越发达国家的主战场。"企业文化绝对不是片面地发掘职工体力，更重要的是发掘职工的智力资源，更注重于人的因素。况且，企业文化理论的本质特征是倡导以人为中心的人本管理哲学，反对"见物不见人"的理性管理思想，主张将培育进步的企业文化和发挥人的主体作用作为企业管理的主导环节。所以，企业不能再受商业化的束缚，在企业文化建设中，要把精力投向人，大力加强人的建设。

（6）全员参与

企业所有员工都对企业文化有所贡献。企业家在企业文化创新中的作用日益突出，企业家精神引领着企业不断创新，不断进步。企业员工是企业的主人，个人价值日益受到重视；企业英雄和骨干大有用武之地，员工的积极性、主动性、创造性不断增强，成为企业持续发展的动力。

1.2　企业文化的特征及影响力

1.2.1　企业文化解说

文化首先是一种精神力量，它能够在人们认识世界、改造世界的过程中转化为物质力量，对企业和社会发展产生深刻影响。关于文化的定义，1952年美国文化人类学家克罗伯（A. L. Kroeber）和克莱德·克拉克洪（Clyde. Kluckhohn）在《文化：对各种概念与定义的批判性评论》一书中，对文化的定义作了统计，仅1871—1951年这80年间就达164种。而从1951年迄今又近60年过去了，关于文化的定义早就超过了200种。还有人认为，当今出现的文化定义已达一万种以上。由此可见，仁者见仁，智者见智。综合对文化概念的诸多理解和定义，可将文化归纳为广义文化和狭义文化。广义文化是指人类在社会历史实践过程中所创造的物质财富和精神财富的总和。它包括器物性文化、制度性文化和观念性文化。狭义文化是指人类在一定物质资料基础上所创造的精神财富的总和。它包括哲学、法律、文学、艺术、科学、价值观念、各种制度以及风俗习惯等。文化的核心是精神动力和价值观，精神动力解决为什么而战的问题，价值观解决如何战才好的问题，而精

神动力是首要的。关于精神动力，每一个企业都可以问一问自己：我们除了追求利润之外还有没有其他追求？如果有，这种追求是什么？这种追求的重要性和强烈程度如何？对于这种追求上下是否有共识？这种追求是如何表达和传播的？虽然还不能说没有精神动力的企业一定不能成功，但一个没有精神动力的企业不可能是一个伟大的企业和长久的企业，正如一个没有精神的民族不可能是一个伟大而长久的民族。

文化和企业的关系，说到底是文化和经济的关系。文化是一种历史现象，每一种社会形态都有与之相适应的文化，并随着社会物质生产的发展而发展。作为意识形态的文化，既是一定社会政治和经济的反映，又影响和作用于一定社会的经济与政治。显然，社会文化必然渗透到社会的基本经济单位、政治机构和社会群体中，并与之结合，形成相应的群体文化。譬如，原始社会时代的氏族、部落文化，封建社会时代的家庭经济和手工业作坊文化。当社会生产力提高，商品生产发展到一定水平，社会生产的基本经济单位由家庭和手工业作坊演变成现代企业的时候，企业文化也随之产生了。企业文化作为一种微观文化现象，是随着企业的产生和发展而产生与发展的，这是不以人的意志为转移的客观存在。否定它，漠视它，放任它，必将自食其果。只有承认它的存在，认识它的特性，把企业经济活动与文化活动有机地结合起来，才能开阔视野，总览全局，形成全新的经营管理思想，在更高层次上搞好企业的经营与管理。经济文化一体化，是当代社会发展的必然趋势。

关于企业文化的定义，争论较多，只要在互联网上用 GOOGLE 搜索一下就可见一斑，众说纷纭，各执一词，光是企业文化的定义就达到了 200 多种，至今没有一个统一的定义。梳理一下，比较典型的说法有以下几种。① 认为企业文化要而言之，就是在一个组织里形成某种文化观念和历史传统，共同的价值准则、道德规范和生活信念将各种内部力量统一于共同的指导思想和经营之下，汇聚到一个共同的方向。② 认为企业文化是"共同所有和使用的价值观念和信念的系统"。③ 认为企业文化是一个企业具有的价值观念体系及其相应的文化教育活动的总和，包括相辅相成的双重结构。以内在的本质而言，是指企业职工的价值观念、道德规范、思想意识和工作态度等；就外在表现而言，是指企业的各种文化教育、技术培训、娱乐联谊活动等。企业文化是包涵这双重结构的一种无形的管理方式，它强调企业内部各成员的行为控制通过价值取向来进行内化和优化控制。④ 认为企业文化的内涵，主要包括三个部分，即讲求经营之道，培育企业精神，塑造企业形象。讲求经营之道，就是按照经济规律办事，确定正确的企业经营宗旨、经营方针、经营目标和发展战略，以及以人为主体、以文化为主导的经营思想和管理办法。⑤ 认为企业文化是由企业的行为文化、企业的心理文化和企业的物质文化三个部分组成。企业文化的中心内容是企业的心理文化，就是在企业的经营管理中形成，浸入整个企业、全体员工灵魂的价值观念和行为准则。⑥ 认为企业文化是指在企业或企业界形成的价值观念、行为准则等在人群中和社会上发生了文化的影响、认同……

综合以上争论和国内外的研究情况，目前对企业文化的定义大致有两种基本趋于相同或认可的看法。

第一种看法是企业文化狭义的定义，认为企业文化包括企业的思想、意识、习惯及感情领域。持这种观点的学者认为，企业的文化应该有别于企业的制度，企业文化有他自己的一套要素、结构和运行方式。这种观点认为企业文化包括四个要素：价值观、英雄人物、仪式及典礼、文化网络。四个要素的地位及作用分别是：价值观是企业文化的核心，英雄人物是企业文化的具体体现者，典礼即仪式，是传输和强化企业文化的重要形式，文

化网络是传播企业文化的通道。

第二种看法是企业文化广义的定义，认为企业文化是指企业在建设和发展中形成的物质文明和精神文明的总和，包括企业管理中的硬件与软件、外显文化与隐形文化（或表层文化与深层文化）两部分。这种看法的理由为：相当一部分企业文化是同物质生产过程和物质生产成果联系在一起的，即企业文化不仅包括非物质文化，还包括物质文化。他们认为，企业人员的构成、企业干部及职工队伍的状况、企业生产资料的状况、企业物质生产过程和物质成果的特色、工厂的厂容厂貌等都是企业文化的重要表现。

通过对广义的和狭义的企业文化的综合，我们可以用一个比较简单的语言来描述企业文化：企业文化是指企业全体职工在长期的生产经营活动中培育形成并共同遵循的最高目标、价值标准、基本信念及行为规范。

1.2.2 企业文化的特征

企业文化是由多元要素构成的有机体，从不同视角、不同维度、不同层面、不同方法观察分析，会有许多共性特征和个性特征。用辩证的观点分析可以概括如下。

（1）无形与有形

企业文化的内核中包含着各种价值因素、信念因素、道德因素、制度要素、心理因素等，是作为一种精神氛围存在于特定人群之中的，因此，它具有无形性，是看不见摸不着的。然而，任何无形的事物都是寓于有形事物之中的，企业文化也不例外。无形的价值因素、信念因素、道德因素、心理因素等通过各种有形的载体，如人的行为方式、企业的各种规章制度、经营政策、企业生产经营的过程等体现出来。人们往往是通过有形的事物去观察、分析、研究和培植企业内在文化的。无形性是对内容而言，有形性是对形式和载体而言。因此，企业文化是内容与形式和载体的统一。

（2）抽象与具体

企业文化所反映的基本经营理念和管理哲学往往是概念性的。优秀的企业文化往往引导大家追求卓越，追求成效，追求创新。内涵清晰而目标模糊，它不像企业的计划、产品标准、规章制度、管理规范那样明确具体和可操作，它只给人们提供一种指导思想、一种价值判断、一种理性指导、一种行为规则，它不会告诉人们每个问题用什么具体方式和方法去处理、去解决，它只会告诉人们应根据什么样的思想和标准去处理每个具体问题，因此，它是一种抽象性的概念。然而，企业文化又是具体的，它是由各种具体的行为方式、习俗、习惯、传统等浓缩、凝结、升华而成的。企业员工的每一具体言行都在不同的角度具体体现着企业文化，同时也感受到企业文化的导向、激励和制约作用，尽管这种作用是微妙的、暗示性的，但在多数情况下，决定着人们的行为方向，为人们提供着行为规范和行为动力。

（3）理念与实践

企业文化在形态上表现为一种理念、一种认识、一种群体意识。但是，马克思认为，理念的东西不外乎是移入人的头脑并在人的头脑中改造过的物质而已。这说明，人的认识是客观世界在人们头脑中的反映，任何认识都以客观的具体事物为其实在内容。客观世界是认识的对象，但它只有在实践中才可能被人所充分认识，认识来源于实践。毫无疑问，企业文化的核心内容——价值理念——作为一种认识也离不开企业的生产、经营实践活动，它既来源于实践，同时又指导实践，为实践服务。因此，用马克思主义认识论的观点看待企业文化，它是理念性和实践性的统一。了解企业文化的这一特点，有利于企业文化建设更加贴近实际，具有针对性，对于防止在企业文化实践中出现脱离实际、拔苗助长或束之高阁、只做表面文章的倾向具有重要意义。

（4）超前与传统

生产力是推动社会发展的根本力量，是最活跃的要素。企业是生产力的直接组织者，在经营管理活动中产生的企业文化，相对于社会文化是超前的，往往最先反映时代的新概念、新思想、新气息。企业文化的"超前性"决定了它的社会价值。但企业文化相对于科学技术的飞速发展，相对于企业设备的快速更新和组织的急剧变革等，往往显得变化缓慢，具有一定滞后性的特点。解决企业文化的滞后性，即随着科学技术的发展、设备的更新、组织的变革等及时推动企业文化的变革与进步，是企业文化实践中需要解决的突出问题。

（5）吸收与排他

一种积极的企业文化形成以后，对于外来的优秀文化仍具有很强的吸收学习能力，能够吸收经济发展、文化进步和社会变革中的积极因素，吸收其他企业在实践中形成的好的思想和经验；同时，对于与本企业文化主流相悖的其他思想意识也有相应的抵御能力。一般来讲，一种消极的企业文化往往不具备这一特点。这个特点也是区分或衡量企业文化优劣的标志之一。

（6）经济性与社会性

企业文化具有经济属性，是一种经济文化，它反映着企业的经济伦理、经营价值观与目标要求，以及实现目标要求的行为准则和传统、习惯等。企业文化的经济属性是由企业作为一个独立的经济组织的性质决定的。在这一点上，企业文化与"军队文化""校园文化""医院文化""机关文化""社区文化"等有明显区别。同时，还必须看到，企业不仅作为独立的经济组织而存在，而且作为社会的一个细胞而存在。从其功能看，它不仅有推动创造物质财富的功能，而且也具有社会功能。在中国，企业文化体现着社会主义生产关系的要求，具有为思想政治工作创造条件，培育有理想、有道德、有文化、有纪律的员工队伍，促进社会主义精神文明建设等重要作用。因此，企业文化也具有社会属性或一定的政治属性。况且，企业从事经济活动，也不是在封闭的系统中进行的，企业员工生活在社会的各个层次或角落，每时每刻都会受到社会大文化的感染和熏陶。所以，企业文化既有经济属性也有社会属性，是经济属性与社会属性的有机统一体。

1.2.3　企业文化的影响力

一群人在组织里面工作，由于人与人之间互相影响，久而久之，就形成一种气氛，这种气氛就像空气一样，摸不到，抓不着，但它却深深影响着人们的思维、态度并影响着他们的行为，这就是企业文化的影响力。

（1）对员工凝聚力、向心力的影响

企业文化可以增强企业的凝聚力、向心力。这是因为企业文化有同化作用、规范作用和融合作用。这三种作用的综合效果，就是企业文化对凝聚力、向心力的影响。这种影响主要表现为如下两点。

① 企业文化的规范作用，能加强企业内部的凝聚力。企业是企业员工的聚集场所，也是员工的有机结合体。行为科学理论研究员工的各种需要，要企业千方百计去满足这些需要，条件是员工必须为企业卖力干活，至于员工的目标和企业的目标是否一致，各个员

工之间的目标是否一致，则不大过问，或者不认为它是一个主要问题。而企业文化理论则把个人目标同化于企业目标，把建立共享的价值观当成管理上的首要任务，从而坚持对员工的理想追求进行引导。企业文化的这种同化作用，使企业不再是一个因相互利用而聚集起来的群体，而是一个由具有共同的价值观念、精神状态、理想追求的人凝聚起来的组织。企业文化中的共有价值观念，一旦发育成长到习俗化的程度，就会像其他文化形式一样产生强制性的规范作用，强制一个进入共有价值观已经习俗化的企业的人认同那种价值观不可。企业文化的强制性规范作用，大大加强了一个企业的内部凝聚力。

② 企业文化对员工的融合有重大推动力。企业文化对员工融合的推动力有两层含义：一是企业文化能够把组织内部的各个不同团体，从文化上整合为一个共同体；二是企业文化能够把带有异质文化倾向的个人，同化为本企业文化的人。就是说，通过文化的融合，企业组织内部的各个团体和个人都达到文化的同质化，从而使组织更加团结、统一。

（2）对企业业绩的影响

企业文化直接影响企业业绩，具体表现在如下四点。

① 企业文化是企业中人群共有且稳定的思想和行为，思想和行为状况无疑是个人和人群行动效率、效果的最直接影响因素。

② 心理和行为趋同人群，构成了个体员工的行为环境，这种环境对个体员工具有巨大的潜移默化的塑造作用，在相当程度上削减了个体员工的个性、增加了共性，而共性的增加对企业和部门各项任务的完成是有益的和必要的。

③ 良好的企业文化含有丰富的诸如机会和希望、尊重和公平等具有强大激励功能的激励因素，使员工容易受到良好的引导和激励，从而取得更好的工作业绩。

④ 不良的企业文化因为含有大量的诸如专制、僵化、冲突和不公正等消极因素，因此员工容易受到不良影响而产生挫折和怠惰，导致工作业绩不佳。

综上而言，企业文化具有巨大的能量，它与企业的业绩关联密切，是影响企业生存与发展的关键因素之一。

（3）对企业和谐发展的影响

① 企业文化关注人的文化地位和主体发展，丰富人本观，促进人与人的和谐。企业文化理论认为，轻视文化作用的纯粹理性主义管理，在管理手段的规范化方面有突出的作用，但是它忽视人在管理中的主体地位，过分倚重定量分析和数学手段，把制度体制和有形组织结构当做控制职工的主导力量，把利润和成本、市场占有率和财务目标当做支配企业的唯一动力，把逻辑和推理奉为神灵，使人在管理中成为被动的工具，人的文化意义被销蚀殆尽。企业文化理论主张将人置于管理的中心，不但将人看做生产力，更要看做企业发展的目的；管理要使逻辑与直觉并重，使推理与热情相协调，在企业内部努力营造有利于职工创造和协调发展的文化环境。人是具有文化意识的"主体人"，企业文化不否认制度的严明、职务的威严和测量手段的科学化，而是强调在全部管理要素中，要以人为本，以文化为统帅。

② 企业文化强调团队精神与个人意志的和谐共进。企业和谐文化强调平等哲学、团队精神、民主管理，使人的发展目的、任务超越纯粹功利目的和工具价值理性的层次，使企业效益和人性开展得以平衡和谐，使人的全面发展的意义和社会价值更加深远。对内分工精细化，对外竞争规模化，是企业现代化的必然趋势。这些新形势要求企业管理者和工人不仅要具备严格的契约信用约束，还要具备较强的合作能力。这种能力必须通过相应的

文化氛围培育和相应的价值观陶冶才能养成。显然，个人主义价值观忽视集体责任的文化，在新形势下不利于和谐与发展。团队精神、集体主义价值观是养成合作能力的文化基础。随着时代的进步，先进的科学技术提高了人们的思维水平，丰富了人们的思维方式，知识经济条件下的企业员工只有协调工作，才能整合各类知识资源，形成整体合力。现代新经济竞争既是团队游戏，也是个人运动。没有团队精神的支持，个人会失败；没有个人的首创精神，团队就会失去活力。在这种形势下，"孤独的骑士"只会得到有限的机会，团队协作才是完成工作最有效的形式。尤其是对复杂、技术或知识含量较高的工作来讲，共同的知识、支持和责任，才是个人成功的动力。团队协作的工作环境可以使人们的心境更加愉悦和融洽，而且可以促进个人的学习与进步，加快人的全面发展。

③ 企业文化能启发企业家的文化自觉，建立和谐的文化环境。文化自觉，是指企业家对企业存在价值和经营管理的终极目的的思考，是对企业经济工作中文化内涵和文化意义的理解，是运用文化规律和特点于管理之中的理性自觉。企业文化的主体内容来源于企业家的文化思想，企业文化的建设和保持依赖于企业家的文化自觉，企业文化在职工中的内化程度，决定于企业家文化人格化的水平。企业人力资源是企业的关键财产，企业家是这笔财产的核心，企业家的文化观、位置、存续时间、生存环境，都决定着企业的成败。企业家的文化背景是公司文化形成的源泉之一。企业家会把自己在人生旅途中形成的价值意识及自己的文化背景引入新创建的公司之中，他的价值观和人生哲学会成为公司价值观和经营发展哲学的重要组成部分；企业家的个性、作风、信念和行为方式，决定着公司文化的水平、公司文化的类型和公司下层人员的文化习惯。

(4) 对社会的影响

① 企业文化能够协调企业与社会的关系，使社会和企业和谐一致。无论中国或外国的企业文化，其精神内容都是要使企业自觉地为社会服务。具体地说，就是通过文化建设，企业尽可能调整自己，以便适应公众的情绪，满足顾客不断变化的需要，跟上政府新法规的实施，这样企业与社会之间就不会出现裂痕，出现了也会很快弥合。企业之间存在着激烈的竞争关系，不管竞争如何激烈，客观上企业之间总还有或多或少的依赖关系，如甲企业可能是乙企业的用户，乙企业又可能是丙企业的用户，等等。这种既竞争又依存的关系，随着条件的变化，有的时候竞争显得很突出，另一些时候相互依存显得很突出。这种情况不会因企业文化的发展而消失。但是企业文化的发展，却给竞争加上了必须"文明"的限制，这样，即使两个竞争关系特别突出的企业，也不至于发生"过火的""越轨的"行为。这也是企业文化协调功能的一种表现。企业文化对人际关系具有润滑作用，企业群体活动总是在互相联系、互相信赖、互相协作的氛围中进行。员工之间的关系，是通过企业文化所具有的共同价值观念在其间起润滑剂作用的。企业员工只有具有共同信念、共同价值取向，步调一致，才有利于克服矛盾、减少摩擦、互通信息、互相体谅、密切合作，建立良好的人际关系，形成团结和谐的气氛。企业文化建设还可以促进企业物质文明和精神文明的协调发展。企业文化建设与精神文明建设紧密结合，实质上也是企业文化的本质要求。企业文化作为以文明取胜的群体竞争意识，"文明"是它的本质，它不可能脱离物质文明和精神文明而独立生长。企业文化的本质是文明，文明的本质是自然物质与崇高精神的结合。

② 企业文化具有社会辐射力。企业文化会影响和渗透到整个社会中去，从而对社会文化的变革产生影响。企业通过自己的产品和服务满足社会公众的需求，包括物质需求、

文化需求和心理需求等。企业文化通过各种渠道对社会大众渗透和辐射，起着重要作用。企业文化的辐射功能体现在多种途径上：一是通过产品辐射，即通过产品这种物质载体向社会展示满足社会需求的功能；二是通过"软件"辐射，即把先进的企业精神、企业价值观、企业道德向社会扩散，形成某种共识；三是通过人员辐射，即通过企业员工的思想行为、参政议政活动而影响社会公众；四是通过观念辐射，将在企业中形成的创新观念向社会传播和扩散，进而引导社会的发展和变迁。

③ 企业文化对外部的社会扩散。企业文化形成了一定气候会向外部社会扩散，并同化异质小文化，影响社会大文化。"企业的'小气候'改变社会'大气候'"，这是说企业文化对社会大文化的积极影响；"一盏明灯，照亮了全行业"，这是说强企业文化对行业文化的积极影响；"先进企业的经验，改变了后进企业的面貌"，这是说强企业文化向异质文化企业的扩散、渗透，异质文化被强企业文化所同化。强文化企业的"门"，对于进来的文化信息是封闭的，对于出去的文化信息是敞开的，因此，它的文化信息极容易传播出去。传播信息的具体渠道有：第一，大众传播媒介，以新闻报道、经验介绍、文学传记等形式，把强文化企业的信息传递给广大读者、听众、观众；第二，企业的产品、质量和服务，载着强文化信息传递给广大用户；第三，员工通过各自的社会关系、交际圈子，把本企业的文化信息非正式地传播到各个角落；第四，参观者、考察者和旅游者，把自己捕捉到的企业文化信息，以各自一定的方式向有关领域传递。强文化信息之所以能够传递出去、传播开来，是因为它是强文化，有着成功的积累历程，有着可供借鉴之处，有着珍贵的价值、鲜明的个性、独特的风格。如果一种企业文化本身不强大，又无特色，只是人为地想在社会、同行业或兄弟企业传播，即使开动一切宣传机器，大张旗鼓地宣传，也不会被别人接受、认同。

④ 企业文化会将快乐带给社会。优秀的企业文化还会通过热心公益事业、尽社会责任，将快乐带给全社会。企业的存在并不单纯是为了追求利润最大化，还要为社会进步承担起自己应尽的责任和义务。快乐是生命的至高境界，快乐人生是我们每个人都期望度过的一生。快乐是一个人生命的不竭动力和拥有的最大财富，也是一个企业发展的动力和归宿。企业文化只有努力向创造快乐人生的最高境界迈进，才能发展到极致，企业也才能从优秀走向卓越。

1.3 温州建设集团企业文化架构

1.3.1 关于企业文化体系框架设计的说明

框架体系设计是企业文化建设的首要环节，根据企业文化建设理论，结合集团公司实际情况，我们初步勾勒出了框架体系，对此有如下七点说明。

① 确定设计原则。框架体系设计遵循了以下原则：贯穿人本理念，突出核心价值元素，体现传承性、前瞻性和个性，追求朴实而不浮华，反映时代特征又蕴涵优良传统，升华理论又切合企业实际。

② 调研公司文化基因。为全面了解集团公司情况，掌握真实的信息资料，正确地分析公司的文化基因，准确地打造和重塑企业文化，项目小组通过大量的文案调查、问卷调查和访谈调查，获得了第一手资料。通过相关资料的加工、整理、精选、分析和提炼，对

企业文化要素进行了初步设计和描述。

③ 设计公司文化元素。集团公司企业文化建设体系设计重点定位在7个主要元素，即企业愿景、企业使命、企业核心价值观、企业精神、企业经营管理理念、企业标志和集团之歌。待讨论定稿后再逐一诠释其内容。

④ 关于企业愿景。著名管理大师德鲁克说，企业愿景就是告诉人们企业是什么，企业将做成什么样子，是企业对未来发展美景的一种期望和描述，不是具体的目标或公司战略。我们提出的"创百年建筑品牌，争建设行业一流，给千百万人建造安全、优质的空间环境"，前半部分是对企业未来发展美景的期望和描述，后半部分是对企业崇高理想的概括和凝练。

⑤ 关于企业使命。企业使命是企业存在的目的和理由。我们提出的"坚持不渝地追求建筑精品，强企业实力，尽社会责任，造员工福祉"就是公司存在的目的和理由。

⑥ 关于企业精神。将原有的"团结"提升为"和谐"，将原有的"高效"和"争先"提升为"卓越"，增加了"创新"的内容，保留了"奉献"。

⑦ 关于企业经营管理理念。我们大多以国学的经典作为切入点，运用名人名言来描述企业经营管理理念，既有传统文化内涵又切合企业实际，既彰显企业的文化内涵且不粗浅，又容易被认同、内化从而被接受。

1.3.2　关于企业文化体系设计框架

企业文化体系设计框架见图1-1。

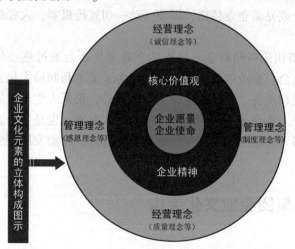

图1-1　企业文化体系设计框架示意图

（1）企业愿景 Enterprise Vision
打造百年品牌，做用户永远信赖的企业。

（2）企业使命 Enterprise Mission
坚持不渝地追求建筑精品，强企业实力，尽社会责任，造员工福祉。

（3）企业核心价值观 The Core Value of Enterprise
展国企雄风，塑国企形象，用质量筑造产品，靠信誉赢得用户。

（4）企业精神 Enterprise Spirit
和谐、创新、奉献、卓越。

（5）企业经营管理理念 Management Concept of the Business Operation

企业经营管理理念见图1-2。

图1-2　企业核心价值观统领下的经营管理理念体系示意图

安全理念：安全是生命、是最好的效益，让安全成为我们的习惯

质量理念：以精立业，以质取胜，事事从我做起

责任理念：做企业公民，赢社会满意，得用户信赖，获员工拥戴

诚信理念：以诚破天下之伪，用实破天下之虚

道德理念：修德、克己、正身，以德赢客

制度理念：立企业之法，行企业之规

品牌理念：以实力构建品牌地位，用文化滋润品牌成长

学习理念：博学而笃志，切问而近思

礼仪文化：人无礼而不生，事无礼则不成

感恩文化：学会感恩，知足惜福，用感恩的心去工作

人才文化：尊贤使能，俊杰在位

和谐文化：和以处众，宽以接下，恕以待人

（6）企业标志 Logo

企业标志见图1-3。

图1-3　企业标志

1.3.3　关于企业文化体系的诠释

（1）企业愿景 Enterprise Vision

打造百年品牌，做用户永远信赖的企业。

企业愿景是企业对未来发展美景的一种期望和描述。温州建设集团已成功地走过了近60年的历程，要做"长跑冠军"就要继续踏踏实实地走下去。温州建设集团固守"打造百年品牌"的坚定信念和崇高理想，做用户永远信赖的建筑企业，进而推进企业的永续发展。

（2）企业使命 Enterprise Mission

坚持不渝地追求建筑精品，强企业实力，尽社会责任，造员工福祉。

企业使命是企业应承担的经济社会责任，是企业存在的目的和理由。站在更高的视角经营企业就是经营事业。温州建设集团秉承优良传统而又不断创新，始终不渝地追求被社会认可的建筑精品，继续夯实企业实力，积极履行社会责任，竭力为员工创造幸福，让更多受众在做强企业中分享快乐。

（3）企业核心价值观 The Core Value of Enterprise

展国企雄风，塑国企形象，用质量筑造产品，靠信誉赢得用户。

企业核心价值观是企业奉行的根本准则和推崇的根本信念。温州建设集团以国企强大的社会责任感所折射出的优质、诚实、信誉和以强大的凝聚力所积淀出的职工责任心、忠诚度、归属感，是其独有的强大优势。用卓越的质量筑造产品，靠杰出的信誉赢得用户，这是展示国企雄风、塑造国企形象的根本所在。

（4）企业精神 Enterprise Spirit

和谐、创新、奉献、卓越。

企业精神是企业文化的灵魂，表现着企业的精神风貌。和谐孕育着人与人的团结、人与企业的融洽、人与环境的协调，是企业长久生存的核心条件；创新就是通过经营思路创新、技术拓展渠道创新、管理方式方法创新，打造企业核心竞争力；奉献是指勇于承担责任、积极付出而不计回报，是国企风范的展现；卓越就是员工优秀、团队出色、企业一流，实现持续的企业领先地位。

（5）企业经营管理理念 Management Concept of the Business Operation

企业经营管理理念是在企业核心价值观统领下的一系列观念和观点的有机组合体，具体含有如下元素。

①安全理念 Safety Concept

安全是生命、是最好的效益，让安全成为我们的习惯。

安全是确保人员和财产不受损害的状态，无危则安，无缺则全，安全就是没有危险且尽善尽美。安全是员工的生命也是企业的生命，是最大经济效益也是最大社会效益。失去了安全，就会面临危险；丢掉了安全，就可能孕育灾难；没有了安全，就可能没有了一切。让安全的警钟长鸣，让安全成为我们的习惯。

②质量理念 Quality Concept

以精立业，以质取胜，事事从我做起。

质量理念是企业崇尚质量、追求质量、满足用户对质量要求的精神力量。以精立业就是工作上精益求精，以制造精品建功立业；以质取胜就是以卓越的产品质量、工程质量和

热忱的服务赢得用户的信赖。事事从我做起，从点滴做起，从细节做起，让工作的每一个环节都经得住质量的考验。

③ 责任理念 Responsibility Concept

做企业公民，赢社会满意，得用户信赖，获员工拥戴。

企业公民是国际通行的用来表达企业社会责任的新术语。企业公民包括崇高的道德行为、对人应负的责任、对环境承担的义务和对社会发展的贡献。做优秀的企业公民，赢得社会满意、用户信赖、员工拥戴，是企业良好形象的重要标志。

④ 诚信理念 Integrity Concept

以诚破天下之伪，用实破天下之虚。

"惟诚可以破天下之伪，惟实可以破天下之虚"（蔡锷），是指只有诚实才可破除天下之虚伪，只有实在才可破除天下之虚幻！诚实做人，信用做事，是我们坚定的诚信理念。诚信是金光大道，只要坚持走下去，就会越走越宽阔；诚信是财富的种子，只要诚心种下，就能收获一片希望。

⑤ 道德理念 Moral Concept

修德、克己、正身，以德赢客。

修德就是培养人谦虚、柔和、忘我和坦荡 R 胸怀，提升道德品质与思想境界，进而形成团结、互助、真诚、和睦的人际关系，实现企业的和谐与安定。克己就是克制自己的私心，对自己要求严格，做到克己奉公。正身亦即修身，就是强调自身修养，陶冶身心，涵养德性，修身才能齐家治国平天下。人诚品优，正己正人，才能赢得用户的信赖。

⑥ 制度理念 System Concept

立企业之法，行企业之规。

西方学者做过一个比喻：制度管理就像一座漂浮在大海里的冰山，露出水面的部分占1/3，大体相当于强制性规定、强制性执行等有形管理；隐在水中的部分占2/3，大体相当于员工对制度的接受度、认同感、认知率等无形管理，即制度文化。企业管理必须立企业之法，即确立企业规章、规则、程序等行动规范和准则。同时又必须增加守规意识、执行意识和执行力，更重要的是员工的认可、认同，进而自觉遵守执行。

⑦ 品牌理念 Brand Concept

以实力构建品牌地位，用文化滋润品牌成长。

优秀的企业品牌是依靠实力构建而成的，这种实力包括企业的高知名度、高尚品质、独有特色、领先技术和高雅文化。企业品牌是企业或品牌主体等一切无形资产总和的文化浓缩，品牌展示着独特的文化魅力，文化支撑着品牌的丰富内涵，没有文化就不可能创造品牌，更不可能成就名牌，用文化滋润品牌，品牌才能卓越成长。

⑧ 学习理念 Learning Concept

博学而笃志，切问而近思。

"博学而笃志，切问而近思"（孔子），博学是广博地学习，以开拓知识的范围；笃志是树立远大志向，并坚定不移地努力实现；切问是切切实实地问；近思是由近及远地想。简言之，就是既要广博地学习，又要有所追求；要多问问题，又不要好高骛远，能与时俱进。

⑨ 礼仪文化 Etiquette Culture

人无礼而不生，事无礼则不成。

"人无礼而不生，事无礼则不成"（荀子），意思是人不学礼就无法立足，做人没有礼节就不能生活，做事没有礼节就不能成功。企业每一名员工都应当学礼仪、懂礼仪、用礼仪，礼待他人，行走天下，利他、利己、利企、利国。

⑩ 感恩文化 Thanksgiving Culture

学会感恩，知足惜福，用感恩的心去工作。

人要学会感恩。拥有一颗感恩的心，生命就会充满温馨；长存一颗感恩的心，灵魂就会更加纯净。人要知道满足，要珍惜眼前的幸福，不要总是抱怨，要有积极的态度和追求。心怀感激、知足惜福并不仅仅有利于企业，而且能带来更多值得感激的事情，这是宇宙中永恒的法则。

⑪ 人才文化 Talents Culture

尊贤使能，俊杰在位。

"尊贤使能，俊杰在位"（孟子），原意是：一个国家的领导人，能够尊重有学问的人，任用有才能的人，让才德出众的人掌握权力，那么全世界有才能的人，就愿意在你的组织里做事。做企业亦是如此，就是要尊重并使用有道德、有才能的人，把品德、才能都出众的人用在高位上。

⑫ 和谐文化 Harmonious Culture

和以处众，宽以接下，恕以待人。

"和以处众，宽以接下，恕以待人"（林逋等，《省心录》），指对待众人要和睦相处，对待下属要宽厚，对待别人要胸襟宽广。和谐文化就是让我们都养成宽容的美德，能够宽谅他人无心之过，让人有改过向上的机会，这才是君子之行，也是做人的基本道理。

（6）企业标志 Logo

① 公司名称。

母公司法定名称：温州建设集团有限公司

母公司英文全称：Wenzhou Construction Group Co.，Ltd.

公司中文品牌名称：温州建设集团

公司英文品牌名称：Wenzhou Construction Group

② 标志释义。见图1-4。

发展	卓越	领先	胜利
以字母"WJ"为主要元素展开，巧妙地与展翅飞翔的雄鹰结合，寓意发展，遨游全球。	向上三个箭头，冲破图形（抽象的地球），寓意突破、卓越。箭头的整体造型为抽象建筑，体现行业性。三角箭头为核心团队。	数字1代表第一、领先，寓意企业为地区龙头，争做行业一流的宏大目标。	Victory（V），胜利，自信。

图1-4　标志释义

标志以蓝色为主,代表文明与和谐;以橘黄色为辅,代表创新与激情。

钢炼的线条体现庄重严谨的风格。

图形中箭头的突破,增加了图形的动感和活力。

色彩渐变的使用突出了标志的立体感、现代感。

公司的标志图形吸收了"和谐、创新、奉献、卓越"的企业精神,集中展现了公司现代化、国际化的视觉形象。

✸【实践描述】

启动企业文化建设工程 全面提升企业素质

金 海

为健全完善企业文化建设体系,以优秀文化为集团持续健康跨越发展和学习型企业创建提供强大支撑,2010年4月21日下午,集团召开企业文化建设工程启动仪式暨动员大会,温州大学李建华教授、胡振华博士应邀出席。

会上,集团公司与温州大学签订了企业文化建设工程合作协议,并向李建华教授颁发了集团高级顾问聘任书,标志着集团的企业文化建设迈出了重要一步。同时,为全面了解集团公司情况和征求管理人员意见,集团向与会人员发放了《关于集团企业文化建设的调查问卷》和《公司管理人员培训课程调查问卷》。

集团公司董事长、党委书记、总经理邵奇杰在会上作动员讲话,强调要充分认识企业文化的重要性,精心组织,认真落实,把企业文化建设规划好、启动好、实施好,努力创造企业文化建设和其他各项工作互为促进、共同发展的新局面。他提出以下三点意见。

一是统一思想,深化认识,增强企业文化建设的责任感。要增强责任感和紧迫感,就要从解决思想问题入手,普及企业文化知识,更新思想观念,真正使广大职工认识到加强企业文化建设是提升企业整体素质、增强核心竞争能力的重要举措,是企业长远发展的内在推动力,是治企、管企、兴企的精神源泉,从而激发广大职工自觉投身企业文化建设,增强推进企业发展的积极性和创造性。

二是突出重点,统筹规划,促进企业文化建设有序推进。按照"先进文化引领,专业机构设计,全体职工参与,整体向前推进"的工作要求,采取"专家进入、企业渗入、职工融入"的"三入"方式,以更名为有限公司为契机,计划用近一年的时间,完成企业核心价值观理念体系及应用价值理念的总结提炼、VI设计、文化培训及实施推广等工作,努力在五年发展规划期内,也就是到集团成立60年,形成适应发展要求、反映时代精神、体现行业特征、职工普遍认同的公司文化体系。

三是以人为本,突出特色,保证企业文化建设健康发展。要广泛动员,全员参与,尽快在全体职工中掀起企业文化讨论的热潮。让职工在过程中参与,在过程中统一,在过程中升华,使企业文化核心价值和应用价值理念体系的形成过程同时成为一个全员广泛参与、文化理念深入人心的过程。着力塑造特色鲜明的企业文化建设体系,使企业文化建设真正内化于心、固化于制、外化于行、形神统一,不断增强企业的凝聚力和竞争力。建立良好稳定的学习机制，做到学用结合，学以致用，并结合实际，制订出企业、组织和个人的学习愿景并为之奋斗，真正形成广大职工能安心学习、善于学习、乐于学习和勤于学习的良好氛围。

会议由集团公司工会主席林辉主持，集团中层以上干部、基层单位工会正副主席、办公室正副主任、团支部正副书记等参加了会议。

第2章 打造百年品牌，做用户永远信赖的企业
——企业愿景的构建

> 温州建设集团已经成功地走过了50多年的历史，要做"长跑冠军"，就要继续踏踏实实地走下去。温州建设集团固守"打造百年品牌"的坚定信念和崇高理想，做用户永远信赖的建筑企业，进而推进企业的永续发展。

2.1 企业愿景的理论描述

每一位伟大的领导者，都擅长以愿景来领导团队，为团队指出一个方向，描绘未来成功后之景象，以激励团队向着愿景前进。美国伟大的黑人人权领袖马丁路德·金在1963年提出"I have a dream！（我有一个梦想）"的愿景，改变了美国黑人的命运，也改变了整个美国的发展历史。为什么愿景这么重要？因为有了愿景，才会有努力的方向与目标，才能凝聚众人之心之力，才能改变企业的行为，迈向成功的坦途。

2.1.1 企业愿景的含义

企业愿景（Corporate Vision），也称公司愿景（Company Vision），曾在20世纪90年代非常盛行。企业愿景，体现了企业家的立场和信仰，是企业最高管理者头脑中的一种概念，是企业对未来的设想。是对"我们代表什么""我们希望成为怎样的企业"的持久性回答和承诺。企业愿景也不断地激励着企业奋勇向前，拼搏向上。

何谓愿景？愿，就是心愿，景就是景象，这个景象存在脑海里，是看不到的。这是一个预见未来的美景。这个美景给人动力去做一件事情。对个人来说，愿景就是个人在脑海中所持有的意象或景象。对于企业来说，愿景必须是共同的愿景，共同的愿景就是企业成员共同持有的意象或景象，是企业的长期愿望及未来状况，是组织发展的蓝图，体现了企业长久的追求。德鲁克认为企业要思考3个问题：第一，我们的企业是什么？第二，我们的企业将是什么？第三，我们的企业应该是什么？这三个问题集中起来体现了一个企业的愿景，即企业愿景需要回答以下3个问题：① 我们要到哪里去？② 我们的未来是什么样的？③ 目标是什么？

企业愿景是由企业内部成员所制订，并由团队讨论，获得企业成员的一致共识，形成大家愿意全力以赴的未来方向。吉姆·柯林斯（Jim Collins）和杰里·波拉斯（Jerry I. Porras）在《Built to Last：Successful Habits of Visionary Companies》一书中将企业划分为两种类型。第一种类型是明确企业愿景，并成功地将它扎根于员工心中的企业。这些企业大多是排位世界首位的受尊重的企业。第二种类型是认为只要提高销售额即万事大吉，而没有明确的经营理念或企业愿景，或企业愿景没有扩散到企业。这些企业绝不可能居世界首位，只有企业全体员工共同拥有企业愿景，这个企业才能有成长为优良企业的基础。

企业愿景的本质就是将企业的存在价值提升到极限。传统观念认为，企业的存在价值是企业作为实现幸福的人类社会的手段与工具，在促进全社会幸福和寻找新的财富来源的过程中创造出来的。近来，在此基础上对企业的活动增加了与全球自然环境共生（如 ISO 14000 环境管理体系）和对国际社会的责任和贡献 [如国际性的标准 SA：8000 Social Accountability 8000（社会责任 8000）的简称] 等内容，使企业存在价值这一概念更加完整。在价值观经历全球化变革的时代，企业愿景及其概念范围也在扩大。

2.1.2　企业愿景的作用

企业愿景是促使企业所有部门拥向同一目标并给予鼓励，同时也是员工日常工作中的价值判断基准。企业愿景的价值是企业本质的存在理由和信念。企业愿景的作用可以从以下三个方面表述。

（1）企业愿景能促使企业员工自觉参与到企业经营活动之中

曾有这样一个故事。在欧洲的某一个小镇，有两个泥瓦工人正在砌一道墙，一名游客经过就问两个工人：请问你们在做什么？一个工人回答说：我正在砌一道墙，工头跟我讲，我今天只要把这道墙砌到两米的高度，就可以回家休息了。他很努力地把一块一块的砖往上堆砌。另一个工人则回答：我在这里盖一座教堂，我现在砌的这道墙是教堂的主墙，盖好之后这道墙上会有耶稣的雕像，供万人祈祷膜拜，这座教堂一千年后将成为一个文化古迹，千千万万的人将来到这里膜拜祈祷。这个工人很谨慎专注地砌每一块砖，深怕砌不好，因为他的思维已经穿越时空，想象千年之后这座教堂之景象。由上看出，愿景可以改变一个人的行为。当一个人认同一个愿景的时候，他会努力地为这个愿景付出。同样，每一个员工也都希望为一家有愿景的公司效力，才不至于浪费他们的青春。

和西方优秀企业相比，有明确的企业愿景或行动指南，准确地教育企业员工并反映到实践当中的东方企业并不是很多。这是因为东方企业往往把企业愿景当做企业原则、社训、企业精神、信条等抽象的观念或姿态，并不明确企业的使命、存在意义、经营方针、事业领域、行动方针等。此外，还一贯重视"人和""诚实"等过于含蓄的非规定性的潜意识力量。而西方的企业则极其重视企业愿景的具体化、明确化，因为它们要融合不同民族、文化等异质要素，去完成共同的目标。目前，随着结构重组（restructuring）和再造工程（reengineering）、标杆学习（benchmarking）等西方管理方法的普及，终身雇佣制逐步解体，取而代之的个人经理的自律性受到了重视。在自律的基础上，企业员工若要充分发挥个人能力去达成企业共同的目标，同时实现自我，则必须明确企业愿景。仅仅从经济代价或交换的角度去理解个人和企业关系是不全面的。当个人能理解和参加到企业愿景中时，就能融进企业里。当提出明确的企业愿景，并传播到每个员工，激发起员工的自觉参与意识时，企业就能获得新的发展与进步。

（2）企业愿景能有效强化企业的良好"关系"

近年来，在管理和营销领域，"关系（relationship）"这个概念受到关注。这是企业在对大量生产、销售体制造成个体的人际关系衰退后进行反思产生的概念，许多学者认为这个概念对于企业相当必要。"关系"的概念不但适用于企业和顾客的交往，也适用于企业与内部员工之间的关系。经营者和员工之间的关系不是指简单的劳动合同关系，而是指在相互信赖和密切联系基础上的关系，即非机械的伙伴关系。这种关系需要通过公司内部沟通创造出共同价值的"共同创造"观念。这种关系的基础就是企业成员共享的共同企业愿景。有了共享的企业愿景，就能迅速正确地沟通，企业成员在同一企业愿景、共同的目标下建立关系，企业成员就能在相互沟通和活动中创造共享价值（shared value）。

（3）企业愿景是制定企业发展战略的根本依据

当前，"知识竞争力"作为企业竞争力要素开始受到关注。传统观念的企业竞争力是由产品或服务的生产能力、销售能力、资本的调配和运营能力等与企业利润直接相关的要素决定的。但随着近来企业活动领域的巨大变化，人们正在重新讨论企业竞争力的来源。企业竞争力由复合要素构成。价格、质量、品牌、技术含量是产品竞争力的重要因素。而近年来，以下两种方法因有助于提高竞争力要素而受到关注。一是组织知识（organizational knowledge），二是应变能力。企业发展进入现代社会，企业环境剧变，如果不能创造性地、有柔韧性地应对这种变化，企业本身的生存发展就会陷于危境。有人认为组织取决于战略，若战略随环境变化，则组织也应随环境变化。但不管是战略发生变化，还是组织发生变化，都必须与企业愿景相匹配。企业愿景是组织调整和战略重组的根本依据。

2.1.3 企业愿景的内容与设定

（1）企业愿景的内容

企业愿景包括两部分：核心信仰（core ideology）和未来前景（envisioned future）。核心信仰包括核心价值观（core value）和核心使命（core purpose）。它用以规定企业的基本价值观和存在的原因，是企业长期不变的信条，如同把组织聚合起来的"黏合剂"。核心信仰必须被组织成员共享，它的形成是企业自我认识的一个过程。核心价值观是一个企业最基本和持久的信仰，是组织成员的共识。未来前景是企业未来 10～30 年欲实现的宏大愿景目标及对它的鲜活描述。

（2）企业愿景的设定

企业愿景是企业未来的目标、存在的意义，也是企业之根本所在。企业愿景的设定包括以下两个方面。

① 企业目的的确认。企业目的就是企业存在的理由，即企业为什么要存在。一般来说，有什么样的企业目的，就有什么样的企业理念。正确的企业目的会产生良好的理念识别，并引导企业的成功；错误的企业目的会产生不良的理念识别，并最终导致企业的失败。

② 明确企业使命。企业使命和企业宗旨是同义语，是在企业经营理念指导下，企业为其生产经营活动的方向、性质、责任所下的定义，它是企业经营哲学的具体化，集中反映了企业的任务和目标，表达了企业的社会态度和行为准则。现代企业的最高使命是其应该具有的社会责任感。要求企业不仅要考虑到自身的利益，而且能够承担起自己的社会责任，包括企业的社会使命、企业的社会服务、企业的社会产品、企业的社会利益、企业的行为定位等，简言之，就是企业对各种不同的社会利益集团和群体所承担的道义上的责任。

2.2 企业愿景与企业理想

2.2.1 企业愿景是企业理想

200 多年前，美国的建国者讨论的不是谁当总统，他们思考的是："我们能够创建什么样的程序，使国家在我们死后仍然能拥有很多优秀的总统？我们希望建立哪一种长治久安的国家？要靠什么原则建国？国家应该如何运作？我们应该制定什么指导方针和机制，以便创造我们理想的国家？"

这个伟大的愿景激励着无数的美国精英为之思考奋争。在这个愿景的感召下，托马斯·杰佛逊 1776 年在《独立宣言》中写下阐述民主价值观的至理名言："人人生而平等，造物主赋予他们某些不可转让的权利，其中包括生命权、自由权以及追求幸福的权利。"同样在这个愿景的感召下，这个自由的民族创造了世界上最雄厚的财富；也是在这个愿景的熏染下，任何破坏民主的企图都会在体制中得到纠正，当时名气如日中天的尼克松就是因为水门事件黯然退出历史舞台。当尼克松像个小孩子那样哭泣的时候，我们才明白这套体制以及体制背后的这个民族的伟大之处。

国家愿景和企业愿景有着很多相同的地方。企业愿景是企业长期的发展方向、目标、目的、自我设定的社会责任和义务，明确界定公司在未来社会是什么样子，其"样子"的描述主要是从企业对社会（也包括具体的经济领域）的影响力、贡献力、在市场或行业中的排位（如世界 500 强）、与企业关联群体（客户、股东、员工、环境）之间的经济关系来表述。

当然企业愿景也有自己独特的地方，即企业愿景主要考虑的是对员工、股东等与企业有投入和产出经济利益关系的群体产生激励、导向作用，让这些群体产生长期的期望和现实的行动，在企业使命得以履行和实现的同时，自身的利益得到保证和实现。

闻名世界的日本京都制陶公司成立伊始，业务发展非常迅速。企业的创办人稻盛和夫经常要求年轻的员工加班，员工不但每天要加班到深夜，就是星期天也经常不休息。慢慢地，一种不满的情绪在员工中间蔓延。一次加班之后，一群员工决定用强硬的手段向公司提出要求，并以集体辞职相威胁。第二天，员工提交了按了血指印的抗议书，指明了不满之处，提出了诸如加薪、增加奖金的要求。稻盛和夫虽然没有同意他们的要求，但是却不得不花费三天三夜时间做说服工作才使得这批人留了下来。这件事深深地刺激了稻盛和夫，他陷入了痛苦的思考："本来以为创立京都制陶是为了让我的技术闻名于世，现在看来，应该还有更为重要的事情。公司究竟是什么？公司的目的和信念是什么？要争取什么？"最终他发现："让技术闻名于世其实是低层次的价值观，是次要的事情，经营公司的目的是为全体员工谋求物质和精神方面的幸福，为人类社会的进步贡献力量。"从此以后，"为全体员工谋幸福，为社会发展贡献力量"成为了京都制陶公司的追求目标，也成为了公司使命和理想。企业发展越来越大，员工的忠诚度也越来越高。

作为企业，要告诉我们的员工：我们是什么？我们为什么？我们干什么？愿景要让员工能够和企业一起分享对未来的憧憬，让员工对未来有更深的期待，让员工获得一种强大的生命意义感。

先贤弗朗西斯（C. Francis）曾经说过："你可以买到一个人的时间，你可以雇一个人

到固定的工作岗位，你可以买到按时或按日计算的技术操作，但你买不到热情，你买不到创造性，你买不到全身心的投入，你不得不设法争取这些。企业愿景会帮你争取到这些东西。"从这个意义上说，企业愿景就是企业和员工为之而奋斗的崇高的企业文化理想。

有研究表明，有愿景的团队比没有愿景的团队的绩效要高 25%。对于企业及其成员而言，达到共同愿景的收益被 Blanchard 培训与发展公司定义如下：① 它释放员工的动力并使其更具力量；② 它指明长期的愿景和清晰的方向；③ 它推动协作和团队作用；④ 它确保有积极的行动。

愿景的作用是其他许多方法都难以替代的。"试看将来的环球，必是赤旗的世界！"在革命年代里，共产党员们秉持这样的坚定信念，为了实现愿景甘愿抛头颅洒热血，前仆后继，使得世界上从无到有建立了苏联、中国以及东欧等一系列崭新的社会主义国家。这就是愿景的力量。现在的我们很少需要为愿景而付出生命的代价了，但好像愿景在我们的工作中也逐渐失踪了。而对任何一个企业来说，有没有共同的愿景，或者说愿景能不能得到员工的认同，实在是企业领导者领导水平的分水岭。而这种领导水平的差异，必然是企业间存在差距的关键原因。

总而言之，愿景为企业提供理想、使命感和最终目的或努力的目标。朝着共同愿景前进的企业比仅解决某个问题的企业更强大。

2.2.2　企业愿景陈述

企业愿景回答的是"我们想成为什么"。企业愿景陈述应该生动活泼、言简意赅、易于记诵，且富有意义和鼓舞性。员工和管理者共同为公司制订和修改愿景目标反映了他们对自己未来的憧憬。共同的愿景可以使人们的精神在单调的日常操作中得到升华，使人们不断地受到激励。

企业愿景陈述包括两个主要部分：核心意识形态和远大的愿景。

（1）核心意识形态

核心意识形态由核心价值观（core value）和核心目标（core purpose）两部分构成，它给企业提供了长久存在的基础，是企业的精神。

① 核心价值观（core value）。核心价值观是企业持久的和本质的原则。它是一般性指导原则，不能把它与具体的生产或经营做法混为一谈，不能为了经济利益或短期的好处而放弃它。目光远大的公司（visionary company）的核心价值观不需要理性的或外在的理由，它们不随趋势和时尚的变化而变化，甚至也不随市场状况的变化而变化。

下面是一些优秀公司核心价值观陈述的案例。

Merck 公司：
- ·诚实与正直
- ·共同的社会责任
- ·基于科学的创新，而不是模仿
- ·公司各项工作的绝对优秀
- ·利润，但是利润应来自有益于人类的工作

Sony 公司：
- ·弘扬日本文化，提高国家地位
- ·作为开拓者，不模仿别人，努力做看似不可能的事情

·尊重和鼓励每个人的才能和创造力

Walt Disney 公司：

·不许悲观失望

·弘扬和宣传健康向上的美国文化

·创新、梦想、想象

·对工作充满热情，细致入微，持之以恒

·永远保持迪斯尼公司的神奇形象

② 核心目标（core purpose）。核心目标是企业存在的理由和目的，不是具体的目标或公司战略。有效的核心目标反映了为公司工作的内在动力，它不仅描述公司的产出或目标顾客，而且表达了公司的灵魂。好的目标对公司的指导和激励作用可以持续好多年，也许长达一个世纪，也许比一个世纪还持久。

Merck 公司前总裁罗伊·瓦格洛斯这样描述 Merck 公司目标的持久作用："想象一下，如果时光突然把我们带到 2091 年，那该是什么样子？到那时，由于预想不到的新情况，我们的许多战略和方法已经发生了变化。但无论我们的公司有多大的变化，我敢说有一样最重要的东西不会变，那就是 Merck 的精神。……最重要的是，我相信这一点，因为 Merck 公司所专心从事的治病救人的工作是一项正当的事业，是一项激励人们去梦想作出伟大创举的事业。这项事业是没有时间性的，它将带领 Merck 人在今后 100 年里取得伟大成就。"

下面是一些优秀公司核心目标陈述的案例。

Merck 公司：我们的工作是维持和改善人类的生活。

Sony 公司：享受有益于公众的技术革新和技术应用所带来的真正乐趣。

Walt Disney 公司：给千百万人带来快乐。

（2）远大的愿景（envisioned future）

远大的愿景由 10～30 年的宏伟大胆冒险的目标（big, hairy, audacious goal，简写 BHAG）和生动逼真的描述（vivid description）两部分构成。

① BHAG 目标。目光远大的公司（visionary company）经常利用大胆的目标作为促进进步的一种特别有效的手段。一个有效的 BHAG 具有强大的吸引力，人们会不由自主地被它吸引，并全力以赴地为之奋斗；它非常明确，能够使人受到鼓舞；它让人一目了然，几乎无需任何解释。

前通用电气公司总裁杰克·韦尔奇说，公司的第一步，也是最重要的一步，是用概括性的、明确的语言确定公司的目标。通用电气公司的目标是："不断提高竞争力，争取在所有我们参加的市场中名列前茅；彻底改革我们的公司，使公司像小公司一样行动快捷、灵敏。"

1907 年，43 岁的亨利·福特全力以赴地推动自己的公司朝向一个惊人的目标前进："使汽车大众化。"他宣布："要为广大老百姓生产一种汽车……这种汽车价格如此低廉，以至于所有收入不丰的人都有能力拥有一辆，驾驶着它，和家人一起享受在广阔天地里驰骋的快乐。"

下面是一些优秀公司 BHAG 陈述的案例。

Merck 公司：

·进行大规模的研究与发展工作，开发新产品，成为世界杰出的公司

·成为改变日本产品质量低劣的世界形象的最著名的公司；制造一种袖珍晶体管收音机（20世纪50年代）

Walt Disney 公司：

·建造迪斯尼乐园——根据我们的想象，而不是根据工业标准（20世纪60年代）

② 生动逼真的描述（vivid description）。当我们确立了核心价值观、核心目标以及宏伟大胆冒险的远大目标后，要想让这些产生激励、鼓舞作用，必须要用生动逼真的语言表达出来。语言描绘了未来的图画。

愿景描述了企业未来期望达到的图景和企业为之奋斗的任务。愿景陈述与企业战略是不同的。战略是为了达到企业总目标而采取的行动和利用资源的总计划。战略是硬件，而愿景描述则是软件。它是企业的梦，如同个体人一样对未来的梦。

2.3 企业愿景的确立

2.3.1 确立企业愿景的一般途径

确立企业愿景，尽管有诸多因素，如可控和不可控、内部和外部、历史和现在及未来等因素需要考虑，但也有规律可循。就一般意义而言，集成式、凝练式、影响式是确立企业愿景的三个基本途径。

（1）集成式

振臂一呼，应者云集，那些有相同个人愿景的人组成一个集体，在集体中再进一步实现共同愿景的构建，这就是集成式。许多协会和团体共同愿景的建立属于这种类型。招聘新员工时，不仅看素质和能力，同时强调个人发展及个人愿景与企业愿景的匹配性，也可以看做是通过集成式路径建立企业共同愿景的方式。

（2）凝练式

凝练式就是把大家心灵深处的共同意象挖掘出来，并进行凝练，进一步构建共同愿景。这一路径的特点是"从群众中来，到群众中去"。适用于那些企业成员同质性很强又积极面向未来的企业。

（3）影响式

影响式主要是从个人愿景的角度来建立共同愿景。从个人愿景建立共同愿景，并不意味着一定从企业最高首领的个人愿景到企业的共同愿景。也可以借助于前辈，还可以借助于外部。但通常情况下，是基于一个企业的领导者的地位和作用。共同愿景的构建常见的情况确实一般是从决策核心层的人发起的。特别是那些希望构建共同愿景，而从前没有共同愿景或不注重共同愿景构建的企业，更是这样。

温州建设集团企业愿景的确立采用了第二种方法。

2.3.2 愿景措辞规范

愿景措辞要考虑以下三方面规范。

① 清晰明确。愿景是要给企业上下以方向的，既然是方向，就要简单划一，清楚明了，在表达上绝不可含糊其辞，模棱两可。

②切忌华丽。愿景是一幅蓝图，因此在表述上要体现出坚定有力、激情生动、令人信

服，但不能堆砌华丽辞藻，那只能增加浮夸之风。

③宏伟气势。愿景是全体人员为之奋斗的目标，是超越现有经营能力和经营环境的更高层面，要深入思考，要有远见卓识。它必须是前瞻性的、挑战性的，而又必须是宏伟的，就是说它具有艰苦性又具备可操作性，也是激励人心的，有"气吞河山"的功效。

2.3.3 建立企业愿景应注意的问题

建立共同愿景有如下问题应当引起注意。

(1) 不能靠命令和规定

建立共同愿景不能靠命令，不能靠规定，只能靠周而复始的沟通和分享。必须认识到，不断的强势宣传推动也是可取的方式，但任何强迫和勉强性的举措可能会适得其反。建立共同愿景不是解决某一具体问题的回答，也不是一种形式，而是必须由企业各级管理者和全体员工全过程、全方位、全面地将共同愿景贯彻落实在生产经营和工作的各个方面。

(2) 建立共同愿景是一个过程

建立共同愿景也不是一蹴而就的工程，它的建立和完善需要细致的工作和漫长的过程。在这个过程中，"愿景"还必须得到"使命"的支持。愿景解决的问题是我们要创造什么，它往往是一种相对宏观和抽象，又需要长期的奋斗才能接近或实现的目标，如共产主义。而使命解决的关键问题是如何创造和实现。所以使命既可以说是实现愿景的关键步骤或手段，又可以说是企业实现愿景的现实的总目标、富有挑战性而且明确的基本任务。

(3) 注意百年企业品牌创建的长期性

百年品牌的建立需要长时间的积累，不是一蹴而就，不是短时间内就能成功的。有人认为，聘请品牌专家替你建立一个强势品牌，帮你拍个广告片、做个视觉识别系统（或者部分)、帮助你发一些软性文章，或者做一些大型的公关活动就可以了，其实不然。当然，在社会分工中，这些品牌传播工作者的作用也是很重要的。但要注意，品牌是先有产品、有品质，做牌子才有意义和可能。

2.4 温州建设集团的企业愿景诠释

温州建设集团的企业愿景是：打造百年品牌，做用户永远信赖的企业。

企业愿景是企业对未来发展美景的一种期望和描述。温州建设集团已成功地走过了近60年的历史，要做"长跑冠军"就要继续踏踏实实地走下去。温州建设集团固守"打造百年品牌"的坚定信念和崇高理想，做用户永远信赖的建筑企业，进而推进企业的永续发展。

2.4.1 打造百年品牌

塑造品牌的最高境界就是把品牌塑造成信仰。世界上伟大的品牌已经信仰化。而品牌信仰化的过程就是不断地"爱"的过程：爱企业、爱自己、爱他人、爱社会、爱公共利益……深度挖掘国际名牌神奇背后的"金经"，透视国际名牌的营销手段，了解国际名牌市场运作的商业机密，借鉴国际名牌近10年创新营销的经营理念、战略和战术，对打造温州建设集团的百年品牌，增强品牌竞争力，大有裨益。从国际名牌看品牌文化塑造，都必须拥有高品质、与众不同的特色、领先的技术创新、高雅的文化这四大杀手锏。因此，必须在如下四个方面有所作为。

一要突出高质量。质量直接关系企业的生死存亡。产品的高质量是品牌文化建设的王牌，它比任何形式的促销手段都更能让顾客信服。通常的名牌产品，都是依靠其上乘的质量、优质的服务来赢得客户、占领市场的。譬如"精益求精，质量第一"的肯德基，"傲世名门，质量为重"的奔驰，"尽善尽美，追求卓越"的松下……这些国际品牌都是凭借其过硬的质量在全世界基业长青，长盛不衰。

二要做到与众不同。与众不同就是与大家不一样，就是努力做到异乎寻常、独出心裁。每个世界品牌都是高质量的代名词，但也有各自的独特性。正是这种不同，创造了各种各样的世界名牌。譬如"君临天下，舍我其谁"的可口可乐，"捕捉瞬间，美丽永恒"的柯达，"简单即美，个性飞扬"的宜家……正是因为其拥有与众不同的品牌精髓，才使其永远流行。

三要做到永远领先。一种产品要立足市场，必须有"绝活"。永远保持某个领域的领先地位，是许多世界名牌成名的"看家大法"。纵观世界名牌，它们不仅开创了产品，同时又不断地推出更新换代的新产品，保持其品牌的绝对领先地位，譬如"求新求变，引领潮流"的英特尔，"数码创新，领导时尚"的三星，"创造特色，一马当先"的诺基亚……都是如此。

四要建造高雅的文化。产品是阶段性的，文化才是永恒的。无文化的产品可能会畅销一时，但绝不会风光无限，这是因为不少策划家对产品赋予了永恒的文化，才使得其品牌得以永久存在和生生不息。人们追求劳斯莱斯，不单只是为了解决出行方便的问题，更是为了显示身份与地位；孩子们迷恋麦当劳、肯德基不单只为了满足口味，而是同时在追寻那快乐和温馨的氛围。无论如何，世界品牌是不能没有文化的。譬如"以客为尊，一切为你"的麦当劳，"追求创新，享受生活"的本田，"立足本土，即时出击"的海尔……都是高雅文化的典范。

2.4.2 让用户永远信赖

信赖，即指信任并依靠。宋代沈括的《故信阳军罗山县令陈君墓志铭》："居家得乡人之欢，姻族益亲；仕于邦，则当剧处繁，能以多为约，人信赖之。"巴金的《家》："通过周报他们认识了许多同样热烈的青年的心。在友谊里，在信赖里，他们也找到了安慰。"柳青的《创业史》第一部第五章："他的眼睛却深情地盯住生宝。生宝明白：那是希望和信赖的眼光。"

信赖是什么？信赖，是一杯浓浓的热茶，将温暖与爱传递给大家；信赖，是一座沉睡的宝藏，等着人们去探索、挖掘；信赖，是一根根红烛，默默地燃烧，把光明送给别人；信赖，是一份简单的祝福，可是，却能让人心里快乐温馨；信赖，是一片爱的汪洋大海，只要你有它，就会感受到浓浓的爱。信赖，往往就离我们一步之差，只要肯努力，信赖离你不远。可以说，信赖无价。信赖，往往创造出美好的境界！被人信赖是一种福分。只有拥有信赖才能拥有地位，哪怕自己拥有的只是一席之地。

企业发展的重要基石就是用户对企业的信赖。商鞅变法之初，他发觉秦国人对政府法令总是不信而阳奉阴违，于是在城门外放了一根木头，贴出告示：凡能将此木头搬至另一指定地点者重赏。人们对如此轻的功劳却有如此重大的奖赏多表不信，所以没人敢于出头，直到一个莽夫受不住利诱而搬动木头，商鞅也果然依令给予重赏，秦国人这才相信政府令出必行，商鞅也因此顺利推行变法。这是一段我们耳熟能详的历史，商鞅深谙"民无信不立"的道理，所以改革之前先建立民众对政府令出必行的信赖，成为中国历史上少数能够变法成功的例子。治国，民无信不立，同样的，治企业，用户不信则无以发展。如何建立用户的信赖感，是企业最大的挑战。

实际上，信赖是一种心理偏见，一个人面对不确定的环境时，预期对方是善意的，而不惜使自己身陷被骗的危险，仍采取合作行为。所以没有不确定性的合作就不是信赖的表现，比如严格的合约在执法如山的环境里，不需要信赖也可以交易，又比如明确的制度与流程加上重赏重罚的激励措施，会使员工的行为符合公司预期，但不会使之信赖公司。信赖理论更指出权力与信赖是相互矛盾的，权力可以使人的行为符合要求，完全不会有不确定的危险，但权力不但不会增强信赖，反而会伤害信赖。信赖就如文豪霍桑口中的幸福："幸福是一只蝴蝶，你要追逐它的时候，总是追不到，但是如果你悄悄地坐下来，它也许会飞落到你身上。"同样，信赖不能强求，只能反求诸己，经营自己可信赖的行为。

☀ 【实践描述】

做用户永远信赖的企业

朱中亮

为了让青年员工全面了解集团公司的发展历程、企业愿景，展示国企雄风，塑造国企形象，继承和发扬集团人无私奉献、爱岗敬业的优良传统，自2009年11月17日开始，集团公司开展了为期4天的"集团发展史"教育活动。集团工会组织安排了195名2005年以来新录用的员工分批参加活动，活动包括参观荣誉室、观看集团发展纪实影片和完成企业概况知识测试。

经过50多年的发展，温州建设集团公司已经成为温州地区历史最悠久、品牌知名度最高的建筑施工企业，也是唯一一家国有建筑施工企业。在总部大楼五楼荣誉室中，一个个整齐摆放的优质工程奖杯，一枚枚悬挂在墙上的奖牌和一张张见证公司发展历史的人物图片、建筑图片，在灿烂的灯光中熠熠生辉。

讲解员向参观的员工解说了集团公司50多年的发展历程和企业综合情况，详细介绍了集团历任党政领导、市级以上劳模和集团现任领导班子，并带领大家参观了集团近年来获得的优质工程奖杯，以及经营管理，党、工、团组织获得的国家级、省级和市级荣誉奖牌。使我们了解到了集团发展历程中所经历的一次次磨炼。正所谓"玉不琢，不成器"，在激烈的市场竞争下依然屹立的我们，发展轨迹上有着无数为之骄傲的闪光点，而这些都离不开一个好的领导班子和一群具有技能才智的开创先锋。

集团发展中出现的一位位劳模，谱写了建设人的辉煌，展现了我们企业的精神信念。他们站在理想的高度上去看待自己的工作，用满腔热情去投身工作，因为对于他们而言，工作不仅仅是职责，更是一份使命。贝蒂曾经说过："有信念的人经得起任何风暴。"正是秉承着一种不服输的信念，集团人克服了阻挡我们发展的一道道障碍，这就是我们所要继承和发扬的集团人本色——"和谐、创新、奉献、卓越"。

凡事都不会是一帆风顺，总会有这样那样的困难阻挡我们前行的脚步，而作为集团人的我们是不会被困难吓倒的，从汶川地震中的众志成城到站前广场的不负众望，集团人扛起了无数的重担。"一个人最值得自豪的事情，是完成了最艰难的事情。"我们有能力做到，并且能够做好。

在科学发展观的学习实践工作中，集团人用自己的"主人翁精神"切身为公司谋发展，集团不少的"新鲜血液"也参与到了活动中去，用扎实牢固的知识理论筑起更为创新平稳的发展轨道。因为我们知道"人生必须背负重担才会走得更远"。

在几代集团的领导核心以及劳苦功高的劳动模范们的辛勤努力下，集团公司先后承建了温州机场候机楼、温州火车站、温州体育中心三大场馆和温州日报新闻大厦等一大批省、市重点工程和城市建设项目，为温州的经济建设和社会进步作出了重要贡献。我们的愿景是"打造百年品牌，做用户永远信赖的企业"。经历过这次集团发展史的学习，相信作为集团"新鲜血液"的我们，一定会在未来的工作中，求真务实，脚踏实地地做好每一件事。"天下没有场外的举人，凡事都要敢于尝试，成功肯定不会是在口号声中实现。"我们会用自己的专长，张扬自己的个性，为实现企业愿景而不懈努力。

第3章 坚持不渝地追求建筑精品，强企业实力，尽社会责任，造员工福祉

——企业使命的确立

> 站在更高的视角，经营企业就是经营事业。温州建设集团秉承优良传统而又不断创新，始终不渝地追求被社会认可的建筑精品，继续夯实企业实力，积极履行社会责任，竭力创造员工幸福，让更多受众在做强企业中分享快乐。

3.1 企业使命的理论描述

3.1.1 企业使命的含义

企业使命英文表示为 mission，在企业愿景的基础之上，具体地定义企业在全社会经济领域中所经营的活动范围和层次，具体地表述企业在社会经济活动中的身份或角色。简单地说，企业使命是指对自身和社会发展所作出的承诺，公司存在的理由和依据，是企业存在的原因。美国著名管理学家彼得·德鲁克认为，为了从战略角度明确企业的使命，应系统地回答下列问题：我们的事业是什么？我们的顾客群是谁？顾客的需要是什么？我们用什么特殊的能力来满足顾客的需求？如何看待股东、客户、员工、社会的利益？

具体理解企业的使命应该包含以下含义。

第一，企业的使命实际上就是企业存在的原因或者理由，也就是说，是企业生存的目的定位。不论这种原因或者理由是"提供某种产品或者服务"，还是"满足某种需要"或者"承担某个不可或缺的责任"，如果一个企业找不到合理的原因，或者存在的原因连自己都不明确，或者连自己都不能有效说服，企业的经营问题就大了，也可以说这个企业"已经没有存在的必要了"。就像人经常问问自己"我为什么活着"的道理一样，企业的经营者们更应该对企业的使命了然于胸。

第二，企业使命是企业生产经营的哲学定位，也就是经营观念。企业确定的使命为企业确立了一个经营的基本指导思想、原则、方向、经营哲学等，它不是企业具体的战略目标，或者是抽象地存在，不一定表述为文字，但影响经营者的决策和思维。这中间包含了企业经营的哲学定位、价值观凸显以及企业的形象定位：我们经营的指导思想是什么？我们如何认识我们的事业？我们如何看待和评价市场、顾客、员工、伙伴和对手？等等。

第三，企业使命是企业生产经营的形象定位。它反映了企业试图为自己树立的形象，诸如"我们是一个愿意承担责任的企业""我们是一个健康成长的企业""我们是一个在

技术上卓有成就的企业"等，在明确的形象定位指导下，企业的经营活动就会始终向公众昭示这一点，而不会"朝三暮四"。

因此，企业使命是企业存在的目的和理由。明确企业的使命，就是要确定企业实现愿景目标必须承担的责任或义务。

3.1.2 企业使命的定位

20 世纪 20 年代，AT&T 的创始人提出"要让美国的每个家庭和每间办公室都安上电话"。80 年代，比尔·盖茨如法炮制，"让美国的每个家庭和每间办公室桌上都有一台PC"。到今天，美国电话电报公司和微软都基本实现了他们的使命。使命足以影响一个企业的成败。彼得·德鲁克基金会主席、著名领导力大师弗兰西斯女士认为：一个强有力的组织必须要靠使命驱动。企业的使命不仅回答企业是做什么的，更重要的是为什么做，这是企业终极意义的目标。崇高、明确、富有感召力的使命不仅为企业指明了方向，而且使企业的每一位成员明确了工作的真正意义，激发出内心深处的动机。试想"让世界更加欢乐"的使命令多少迪斯尼的员工对企业、对顾客、对社会倾注更多的热情和心血。企业使命的意义就在于能保持整个企业经营目的的统一性，为配置企业资源提供基础或标准，建立统一的企业氛围和环境，明确发展方向与核心业务，协调内外部各种矛盾，树立用户导向的思想，表明企业的社会政策等。

中国企业对使命的关注还是近几年的事。过去，企业习惯于"埋头拉车"，而甚少"抬头看路"。现在，一些企业开始思索自己的使命定位，拟定使命宣言，但往往不得要领。要么太空泛，如"为顾客创造价值""成为一流企业"；要么太过具体，如"提供某某产品或服务"；或者将使命与核心价值观混为一谈。根据企业使命定位理论与实践，我们认为一个有效的企业使命应符合以下三条原则。

第一，适用原则。使命不是一串词藻华丽的花哨文字，而是为企业长期的努力设立范围，指导、激励甚至约束企业的经营实践。一家企业的使命不应落在"使股东财富最大化"这种范畴中，因为"使股东财富最大化"并不能激励企业中各个层级的人员，而且它也实在不具有指导作用。同样，使命也不应该仅仅描述公司当前的产品线或顾客细分。有一家马车公司这样定位它的使命："我们为顾客提供品质一流的马车。"结果汽车出现后，该公司就倒闭了。设想一下，如果该公司把它的使命定位为"为顾客提供方便快捷的交通工具"，那么，马车需求下降后，它可以转为生产汽车，获得新的发展机会。所以企业的使命定位，不应该从产品出发，而应该从顾客需求出发，因为产品是会变的，而顾客的需求，尤其是本质的需求是不变的。

第二，使命必须体现企业深层次的目的。确定企业使命是一个发现的过程，即发现企业生存的根本理由是什么。大卫·帕卡德 1960 年在给惠普员工作演讲时说："很多人认为，公司的存在仅仅是为了赚钱，这是错误的。尽管这确实是公司存在的一个重要结果，但我们要深入下去，去发现我们存在的真实理由——为社会作出贡献。这种说法虽然听起来显得陈腐过时，但它却是根本的……"惠普认为自己的使命是"为人类的幸福和发展作出技术贡献"。而第二次世界大战后，松下为了改变日本货在国际市场上的劣质形象，以"产业报国"作为自身的使命。詹姆斯·考斯林在《哈佛商业评论》一文中认为，要想了解企业的根本目的，一个有效的办法是"五个为什么"。这种办法是：一开始先对"我们生产的产品或服务"进行描述性的说明，然后问"它为什么重要"，问五遍。在回答了几个为什么后，你会发现，自己开始越来越深入地探索组织的基本目的了。深圳一家知名高科技企业正是用此方法确定自己的使命是"让个性化信息为人们创造更美好的生活"。

第三，使命必须容易理解，便于记忆。有些公司把使命宣言变成一个智慧百宝箱，一个劲儿往里面塞东西，生怕漏掉了什么，结果是让人抓不住要点，而且冗长的陈述也造成语意不清。明智的做法是使用含义具体的字眼，表达明确的信息，言简意赅地陈述出企业的使命。

3.1.3　企业使命的内容

一般来说，企业使命包括两个方面的内容，即企业哲学与企业宗旨。

所谓企业哲学，是指一个企业为其经营活动或方式所确立的价值观、态度、信念和行为准则，是企业在社会活动及经营过程中起何种作用或如何起这种作用的一个抽象反映。公司哲学是以企业家文化为主导的公司核心群体对于公司如何生存和发展的哲理性思维，它是一种人本哲学，是公司解决如何在外部生存以及公司内部如何共同生活的哲学，是公司对内、外部的一种辩证式的哲学思考，是指导公司经营管理的最高层次的思考模式，是处理公司矛盾的价值观及方法论。

企业宗旨是关于企业存在的目的或对社会发展的某一方面应作出的贡献的陈述，有时也称为企业使命。企业的宗旨往往被认为是对企业生存的一种肯定。当然，每一个企业都有其独特的生存理由，尽管不一定刻意以书面形式表达出来。

企业宗旨从根本上说是要回答"我们的业务是什么"这个问题。企业宗旨涉及企业的长远目标。企业在任何一个发展阶段，管理高层心中总有一套构想，如企业提供什么产品和服务、企业的市场、运用什么机器和技术等。如果把这些构想写下来，其形式与宗旨陈述非常相近。

企业宗旨表述常常刊登在年度报告中，并往往在企业内部广泛宣传，在企业给客户和供应商等的信息资料中也往往包括这些陈述。战略家的首要责任是确保企业宗旨陈述得当（常常被人们称为主战略）。战略管理过程的第一步是确定企业的宗旨，而宗旨陈述正是企业战略管理的基础和起点。宗旨陈述的作用在于：① 确保企业有一个重心点；② 提供分配资源的基础或标准；③ 建立企业环境或企业文化；④ 使企业员工与企业的宗旨保持一致；⑤ 有助于将企业的目标分解为工作结构，这涉及在企业里分配任务。

3.1.4　企业愿景与企业使命的联系与区别

越来越多的企业都意识到和重视文化理念在企业发展、经营管理、企业文化建设中不可缺少的导向、激励等积极作用，企业文化理念里最高层次的文化理念主要是企业愿景和企业使命，但是，目前由于企业愿景和企业使命的概念模糊，而普遍存在矛盾、通用、混用等现象。有很多企业在设计和展示本企业的企业愿景和企业使命的时候，经常因为对概念的理解和定义、认同不一致，而出现甲企业的企业使命类似于乙企业的企业愿景的现象；在运用企业愿景方面，有的用企业愿景，有的用企业宗旨，其实，这两个词的内涵和外延都是一致的，只是"宗旨"一词是我们用了很多年的常用词或旧词，"愿景"只是最近几年时兴的新词。在某一个企业里，企业使命和企业愿景都有表述，但是因为设计企业愿景和企业使命的设计人员或企业员工对企业愿景和企业使命的理解不清晰，尤其是对企业愿景和企业使命各自定义范围或要回答的问题所存在的差异不能清晰地理解，有很多的企业在企业愿景和企业

使命等方面有较多重合。因此，有必要具体分析、理解企业愿景和企业使命的异同点及其之间的关系。

（1）企业愿景与企业使命之间的联系。主要表现在：都是对一个企业未来的发展方向和目标的构想和设想，都是对未来的展望、憧憬。也正是因为两者都有对未来展望的共同点，人们很容易将两者理解为一个意思或一个概念，因此在很多不同的企业之间或在一个企业内部经常出现企业愿景和企业使命等互相通用或混用的现象。

（2）企业愿景与企业使命之间的区别。主要表现在以下三方面。① 企业愿景是表明企业长期的发展方向、目标、目的、自我设定的社会责任和义务，明确界定公司在未来社会是什么样子，其"样子"主要是从企业对社会（也包括具体的经济领域）的影响力、贡献力，在市场或行业中的排位等方面来表述的。② 企业使命是在界定了企业愿景概念的基础上，具体表述企业在社会中的经济身份或角色，在社会领域里，该企业是做什么的，在哪些经济领域里为社会作贡献。企业使命主要考虑的是对目标领域、特定客户或社会人、与企业关联群体（客户、股东、员工、环境）之间的经济关系。考虑对企业有投入和产出等经济利益关系的群体产生激励、导向、投入作用，让直接对企业有资金投资的群体（股东）、有员工智慧和生命投入的群体、有环境资源投入的机构等产生长期的期望和现实的行动，让这些群体、主体通过企业使命的履行和实现感受到实现社会价值的同时，使自己的利益的发展得到保证和实现。③ 从企业愿景和企业使命等理论概念的关系看，企业使命是企业愿景的一个方面，换句话说，企业愿景包括企业使命，企业使命是企业愿景中具体说明企业经济活动和行为的理念，如果要分开来表述企业愿景和企业使命，企业愿景里就应不再表达企业经济行为的领域和目标，以免重复或矛盾。

当然，不同学者有不同观点，也有人说，使命对于愿景格外重要，没有使命支持的愿景往往只是水中月、镜中花。

3.1.5　基于动态战略视角的企业使命陈述

纯粹赚钱或者赚取利润并不能够单独成为使命的内涵，或者说是没有答案的答案，真正的答案在于企业能够为顾客、股东、员工、社会等利益相关者实实在在地做些什么。有企业家曾戏言有时梦想赚钱时赚不到，踏踏实实做事反倒可能赚个盆满钵满。不同的企业、不同的人，对企业使命的认知差异实际上体现了对企业生存根本目的、经营哲学、价值观念的根本区别，同时也受到企业自身演进、环境变化、企业家心智模式、使命陈述方法等多方面因素的影响，进而决定了企业的不同战略决策和经营行为以及不同的企业经营绩效。世界顶级企业的大量案例表明，清晰明确、特色鲜明、鼓舞人心的企业使命是其成功的决定性战略要素，这对大多数仅仅"说在嘴上、写在纸上、挂在墙上"但又普遍缺乏个性和实用性的中国企业来说，显然有着重要的借鉴意义。

3.2　企业使命的确立方法

3.2.1　确定企业使命的必要性

企业使命对战略管理来说十分重要。实践表明，一个企业要取得真正的成功，单靠资金、技术、产品等还不够，必须有一套明确的指导思想、价值观念和企业使命。确定企业使命的必要性主要表现在以下几个方面。

（1）企业使命是企业发展方向的指引

企业使命反映了企业领导人的企业观，它不仅受企业外部环境等客观因素的影响，更会受到企业高层领导人的政策水平、科学知识、实践经验、思想方法和工作作风等主观因素的影响。明确企业的使命可帮助企业界定战略的边界，排除某些严重偏离企业发展方向、前景不明的投资领域，从而做到目标明确、力量集中，保证企业内各公司经营目标的一致性。明确企业的使命也有利于吸引志同道合的人才。同时，也使公众对企业的政策有清楚的了解，并得到信任、好感和合作，使企业政策能够符合公众的需求，从而企业与公众都能获得利益，使企业更好地承担起自己的社会责任。

（2）企业使命是协调企业内外部矛盾的润滑剂

各个利益主体对企业使命都有不同要求，公众比较关心企业的社会责任，股东比较关心自己的投资回报，政府主要关心税收与公平竞争，地方社团更为关心安全生产与稳定就业，职工比较关心自己的福利及晋升。因此，各利益主体可能会在企业使命认识上产生分歧与矛盾。一个良好的企业使命的表述，应当能在不同程度上满足不同利益相关者的需要，注意协调好他们之间的关系。

（3）企业使命是帮助企业建立客户的导向

良好的企业使命应能反映客户的期望。企业经营的出发点就是要识别客户的需要并努力满足客户的需要，这是企业进行使命定义时的根本指导思想。所以，在定义企业使命时，必须明确企业的产品和服务对客户所具有的效用，企业想要生产什么不是最重要的，对企业未来成功最重要的是客户想买什么、珍视什么，而客户所购买的或认为有价值的绝不是产品或服务本身，而是体现在产品和服务所能够带来的效用。明确企业应该提供的产品与服务只是一种手段，目的是要满足社会和客户的需求，一定要弄清手段与目的的关系。

（4）企业使命是企业战略制定的前提

企业使命是确定企业战略目标的前提。只有明确地对企业使命进行定位，才能正确地树立起企业的各项战略目标。企业使命是战略方案制定和选择的依据。企业在制定战略过程中，要根据企业使命来确定自己的基本方针、战略活动的关键领域及其行动顺序等。

（5）企业使命是企业战略的行动基础

企业使命是有效分配和使用企业资源的基础。有了明确的企业使命，才能正确合理地把有限的资源分配在关键的经营事业和经营活动上。企业使命通过对企业存在的目的、经营哲学、企业形象三方面的定位而为企业明确经营方向、树立企业形象、营造企业文化，从而为企业战略的实施提供激励。

3.2.2　企业使命的主要构成要素

① 客户。是企业的消费者或服务对象。使命表述要以客户为中心，客户或消费者的需要决定企业的经营方向。

② 产品或服务。企业生产、经营的主要产品或提供的主要服务项目是构成企业活动类型的基本要素，企业经营成败的关键在于其产品或服务在市场上的销路及收益。对企业产品的描述是引导顾客识别企业的重要因素。

③ 市场区域。即企业计划要开辟或参与竞争的地区。

④ 技术水平。企业技术水平的定位能够反映企业所提供产品或服务的质量，有助于明确企业的技术竞争力。

⑤ 增长与盈利。即企业是否能够及通过何种方式实现业务增长和提高盈利水平，是表达企业盈利能力的信息。

⑥ 经营理念。是指企业在生产经营活动中所持有的基本信念、价值观念、行为准则和精神追求等。正确的经营理念是企业成功的最重要的保证。

⑦ 自我认识。是企业对自身比较优势和特别能力的判断与认识。

⑧ 人力资源。表明企业对待员工的态度，是企业使命的一项重要内容。应包括员工的招聘、选拔、考评、薪酬、福利和发展等人力资源政策。

⑨ 社会责任。是指企业在生产经营活动中实现自身利益的同时，必须考虑社会利益，承担社会义务。

从目前国际趋势来看，企业在定义自己的使命时越来越强调自身的社会责任。这既是社会对自身的要求，也是企业为树立良好的公众形象和在竞争中取胜的需要。从总体上来讲，企业应当承担的社会责任主要包括保护消费者的利益、保护生态环境、为地区和社会作出贡献。

3.2.3　企业使命定位应考虑的因素

① 外部环境。是企业生存和发展的基本条件。外部环境发生变化时，企业使命必须作出相应的改变。特别是对这些变化可能带来的威胁和机遇，企业更要善于发现和及时作出反应。

② 企业领导者的偏好。企业主要领导者都有自己的人生观和价值观，对某些问题有着自己独特的偏好，如追求产品的创新、注重产品的品质或顾客服务等，这些偏好对企业使命的确定有很大影响。

③ 企业的发展历史。现实和未来是相连的，不了解过去，就无法规划未来。

④ 企业资源。是企业实现其使命的物质基础，主要包括人力资源、金融资源、物质资源、信息资源和关系资源等。

⑤ 企业的核心能力。明确自身的竞争优势，从而指导企业获取较高的市场地位。

⑥ 其他与企业相关利益者的要求与期望。企业的利益相关者包括股东、员工、债权人、顾客、供应商、竞争者、政府、社区和公众等。

3.2.4　企业使命表述应注意的问题

企业使命表述应注意以下六个方面。

① 文字清晰。

② 以消费者的基本需求为中心。

③ 必须具有约束力。

④ 必须切实可行。

⑤ 能够反映企业的个性。

⑥ 具有激励性。

3.3　温州建设集团的企业使命诠释

温州建设集团的企业使命：坚持不渝地追求建筑精品，强企业实力，尽社会责任，造员工福祉。

站在更高的视角，经营企业就是经营事业。温州建设集团秉承优良传统而又不断创新，始终不渝地追求被社会认可的建筑精品，继续夯实企业实力，积极履行社会责任，竭力创造员工幸福，让更多受众在做强企业中分享快乐。

3.3.1　坚持不渝地追求建筑精品

坚持不渝，就是坚守约定或诺言，决不改变。要始终如一地用优良的品质塑造企业品牌，用优良的品质奠定企业的明天，这一点应当在建设集团成为共识。

怎样坚持不渝地追求建筑精品？应做到以下三方面。

（1）以优质工程塑品牌

要树立起"经得起用户比较"的思想，要实施"建一项工程，树一座丰碑，占一方市场"的名牌精品战略。在每一项工程中标之初，要根据其特点，制定相应的工程创优目标，以"过程控制与最终检验相结合、技术进步与实施严格管理相结合、激励与制约相结合"的管理方法，对企业进行全面的质量和生产经营管理。在施工过程中，认真落实质量责任制和质量"否决权"制度，上道工序不合格，下道工序不进行，以保证工程质量。

（2）以优质服务树信誉

要在实践中确立"业主永远是对的"服务理念，坚持"星级服务"思想。对所有承包工程的每一部分、每一个环节及每一个细节的质量都要保持高度责任感，尽最大努力让业主满意。施工前，充分了解业主的想法和需求。施工中，兢兢业业，一丝不苟。工程交付时，主动向顾客提供建筑工程使用说明书、工程保修卡。建成后，对竣工工程及时回访保修，并向用户寄发信誉卡，对用户的满意度进行调查，及时掌握为用户提供满意服务的第一手资料。

（3）以技术创新拓市场

创新是企业发展的不竭动力。要成立工程技术研究发展中心，负责新成果的推广应用和新技术的研究开发。要在工程技术研究发展中心指导下，研制研究建筑工具、创新新型技术、改进施工工法、强化 QC 小组等。要主动适应现代建筑管理的要求，建立以计算机为管理手段的电脑局域网，广泛采用装潢设计软件、财务管理软件和预决算软件。

要在质量、服务和创新上狠下工夫，实现企业的跨越式发展。要实现质量、环境和职业安全健康等三个管理体系的有机整合，创建优秀建筑企业。

3.3.2　强企业实力

企业实力主要包括人力、财力、物力、技术水平、管理水平、销售能力等。但目前至关重要的是如下三个方面。

（1）优秀企业家是打造企业实力的舵手

作为现代企业的掌门人，企业家在企业发展和企业实力提升中重任在肩，作用至关重要。纵观国内外成功的企业，无一不是有一个优秀的企业家在掌舵。有一流的企业家，企业才能有一流的竞争力。大家知道，掌管一个企业尤其是大中型企业，企业家们都是日理万机。这就要求企业家超越常规，付出更多的努力来不断提高自己的政治素质、管理水平和业务能力。优秀的大企业家必然也是政治英才，国外多有先例，国内更是如此。诚然，追求利润最大化是企业的天职和本分，但除交纳税费外，更应主动承担并积极履行推动社会进步、关注自然资源和生态环境、维护市场秩序、扶危济困、保障员工的合法权益等社会责任。要做大做强企业，就要承担社会责任；要承担社会责任，就必须讲政治、顾大局、关注社会。因此，企业家要努力学习，牢固树立科学发展观，关注国际形势变化；要多学善思，注重国家产业政策、科学技术和现代管理知识的学习，熟悉全国乃至世界同行业的发展趋势，注重企业发展战略研究，不断提升驾驭企业发展的能力和水平；要结合实际，勇于探索，勤于实践，大胆创新管理体制机制，建立健全现代企业制度，向管理要效益，靠管理提升企业竞争力。总之，企业家要顾全局、担大任、干大事，在提升企业实力中真正起到舵手作用。

（2）坚持自主创新是打造企业实力的根本

创新，是人类社会发展的不竭动力和源泉。拥有自主知识产权，是企业实力提升的核心。自主创新能力不断增强，企业才能做大做强、做优做久，才能在激烈的市场竞争中独领风骚，立于不败之地。因此，打造企业实力，必须把自主创新能力建设放在突出位置。要认真贯彻落实国家中长期科学和技术发展规划纲要，促进产业与技术、经济与科技的紧密结合，不断提高企业的综合实力和技术水平；要根据企业发展需要，加大研发投入，特别是大中型企业要搞好研发中心建设，努力突破并掌握一批关键技术；要善于利用社会创新要素，加强行业间的协同，积极构建产、学、研相结合的科技创新体系，组建一批促进技术创新的产、学、研战略联盟，促进科技资源的集约利用和科技成果向现实生产力转化；要在引进中学习，在学习中创新，在创新中提高，促进产品向高端、精品方向发展，不断提升档次，提高水平，形成自己的优势和实力；要以推进节能降耗减排为契机，大力提升企业实力。节能降耗减排是国家为保证我国经济社会永续发展所采取的一项重大举措，是一项国家战略。对企业发展来说，既是挑战更是机遇。要认清形势，采取措施，大力采用国内外先进技术装备企业，把节能降耗减排任务落到实处。同时，还要以高度负责的精神和历史使命感，不断创新并批量生产节能降耗减排产品和设备，造福人民，服务社会，在节能降耗减排中加速企业实力的提升。

（3）雄厚的人才资源是打造企业实力的保证

"科学技术是第一生产力"，"人力资源是第一资源"。企业自主创新能力增强、企业做大做强等工作都离不开人才做保证。因此，打造企业实力要把人才队伍建设放在重要位置。要牢固树立尊重知识、尊重人才的思想，根据企业实际，着眼未来发展，下大工夫，花大本钱，创新激励机制，切实把企业人才队伍建设抓紧抓好。为了企业的发展和实力的提升，当前和今后都要努力造就一支熟悉经济、治理有方的管理团队；造就一支知识渊博、敢于创新、勇于攻关的研发团队；造就一支善于开拓市场、服务质量优良的营销团队；造就一支技艺精湛、作风过硬的生产团队等。企业还要有资本运营的人才。从而，形成结构合理、富有效率、人尽其才、相互协同，能够适应企业发展需要的人才队伍，为企业实力的全面提升提供强大的人才保证和雄厚的智力支持。

3.3.3　尽社会责任

　　企业作为社会的重要组成部分，发展离不开社会支持。致富思源，富而思进，发展后积极主动地履行社会责任，回报社会，这是企业应尽的义务和责任，也是构建和谐社会的需要。建设集团在发展壮大中已经形成了这样的共识。企业承担社会责任，不仅要为全社会的公益事业、慈善事业尽心出力，为弱势群体排忧解难，更要关心和善待企业最宝贵的财富——职工，为职工解难，为政府分忧，为社会添安，从而汇聚最广泛的利益相关者和谐共生同发展。这是我们建设集团践行的又一社会责任。

　　企业是社会的经济细胞，也是众多社会主体利益的交汇点。人们关注企业社会责任问题，是社会进步的重要表现。讲企业的社会责任，首先要把握企业社会责任的内涵。企业社会责任运动源于欧美国家，与国际劳工运动、消费者运动、环保运动、女权运动有着密切的联系，是在世界上一系列社会问题日趋严重的背景下发展起来的。世界银行把企业社会责任定义为："企业与重要利益相关者的关系、价值观、遵纪守法以及尊重人、社区和环境有关的政策和实践的集合，它是企业为改善利益相关者的生活质量而贡献于可持续发展的一种承诺。"目前，国际上人们普遍认同的企业社会责任理念是："企业在创造利润、对股东利益负责的同时，还要承担对员工、对社会和环境的社会责任，包括遵守商业道德、生产安全、职业健康、保护劳动者的合法权益、节约资源等。"我们探讨国内企业社会责任问题，不仅要考虑国际上的一般含义，还要考虑我国的特殊性。总的来说，我国的企业社会责任也就是符合中国国情的企业社会责任，是中国企业在社会主义市场经济体制下，为促进科学发展和社会和谐而承担的一系列责任。随着改革开放的日益深入和工业化进程的不断推进，我国经济社会快速发展，社会财富大大增加，人们在物质文化生活水平显著提高的同时，更加重视环境改善，更加重视社会福利，更加重视扶助困难群众，更加重视构建和谐社会。这样，企业社会责任问题自然也就进入人们的视线，引起广泛的关注。因此，谈企业的社会责任问题，必须同我国国情的变化相结合，同改革开放的历史进程相结合，同经济与社会的转型特点相结合。

　　当前，强调企业的社会责任，是贯彻落实科学发展观、构建社会主义和谐社会的必然要求。强调企业的社会责任，有利于推动科学发展、促进社会和谐。改革开放以来，我国企业得到很大的发展，为经济增长、市场繁荣作出了巨大贡献，为人民群众提供了丰富的产品和服务，并通过纳税等形式履行着对国家和社会的责任。但也应该看到，在我国的一些企业中，不讲社会责任、浪费资源、污染环境、逃避税收、财务欺诈、拖欠工资、忽视安全、坑害顾客等现象还大量存在。这些行为造成了企业与员工、企业与用户、企业与投资者以及企业与自然环境之间的矛盾冲突，影响经济健康发展与社会和谐稳定。因此，要求企业必须自觉履行社会责任，自觉推动科学发展，促进社会和谐。

　　强调企业的社会责任，有利于企业实现可持续发展。经过30多年的改革开放，建设集团已经从追求做大做强阶段逐步发展到追求做久阶段，开始追求"基业长青""永续经营"和"可持续发展"。企业不是孤立存在的，也不可能孤立存在和发展。要做到"永续经营"，不仅要处理好内部关系，而且要处理好外部关系，包括与用户的关系，与国家、社会的关系，与自然环境的关系等。只有这样，企业才能得到社会的认同和支持，不断发展壮大。从一定角度说，企业"永续经营"的过程也是企业从自身能力出发持续履行社会责任的过程。同时还要看到，面对经济全球化的浪潮，企业社会责任问题已经同国际相关问题紧密地交织在一起，强化企业社会责任成为建设集团走向世界、参与国际竞争的必然选择。

3.3.4 造员工福祉

关于"福祉"这个概念，《韩诗外传》卷三中记载："是以德泽洋乎海内，福祉归乎王公。"唐朝李翱的《祭独孤中丞文》中记载："丰盈角犀，气茂神全，当臻上寿，福祉昌延。"孙中山的《同盟会宣言》中记载："复四千年之祖国，谋四万万人之福祉。"大意是幸福的意思，也有祝福的意义，还有吉祥的意思。现在中国台湾政客常用此词，用来指美满祥和的生活环境、稳定安全的社会环境、宽松开放的政治环境。造员工福祉，意为企业的发展需要全体员工共同努力，同时企业要尊重每一名员工的辛勤劳动，要积极为员工创造幸福、利益和福利。要满足员工的个人需要，为员工提供全方位的支持，提高员工的整体素质，为员工实现个人价值提供平台，努力实现员工价值的最大化。

（1）员工福祉是决定员工敬业度和留住员工的重要因素

对员工福祉的关心往往是决定员工敬业度和留住员工的重要因素。就主要方面而言，员工福祉包含以下三个方面。一是员工身体健康。如企业为员工提供的年度体检、医疗保险、健身计划、营养安排以及健康信息等方面的福利。二是员工心理健康。主要指员工所承受压力的程度、成就感、在工作环境中的安全感以及员工心理健康咨询等。三是员工人际健康。包括员工在工作中是否得到了公平的待遇，能否很好地平衡工作与个人生活的关系，以及企业对员工的关怀。福祉影响着员工对工作的投入程度。当员工对工作的投入程度和企业提供的福祉都达到较高水平时，员工真正对工作的投入，往往是长期而可持续的；而当员工对工作的投入程度和福祉不成正比或两者都比较低时，就会出现一些与企业期望并不相符的结果。

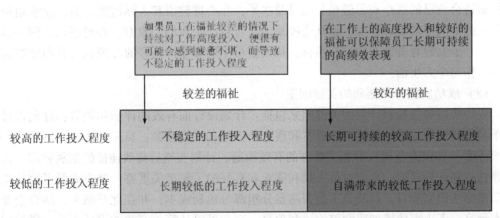

韬睿惠悦在近期发表的《员工福祉——进一步增强员工敬业度与绩效》一文中指出：企业需要不断发掘出更好的方式来为员工提供个人健康福利，同时保持企业文化的健康发展，以保障员工的福祉，提升满意度。这篇文章中还提到，提高员工福祉及满意度的措施包括了解员工需求及其对福利的期望。企业可以通过问卷调查等形式来了解员工真正关心的福利，从中发现既有利于提高员工满意度，成本又相对较低的福利项目。此外，企业只有了解不同员工群体对福利项目相应的关注点，并由此提供具有针对性的福利，才能实现在控制投入成本的同时，仍保有较高的员工敬业度和满意度。

（2）弹性福利是提高员工福祉的有效工具

弹性福利是企业福利整合和优化的一种有效方式，它强调员工参与，并赋予员工对福利的自主选择权，可以让员工从一系列的福利项目中选择出最适合自己的福利。弹性福利在 20 世纪 70 年代起源于美国，起初是为了应对雇员结构变化（如女性雇员的增加等）而产生。在 20 世纪 80 年代，由于医疗保健费用的增长，企业对弹性福利计划的需求迅速膨胀。弹性福利目前在西方国家已经非常普遍，近几年也开始在亚洲国家流行。在中国，根据韬睿惠悦于 2010 年 2 月在全球福利标杆数据库研讨会上所作的调研结果显示，弹性福利作为一种灵活的福利管理方法受到企业的欢迎，超过 84% 的受访者表示弹性福利是他们目前最感兴趣的福利项目。为什么越来越多的企业开始选择通过弹性福利对现有福利制度进行整合和优化呢？原因在于弹性福利从根本上解决了福利成本与福利效用之间的矛盾。企业一方面基于财务的压力，需要对福利成本加以控制；而另一方面也希望能够提供具有市场竞争力的福利，提升福利对员工，特别是对关键人才的吸引力。如何在成本和效用之间达到一定的平衡？在经济发展和员工福利需求日益多样化的今天，如何在控制成本的情况下，最大限度地满足员工的福利需求？弹性福利作为一种新的福利管理工具，为企业提供了解决这些问题的途径。通过弹性福利计划，企业能够将有限的资源集中于最能满足员工需求的福利项目；而员工通过对福利的自主选择，获得了满足其需求的福利，真正认知了企业提供的福利，增强了对企业的长期归属感，使福利成本价值最大化。弹性福利实现了企业和员工诉求上的双赢！以如何更好地提供员工健康福利为例：针对不同员工对健康或保健福利的需求，企业可以通过弹性福利让员工选择最适合自己（包括家人）的福利项目，从而在有力保障员工健康福祉的同时提升他们对健康福利的认知度。在身体健康福利方面，年轻的员工可能更希望企业提供健身方面的福利，而中年的员工则可能更希望享有门诊、住院、重大疾病或体检等项目上的升级福利。在这种情况下，弹性福利可以让员工选择最适合自己的医疗和保健福利项目及水平；在心理健康和人际健康方面，企业也可根据员工的不同年龄层和需求，让其选择最为适合自己的假期、旅游、心理咨询、财务或法务咨询、子女教育等方面的福利项目，从而使员工能够保持良好的心理状态并能更好地平衡其工作与个人生活。

（3）成功实施弹性福利的关键因素

成功实施弹性福利计划的关键因素包括：计划设计前有效的评估和调研；计划设计从简单易行的计划入手，保障合理成本和现有员工福利平稳过渡；员工、工会、管理层和外部服务商（如保险公司）等相关各方的有效沟通；计划实施后高效便捷的福利管理。在设计弹性福利计划之前，企业对员工福利需求和喜好的了解至关重要。企业需要了解员工希望获得哪些福利项目，以及员工是否愿意分担部分福利成本，并在此基础上，结合企业的成本预算，考虑需要增加或调整的福利项目。企业可以从简单有效的设计入手，做好现有体系到弹性福利的接轨。从根本上讲，弹性福利计划并不是一个新的独立的福利计划，而是整合和优化企业现有福利制度的一种方式。在将现有福利计划纳入弹性福利体系的改变过程中，企业可以从可能对员工和成本造成的影响入手，在提高员工和管理层对弹性福利认同度的基础上，减少推行弹性福利的难度。有效的沟通也是决定弹性福利成功的至关重要的一步。在人力资源部门与员工进行沟通时，要集中关注员工的体验并关注员工的思想变化，确保计划实施后，提高员工对福利的认知度和满意度。人力资源部门与管理层进行沟通时，应当强调弹性福利为企业提供的实际利益，使管理层了解到弹性福利的优点，从

而获得管理层的支持。另一个弹性福利计划成功运行的关键因素则是高效便捷的福利管理。这其中包括了对员工福利选择的管理，日常报销管理，对福利成本的管理，以及与第三方（如保险公司）的信息交换等。

虽然企业往往在不稳定或变革时期才会重视提高员工福祉的问题，但对员工福祉的关心不应简单地被经济环境所驱使。关心和提高员工的福祉及满意度应成为企业文化的一部分，并充分体现在企业福利计划的制订、员工的培训和发展、员工是否能够充分享受工作与生活的平衡等方面。如果能够根据企业自身情况并针对员工需求合理设计弹性福利制度，企业将在控制成本的同时，有效地增强员工福祉和满意度，提高员工的归属感和敬业度，并最终促进员工绩效的提升及企业发展。

☼ 【实践描述】

援建的 50 多个日日夜夜
——我们肩负的重要使命

张加熙

积极履行社会责任是集团的重要使命。2008 年 5 月 12 日 14 时 28 分，四川汶川县发生 8 级大地震，山崩地裂，房屋坍塌，造成大量人员伤亡、失踪。灾难降临人间，地震惊动了世界，灾区人民的命运牵动着 13 亿中国人的心。灾区人民无房而居，灾区援建成了当务之急。

2008 年 7 月 22 日令我终身难忘。这天下午我们援建人员第一批返温人员就要启程了，木鱼镇的领导来了，带着喜悦的感激之情，给我们送来了一面面锦旗；赵家湾的老百姓来了，带着难掩的惜别之意，给我们送来了自家特产；隆重的欢送仪式上，一位老师代表众乡亲送来了感谢信，千言万语、字里行间充满了对我们的深深敬意与离别之情。在鞭炮声、锣鼓声中相送的老乡紧紧相随，依依不舍地把我们援建队伍一直送到村口、路口、桥头。几位老乡拉住我们的手，半天说不出话，眼圈红红的，那情、那景，终于触动了我们最后一根脆弱的神经，我们再也控制不住自己的眼泪……一面面锦旗饱含着四川木鱼镇领导对援建人员的感激之情，饱含着赵家湾老百姓的深情厚谊和援建人员所付出的艰辛，故事还得从头说起。

2008 年 5 月 21 日，集团公司接到省建设厅、市建设局命令，温州建设集团公司作为"举全国之力抗震救灾"的一支重要队伍，临危受命，经集团公司领导班子精心筛选，成立了以胡正华总工程师为主的、党员为骨干的抗震救灾援建队伍，于 6 月 5 日下午，第一时间踏上了前往四川援建的征途。

灾区余震频频、山体滑坡，道路路基坍塌、泥石流频发，现场是满目疮痍、废墟一片，惨不忍睹，灾民依帐篷而居，随地而席。随着我们的到来，也让他们看到希望，他们翘首以待，让我们深深感受到自己肩负的责任。我们的到来，让他们看到了希望；他们殷切的希望，也让我们深深感受到自己肩负的责任。

刚到灾区，停电、缺水、缺粮、缺人，道路又不畅通，施工条件相当恶劣，生活条件也相当艰苦，我们集团人怎么办？

"作为国有建筑企业，不惜任何代价都要把援建灾区这件事做好。这是我们的责任！"集团公司党委书记、董事长邵奇杰的一席话又一次在耳边响起，给我们增添了信心与力量。

抗震最前线临时组建了以胡正华总工与应明铭为正副书记的抗震救灾前线临时党支部，带领全体党员在最困难的时候，树立信心，克服一切困难，发扬不怕疲劳、连续作战的精神，并在救灾现场，面对党旗，举行了庄严的宣誓：保质、快速、高效地完成任务，让灾区人民早日有个温暖的新家。

"舍小家，为大家"，援建人员中有的放下家里不到10个月大的孩子来了；有的放下自家正在承建的房屋来了；还有的放下正在装修的新家和身患重病的父亲也来了……在大灾面前，这就是党员，他们肩负的是企业的重托，体现的是国企的风姿，展现的是党员的风貌。

胡正华总工与当时在现场的市建设局局长刘光中，市援建指挥部总指挥、建设局副局长陈高鲁多次深夜召开协调会，后经多方的努力与协调，选址、设计、综合后勤、实地踏勘、援建工作有条不紊地展开。

材料设备四面八方采购，救灾物资日夜兼程，水泥、石子、木板等建筑材料正源源不断汇聚而来，为施工的顺利进行创造了有利的条件。

施工现场，废墟清理、场地平整、基础制作，人人在忙碌，一天工作14小时是家常。中午很热，气温足有40多摄氏度，帐篷内可能高达50来度，简直就是蒸笼，想进去休息会儿都很难。但再难难不倒经过党组织多年培养的国企党员。

工期紧、进度快，如何提高工作效率？在施工过程中，专业技术人员对施工工艺不断更新、完善。质量是企业的生命，专业施工技术人员对工程实行跟踪监督。测量定位、板材检验、板房搭建、产品验收，为的就是板房及其他建筑产品的质量。

在援建过程中也面临着一些原本没有预料到的难题，比如彩钢门窗安装当时就出现了安装质量问题。

由于温州本地区彩钢板紧缺，彩钢夹心板急需解决，没有彩钢夹心板将严重影响工程进度。后经过多方努力，辗转江苏、山东等地寻找，终于在西安找到货源。彩钢门窗安装原协议中商定由西安钢构材料单位负责安装，但该企业派出来的一大批安装工中都是新工人，不但安装进度慢，质量也不理想。

质量是企业的生命，一定要为灾区人民提供质优物美的产品，要赶快从温州抽调技术力量过来，胡正华总工当场作出了强有力的决断。集团公司党委书记、总经理邵奇杰来电说："集团党委、总经理室就是你们坚强的后盾，将全力以赴提供人力、财力、物力保障。"集团公司玻璃幕墙门窗公司的一批技术人员急速被派往灾区，质量有保证了，进度也上去了。

以前线总指挥胡正华总工、应明铭书记为首的领导班子一手抓工程进度及质量、一手抓精神文明建设，不知有多少个不眠之夜，挑灯学习、部署，鼓干劲、表决心，吸收预备党员，又有不少同志向党组织提出入党申请，在那特定环境下，接受心灵的洗礼，党员的模范先锋作用再次得到充分体现。

"七一"前夕，温州市各级组织领导、集团领导、地方党组织都相继来访，他们带来关心与慰问，更带来鼓励与鞭策。

胡正华总工时刻告诫我们，为了集团公司的荣誉与灾区人民的期盼，要赶超中城集团与东瓯集团，要保持团队良好的精神风貌、无私的拼搏精神，确保援建任务提前完成，要充分展示我们国有企业的优势与全体党员强烈的责任感和使命感。

7月25日，随着青川县财政局过渡安置房顺利验收并移交，灾区人民也陆续住进宽敞明亮的板房，并享有一应俱全的配套设施。这是党和国家对灾区人民的关怀，是改革开放政策带来的实惠，是全国各族人民对灾区人民的无私援助。

在以胡正华总指挥为首的领导班子带领下，经过50个日日夜夜的艰苦奋战，在青川、木鱼、三堆、昭化等地参加了17个施工点的援建任务，提前半个月完成了1326套、28000多平方米的四川广元过渡安置房援建任务，为集团公司赢得了荣誉。由于我们这个团队成绩出色，我们集团公司被授予浙江省支援抗震救灾先进基层党组织、援建四川广元过渡安置房先进集体、抗震救灾援建集体一等功、抗震救灾工人先锋号等一系列荣誉，参战人员都分别获得一等功、二等功、三等功的嘉奖。

参加四川援建的全体党员、干部，继承与发扬了集团公司的优良传统，充分发挥温州建设集团人特别能吃苦、特别能战斗的精神，我们为有这样的党员干部而自豪，为有这样的国有企业而骄傲。他们无私奉献，顽强拼搏，为帮助灾区人民重建家园，夺取抗震救灾的胜利作出自己的贡献。

温州建设集团公司是温州市建设行业唯一一家国有企业，人才储备充足，技术力量雄厚，党员优势明显。这次四川援建，国有企业的优势在国难当头时，强烈的责任感和使命感充分得到了体现。他们用自己的实际行动，为提高企业的声誉、企业知名度作出了应有的贡献。抗震救灾精神是企业的一笔巨大的精神财富，要让它不断发扬光大。

第4章 展国企雄风，塑国企形象，用质量筑造产品，靠信誉赢得用户

——企业核心价值观的构建

> 温州建设集团以国企强大的社会责任感所折射出的优质、诚实、信誉和以强大的凝聚力所积淀出的职工责任心、忠诚度、归属感，是其独有的强大优势。用卓越的质量筑造产品，靠杰出的信誉赢得用户，是展示国企雄风、塑造国企形象的根本所在。

4.1 核心价值观的理论描述

4.1.1 什么是企业核心价值观

核心价值观是某一社会群体判断社会事务时依据的是非标准，遵循的行为准则。譬如，社会主义核心价值观就是以人民为主体，以人民的利益为标准，实现全社会平等、公平、正义的价值观。

企业核心价值观是指企业必须拥有的坚定的信念和忠实遵守的准则，是企业评价一切现象、事物、问题、关系的标准总和。在企业复杂的价值观体系中，核心价值观起着关键作用、决定作用和统领作用，其他价值观是核心价值观的衍生和应用。詹姆斯·C. 科林斯和杰瑞·波拉斯在其广受好评的《基业长青》一书中写道："能长久享受成功的公司一定拥有能够不断地适应世界变化的核心价值观。"这一点是惠普、强生、宝洁、默克制药和索尼等公司成功的关键因素。

企业核心价值观，首先它是企业独有的、不可替代的价值观。具有"买不来、偷不走、拆不开、带不走"的特点，也就是说它不是从外部学来的，而是内部长期积累起来的东西，它已融入到企业的肌体和血液。其次它是企业本质的、起决定作用的价值观。有关调查资料表明，《财富》100强中，55%的公司声称"诚信"是它们的核心价值观，44%的公司倡导"客户满意度"，而40%的公司信奉"团队精神"。在2002年中国企业文化年会中评选出来的企业文化建设30强的核心价值观数据分析中，"创新""奉献""诚信""团结""艰苦奋斗"等词语出现较高——当然，这里约为77%为国有企业。这反映了不同文化的企业和不同发展阶段的企业，它的核心价值观是不一样的。核心价值观看起来是"虚"的，其实是"实"的，它是为实现使命而提炼出来并予以倡导，指导公司员工共同行为的永恒准则；它是深藏在员工心中，决定影响员工行为，并通过员工日复一日的工作表现出来的处事态度。核心价值观不在多而在精，一般不会多于5~6条。

企业核心价值观是企业的本质和永恒的原则，它不需要获得外部的认证，它对企业内部员工具有内在的重要价值。

4.1.2 企业核心价值观的内容与标准

（1）企业核心价值观的内容

核心价值观包含以下四个方面的内容：

① 它是判断善恶的标准；

② 它是群体对事业和目标的认同，尤其是认同企业的追求和愿景；

③ 在认同的基础上形成对目标的追求；

④ 形成一种共同的境界。

（2）企业核心价值观的标准

企业核心价值观必须符合如下标准。

① 它必须是企业核心团队或者是企业家本人发自内心的肺腑之言，是企业家在企业经营过程中身体力行并坚守的理念，如有些企业的核心价值观中有"诚信"的字眼，但在实际经营过程中并没有体现出诚信的行为，那么它就不是这家企业的核心价值观。从这个角度说，核心价值观不能够去追求时尚，世界五百强企业的核心价值观，如"创新""以人为本""追求卓越"等，不一定就是你的核心价值观，它们可以是你价值体系的一部分，但并不一定与你的核心价值观完全吻合。

② 核心价值观必须是真正影响企业运作的精神准则，是经得起时间考验的，因此它一旦确定下来就不会轻易改变。

③ 所谓核心，就是指最重要的关键理念，数量不会太多，通常是 3 ~ 5 条。

4.1.3 企业核心价值观的作用

企业核心价值观，是对好坏、善恶、美丑、成败、贵贱、贫富、是非的一种基本价值判断，是对做大与做强、做优与做久、专业化与多元化、本土化与全球化、保守与进取、变革与稳定、短期与长期进行选择的一种价值准则，是提倡什么，反对什么，弘扬什么，抑制什么，遵循什么的一种价值态度。这些问题是企业经营中每一个人始终要面临的问题，谁也不能回避，谁也不能含糊，因此它是企业的基本问题。企业核心价值观的作用可以归纳如下。

（1）它为企业的生存发展确立精神支柱

企业核心价值观作为领导者与员工据以判断事物的标准，一经确立并成为全体成员的共识，就会产生长期的稳定性，甚至成为几代人共同信奉的信念，对企业具有持久的精神支撑力。当个体的价值观与企业价值观一致时，员工就会把为企业工作作为自己的理想而奋斗。企业在发展过程中，总要遭遇顺境和坎坷，一个企业如果能使其价值观为全体员工所接受，并使员工为之自豪，那么企业就具有了克服各种困难的强大精神支柱。

（2）它决定企业的基本特性

在不同的社会时期，会存在一种被人们认为是最根本、最重要的价值，并以此作为价值判断的基础，其他价值可以通过一定的标准和方法"折算"成这种价值。这种价值被称为"本位价值"。企业作为独立的经济实体和文化共同体，在其内部必然会形成具有特点的本位价值观。这种本位价值观决定着企业的个性和发展方向。一个把信誉作为本位价值观的企业，当信誉和创新、利润发生矛盾和冲突时，它会很自然地选择前者，使创新和利润服从信誉的需要。

（3）它起到导向和规范作用

企业核心价值观是企业中占主导地位的管理意识，能够规范企业领导者及员工的行为，使企业员工在具体问题上达成共识，从而大大节省企业的运营成本，提高企业的经营效率。企业核心价值观对企业和员工行为的导向和规范作用，不是完全通过制度、规章等硬性管理手段实现的。曾经有人这么评价，"无论多好的制度，最多只能规范人的行为的30%，其他70%还是靠非正式制度来进行规范。"企业价值观能产生凝聚力，激励员工释放潜能，企业的活力是企业合力作用的结果。企业合力越强，所引发的活力越强，就越能得到持久发展的原动力。

4.1.4 个人价值观与企业共同价值观

（1）个人价值观的差异

先用一个很有意思的案例来作说明。案例说的是一群在军营受训的美军人在结训前的第五天晚上看了一部电影：美军与日军在某一争夺太平洋小岛的登陆战中，双方死亡惨重，美军第一波登陆的每五名海军陆战队士兵中平均只有 1.7 个人存活。当晚在吹熄灯号之前，五名在同一班的伙伴坐在床边聊起晚上看到的影片。突然有一位小伙子出了个点子，说："我们中间可能有三分之二的人会战死，如果在战死前一周，您最希望做什么？"

① 我希望在麦迪逊广场开个人演唱会，有成千上万的歌迷在台下为我痴迷疯狂，而且福茂唱片公司的老板也在群众中抢着要与我签十年的合约。

② 我希望与我父母及弟妹共度这几天，同享天伦之乐。

③ 我希望我出版的书在这几天内获得普利斯特文学奖，并成为今年全美最畅销的书。

④ 我希望能与奥斯卡金奖影后谱写爱情，并且这个消息成为全世界新闻的头条新闻，许多电影制片请我当电影男主角。

这个小故事说明人各有志，也就是说每个人的价值观不同。任何价值观都是"自我的"，世界上不存在无主体的、抽象普遍的"终极"价值观。正因为人与人之间价值观的差异，对同一件事，各人对其价值的判断不尽相同，反应也会各不相同，而客观事物的价值也因此不同。价值观是行为的动机和选择的基础，不同的价值观也决定了对成功的不同定义。

（2）充分沟通，形成共同价值观

在一个团体中，价值观要整合才能共同做一件成员都同意的事，因此，团队中的成员必须互相沟通、以理说服或妥协让步，以求达成团体成员一致的行动。因为价值观不但影响个人行为，还影响群体行为和整个企业行为，进而影响企业的经济效益。企业成员在参加企业之前都有着各自的经历，都带了形形色色的价值观进入企业。同一个规章制度，认为其合理的人就会认真贯彻执行，认为其错误的人就会设法不执行，而这两种截然相反的行为，将对企业目标的实现起着完全不同的作用。因此，为了获得好的经济效益，企业领导人在选择企业目标时，就要考虑到与企业有关的各种人员和群体的价值观，只有在平衡各方面的基础上才能选择出合理的组织目标。世界上许多优秀企业的成功经验之一，就是有明确的价值观，有共同的信念，并严守这个信念。一个企业在其生命过程中，为了适应不断变化的环境，必须准备改变自己的一切，但不能改变自己的信念。

　　充分沟通是建立共同价值观的基础。在企业内部充分利用各种沟通渠道和手段，使员工对共同价值的思想在精神层面上得到充分交流，把内心情感尽可能多而真实地表现出来，在工作中更好地调整好自己的位置、行为和心态，在员工与员工之间、员工与领导之间、员工与企业之间建立感情。在企业外部，要通过企业的对外宣传、服务、公益活动，员工的言行举止、仪容仪表、待人接物、品质修养等诸多方面更直接、真实、可靠地向外界传递企业所追求的共同价值观，展现企业道德风尚、员工风采，增强员工自信心和对企业的自豪感与责任感。

4.2　企业核心价值观的构建与培育

4.2.1　企业核心价值观构建与培育的原则

　　当今时代，几乎所有企业高层领导都盼望建立一个明确的核心价值观，以作为企业管理和员工的行为依据。总结世界上成功企业的经验，每个企业都有其核心价值观的具体表现形式，但遵循的原则大体是一致的。

　　（1）坚持共鸣原则

　　核心价值观构建得成功与否，取决于全部员工的共鸣程度。古语云："上下同欲者胜。"只有达成共鸣，相关决策才能得以贯彻执行。在构建核心价值观的过程中，自始至终都需要全员参与，整体互动，任何一件事情，只有亲身参与了，才会有责任感。事不关己就会高高挂起。在参与的过程中让员工领会到成就感、挫折感、温暖感、危机感等不同感受，通过交换与融合，逐渐形成大家首肯的价值准则。

　　（2）满足需求原则

　　马斯洛提出的需要层次理论，把人的需求分为五个层次，这五个层次大致可分为两类：一类是物质需要，另一类是精神需要。在实际构建核心价值观过程中，要根据不同对象，给予物质或精神嘉奖。应当围绕如何尊重人、如何应用人、如何造就人、如何关心人，分别设立不同的寻求目标。在人才造就方面，海尔是范例，他们提出"人人是人才，赛马不相马"，每个月搞一次"大选"，人力资源中心把空岗情况公之于众，每个人都可以"上台打擂"，这是一种勉励，更是对人的一种尊重。企业核心价值观构建与培育必须考虑如何满足人的需求。

　　（3）创立学习型企业的原则

　　所谓学习型企业，就是通过不断的学习来改革企业本身的组织。学习是在个人、团体、组织或组织相互作用的共同体中产生。学习是持续性的并且可以战略性地加以运用的过程，而且可以同时运用到工作中或者跟工作同时进行。要有实现共同愿景的不断增长的学习力，学习工作化使企业不断创新发展，提升应变能力。

　　学习型组织已被称为"21世纪企业组织和管理方法的新趋势"，学习型组织理论要求组织中的每一个成员不仅要毕生学习，而且要开放自我，与人沟通，最终达到从个体学习、组织学习到学习型组织的目标。管理大师彼得·圣吉将学习型组织的创立定义为"修炼"，这个过程是相对较长的。

　　（4）和谐与无界限的原则

　　松下幸之助曾说："人的组合相当重要，如果是机器，一加一绝对等于二，但人的组合如果得当的话，一加一往往会大于二，反之可能变成零甚至得到负效果。"现代企业强调无界限合作，这无界限就需要文化来融合，靠核心价值观来串联。在实际工作中应坚持以下几点。① 求同存异。企业的各部分都必须集结在企业大目标下，只有与企业核心价值观保持一致，才能相互支撑与和谐。② 合理评估。各部门之间，只有分工不同，没有高低贵贱之分，否则就会造成部门之间的逆反心理，不利于企业的发展。③ 相互沟通。沟通是现代企业的必备要素，领导与领导之间，部门与部门之间，员工与员工之间，应当建立沟通机制，沟通越融洽，凝聚力就越大。④ 团队精神。一个企业中所有的榜样任务的集合体构成企业的团队，精彩的团队必须是完整的企业精力的化身，是企业价值观的综合体现。企业榜样群体的行动，是企业榜样个体范例行动的提升，因此，在各个方面都应当成为企业所有员工的行动规范。

（5）勉励与束缚的原则

造就核心价值观的落脚点，就是有效勉励员工为了实现企业最高目标而努力。据美国哈佛大学的专家研究，在缺乏勉励和束缚的环境中，员工的潜力只能施展出 20%～30%，甚至可能为负；但在适应的勉励与束缚环境中，同样的员工却能施展出其潜力的 80%～90%。因此，建立勉励与束缚机制是造就核心价值观的关键。要力争做到以下几点。① 细分勉励。重视人力资本开发，以正面勉励为主，细分勉励有利于因材施教，因势利导。勉励可细分为物质勉励、舆论勉励、升降勉励、民主勉励、承诺勉励、情绪勉励、荣誉勉励、及时勉励、批评勉励等。相对于其他勉励来说，批评勉励属于负勉励的一种，批评勉励也叫挫折勉励，它是指出人们的过失或利用人们的挫折心理，勉励人们勇于纠正，变被动搪塞为主动奋争的一种勉励法，但这种勉励不能成为主导。② 正确处理勉励与束缚的关系。两者手段不同，目标是一样的，在实行过程中，要保证勉励的积极效果，必须使束缚力度大于获利力度。因此，企业核心价值观的造就，要加大勉励与束缚机制的履行力，旗帜鲜明地表达提倡与反对的态度。

（6）扬弃的原则

在企业管理中有一条巴列特定律："结果的 80% 是由总耗费中的 20% 形成的。"即"二八"原则，一个企业也是如此。留住对企业有用的 20% 的群体，是人力资本开发的重要环节。坚持扬弃的原则，以下有三个方面问题必须考虑。① 分类原则。根据企业核心价值观所提倡的，把员工分为四类：第一类是认同公司企业文化，又叫强能力和良好事迹的人，这是公司必须留住的人才；第二类是认同企业文化，但缺乏能力的人，给他提供第二或第三个机会，换个岗位或送去培训，安排适合他的工作；第三类是不认同企业文化，但有能力的人，加强对他的教育引导，使他认同企业文化，转变为第一种人，否则，就叫他离开企业；第四类是不认同企业文化，又没有能力和事迹的人，通过有效的淘汰机制，尽快让其离开企业。② 绩效机制通过制定有效的绩效管理机制，体现价值观所提倡的行动。在现实中，没有人总是对自己的薪酬感到满意，而个人财富过大可能产生副作用，勉励过度可能让人不思进取，因此，通过认清我们价值观所能容许的底线显得尤为重要。③ 从贤不从众，按照"二八"原则，真理不一定都控制在多数人手里，要造成一种环境，让不同意见存在，一经形成决定，就要履行权威管理。

4.2.2 如何提炼企业核心价值观

有些企业核心价值观宣言表面充斥豪言壮语，都显示良好的品质，但却不能成为指导员工行动的明确纲领，毫无实效，最终员工也就变得玩世不恭，而管理层则缺失了可信度。要让企业核心价值观能落地有声、有实效就必须采取科学的提炼方法。

（1）第一步骤：谁来设计

好的领导者应该是成功经营理念和核心价值观的原创者。在尊重与顺应社会文化发展潮流的前提下，企业领导者的个人信念和核心价值观，必定影响企业核心价值观的形成。在企业核心价值观形成的过程中，领导人可能不是一开始就对所有问题都有清晰的认识，而是一个逐渐认识的过程，但他本人对自己的信念和所持有的核心价值观则应该是坚信不移，并愿意为之奋斗的。

核心价值观的确立最好由少数人组成的一个小组共同完成，这个小组包括领导班子、骨干人员以及专家顾问等。高层管理者也必须明白，确立好的核心价值观绝不可能仓促完成，有时它要随着企业的发展逐步深入认识，才可能从中提炼出来，关键是应该再三考虑它们未来可能在公司产生的作用。

（2）第二步骤：怎样提炼

核心价值观体系不仅要具有时代特色、行业特色，更要带有企业特色和群体的个性，因此它不能从书本上抄来，只能从企业自己的实践、从企业家群体的实践中提炼。

为了达到上述目的，可以依照以下指导原则：① 核心层共同参与；② 确保价值理念反映公司长远目标；③ 注重核心价值观对变革的关键驱动因素；④ 价值理念应该激励人心和使用简单易懂的语言；⑤ 确保企业核心价值观的各要素能明白无误地转换成行为。

与此同时，领导者要对核心价值观作出详尽的解释，让大家清楚企业所倡导的价值取向是什么，也就是群体应当遵守的基本价值标准、大家判断事物和行为的是非标准是什么。

（3）第三步骤：如何表达

核心价值观的表达必须开宗明义，不得含糊，并且用细节体现力量。譬如，"人才理念"，至少应包含企业对"什么是人才""如何使用人才"等问题作出解释和说明。很多企业宣称"事业留人、感情留人、机制留人""公开、公平、公正"等，但不好操作。核心价值观要真正在一个组织中扎下根来，必须将其融入与企业生存与发展的一切行动——战略、结构、责权体系、流程、领导风格等诸多方面，融入与员工有关的每一个程序——用人方法、业绩考评系统、晋升和奖励标准，甚至辞退政策。核心价值观是公司所有行为的基础。

4.2.3 如何构建企业核心价值观

成功的企业核心价值观的构建应重点考虑以下六个方面。

第一，树立以人为本的管理思想。即建立有效的吸引、保留和激励人才的制度，并在行动上体现出来。人是企业最大的资源和财富。尊重和关心每一位员工，并强化其自信和力争第一的心理是提高效率的关键因素之一。尽管几乎所有公司的高层管理人员都声称自己的公司很关心员工，但只有那些优秀公司在这些方面的重视程度上才真正做到了既深远又广泛，从而有别于其他公司。像韦尔奇那样，走出自己的办公室，离开老板椅，走进员工，而不是空喊口号。目前，"靠人创业，靠人兴业"的观念已被越来越多的企业家所接受，并在实践中促进了企业的健康发展，赢得了良好的经济效益。

第二，建立顾客至上的经营理念。即倾听消费者的心声。像彭博资讯董事长彼得·格劳尔先生在《如何在全球化时代中竞争》的演讲中谈到的那样："我们的宗旨非常清楚，那就是我们永远把客户服务放在第一位。我们公司的所有员工，包括我自己，工作目的都只有一个，那就是为客户提供最好的服务。"真正的顾客至上型公司在以下几方面做得非常出色：① 营造顾客服务体验；② 开发拳头产品；③ 建立客户忠诚度；④ 强化品牌培育；⑤ 按市场需求发展；⑥ 创建消费者信息系统；⑦ 搭建电子商务平台；⑧ 注重成长性与创新精神。

第三，追求卓越的核心价值观，追求开拓创新。要为员工营造创新的工作环境和工作氛围，容忍失败，鼓励创新。创新是企业永恒的话题，创新包含着两方面的时间概念：一是速度性；二是持续性。围绕着这两方面，创新激励贯穿于创新的全过程。鼓励公司员工开动脑筋、挖掘创造力，是许多成功企业普遍采用的激励管理方式，并形成了企业的创新文化。美国的3M公司，不仅鼓励工程师也鼓励每个人成为"产品冠军"。公司鼓励每个人关心市场需求动态，成为关心新产品构思的人。如果新产品构思得到公司的支持，就将相应地建立一个新产品开发试验组，该组由研发部门、生产部门、营销部门和法律部门等代表组成。每组由"执行冠军"领导，他负责训练试验组，并且保护试验组免受官僚主义的干涉。一个有价值的口号是"为了发现王子，你必须与无数个青蛙接吻"。"与青蛙接吻"经常意味着失败，但3M公司把失败和走进"死胡同"作为创新工作的一部分。其哲学是"如果你不想犯错误，那么什么也别干"。

第四，保持诚实守信的商业道德。在这一方面，企业应当借鉴伊斯兰人的经济思想。在伊斯兰人的经济思想里，追求利润不是唯一目的，而是重视商业道德，与精神文明紧密结合。穆斯林的商业活动有三个目的：寻求个人利益，供养家庭生活的需要；促进社会繁荣，交流物资，加强各地人民的互相了解和团结；尤为重要的是，商贾以自己的品格把伊斯兰的美德传向社会大众。

第五，注重主动合作的团队精神。如何培养员工的团队精神？首先是支持性的环境。当管理层营造了一种支持性的环境时，团队合作就很有可能产生。营造这样一种环境包括倡导成员多为集体考虑问题，留下足够多的时间供大家会谈，以及对成员取得成绩的能力表示出信心。这些支持性的做法帮助组织向团队合作迈出了必要的一步。因为这些步骤促进了更深一步的协调、信任和相容，管理者需要发展一种有利于创造这些条件的组织文化。其次是才能与角色要分明。团队成员必须适当地胜任工作并且有合作的意向，除了这些要求以外，只有在所有成员都清楚他们要与之打交道的所有其他人的角色时，成员才能作为一个团队工作。做到了这一点，成员才能根据条件的需要，迅速行动起来，而不需要有人下命令，换言之，团队成员能根据工作的需要自发地作出反应，采取适当的行动来完成团队的目标。此外，企业还要具备超凡的目标和团队报酬。

第六，有追求效率和效益的竞争意识。为了提高企业的效益、效率和综合竞争力，必须具有竞争意识。企业为了取得与外部竞争者的竞争优势，可以首先采取内部竞争。创造内部竞争环境以激发组织的创造性思维，形成与外部竞争市场类似的内部竞争市场。宝洁公司在20世纪30年代创立了品牌管理结构，允许宝洁公司的品牌与公司的其他品牌竞争，就像不同公司的产品竞争一样。品牌管理互相竞争的制度在30年代初期实施，成为宝洁公司从内部刺激变革和改进的强力机制。宝洁公司的内部品牌竞争只是激发组织活力的一种机制，但不是唯一的一种。成功的企业善于利用各种激励机制，来鼓励内部竞争。如物质激励，包括工资、奖金、福利以及员工持股计划等；精神激励，对员工给予肯定、

表扬和赞赏以及关爱等；工作激励，培养自己的部属，大胆授权，给员工更多的机会，让他们有一种工作的成就感和满足感。

4.2.4 构建企业核心价值观的误区

构建企业核心价值观有八个误区应特别注意。

一是核心价值观缺失。一个企业要做到"基业长青"，必须需要一种核心价值观的指导，这种核心价值观是企业生存与发展的基本准则，比如"诚信经营、以人为本、尊重顾客"等。从互联网上简单搜索发现，中国天地卫星公司在宣扬公司精神之后，声称"核心价值观内容暂时没有，我们将在近日完善"。古语有云：皮之不存，毛之焉附？没有企业核心价值观，哪儿来的企业精神？还有一些企业自认为建立了自己的核心价值观，而实际上对核心价值观的概念还没有理解，中国移动的"企业核心价值观"是"持续为社会、为企业创造更大的价值"，这其实是企业宗旨；他们还明确给出了核心价值观的定义——"核心价值观是企业及其员工对自身存在意义的评价标准"，而这应该比较符合使命的定义。北邮电信将核心价值观细分为"利益观""人才观""核心价值观""管理观""竞争观"等，这样一路细分下去，最后将"核心价值观"归结为利益分享的观念。核心价值观缺失会造成企业经营过程中弊端丛生，小到员工行为中的拖沓、散漫、得过且过，大到企业行为中的制假贩假，见利忘义。

二是核心价值观偏执。也就是少数人的核心价值观，无法达成共享核心价值观，如信奉宗教、强制全员接受老板个人核心价值观，等等。企业管理中对于共享核心价值观作用的强调导致了企业中企业家的核心价值观和企业共享核心价值观的混淆，企业核心价值观推进活动的结果常常是极不理想的。只有企业中老板、管理人员与基层员工发自内心的志同道合才会形成共同核心价值观，但企业的老板往往用命令的方式把核心价值观强加给员工，在把印有公司核心价值观的 T 恤和水杯发给员工后，就觉得核心价值观的推进已经完事大吉了。这种强加到员工身上的核心价值观，即使在某一阶段起到一定作用，最终也将因不能得到大多数员工的认同而失去其存在的价值。核心价值观只有融进每个人的心底时才能共享，譬如彼此的尊重。对于大多数自认为早已建立核心价值观的企业来说，应该实事求是地、客观地检查一下自己的核心价值观：核心价值观的陈述是否真正传达了要表达的意思？这些陈述真正适合你的企业吗？他们是否反映了公司从管理人员到一般员工的真正信仰？对于那些不信奉这些核心价值观的员工，你有什么措施？

三是核心价值观僵化。保守僵化也是阻碍企业基业长青的核心价值观建设的误区之一。企业如何使自身更加适应市场？如何保持持续增长的势头？麦肯锡提出了利用"创造性破坏"这一管理创新的手段来激发企业的活力，即在不丧失对现有运营进行有效控制的同时，将创造性破坏提高到与市场相同的水平。这是一个好的想法，可是执行起来却很困难。一般说来，由同一位企业家一手培养起来的企业往往会形成一种僵化的核心价值观。这种僵化将成为企业对内对外适应性的强大阻碍。企业如果冲破这种障碍，实现质的飞跃，将是具有革命意义的一步。

四是核心价值观错误。对于一些发展期的企业来说，利润成为企业唯一的、终极的目标。在 2003 年"非典"期间，"同舟共济、抗击'非典'"应该是个人、企业与政府以及任何其他组织的社会责任，然而有些企业在此时，却抱着趁此机会大赚一笔的念头，哄抬物价，更有甚者，用医院扔掉的废弃纱布制成口罩卖给恐慌中的老百姓，全然失去最基本

— 53 —

的社会责任感与道德良知。其实，早在安然、安达信破产时，就证明了企业太过于以利润为导向，忽视企业的社会责任感和道德，是不会有好结果的，迟早会受到良心的谴责与法律的制裁，最终造成企业的破产，工人失业，社会资源的浪费。不可否认，企业作为营利性组织，持续、稳定、增长的利润是它得以存活的经济保障。但是在追求利润的过程中，不能违背做人的基本准则，不能丧失对"真、善、美"的追求，要坚持实事求是的态度，要保持正直的道德操守。

五是行为偏离核心价值观。我们在咨询工作中经常可以接触到这样的企业：有详细的员工行为规范手册，甚至细化到了员工举手投足间的每一个动作，然而却无法产生精神层面在企业行为和员工行为上的有效反映，反过来也一样，两者无法对称。事实上，很多企业的员工行为都从根本上忽略了企业核心价值观无形的存在和作用，有时员工行为甚至会严重偏离企业所倡导的核心价值观。企业的所有行为都要真正体现企业核心价值观，否则就是"魂不附体"。必须要将企业核心价值观变成员工的一种自觉行为，融入与员工息息相关的每一个行为体系中去，才能实现从心的一致到行的一致，实现理念与行为的统一，最终为企业与社会创造更多价值。

六是核心价值观不成体系。核心价值观是企业生存和发展的内动力，以核心价值观为核心的企业文化渗透并影响着企业管理、经营和人际关系等所有层面。核心价值观无法形成体系，直接造成核心价值观"虚化"，管理者和员工对之既爱又恨，都知道核心价值观对企业战略目标的实现有强大的推动力，可干着急使不上劲儿。由于核心价值观不能形成体系，缺乏经过整合的推进系统，进而导致企业文化不能转化为企业的管理行为，许多企业在文化建设上随意性很大，企业文化手册可以变来变去，核心价值观居然也变来变去，仿佛粉饰文字成了企业文化建设的核心。

七是核心价值观虚化和浮华。这是一家曾经闻名全球的公司的核心价值观：沟通、尊重、诚信、卓越。这些词语掷地有声，简洁明了，意味深长，听起来很有味道，不是吗？不幸的是，这是安然公司在2000年年报上所陈述的公司核心价值观。安然事件告诉我们，这样的核心价值观不但毫无意义，而且一度成为对社会诚信度的辛辣讽刺。尽管安然是一个极端的例子，但拥有这种空洞的核心价值观的公司并非安然一家。笔者曾帮助许多公司确立和改进核心价值观，所见到的真实情况是：绝大多数企业核心价值观宣言表面充斥豪言壮语，竭尽完美之词，诚信、团队精神、责任、效率、服务以及创新等，这些都是良好的品质，但这样的术语不能成为指导员工行动的明确纲领，因而也就毫无实效可言，或者根本就是自欺欺人。这样的核心价值观的破坏力极大——他们可以使员工变得玩世不恭、士气低落、疏远客户，并削弱管理层的可信度。企业在提炼自己的核心价值观时，在企业核心价值观词条（如诚信、创新）确认以后，领导者要对核心价值观作出详尽的解释。让大家清楚企业所倡导的价值取向是什么，即群体应当遵守的基本价值标准、大家判断事物和行为的是非标准是什么；应当崇尚什么，反对什么；大家到企业来要为群体奉献什么；企业为社会和员工提供什么；企业的使命愿景是什么；为实现目标所采用的手段是什么；员工在企业中的角色是什么，他们应遵守的基本行为准则是什么；企业与股东和竞争者的关系、继承与创新的关系，等等，这些都应当是核心价值观的内容。

八是战略先于核心价值观。是先有战略还是先有核心价值观是管理理论家与实业界一直争论的问题。在很多企业家与企业高层领导的思想里，总认为企业的战略先于核心价值观。企业核心价值观的取向关系着企业战略的质量。企业核心价值观的认同是否一致，关系企业的发展与提升，因此说企业核心价值观是战略的根本所在。企业组织制定战略以后，就需要全体成员积极有效地贯彻实施。核心价值观正是激发人们的热情，统一群体成员意志的重要手段。企业的文化影响企业的战略决策，企业核心价值观是企业领导者和全体员工对企业的生产经营活动和企业人的行为是否有价值及价值大小的总看法和根本观点。企业核心价值观指引企业前进的方向，并提供评价工作好坏的标准。企业核心价值观决定企业的个性，使企业具有自己的独特风格和面貌。紧紧围绕核心价值观制定战略，这样才会有战略的认可和战略的顺利执行。核心价值观不仅要具有时代的特色、行业的特色，更要求带有企业的特色和企业家群体的个性，因而它不能从书本上抄来，只能从企业自己的实践、从企业家群体的实践中提炼出来。运用企业理念传达组织的核心价值观，动员并鼓励全体员工为实现组织的目标而努力是一项重要的领导任务。

4.3 温州建设集团企业核心价值观诠释

温州建设集团的核心价值观是：展国企雄风，塑国企形象，用质量筑造产品，靠信誉赢得用户。

温州建设集团以国企强大的社会责任感所折射出的优质、诚实、信誉和以强大的凝聚力所积淀出的职工责任心、忠诚度、归属感，是其独有的强大优势。用卓越的质量筑造产品，靠杰出的信誉赢得用户，是展示国企雄风、塑造国企形象的根本所在。

4.3.1 展国企雄风

国有企业只有充分发挥自身优势，扬长避短，才能在激烈的市场竞争中立于不败之地，才能重新展现国企雄风。

近年来，国有企业改革不断深化，为促进国民经济平稳较快发展作出了重要贡献。国有企业实质上是指担负一定社会职能的企业法人，这些法人的财产所有权归国家所有，具有可带来盈利的国家收入，它具有社会属性和经济属性的双重属性。改革开放以来，国有企业发展经历了几个不同的时期：20世纪80年代，国有企业扩大生产、增加计划外的生产，企业的重要任务是解决经济短缺问题；20世纪90年代，国有企业改革主线和社会责任的主要内容体现在为国家多创造税收、多创造利润；进入21世纪，国有企业在整体完成扭亏为盈以后，主要是在实施优化产业结构的产业发展和实力增强方面发挥作用；目前，国有企业数量虽然减少，但其创造的增加值、税金仍然占有较大份额，国有及国有控股企业资产总额在扩大，所有者的权益在增长，净利润在增加。所有这些都反映着国企的改革和发展正步入转变发展方式、注重质的提升，发挥更大作用的新阶段。

国企强大的社会责任感所折射出的优质、诚实、信誉和以强大的凝聚力所积淀出的职工责任心、忠诚度、归属感，是其独有的强大优势。国家投资、外部交易成本低、外部效应内部化和控制力强等是国企的重要优势。形式上是其规模优势（如市场份额、竞争力等），本质上是国家背景、国家信誉、国家资源优势，具体体现是对产业乃至经济发展的引领作用的优势。国有企业的存在，代表国家调控经济作用的存在、公共利益的存在。国有企业还可更加着力于民生保障。譬如，社会保障性住房项目，可以放心地委托国有建筑企业，而且代建费低，国有建筑企业也会责无旁贷、毫无二心地履行社会责任，并且交房准时、质量可靠，让政府放心，让百姓满意。国有企业可以代建政府重点工程。通过国企代建可以发挥四个作用：一是工程通过开工程序后，可以快速动工、按时完工；二是以国企为主体，创新投融资体制，保证资金及时到位；三是代建的国企在建筑领域专业化较强，能确保工程质量的安全；四是节省大量财政资金。工程日常维护由国企负责，所需经费由国企消化，可以大大减轻财政负担。在这里国企没有讨价还价的余地，因为国企始终把自己当做政府的"长子"，履行社会责任义不容辞。国有企业还可以在引领产业集聚、推动海外经济联姻等方面，发挥越来越重要的作用。

总之，国有企业在经济或产业中存在，一定要发挥国有企业的优势，发挥国有企业引领产业和经济发展的作用，发挥宏观调控有效工具的作用。

4.3.2 塑国企形象

在新的发展时期，国企将肩负起新的历史重任，实现更大的作为。这种新责任和新作为，不仅仅只是自身质的提升和量的扩张，更重要的是要发挥先行、带动、引领的作用。具体来说，目前国企的战略导向应从注重具体企业的资产保值、增值，升华提高到增强国企对经济发展全局的整体性、战略性的影响和带动，从而塑造新的国企形象。重点应从以下四个方面考虑。

一是在转变发展方式推进新型工业化的进程中发挥先行者的作用。例如，当前的节能减排、产能压缩，国企带头就能有效推动整个工作的展开并取得成效。

二是在增强企业自主创新能力建设中发挥主力军的作用。与其他经济成分比较，国企具备明显的研发和人才优势，现在的问题是要克服体制机制的障碍，加大研发投入力度，使国企自主创新能力得到迅速增强。

三是在扩大开放提升国际竞争力中发挥开拓者的作用。企业要在走出去的过程中开拓发展空间，通过实施组建大公司大集团的战略，凝聚力量大步迈向国际舞台，开拓新的发展空间。

四是在关注民生，改善并增加公共服务的过程中发挥"践行者"的作用。近年来，国企在交通能源、通讯、市政建设等行业有长足的发展。要深化这些事关民生的公共服务行业的改革，引进竞争机制，在不断改善服务质量的同时，增加社会公共产品的供给，为构建和谐社会作出贡献。

4.3.3 用质量筑造产品

提高产品质量是国有企业生存发展的根本之路。产品质量是企业的生命，企业必须采取有效措施努力提高产品质量。随着经济技术高速发展和人们需求的更新变化，市场竞争更加激烈。优质产品是企业参与市场竞争的有力武器。成功的企业都把产品质量视为企业的生命，不断开发能满足市场需求的高科技产品，并采取先进的管理方法、科学管理手段和质量保证的有效措施，用过硬的产品去占领市场，赢得客户，获取经济效益，使企业永远立于不败之地。

（1）质量是企业的生命

产品品种是企业的血液，产品质量是企业的生命，这是成功企业的共识。

① 产品质量决定企业的经济效益。产品质量是影响企业经济效益的最基本的因素。一般来说，产品质量好，市场的信誉就高，销售量就大，企业获利也就大。反之亦然。有不少企业有这样的经验和教训。例如，浙江一家制衣企业，接下几百万元的文化衫订单，

自以为文化衫制作简单，掉以轻心，结果因布面克重不足、色差大、尺寸不符等质量问题，客户拒收货。后来降价推销两年多，只收回成本的一半，经济损失惨重。产品质量的好坏，不但影响企业的经济效益，而且还影响到社会效益和企业职工的切身利益。

② 产品质量关系企业的兴衰成败。著名的美国波音公司董事长威尔森说："从长远看，无论在哪个市场上，唯一经久的价值标准是质量本身。"这是对产品质量在市场竞争中的地位和作用的精妙评价。近几十年世界各国著名企业的兴衰史，实际上正是一部产品质量的发展史。国内外不少企业因质量原因经历着兴衰的大变化。例如，北京某名牌衬衫生产厂，过去是北京某乡的一家简陋的村办企业，只有 4 台缝纫机。10 年后，该厂品牌衬衫名声大噪，跃身中国十大名牌之列，年产衬衫 100 万件。其成名的关键是用质量过硬的产品创名牌。大量事实证明，产品质量是企业的生命。

③ 质量是产品走向国际市场的通行证。当代国际商品市场的竞争，主要是产品质量的竞争。产品质量已经成为衡量一个企业的科技水平、经济发展水平、经济实力的重要标志。因此，质量活动已成为全球性的运动。世界各国都非常重视本国产品的质量。日本 20 世纪 50 年代初从美国引进了质量管理理念，给最高质量的产品设置"戴明奖"，60 年代开始举办"质量月"活动；美国政府在与德、日产品的市场竞争中，认识到"经济上的成功取决于质量"。1984 年，美国国会通过决议，规定每年 10 月为"质量月"，其口号是"质量第一"；德国、法国、加拿大、新加坡等国家的政府均先后颁布了质量管理和质量保证的政策。我国也于 1984 年颁布了全面质量管理办法。

（2）要用质量筑造产品

要使企业永远立于不败之地，必须强化企业管理，推行全面质量管理，人人参与质量管理，抓产品质量，必须抓管理的质量。

① 建立质量管理体系，推行全面质量管理，是提高产品质量的有力保证。建立质量管理体系和推行全面质量管理，已成为不少成功企业提高和保证产品质量的有效途径。全面质量管理，是企业开展以质量为中心，全员参与为基础的一种管理方式。这种管理是确定质量方针、目标和明确各方职责，通过质量策划、控制、保证和改进来使其实现所有管理职能活动的高质量化。依靠企业的整体质量来实现产品的质量。这就要求：第一，须建立和健全全面质量管理体系；第二，员工都要关心质量，参与质量管理，认真提高本职工作质量；第三，环境质量管理程序和科学的分析方法；第四，做好销售服务。

② 采取先进的科学技术是提高产品质量的重要条件。产品质量的提高，必须依靠科技进步。要追赶先进水平，必须加大科技投入，采用先进的设备，应用新材料、新工艺开发高质量的产品。计算机的广泛应用，已经大大提高管理水平和效率。应用计算机对市场信息、科技信息、管理信息等收集、储存、检索的处理，为企业产品设计生产、销售以及质量管理，及时、准确、有效地提供所需数据资料，对提高产品质量水平是必需的手段。

③ 提高人员素质是提高产品质量的关键。产品质量问题，不仅仅是产品生产加工技术的管理问题，更重要的是全体人员素质问题。企业一切工作都离不开人，人是企业的主体，是质量管理的核心。质量问题中人的责任心、认真负责的态度非常重要。要保证产品质量，需要全体员工有强烈的责任感，提高技术水平、工作能力、执行各项制度和工作规程，上下配合，去创造最优的工作质量和管理质量。企业人员中，高层领导人员的素质更为重要。他们的思想观念、知识水平、分析问题和管理问题的能力和为人处世的作风，直接影响着产品质量和企业的发展。所以，选择高质量的企业领导者非常重要。企业要加强

全员的教育和培训，使他们树立"质量第一"的观念、认真负责的态度、创一流工作的作风，具有良好的职业道德，以及过硬的技术水平和工作能力。这是创造高质量产品的关键，是企业兴旺发达的力量。

4.3.4　靠信誉赢得用户

信誉，是指诚实并坚守信用的声誉或名誉。"信"指诚实守信，"誉"指名誉、声誉。即一方在社会活动尤其在经济活动中因忠实遵守约定而得到另一方的信任和赞誉。是长期诚实、公平、履行诺言的结果。讲求信誉是商业道德的基本规范之一。

通俗地说，信誉是指依附在人之间、单位之间和商品交易之间的一种相互信任的生产关系和社会关系。信誉构成了人之间、单位之间、商品交易之间的双方自觉自愿的反复交往，消费者甚至愿意付出更多的钱来延续这种关系。

信誉看不见摸不着，像影子一样时时刻刻在人之间、企业之间和商品交易之间存在并发挥作用。信誉在默默地影响着人、企业、商家和政府部门等的形象。

信誉是一种形象，是一种软生产力，并具有四大功能。一是资格和通行证功能。信誉资格是贷款、购买商品和进入各国及世界经营领域的"通行证"。二是信誉可以用来量化和评估无形资产价值。发达国家对企业及品牌的信誉，大多都有专门机构评估其价值，像目前我国评估品牌无形资产一样评估信誉的价值。中国作为发展中国家，企业的信誉资格及等级也正在审核评定中。三是生产要素功能。人、劳动工具、生产资料等都是有形的生产要素，而信誉是一种无形的生产要素，在生产中流通，起着重要配置作用。四是金融流通功能。信誉好，金融流通就会加快，增加资金周转次数；反之信誉不好，就会形成"肠梗阻""呆坏账"。

企业要用信誉赢得用户：一要建立信誉伦理道德，塑造人的诚实守信品行、品德和人格；二要建立信誉文化基石，使信誉文化形成企业的环境和土壤；三要建立信誉监督机制，迫使不讲信誉的"水"顺着"信誉渠"而流。

✹【实践描述】

让国企旗帜飘扬
——温州建设集团援建四川地震灾区安置房纪实

李新立　贾晓晓　张　瑜

温州建设集团以国企强大的社会责任感所折射出的优质、诚实、信誉，以强大的凝聚力所积淀出的员工责任心、忠诚度、归属感，孕育着企业的未来发展。汶川地震，山塌楼倒，有一面旗帜在广元市青川县木鱼镇抗震救灾前线高高飘扬，这面旗帜，就是中共温州建设集团公司援建地震灾区安置房指挥部临时党支部。根据国家住房和城乡建设部及省建设厅、市建设局的统一部署，5月21日，温州建设集团公司在汶川大地震之后，受命承担了四川广元市青川县木鱼镇地震灾区近3万平方米灾民过渡安置房的援建任务。为了确保任务按期、保质、保量地完成，温州建设集团公司成立了抗震救灾前线临时党支部。

心系灾区人民群众，紧急组建队伍

集团公司自接到通知后，精挑细选，在第一时间内成立了以集团总工程师、市级劳模、优秀共产党员胡正华同志为总指挥和临时党支部书记的过渡安置房援建指挥小组及临时党支部。并从集团下属安装公司等多家专业公司和项目部中抽调最强的干部、最强的队伍、最强的班组，组建了一支由党员为骨干的三百多名员工组成的援建队伍。

集团在组建这支援建队伍时发生了一件件感人事例。援建队伍人员中，集团团委副书记、共产党员应明铭家里有个不到十个月大的孩子，初为人父的他望着女儿天真可爱的眼睛和妻子担心的眼神，心里猛地一震，但他还是毅然站了出来！市政公司经理方金木当得知儿子方旭明也要去灾区时，心中难免有几多不舍与担忧，但他以一名老党员所拥有的高度使命感，支持儿子上前线！在共产党员的带动下，许多员工主动请缨赴灾区前线参加援建，为灾区人民重建家园出力。

省委组织部人才办副主任黄秦听取了集团的抗震救灾工作汇报后，感触颇深。她赞扬集团公司在关键时刻行动迅速，国企的这种挺身而出的气节，充分显示了国企应有的本色。她鼓励这支"精锐团队"能发挥浙江人民吃苦耐劳、甘于奉献的精神，不要辜负党中央及省市领导、灾区人民的殷切期望，圆满完成灾区重建家园任务，为浙江人民争光。并做到招之即来、来之能战、战之能胜。

这支队伍在最短的时间内，克服了材料短缺和地形复杂等种种困难；秉承着"国难当头，责无旁贷""舍小家为大家"的大局观念，满载着家人的嘱咐和温州人民的祝福，光荣而义无反顾地踏上了抗震救灾之路。

发挥党员先锋模范作用，攻坚克难，支援灾后重建

这次特大地震，青川县木鱼镇95%的房屋倒塌，施工环境恶劣。省建设管理局张奕局长称我集团此次承担的任务为"四最"工程，即路程最远、选址最困难、地势最复杂、灾民帐篷迁移量最多。缺水断电、蚊蝇肆虐、粮食供应紧张，灾区的生活条件相当艰苦，但所有上一线的英雄们都做好了吃苦的思想准备。恶劣的气候再加上每天15个小时以上的高强度工作量，使大伙儿脸上的汗水如断了线的珍珠。在缺水条件下，喝水都只能如品酒似地尝一尝，就更别奢望擦把脸、洗个澡了！漫天的昆虫在灯光照射下聚集到方便面里，这种让人作呕的昆虫方便面大家一连吃了好几天。由于暴晒、水土不服、蚊虫叮咬，许多人全身长满了疱疹，最多的一个人身上有90多处，还有的全身上下起了湿疹，奇痒无比。初到灾区，床还在后援的物资车上，这些从来没睡过菜地的大男人，夜晚就在没底的帐篷里将就过夜。在住帐篷的日子里，遇狂风暴雨，帐篷经常被掀飞。援建人员张加熙回忆说："灾区早晚温差大，晴天气温40多度，帐篷内热得像一个火炉；晚上要和衣而睡，还是经常会被冻醒，甚至还要抱着枕头当被子。在雨天，被子打湿了，情况就会更糟。"在材料物资运输过程中，蜀道难行再加上余震不断、山体塌方、飞石滚滚，大家冒着生命危险往返于木鱼镇与三堆镇之间，好几辆运输车被飞石砸坏。此刻就算用尽所有形容困难的辞藻也似乎难以准确表达出他们所吃的苦、受的磨难。我们的铮铮男儿，用共产党员的气概、高度责任感和使命感团结一致，克服了重重困难。

集团公司生产处副主任共产党员邓席军是我们英雄队伍中普普通通的一分子，当他接受任务时新家正在装修，父亲身患重病，妻子思想负担非常重，多次哭着问他："正在装

修的房子怎么办？材料和施工我都不懂，如果不装修好我们住哪里？身患脑溢血的父亲又怎么办？我一个人怎么扛得下来呢！"邓席军没有犹豫："灾区的人民别说装修了，现在都得住在帐篷里，连个像样的家都没有呢！我们自己家的事情就先放一放吧。父亲……父亲你就帮我先瞒着吧！"话到嘴边，他哽咽了。作为一个家庭的脊梁和一个孝顺的儿子，他有愧于家人，但是他就是以"舍小家为大家"的这种觉悟阐释着我们共产党员这个响亮的名字。

发挥党组织的战斗堡垒作用，"战地"党旗别样红

刚到灾区最艰难的时刻，为了鼓舞人心，全体党员在临时党支部书记胡正华的带领下，在集团公司援建工地现场举行了庄严的向党旗宣誓仪式。在党旗下，广大党员表达了对保质、快速、高效地完成此次援建任务的决心。

在灾区入党的新党员陈晓通感慨地说："在这次援建的过程中，我亲眼目睹了广大党员战斗在抗震救灾的第一线。他们那种不畏艰险、不怕困难的牺牲精神，深深地震撼了我那颗炽热的心。共产党这面鲜红的旗帜深深地吸引着我，召唤着我向党靠拢。"这位新党员是这样说的，在行动上也是以党员的标准去这样做的。他在工地上起早摸黑，吃苦耐劳，勇挑重担。当大家知道他忘我投入工作背后的故事时，无不竖起大拇指啧啧称赞。在他来一线后，家里的老母亲突然得疾病，需要马上做手术。可是陈晓通没有动摇援建的决心！其实他也一样是一位有血有肉的七尺男儿，也一样会心急如焚，也一样会为母亲担忧而默默流泪，但是为了确保工程进度，让灾区人民群众尽快住上安置房，他只是尽量抽时间在电话上安慰母亲、关心母亲，援建工作一刻都没被放下。

在党的生日来临之际，集团公司援建指挥部临时党支部在文武村驻地举行了新党员入党宣誓和党员工作宣誓仪式。全体党员在胡正华的带领下，齐声宣誓："我是一名光荣的中国共产党党员！立足地震灾区，担负建设者使命，我在此庄严宣誓：积极响应党中央、国务院的号召，以坚定忠诚的理想信念，永葆先进，共创和谐；以昂扬奋进的精神状态，抢抓进度，奋勇争先；以只争朝夕的工作干劲，全力以赴，真抓实干；以坚韧不拔的坚强意志，攻坚克难，争创一流。让党员先进性在推动抗震救灾工作中闪光，在援建地震灾区过渡安置房的工作中，当好先锋队、突击手，响亮地喊出'向我看齐！'，切实做到一名党员就是一面旗帜，用实际行动，为援建地震灾区作出贡献，为鲜红党旗增光添彩！"荡气回肠的誓词，久久回荡在灾区的每一寸土地上。

心心相连，同舟共济

每天都会有村民来施工现场附近转一转，看一看。看到村民们如此期待的眼神，援建队的施工人员们就会自觉地加大工作量，工程进度越来越快。而施工人员的辛劳，也得到当地村民的真心慰问。当得知工人们每天只吃没菜的大锅饭时，各家各户凑了10只鸡和一些蔬菜腊肉，送到工地上犒劳工人们。当交付第一批安置房时，入住村民绽放着久违的笑容，握住施工人员的手激动地说："今天由帐篷搬进板房心里很高兴，板房质量很好，感谢你们这些天的辛苦工作……"

另一个安置房援建点在广元市利州区三堆镇的四所学校内，有205套共计4300平方米。宝珠中学的师生自发组织好一支"文气书生队"来施工工地帮忙。他们都是从各个很远的村庄回到这来的，老师学生们都很想早点上课，早点补上落下的课程，所以自发地走

上了工地，一砖一瓦地传递着感谢、支持和希望。望着这些求知若渴的眼神，援建人员们的心沉甸甸的。为了不让这一双双期待的眼睛失望，大家决定日夜赶工，用最短的时间完成校舍建设任务。

当援建队伍圆满完成木鱼镇文武村910套过渡安置房援建任务后，次日便要启程转战青川县城。7月22日下午1点，木鱼镇文武村赵家湾的男女老幼不约而同地来到援建工地，噙着泪花，举着锦旗，敲着锣鼓，诵着诗歌，怀着不舍与眷恋之情，拉着这些朴素却刚强如铁的汉子的手，久久不愿离去。村民追随着不舍离去的车轮。村民哭了，队员们哭了。如果说"5·12"的离别是一种绝望，那么我们的离别却充满着希望。

前线后方齐努力，救灾援建创佳绩

驻扎在四川省青川县木鱼镇等17个施工点50多天的集团援建人员，终于圆满出色地完成了共计1326套28000多平方米的过渡安置房的援建任务，8月1日前已全部平安返乡。在纪念中国共产党建党87周年暨浙江省抗震救灾援建立功竞赛表彰大会上，温州建设集团公司援建地震灾区安置房指挥部被授予浙江省抗震救灾援建立功竞赛集体一等功，胡正华等三人获个人一等功，高全、陈晓通获得个人二等功，邓席军等十二位同志获得个人三等功；温州建设集团设计院和集团公司援建地震灾区安置房指挥部宣传报道组分别立集体二等功，还有水电安装组、门窗安装组、援建指挥部财务组、后勤保障组、青年突击队分别立集体三等功。温州建设集团公司党委还被中共浙江省委授予"浙江省抗震救灾先进基层党组织"。中共温州建设集团公司援建指挥部临时支部委员会被授予"浙江省抗震救灾先进党组织"，胡光锦同志被授予"浙江省抗震救灾援建优秀共产党员"。集团四名援建人员被中国土木工程学会评为"抗震救灾优秀总工程师"。浙江省工会授予集团援建指挥部为省抗震救灾"工人先锋号"称号。公司还被浙江省建设厅授予浙江省援建四川广元过渡安置房先进集体，胡正华等三人被授予"浙江省援建四川广元过渡安置房先进个人"。

无论是党和政府给予的荣誉，还是灾区人民给予的肯定，这些都已经成为了璀璨历史的一页。但我们国企强大的社会责任感，员工的责任心、忠诚度和归属感，却永远是国企飘扬的旗帜。

第5章 和谐、创新、奉献、卓越

——企业精神的培育

> 和谐孕育着人与人的团结、人与企业的融洽、人与环境的协调，是企业长久生存的核心条件；创新是通过经营思路创新、技术拓展渠道创新、管理方式方法创新，打造企业核心竞争力；奉献是勇于承担责任、积极付出而不计回报，是国企风范的展现；卓越是员工优秀、团队出色、企业一流，实现持续的企业领先地位。

5.1 企业精神的理论描述

5.1.1 企业精神的内涵

企业精神被称为企业生存和发展的基石和动力，是推动企业走向成功的"意识革命"。日本本田技研公司总经理田宗一郎认为："思想比金钱更多地主宰着世界。"企业精神是企业文化的重要内容。企业精神的形成，既需要企业哲学和企业价值观的指导，同时又是企业哲学和企业价值观的体现。由此可见，它是企业、企业员工重要的精神支柱和活力源泉，是企业最宝贵的精神财富。优秀的企业家、高素质的企业员工毋庸置疑地会珍惜、坚持、巩固、实践企业精神，并在实践中不断地完善、发展和提高。

（1）精神的内涵

精神是哲学范畴里的一个概念。《新华词典》里的解释是：精神指人脑对客观世界的反映，是物质发展到一定阶段的产物，是人脑这种高度组织起来特殊物质的机能。它反映客观世界，并对客观世界有反作用。我们通常讲的精神，是指人的意识、思维活动和一般心理状态。人们在实践基础上产生的认识、观念、思想、理论等，都是精神的东西。精神不是消极地、被动地反映世界，而是通过实践能动地反映世界，又通过实践能动地改造世界。

（2）企业精神的内涵

企业精神作为企业文化的灵魂，其内涵丰富而深刻，意义重大而深远。但人们对企业精神也有不同的理解，归纳起来有以下几种观点：

① 企业精神是一个企业基于自身特点在长期生产经营实践中精心培育而成的，并为员工群体认同的正向心理定势、价值取向和主导意识；

② 企业精神是企业领导者所倡导，取得员工认同并为社会公众所理解的一种企业群体意识，与企业价值观既有联系，又有区别；

③ 企业精神是企业员工群体人格健康，是企业向心力、凝聚力和感召力，以及员工群众对企业的信任感、自豪感和荣誉感的集中表现形式；

④ 企业精神是企业的优良传统、价值观念、道德规范、工作作风、生活态度的总和，是企业思想风貌的概括，是共同理想在企业中的具体化；

⑤ 企业精神是企业在经营管理过程中占统治地位的思想观念、立场观点和精神支柱，是指企业作为一个经济技术和社会心理系统的总体精神；

⑥ 企业精神是指企业在生产经营活动中为谋求自身的生存和发展而长期形成的，并为员工群众所认同的一种先进群体意识；

⑦ 企业精神是企业经营管理总系统中的"软"系统，是一种无形资源，等等。

综合以上观点，我们认为企业精神是指企业职工在长期生产经营的过程中，在正确价值观念体系的支配和滋养下，逐步形成和优化出来的群体意识。它代表和反映着企业整体的追求、志向和决心，是企业价值观念、企业哲学的综合体现，是企业的精神支柱。企业精神一般可概括成几个字、几句话，用标语、口号、厂歌等形式表达出来。

企业精神的内涵可以从下述几个方面理解。

第一，企业精神是一种团体精神。企业是一个复杂的系统，是为实现一定目标和功能，由若干"器官"和"细胞"组成的"生命体"。企业精神能把企业先进的、具有代表性的理想和信念转变为企业的一种团体意识而植根于员工心灵深处，通过员工的某种默契、共识和觉悟而产生作用。在这个意义上，企业精神对全体员工是一种具有共性的精神特征。

第二，企业精神是具有鲜明个性特征的特殊精神。企业精神反映企业精神现象的性质，但不是企业一切精神现象的反映，而是企业职工在长期的生产经营过程中，围绕生产经营管理而逐步形成和发展起来的共同的理想信念、价值观念、经营宗旨、风格风尚等精神观念，即一种指导企业整体行为的、具有鲜明个性特征的特殊精神。正是这种特殊精神的本质的概括，才能形成每一个企业自己的个性企业精神。

第三，强调企业员工的精神状态、思想境界和理想追求。企业精神是企业家和全体员工主体意识的集中表现。它集中反映了企业员工的素质水准，全体员工在总体上对企业发展的意识程度和对企业所负的社会责任的觉悟程度，同时又是企业在其生产经营行为中所获得的自觉度、自由度的表现。正因为如此，它十分强调企业全体员工的精神状态、思想境界和理想追求。如上海嘉丰棉纺厂企业精神"虚心好学、严细成风、一丝不苟、精益求精"，体现了棉纺行业的工作特点和本厂的严格要求、不断进取的精神；一汽企业精神："爱铸造、能吃苦；讲文明、守纪律；争上游、夺排头"，体现了铸造工人不怕苦脏热累、纪律严明、奋发进取的精神。20 世纪 60 年代，大庆油田提出的"做老实人、说老实话、办老实事"和"严格的要求、严肃的态度、严谨的作风、严明的纪律"的"三老四严"精神；20 世纪 90 年代，国家特大型钢铁联合企业宝钢（集团）公司提出的"热爱宝钢、热爱祖国的主人翁精神；善于学习、敢于创新的进取精神；从高从严、一丝不苟的苛求精神；顾全大局、互相协作的团结精神；奋发向上、勇攀高峰的创一流精神"的"宝钢精神"等，都是对企业职工的主体精神的深刻反映。

第四，企业精神是企业的自觉精神。企业精神是企业广大职工在生产经营实践活动中自觉形成的，是广大职工集体智慧和精神追求的结晶。它是企业优秀领导人结合生产经营实践反复灌输、不断培育的结果。广州白云山集团针对企业思想政治工作在群众心理上产生逆反心理的状况，通过"倡导企业文化来激发群众热情"，培养"心怀危机感，寻求新优势"的"白云山人风格"。北京贵友大厦则把"以人为本、以德为魂"作为贵友企业精神最简练的概括。

第五，企业精神本身是无形的，但它渗透在企业的宗旨、战略目标、经营方针等方面。因为企业精神的形成是一个柔性化的长期的培育过程，它总是以潜在的形式存在着。随着企业的发展，企业职工的群体意识经过培育和优化，就可以形成具有强大凝聚力的企业精神。

第六，企业精神一般是由企业领导加以凝练、倡导和垂范的。企业作为社会系统中的基本经济单位，必然受到社会环境的影响。传统文化、社会文化、社区文化总是要渗透到企业中来，自觉或不自觉地形成企业的文化现象。但是，企业精神却不可能自发地产生，它一般是经由企业领导对企业管理实践进行概括、总结和凝练而形成的，并需要企业领导不断地加以倡导、灌输，以便逐步成为员工的共识。

5.1.2 企业精神的内容及特征

（1）企业精神的内容

之所以要塑造企业精神，因为企业精神对企业的发展有极高的价值。当对企业精神展开说明时，就不仅表示为描述性判断，而且会出现一系列价值判断，而当对企业价值观念体系进行说明和塑造时，也会对员工的思想境界提出要求。企业精神是企业价值观的个性张扬。

企业精神的主要内容包括主人翁精神（参与意识）、敬业精神（奉献意识）、团队精神（协作意识）、竞争精神（文明竞争意识）、创新精神（永不满足意识）、服务精神（让顾客满意意识）等。企业精神是企业文化特质中最富个性、最先进、最有号召力的内容的反映。

（2）企业精神的特征

企业精神应体现如下几个方面特征。

① 时代特性。即便是百年老店所秉持的企业理念也应随着时代的发展赋予新的内涵。如我国企业在20世纪五六十年代倡导艰苦奋斗精神，八九十年代倡导竞争创优、团结奋进精神，到21世纪提倡理性竞争、智慧经营、顾客至上、共赢共享，不同时代造就的企业精神会打上时代的烙印。企业精神是动态发展的，应体现时代的主旋律。

② 个性特征。企业精神应有独特的个性，以此区别于别的企业，符合企业的实际，具有行业特性，标新立异，个性鲜明。

③ 卓越特性。企业精神是企业最先进的意识和精神风貌的反映，必然具有创新、创造、进取、求精、追求卓越的意识，以此具有统率力和号召力。

5.1.3 企业精神对企业的影响

振奋人心的企业精神，如润物的细雨那样，具有对后人、他人潜移默化的作用。关于企业精神对企业的影响主要表现在如下几个方面。

（1）企业精神是企业的支柱和灵魂

本质上说，企业目标、企业规章制度、企业形象以及企业经营管理活动都是围绕企业精神展开的。以长钢为例，该公司在"开拓、进取、求实、创新"精神的统率下，提出了

"争第一有奖，夺红旗有功，创一流光荣"的口号；形成了"正当经营、正当收益"的经营哲学；确立了以"三基"（基础工作、基层建设、基本功训练）为本，以优（优秀的人才、优质的产品、优良的服务、优化的管理）取胜，从严（严密的组织、严明的纪律、严肃的态度、严细的作风、严格的要求和考核）治厂的治厂方针；树立了为人民服务，尽社会责任，做"四有"员工，当"五爱"公民的道德规范。这里的"开拓、进取、求实、创新"精神是其他一切管理活动的支柱和灵魂。

（2）企业精神能增强企业的吸引力

企业作为一个系统，企业成员之间必须相互吸引，相互接纳，坦诚相待，意气相投。由此，可以产生强烈的情感共振，使企业成员产生对组织的向心力，产生自豪感、使命感、认同感和归属感，从而滋生高昂的士气和协作意愿，释放出巨大的组织能量，有利于实现企业的目标。企业精神作为一种精神动力和精神支柱，就是对职工的意识和感情加以积极的引导，用精神的力量说服人、吸引人、团结人、鼓舞人，形成合力。企业精神促使员工自我约束，自觉遵守，强调自律行为，变被动为主动，变外力推动为内力推动。它能排除一些人为的阻碍企业发展的摩擦，建立融洽的人际关系。人们在为实现共同目标的实践中彼此尊重、相互学习。一种真正为职工所接受的企业精神，会把企业职工的事业心和荣誉感与企业的命运紧紧地融合在一起。"厂兴我荣，厂衰我耻"的使命感，会使他们产生高度的责任心，主动为企业贡献自己的智慧和力量。

（3）企业定神可以凝聚人心，推进实现企业目标

企业精神可以使企业职工结成一条心，拧成一股绳，为企业的最高目标去奋斗、去拼搏。詹姆斯·C. 柯林斯、杰里·I. 波拉斯合著的《企业不败》一书，以美国通用电气公司为例，阐述过企业精神与企业目标的实现两者之间积极的相互作用："通用电气公司……我们给生活带来美好的东西。"大多数人对这句话不以为然，但是通用电气公司的人不同，这句响亮有力的话令他们激动。这句简单的老生常谈道出了他们对公司的心声。……它对经济来说意味着就业机会和增长，对顾客来说意味着高质量的产品和服务，对雇员来说意味着利益和技术培训，对个人来说意味着挑战和满意。它意味着各级部门的正直、诚实和忠诚。没有这一全力加以奉行的企业精神，韦尔奇就不可能完成他的革命。

（4）企业精神能推动企业发展的可持续性

企业精神的显著特征之一是长期的激励意义。特别是对企业有着承前启后、世代相传、不断创新、万古长青的激励作用。企业的员工在不断更新，企业也在不断壮大，而企业精神却是永存的。一个新工人进厂，他会受到企业精神的教育；一个老工人退休，他留下来的不仅是工作岗位，更是身教言传的企业精神。随着历史的发展，社会的进步，企业的"硬件"总是在不断地更新，而企业精神也必然要发展、升华。企业精神作为一种源于实践又高于实践的先进的群体意识，不仅能对企业全体职工的心理和行为产生深刻的影响，而且能对企业的各种行为产生很大的约束力。这种约束力是一种无形的力量，它促使企业和员工积极思考国家、企业、个人三者之间的关系，做到国家利益与企业利益、企业发展再生产与职工个人收入分配、企业眼前利益与长远利益、短期效益与长期效益、整体利益与局部利益、经济效益与社会效益相一致，促进企业行为合理化，使企业不断增强发展后劲，保持久盛不衰。

5.1.4 企业精神的命名和表达方法

企业精神的表达，是培育企业精神不可分割的部分。如果表达得好，能促进企业精神的培育；表达得不好，会使企业精神生长缓慢。

（1）企业精神的命名

企业精神的好的表达应坚持如下原则。

① 准确而深刻。应抓住企业群体意识的精华和企业价值观的内核，提炼反映企业精神实质的、最根本的理念，富有内涵，又有理性和思辨色彩，表达深刻的意蕴。

② 简练明确，易记好懂。企业精神是要全体员工认同的，因此必须让每一个员工都记得住、懂得了。文字简练是为了好记，用语明确是为了好懂。要给企业精神的培育提供一个好的起点，简单明了，明快自然，朗朗上口，容易理解。

③ 针对问题，符合实际。突出企业精神的实质内容，避免"花架子"和形式主义。企业精神是通过解决矛盾而形成和发展的。企业精神的表达也只有针对问题才容易使员工的意志进入激发状态，形成高昂士气。问题不断解决，不断变换，企业精神的表达也应该有所不同。

④ 富于个性，形象生动。要使员工看到本企业与其他企业的不同，容易产生"唯我独有"的自豪感，能使员工得到鲜明的印象，容易引起内心的共鸣，产生一种"抱此态度必然成功"的意志状态与思想境界，并进而导致积极的行动，实现把崇高的精神转化为物质力量的飞跃，成为企业精神富有生命力的象征。

应该克服那种追求正规、统一格式的倾向，提倡不拘一格、各显神通的做法。用不着人们挖空心思去规定，企业实践中已经涌现出不少富于个性而又形象生动的表达方式，需要企业家们加以承认和给予适当的引导。这些独具特色的表达方式，大致有以下几种类型。

① 箴言式。箴言言简意赅，寓意深刻，富有韵味，用于表达企业精神有着天然优势。中外许多企业都是用口号、箴言来表达企业精神的。例如，

美国 IBM 公司——"IBM 就是服务"。

日本日产公司——"品不良在于心不正"。

泰国正大集团——"正大无私的爱"。

青岛海尔集团——"真诚到永远"。

② 目标表述式。以企业所要达到的目标来表达，富有号召力和感染力。例如，

中国国际航空公司——"永不休止地追求一流"。

③ 量化概括式。对所要倡导的精神，有根有据地加以量化，且能系统地贯彻到底，使一切部门自然而然地符合这个"量"的规律。例如，

上海铁合金厂——"三精心"精神，表达为"精心选料、精心维护设备、精心操作"。还推而广之，要求各个子系统都按照"三精心"精神确定各自的行动口号，例如：科研工作的"精心思考、精心设计、精心试验"；医务工作的"精心诊断、精心治疗、精心护理"；教育工作的"精心备课、精心教学、精心辅导"，等等。显然，"三精心"精神的量化概括的依据，是深层次的而不是表面的，就是它独具的特色。

台湾统一企业——"三好一道：信誉好、品质好、服务好，价格公道"，概括力强，提纲挈领。

④ 传统继承式。依据企业多年形成的传统，提炼和概括企业精神。例如，

"同仁堂"——"同修仁德，济世养生"，继承了"炮制虽繁必不敢省人工，品位虽贵必不敢减物力"的诚信传统，具体内容包括：志同道合的人组成一个群体，同修仁德，亲和敬业，真诚爱人，实行仁术，济世养生，服务社会，服务民众；一视同仁，不分亲疏远近；讲堂誉，承老店诚信传统；求珍品，扬中华医药美名；拳拳人心，代代传；报国为民，振堂风。

⑤ 特点整合式。对企业特点进行归纳、整合，提炼本质和特性。例如，

北京市公交总公司——"一心为乘客，服务最光荣"。

北京市邮政局——"一封信、一颗心"。

浙江宁波雅戈尔集团——"装点人生，服务社会"。

⑥ 经验式。通过总结企业历史发展和现实经验而表达，例如，

广州白云国际机场——"理想是灵魂，服务是生命，创新是血液，团结是力量"。

宏基电脑公司——"人性本善，平实务本，贡献智慧，顾客为尊"。

⑦ 复合式。以几组语句表述或以一组语句为主，几组语句为辅，综合表达。例如，

日本松下电器公司——"工业报国，光明正大，团结一致，奋发向上，礼貌谦让，适应形势，感谢报恩"。

大连石油化工公司——"创新图强，严细务实"。

玉溪红塔集团——"天下有玉烟，天外还有天"。

北京首都国际机场——"我与机场共生存，机场与我共发展"，附含："以人为本——主人翁精神；居安思危——竞争精神；同舟共济——团队精神；追求卓越——创业精神"。

（2）企业精神的命名方法

企业精神的命名可以采取以下一些方法。

① 企业名称式。企业名称本身的意义和企业精神的内容相耦合，就可以用于企业精神的表达。例如，

日本日立电器公司——"日立精神"。

上海宝山钢铁集团公司——"宝钢精神"。

上海正广和公司——"正广和精神"。所谓"正"，就是"正本清源"，生产汽水一定要用清洁纯正的水作原料，保证质量上乘；所谓"广"，就是"广泛流动"，要把汽水供应到一切可能到达的地点，"走遍千家万户"，扩大市场份额，提高品牌的知名度；所谓"和"，就是"和颜悦色"，善待用户与顾客，提高服务水平。"正广和精神"，表达了该厂"讲究质量、重视市场、善待顾客"的精神内容。

② 品名式。这是用企业产品的商标名称来表达企业精神。产品商标用于表达企业精神，必须符合两个条件：一是该产品是名牌，在社会上有一定的知名度和美誉度，用它来表达企业精神能使员工产生自豪感；二是该产品商标的名称和企业精神的内容有相似、耦合等关系，从而能形象生动地将企业精神个性化。例如上海自行车厂的"永久精神"。"永久"牌自行车在国内外有较高的知名度与美誉度，"永久"一词又和该厂的企业精神中"永久为民"的内容相耦合。

③ 人格升华式。当企业出了英雄模范人物，而其先进事迹又广为传播时，那么可用这位英雄的事迹或精神品格来总结和升华来表达企业精神，往往能收到体现个性、形象生

动的效果。例如，

大庆油田——"铁人精神"，代表了大庆精神，就很有个性，非常生动形象，富于感染力。

王府井百货大楼——"一团火精神"，以劳动模范张秉贵的"一团火精神"命名。

④ 比喻式。同样是艰苦创业，上海建设机器厂表述为"蚂蚁啃骨头"精神，上海异型钢管厂表述为"土鸡生洋蛋"精神。同样是开拓创新，日本的索尼公司表述为"豚鼠精神"（豚鼠在茫茫的黑夜里总是不停地挖掘），美国的玫琳凯化妆品公司则表述为"大黄蜂精神"（大黄蜂不理会自己的翅膀太软、身体太重而仍然不停地飞）。还有，铁路系统——"火车头精神"，纺织行业——"春蚕精神"。

这种表达方式形象生动，突出个性。

⑤ 故事式。给企业精神取一个富于个性的名称，通过讲厂史中的一个故事来阐明其根据，并进一步展示它的内容。这就是故事式的表达。例如，

上海电机厂——"扁担精神"，就是由厂长向客户保证产品质量，不怕挨扁担的故事而来的。

⑥ 突出主要之点式。不追求全面，而是把企业精神的最主要之点特别凸显出来。例如，

上海第一钢铁厂——"一厘钱精神"，把该厂少花钱、多办事的艰苦奋斗精神提到了首位。

原江南造船厂——"全局精神"，把该厂勇于承担国家重点项目的风格提到了首位。

东风汽车集团——"视今天为落后"，特别强调了永不满足。

日本的山下俊产把松下公司的企业精神，称之为"饥饿精神"，是强调要有 24 小时的危机感。

5.1.5　企业家与企业家精神

企业是企业家的企业。企业家的成长也是企业精神的成长。同样，企业精神建设过程也是企业家的成长过程。企业家是企业的核心人物。企业家精神从本质上说是企业精神的人格化，它是企业家在长期经营管理活动中形成的思想、价值观、品格、作风、文化修养等个人素质或涵养的结晶，体现了企业家的理想和目标。

（1）企业家的定义

什么是企业家？是不是我们通常理解的企业主要领导人就是企业家？其实，企业领导人并非都是企业家。英国铁路局局长彼得·派克指出：企业家是一个充满创造意向和精力，承担风险和制造风险，掌握他人错失的机运，洞悉未来，掌握未来的人。美国国际电话电报公司总裁哈德罗·吉宁说："企业家是什么人？他是在自己的企业中为自己工作的人，他具体组织管理那个企业，也承担由此而来的一切风险。通俗地说，就是那个全权决策的人，以巨大的风险换来巨大的报偿，是他把企业押在只有他知道的某个东西之上。"

企业家（entrepreneur）一词最早见于 16 世纪的法语文献，当时主要是指武装探险队的领导，包括远航海外开拓殖民事业的冒险家，后来也用来指承包政府工程如碉堡、桥梁、港口等的营业商。当时认为，企业家要承担市场上买价和卖价的风险。从 19 世纪初叶起，当时法国的经济学家萨伊在其所著《政治经济学概论》（1803）和《政治经济学问答录》（1815）两书中，第一次明确提出企业家的职能是将劳动、资本、土地等各项生产

要素组合起来进行生产。他对企业家精神作了如下描述：具有判断能力，坚韧不拔，掌握监督、指挥和管理的技巧，具有丰富的工商业和社会知识。他认为，作为企业家，一要有眼光，能超前发现和善于捕捉经济中潜在的利润；二要有胆量，敢于承担风险，不断创新；三要有组织能力，能把各种生产要素组合在一起去创造利润。企业家的能力和素质也是企业重要的无形资产。

企业家是企业精神的塑造者。企业家以自己的哲学理念、价值观、理想、素质、作风等融合而成的个性，精心塑造企业精神。如松下电器公司的"七大精神"是松下幸之助概括总结出来的；IBM创始人老沃森亲自为公司确立了"尊重每一个人""为顾客提供尽可能好的服务""追求卓越"等三大精神信条。企业家也是企业精神的传播、推行和发扬者。企业家拥有对企业员工的感召力和影响力，企业家权威对企业精神的贯彻具有强大的推动作用。而且，企业家还是企业精神的垂范者和表率，是企业精神的具体化身。

（2）企业家精神的主要特点

作为一种共性的企业家精神，具有以下一些特点。

① 创新精神。熊彼特认为，企业家精神的核心是创新，是进行创造性破坏，重新组合生产要素，重建生产体系。对于创新他讲过一句名言：做新的工作或以新的方法做旧的工作。企业家在创新活动中表现出其特有的创新精神，表现出一种改变现状的强烈冲动和欲望，表现出一种不畏艰险、勇往直前的信念，表现出一种超出他人、扩张自我、实现理想的坚定信心，表现出对社会经济发展、人类进步的高度的责任感。正是这种高度的创新精神，激励着企业家搏击在市场经济的风口浪尖，领导着企业持续不断地创新。

② 冒险精神。敢于冒风险是企业家精神的核心、首要因素。新技术开发能否成功，能否转化为新产品，新产品有没有市场，都有很大的不确定性、风险性。据美国有关部门统计，从事高科技及新产品研究开发成功的可能性最多为百分之十几，失败的可能性高达80%以上。当然高风险也会带来高回报。在这种高度不确定的环境里，人的冒险精神是最为稀缺的资源。如果不具备冒险精神，人们是不可能涉足这种高科技领域的。冒险精神的基础，是勇于承担风险，因为企业家作出风险决策是不可逆的，更要求企业家必须具有承担风险的能力与责任感。而这种能力与责任感来自企业家忠于事业、勇于负责的献身精神。富有冒险精神会使企业家比他人抢先获得发展机会。富有冒险精神产生的冒险行为绝不是鲁莽行为，而是以深思熟虑为基础的风险决策。独具慧眼的风险行为使企业家能领先一步捕捉到良好的时机。求稳怕乱的心态窒息了企业领导人的冒险精神，严重阻碍了企业的技术创新和市场拓展。

③ 求实实干精神。企业家注重实干，脚踏实地，不夸夸其谈，不唱高调，一切从实际出发，身先士卒、身体力行地领导和组织实施企业的发展计划，不断依据变化了的新情况、新问题，修正和调整企业所追求的目标。

④ 追求卓越精神。卓越并非一种成就，而是一种精神，这一精神掌握了一个人或一个公司的生命与灵魂。追求卓越是一种永不满足的进取精神，也体现了一种竞争精神。具备了这种精神，才能有一种傲视群雄、勇往直前的大无畏英雄气概。要成为企业家，要培养企业家，就必须具备企业家精神。

5.2 企业精神的凝练与培育

企业精神不是一个企业物质条件的直接反映，而是企业对自身作为市场竞争主体的觉悟。因此，企业精神绝不是由企业的物质条件直接决定的。优秀公司从来不是消极地等待高尚的企业精神自然而然地形成，而是积极寻求，精心表达，全力以赴、坚持不懈地进行培育。

5.2.1 企业精神的凝练与培育原则

企业精神不是自发产生的，也不能由外界强加于企业，需要高度概括和精心设计，即有一个由表及里、由浅至深、去伪存真、去粗取精的提炼过程，从而把处于自发、散乱、不自觉、不系统的企业群体意识，塑造升华为企业精神。现代企业文化塑造，需要坚持如下六个原则。

（1）历史性和时代性原则

继承与发展是相互依存的，不讲继承，企业精神就会成为无源之水、无本之木；不强调发展，继承也就失去了意义。企业精神既应该具有时代的特征，又应该带有传统的烙印，今天是昨天的继续，明天又是今天的继续，谁也无法割断历史。历史传统是人类的共同财富。作为企业精神，应该继承历史上的光荣传统。中华民族，是有着悠久历史的民族。五千年文明，孕育和创造了灿烂的中华文化。团结和谐、吃苦耐劳、诚实守信、知人善任等，都是我们民族和国家的宝贵传统。企业精神，不可能不受这些宝贵传统的熏陶，也不可能不对这些宝贵传统有所体现。

企业精神塑造要体现时代精神。因为企业精神不是一般地反映现实，而是时代精神的精华。同时，企业是社会的一部分，企业精神受时代精神的影响，是时代精神在企业的折射。优秀的企业精神应当能够让人从中把握时代的脉搏，感受时代赋予企业的勃勃生机，要适应经济全球化、知识化、网络化的大趋势，必须跟上时代发展的节拍，高瞻远瞩地把握企业发展的时代特色，有预见性地超前设计企业精神，激励企业不断地追求卓越。

（2）科学性和先进性原则

企业精神塑造要体现科学性。企业精神塑造必须要有一个科学的态度，按照科学合理的程序进行概括提炼，内涵清楚精确，表述简洁得当，具有稳定性、规定性，恰到好处，经得起时间和空间的考验，符合企业的眼前和长远利益，在国内外同行业中具有先进性和竞争力。

企业精神塑造还要体现先进性。企业精神所反映的价值观、道德规范等，必须要体现物质文明和精神文明的要求，优秀而高尚；必须要充分体现企业员工的优秀品质，体现本企业的优良传统和作风，体现企业模范人物的先进思想和品德，真正把企业中先进的、本质的、主流的东西提炼概括出来，从而激发每个员工的劳动热情，推动企业的发展。

（3）实践性和群众性原则

企业精神塑造还要体现实践性。设计企业精神，必须在企业生产实践中，对企业自己的传统、习惯、意识、观念、理想、信念、风格、意志等进行反复的总结、提炼，使其符合企业的实际，并在企业生产实践中反复对其进行检验，证明其是否正确，并使其不断深化和完善。

企业精神塑造要体现群众性。群众是真正的英雄，设计企业精神要有群众观点，坚持"从群众中来，到群众中去"。要广泛地让员工参与，即使是由企业领导人提出的建议，也应反复征求员工意见，集思广益，反复酝酿，得到群众的接受和认可，真正反映出广大员工的思想和心愿。

（4）求实性和创新性原则

企业精神塑造还要体现求实性。设计企业精神必须要符合企业实际，不能做表面文章，满足于提几个字或几句口号；不能不顾本企业的特殊性，搞盲目攀比，或照抄别的企业精神；不能搞假、大、空，哗众取宠；不能搞"精神万能论"，脱离现实；不能含糊其辞，模棱两可，随意解释。

企业精神塑造还必须体现创新性。在设计企业精神的过程中，既要注意继承中华民族的优秀文化和企业的优良传统，汲取企业历史中可贵的精神资源；又要着眼社会的发展，开阔眼界，拓宽思路，勇于改革，在继承传统的基础上不断创新、不断充实、不断升华，使企业精神不仅适应企业的发展，而且还推动企业不断向前。

（5）激励性和目标性原则

激励就是通过外部刺激，使个体产生出一种情绪高昂、奋发进取的力量。有关激励理论认为，最出色的激励手段是让被激励者觉得自己确实干得不错，发挥出了自身的特长和潜能。日本著名企业家稻山嘉宽在回答"工作的报酬是什么"时指出："工作的报酬就是工作本身！"深刻地指出内在激励的无比重要性。企业精神应该具有精神的激励作用，在一种"人人受重视，个个被尊重"的文化氛围中，每个人的贡献都会及时受到肯定、赞赏和褒奖，而不会被埋没。这样，员工就会时时受到鼓舞，处处感到满意，有了极大的荣誉感和责任心，自觉地为获得新的、更大的成功而瞄准下一个目标。企业精神所具有的这种情绪感染力，可以激励职工奋勇前进，这已被国内外许多企业成功的经验所证实。如西方有些企业家提出的"企业与职工一致"精神、"厂兴我荣，厂衰我耻"与企业共存亡的精神，都在很大程度上调和了劳资矛盾，从而较好地起到激励职工为企业而奋斗的作用。

企业精神塑造还必须体现目标性。企业目标是一面号召和指引千军万马的旗帜，是企业凝聚力的核心。它体现了职工工作的意义，预示着企业光辉的未来，能够在理想和信念的层次上激励全体员工。韩国现代集团创始人郑周永说："没有目标信念的人是经不起风浪的。由许多人组成的一个企业更是如此，以谋生为目的而结成的团体或企业是没有前途的。"如浙江宁波雅戈尔集团，把企业追求的目标锁定在"三个统一"上，即："实现团体目标和个人目标的统一；实现管理与被管理的统一；实现物质激励和精神激励的统一"。三个统一的目标极大地激发了"雅戈尔人"爱岗敬业的工作热情和巨大的创造力，加之科学、完善的内部管理，雅戈尔在短短十几年间迅速崛起，成为国内服装行业的佼佼者。

（6）特殊性原则

企业精神塑造必须要反映企业的个性和特点，把握企业的基本特征，如企业类型、生产规模、历史传统、所有制性质等；把握企业的产品特点，如产品的性质、档次、消费对象、市场品位与份额等；把握企业的生产经营特点，如生产目的、经营方向、管理方式、经济效益等；把握企业员工群体状况，如员工的文化素质、道德修养、技术能力、发展方向。突出企业个性的无数企业，由于经营服务方向不同、历史的沿革不同、职工队伍素质的差异，它们的企业精神是千差万别的，都具有自己的个性。正如《企业不败》所阐述的那样，"虽然目光远大的公司的核心思想（企业精神）中都包括某些主题，如贡献、正直、尊重雇员的个性、为顾客服务、不断创新或保持领先地位、履行社会的义务等，但是所有目光远大的公司的核心思想（企业精神）没有一项是相同的。"

5.2.2 企业精神的凝练与培育方法

企业精神的凝练与培育，至少要完成三个任务：一是找出最适合本企业发展的精神，或者说对本企业最有价值的精神；二是使最适合本企业的精神引起全体员工的共鸣，变成全体员工共享的精神财富；三是以最适合本企业的精神从事企业的生产经营等实践活动，使之物化，并在实践中丰富和发展这种精神。企业精神是建立在本企业职工集体生产经营实践活动的基础之上的。从目前中国企业实践来看，培育企业精神，应当通过以下几条基本途径。

（1）舆论灌输

通过计算机网络、电视、广播、厂报、厂刊、宣传栏、黑板报、标语、宣传品等舆论工具和媒介及报告、讲演、座谈、讨论等宣传方式，宣传、传播企业精神，从而对员工产生导向、熏陶、激励和制约作用，使企业精神深入人心。

（2）领导垂范

企业领导人，特别是最高层领导人，是企业文化之源，不仅要做企业精神的积极倡导者，而且要做企业精神的率先垂范者。这是培育企业精神最有效的途径之一。如果企业领导人的言行举止、风格境界与企业精神格格不入，将直接影响到广大员工的思想和行为，企业精神就不可能在企业扎下根来。从世界范围看，如果没有松下幸之助、沃森、海因茨·卡斯克等一大批具有高素质和卓越才干的企业家，就不会有松下公司、IBM公司、西门子公司等世界一流企业，不会有"产业报国精神""野鸭精神"。因此，企业家不但要把自己的一切言行置于企业行为之中，而且要把培育企业精神作为最重要的任务。

（3）实践锤炼

实践是培育企业精神的沃土，没有实践，就不可能产生企业精神。因此，企业从生产经营到后勤服务，从厂规厂纪到每一个员工的言行举止，都应成为培育企业精神的重要环节，并在日常实践中锤炼，逐渐养成、发展和升华，使企业精神成为企业群体生产经营实践的结晶。

（4）榜样示范

"榜样的力量是无穷的"。企业的英模人物是企业精神的集中体现者和代表者，是广大企业员工的榜样。树立企业英雄，塑造先进典型，用榜样的力量培育企业精神，是一条非常有效的途径。企业精神是企业内高层次的观念形态。作为观念形态的企业精神，需要有一定的载体，特别是"榜样"式的载体，才能使人们具体而直观地感受到它的存在和作用。就是说，企业精神只有人格化，才能具体化、实在化。企业精神人格化的"榜样"，主要有两类：优秀的企业家和先进模范人物。树立先进典型，发挥先进模范人物的榜样、示范作用，是培育企业精神的有效方法，也是使企业精神具有鲜明个性特色的重要因素。如美国通用电气公司，重视发挥发明家、全能工程师以及众多不太出名但同样重要的内部形象的榜样作用，在相当长的时间内，这些企业精神的代言人是尽人皆知的，公司通过他们向职工表明期望人们做什么以及怎样做才能获得成功，收到了良好的效果。北京王府井百货大楼是通过树立张秉贵这个典型，从而确立"一团火"的企业精神的。

（5）主题活动

随着物质文明建设水平的提高，职工在精神文明建设方面的追求越来越高，企业经常性地搞一些健康、有益的活动，倡导某种特定的仪式，既能满足职工的要求，又能进行企业精神的教育。譬如，以企业精神为主题，经常组织开展各种各样的主题活动，如演讲会、联谊会、卡拉 OK、歌咏比赛、文艺汇演、书画展、摄影展、征文比赛、知识竞赛、棋类比赛、体育运动会、跳舞、文化沙龙等活动，在活动中潜移默化地熏陶，培养员工对企业精神的觉悟与意识，养成企业精神。美国的沃尔玛欢呼：每周六早 7 点 30 分沃尔玛公司工作会议开始之前，沃尔顿会亲自带领参会的几百名高级主管和商店经理们一起欢呼口号和做肯色大学的拉拉队操。沃尔顿在巡视商店时，员工们要集聚在商店门口。他先喊起来："来一个 W！"员工们则大喊："来一个 M！我们就是沃尔玛！来一个 A！来一个 A！顾客第一沃尔玛！来一个 T！来一个 R！天天平价沃尔玛！我们跺跺脚！沃尔玛！沃尔玛！呼！呼！呼！呼！"欢呼总是以沃尔顿大喊一声"谁最重要"而结束，而员工们则大喊"顾客最重要"，通过这种仪式，强化"顾客至上"的意识非常有效。但要注意企业在利用某些活动或仪式作为培育企业精神过程中，一定要明确举办这些活动或仪式的目的和意义，不要流于形式。一个有意义的企业文化活动或仪式，应该具备这样的特征：自然而质朴，独特而有创意。

（6）制度规范

制定反映企业精神、促进企业精神生长的规章制度，是培育企业精神的又一途径。因为企业精神是一种导向、规范企业员工行为的思想意识，本身不具有强制性，因此，培育企业精神还需要一定的规章制度来规范。制度规范，应注意强制性规范（如企业法规、职业纪律等）与柔性规范（如理想、道德等）有效结合起来，才能培育出良好的企业精神。

（7）教育培训

一方面，适当地举办有关企业文化、企业精神的培训班、研讨班，从理论上强化企业员工对企业精神的理解和认同。另一方面，通过企业员工自我教育，并相互帮助、相互影响，自觉确立与企业精神一致的奋斗目标，在工作中实践企业精神。

（8）形象塑造

这是一种把企业精神物化为外显形态的一种培育途径。企业精神虽然是无形的、抽象的，但可以通过一定的方式物化为有形的、具体的东西，如通过厂旗、厂徽、厂服、厂歌、厂容、厂貌、广告、招牌、厂史展览、生产产品等，展现企业精神的内涵，促进企业精神生长。

（9）典礼仪式

企业精神是一种文化形式，必须借助于特定载体来予以宣扬和表达。典礼仪式就是促进企业员工对企业精神认同，强化企业精神的有效途径。许多企业都有一些经常性的典礼，如升国旗、厂旗，朗诵企业精神，唱厂歌，开展厂庆活动等，这些都可以弘扬企业精神。

5.3　温州建设集团的企业精神诠释

温州建设集团的企业精神：和谐、创新、奉献、卓越。

和谐孕育着人与人的团结、人与企业的融洽、人与环境的协调，是企业长久生存的核心条件；创新是通过经营思路创新、技术拓展渠道创新、管理方式方法创新，打造企业核心竞争力；奉献是勇于承担责任、积极付出而不计回报，是国企风范的展现；卓越是员工优秀、团队出色、企业一流，实现持续的企业领先地位。

5.3.1 和谐

和谐是对立事物之间在一定的条件下，具体的、动态的、相对的、辩证的统一，是不同事物之间相同相成、相辅相成、相反相成、互助合作、互利互惠、互促互补、共同发展的关系。这是辩证唯物主义和谐观的基本观点。和谐就是融洽、调和。

西方人对"和谐"的理解：① 毕达哥拉斯认为，"整个天就是一个和谐"；② 赫拉克利特认为，和谐产生于对立的东西；③ 文艺复兴后许多思想家都把"和谐"视为重要的哲学范畴；④ 马克思真正把握了"和谐"理念，提倡社会和谐。

中国古人对"和谐"的理解：①"和而不同"、事物的对立统一，即具有差异性的不同事物的结合、统一共存；② 政治和谐，一种社会政治安定状态；③ 遵循事物发展客观规律，追求人与自然的和谐。

总之，和谐是指对自然和人类社会变化、发展规律的认识，是人们所追求的美好事物和处世的价值观、方法论。和谐企业就是指一种美好的企业状态和一种美好的企业理想，即"形成全体员工各尽其能、各得其所而又和谐相处的社会"。

和谐的概念具体包括三层含义：一是和睦协调。汉代郑玄笺："后妃说乐君子之德，无不和谐。"明代高明的《琵琶记·寺中遗像》记载："敢天教我夫妇再和谐，都因这佛会。"二是指配合得匀称、适当、协调。《晋书·挚虞传》："施之金石，则音韵和谐。"三是和解，和好相处。元代郑廷玉的《楚昭公》第一折记载："此剑原是吴国之宝，他既来索取，不如做个人情，送还了他，两国和谐，可不好那！"和谐是一切事物的原则，工作、学习、生活，它们内在必须是和谐的，和其他事物的关系必须是和谐的，如果不和谐就不可能存在。

5.3.2 创新

创新是以新思维、新发明和新描述为特征的一种概念化过程。创新是人类特有的认识能力和实践能力，是人类主观能动性的高级表现形式，是推动民族进步、社会发展和企业进步的不竭动力。一个企业要想走在时代前列，就一刻也不能没有理论思维，一刻也不能停止技术创新、管理创新和理论创新。创新在经济、技术及建筑学领域的研究中有举足轻重的分量。福特公司创始人亨利·福特说："不创新，就灭亡……"畅销书《追求卓越》作者托马斯·彼得斯说："要么创新，要么死亡……"创新魔法师李响说："创新是企业持续壮大的唯一出路……"

创新的概念具体包括两层意思：一是创立或创造新的。《南史·后妃传上·宋世祖殷淑仪》记载："据《春秋》，仲子非鲁惠公元嫡，尚得考别宫。今贵妃盖天秩之崇班，理应创原。"萧乾的《一本褪色的相册》十二记载："在语言创新方面，享有特权的诗人理应是先驱。"二是首先的意思。

创新从哲学上说是人的实践行为，是人类对于发现的再创造，是对于物质世界的矛盾再创造。创新的哲学要点有五个方面。① 物质的发展。我们认识的宇宙与哲学的宇宙在哲学上代表了实践的范畴与实践的矛盾世界两个不同的含义。创新就是创造对于实践范畴的新事物。任何有限的存在都是可以无限再创造的。②矛盾是创新的核心。矛盾是物质的本质与形式的统一。物质的具体存在者与存在本身都是矛盾的。任何以人的自我内在矛盾创造的新事物都是创新。③人是自我创新的结果。人的内在自觉与外在自发构成规律在物质的总体上形成对立的内在必然与外在必然的差异。创新就是人的自觉自发。④创新是人自我发展的基本路径。创新是对于重复、简单的劳动方式的否定，是对于人类实践范畴的超越。新的创造方式创造新的自我。⑤认识论上看创新是自我意识的发展。自我意识的发展是自我存在的矛盾面，其发展必然推动自我行为的发展，推动自我生命的发展。

从认识的角度来说，就是更有广度、更有深度地观察和思考这个世界；从实践的角度说，就是能将这种认识作为一种日常习惯贯穿于生活、工作与学习的每一个细节中，所以创新是无限的。

5.3.3 奉献

奉献："奉"，即"捧"，意思是"给、献给"；"献"，原意为"献祭"，指"把实物或意见等恭敬庄严地送给集体或尊敬的人"。两个字和起来，奉献，就是"恭敬的交付，呈献"。简单地说，"奉献"指满怀感情地为他人服务，作出贡献，是不计回报的无偿服务。

奉献，是一种爱，是对自己事业的不求回报的爱和全身心的付出。对个人而言，就是要在这份爱的召唤之下，把本职工作当成一项事业来热爱和完成，从点点滴滴中寻找乐趣；努力做好每一件事、认真善待每一个人，全心全意为别人为工作服务。

奉献是不计报酬的给予，是"有一分热放一分光"，是"我为人人"。奉献者付出的是青春，是汗水，是热情，是一种无私的爱心，甚至是无价的生命。因为有人奉献，社会的物质财富和精神财富才会不断增加，人类才会不断前进。奉献者收获的是一种幸福，一种崇高的情感，是他人的尊敬与爱戴，是自己生命的延长。

5.3.4 卓越

在早期的《现代汉语词典》中，"卓"有3层意思：一是杰出，超出一般，如卓越人才，卓越功勋，卓越的才能，卓越的社会活动家；二是高超出众，如卓越成就；三是非常优秀，超出一般。

关于"卓越"，《三国志·吴志·孙登传》载"于是东宫号为多士"（裴松之注引）。晋代虞溥的《江表传》载："登使侍中胡综作《宾友目》曰：'英才卓越，超逾伦匹，则诸葛恪。'"宋代苏轼《答李廌书》载："惠示古赋近诗，词气卓越，意趣不凡，甚可喜也。"

中信出版社分别于2002年5月和10月推出詹姆斯·C.柯林斯等写的《基业长青》和《从优秀到卓越》两本书。《基业长青》是詹姆斯·C.柯林斯与杰里·I.波拉斯在1994年出版的。在《福布斯》杂志2002年9月评选的"20年来最具影响的20本商业图书"中，该书名列第二，仅次于《追求卓越》。两位作者试图以此书描绘出何为"高瞻远瞩的公司"，它们既经历很多次产品生命周期、经历很多代活跃领导人而长久生存，又享有伟大的声名，为世界留下不可磨灭的烙印。"如果你想创设一家公司，让公司迅速壮大，赚很多钱，再卖掉公司，获利后退休，那么，你不适于构建高瞻远瞩的公司；如果你没有追求进步的驱动力,没有无休止地改善和为前进而前进的内心冲动,那么,你不适于构建高瞻远瞩的公司;如果你无意建立以价值观为导向、在赚钱之外还另有目的的公司,那么,你不适于构建高瞻远瞩的公司;如果你不想构建一家不但在你任期内强大,而且在你离开几十年后仍然强大的公司,那么,你也不适于构建高瞻远瞩的公司。"为了描述何为"卓越",柯林斯渐渐提炼出一系列词汇。它们有些是巧妙的比喻,有些是崭新的概念,正是这些词汇颠覆了管理者很多习以为常的思维,以其独特视角和解释力度,令柯林斯的管理思想得到大范围传播。在柯林斯那里,"优秀"是一个中性词,甚至带一点贬义。他说过,"优秀是卓越的敌人"。他对"卓越"的定义是,能够产生优异的业绩,并且对其所接触的领域会产生巨大的影响。"为了实现'卓越',你不能说'我们已经够好了'。你必须说'还不够',如此才能让你的企业变得不可或缺,才能在你离开时,让大家觉得缺少了什么。"

☀ 【实践描述】

呢绒厂迁扩建工程中标折射出的企业精神
——和谐、创新、奉献、卓越

郭智超

1986年10月,公司在建工程寥寥无几,任务严重不足带来资金短缺,公司已面临靠拨款发放工资的困境,承接新施工任务已成为当务之急。时值温州市建筑市场已逐步由计划经济向市场经济转化,多数施工任务要通过招投标程序中标承接。恰逢市里推出温州呢绒厂迁扩建工程省内公开招投标活动,时任公司经理张意大同志当即拍板,决定举全公司之力,组建强有力的投标班子,誓为夺标作出一切努力。

温州呢绒厂迁扩建工程项目由主厂房、综合楼两个单位工程组成,建筑面积17215 m²,土建造价600万元以上,是当时市里的一个较大建设项目,也是市里率先推行公开招投标模式的具有一定影响力的建设项目,省内反应较强烈。全省共有五个具有一、二级施工企业资质(当时无特级企业资质)的施工单位参加投标,其中浙江省第五建筑工程公司也参与其中。在公司经理张意大同志的亲自过问下,采取了以下诸项应对措施。

组建以公司主管生产经营的副经理张子鉴同志为负责人、公司生产经营科科长叶超俊同志具体负责的项目投标班子,抽调公司生产经营科、土建基层单位的五位预算员骨干与钢筋车间的钢筋用量计算员组成项目投标文件编制小组。

开辟安静、封闭的原后楼二楼东边间作为做标场所,配置各种必备的办公用具。

创公司历史先河,率先推出中标奖励制度,分一、二、三等奖(30元、20元、10元,当时人均工资不足百元)。

做标伊始,公司专题召开碰头会,针对招标文件各项内容,研讨做标应注意的有关事项,部署人员分工、职责范围、完成期限等各计划要素,力图作出高水平的投标文件。在做标过程中,各单位工程结构、建筑、钢筋用量计算员各负其责,遇到结构图、建筑图尺寸模糊处认真校对。由于时间紧,投标文件要求高,大家都主动放弃休息时间,连续作战，无任何加班费而无一句怨言。具体负责人认真校对图纸，时时进行查遗补漏。当时生产经营科科长叶超俊同志不顾身体欠佳，时刻关注投标文件编制动态，亲自翻阅每一张图纸，在工程量即将汇总时，叶科长拿着一张混在设备安装图纸中的主厂房设备基础垫层图纸，询问有关计算人员是否已计入总量时，得到否认回答后马上要求计算加入，为造价得分赢得了宝贵的分数。

经过半个多月的努力，投标文件形成初稿后，公司主管生产经营的副经理张子鉴同志亲自主持召开投标班子碰头会，针对投标报价，钢材、水泥、木材三大材料指标等与得分密切相关的指标逐项进行认真细致的分析、匡算，对某些指标参照评分标准进行了技术性处理，会上作出了总体定稿的各项意见。

尔后具体经办人员参照招标文件逐项逐条反复校对，关键细节处几易其稿，终于在11月初投标截止日期前递交了投标文件。

在温州雪山饭店召开的开标会议上，公司得分高居榜首，以0.8分的优势战胜浙江省第五建筑工程公司从而一举中标，中标造价为587.00万元，相当于当年施工产值（1782.53万元）的三分之一。中标消息一传至公司总部，主管公司财务、材料的公司副经理成丁康同志赞不绝口："一听到公司中标温州呢绒厂工程，心里真是好过。"温州呢绒厂迁扩建工程的中标，进一步巩固了公司在温州地区建筑界的龙头地位，社会信誉得到了进一步提升。中标、签订合同后所打入的工程预付款，有效缓解了公司资金的短缺，对激活当时公司生产经营活动作出了贡献。事后，公司专题召开表彰会，数名参与投标活动的相关人员分获一、二、三等奖（30元、20元、10元）。

企业的发展，离不开"决策层的好决策、执行层的好执行、实施层的好实施"三个层次的"三好"因素，离不开"和谐、创新、奉献、卓越"的企业精神，温州呢绒厂迁扩建工程的中标，体现了"领导、职工的敬业奉献精神""经营管理思路的创新精神""困境中崛起，实行持续企业领先地位的卓越精神"。

平凡岗位见证不平凡
——老党员与企业精神的孕育

陈晓龙

从援建汶川地震灾区安置房现场到乐清虹桥花园抢险现场，从国优工程温州华侨大酒店到集团重点工程龙港财富中心工地，都曾出现过一位肤色黝黑、表情坚毅的中年男子，他就是集团公司优秀共产党员、项目经理周正农。

提起周正农，无论是老员工，还是年轻人，无人不知、无人不晓，他在温州市建筑业颇具知名度。他1978年进入集团公司工作，1983年加入中国共产党，30多年来一直工作在工程建设第一线，从一名普通木工成长为高级工程师、一级建造师。他多次获得市重点工程建设先进工作者，市国资委、市建设局系统优秀共产党员，省、市建筑企业优秀项目经理等荣誉，2007年荣获建设部劳动模范称号。他自学成才，勤勤恳恳，兢兢业业，为人憨厚，以一名共产党员的坚定信仰、高度责任感和"老黄牛"精神，一心扑在工作和事业上，在自己的平凡工作岗位上创造出一个又一个不平凡的业绩。

义无反顾，让党员作用发挥到极致

2008年5月12日，发生了举世震惊的汶川大地震，在接到省建设厅、市建设局为四川广元灾民援建安置房任务后，集团公司党委安排他为赴川援建队伍的先锋。他不顾自身安危、不顾自己承包的工程正值施工高峰期，他把党和人民的利益坚定地摆在第一位，接到命令后第二天就赶到广元市青川县木鱼镇重灾区，他是温州市现场施工队伍第一个到达援建地的人。当时灾区的一切生活设施全部遭到地震破坏，独自一人的他与灾民一样住帐篷、睡农田、吃干粮、经历过6.4级余震。在援建过程中，他以一名老党员的身份，带领其他党员和援建人员克服路程遥远、余震不断、工作生活环境恶劣等常人难以想象的困难，夜以继日地忘我工作，终于提前出色地完成了党和政府交给的援建任务，他本人荣获省援建指挥部和党委授予的三等功。

2010年7月12日凌晨2点许，受强降雨影响，集团公司承建的乐清虹桥花园工地发生基坑围护局部滑移的现象，危及整个工程地下室基坑及周边民房、厂房、学校的安全。面对突然出现的险情，项目部一时难以应对，正在上海开会的集团公司董事长、党委书记邵奇杰接报后，马上指派具有丰富现场施工经验的周正农同志作为公司代表赴现场全权处理应急抢险工作。他接到命令后，立即放下手头工作，一到现场，马上查看险情，并与工程项目管理班子确定抢险措施，加固塔机基础、拆除出险部位的活动板房、对危险区域实施隔离。在他得当的指挥下，工地及时控制了险情，将不利影响控制在最低限度，在当地建设主管部门召开的应急会议上，主管部门和业主对他提出的具体抢险措施和实施情况予以肯定。关键时刻，他凭着自己丰富的施工专业技术再次发挥了一名共产党员的"主心骨"和先锋模范作用。

优秀履职，带头争创佳绩

他对自己从事的每一项工作，都非常珍惜，虚心学习，踏实工作。从1985年开始担任施工员、项目经理以来，参与和主持施工的工程近30万平方米，总造价5亿多元。他负责施工的温州华侨饭店改扩建工程荣获国家优质工程银质奖和全国用户满意建筑工程，为温州市建筑施工企业首次获得国家级优质工程奖项，受到温州市政府重奖。此外，他先后创出省"钱江杯"优质工程2项、市"瓯江杯"优质工程3项，取得了优秀的业绩。

自参加工作以来，他先后从事过木工、观测工、施工员、技术主任、项目经理等工作岗位，他全身心投入到自己的工作中，几十年如一日，上班都是6时不到就出现在工地，一直工作到晚上10时左右才下班，一天工作常常长达14小时以上，更没有双休日、节假日。由于全身心投入工作，难以顾及家人。一次，他的岳母患急性胆囊炎需要住院动手术，由于当时施工任务急，他无暇抽时间来看望照顾岳母，只好让家人带去问候和歉意。家里买了轿车，他抽不出时间去考驾照，多年来没能过一把握方向盘的瘾，每天上班办事还是骑着"小毛驴"奔波于大街小巷。由于长期摸爬滚打在工地，他的皮肤晒成了古铜色，同事们都亲切地称呼他是一头埋头苦干的"老黄牛"。

在他的施工经历中，曾传出一段三业主争抢周正农的佳话。为人憨厚、技术精湛的他，由于业绩突出，多次获奖，在我市建筑界颇具名气。一次，"巨一花苑""盛德大厦""凌云花苑"等三个高层工程的建设业主单位同时点将，要求集团公司指定他担任工程的项目经理。"巨一花苑"业主单位负责人为了能"抢"到他，语气坚决地说："集团公司如果不派周正农担任项目经理，要扣除工程质量保证金50万元。""盛德大厦"工程业主单位的一位老总说："只要有周正农在，把工程交给你们，我们就放心，有安全感，工程进度和质量就有保证。"在他担任市职业技术学院工程的项目经理时，每次召开施工工作例会，业主负责人也这样说："如果项目经理周正农不参加会议，我们宁愿会议不开，即使开了会议，也不能及时解决问题。"他正是用他过硬的工作业绩和良好工作作风赢得了业主的高度肯定。

技术创新是建筑企业的生命，近年来，他负责的工地攻克了无数个技术难关，为集团公司赢得了荣誉。在华侨饭店改扩建工程施工期间，周正农在新工艺应用和技术难题攻克上动了不少脑筋，如华侨饭店一层大堂混凝土柱的最大尺寸为1.2米，单层柱净高最高为11.5米，他与技术人员一起，进行技术难题攻关，采用双层模板和型钢柱箍定型，使其垂直度和平整度分别控制在3毫米和4毫米，无观感质量问题。华侨饭店工程的框架柱，剪力墙模板采用整体定型模板新工艺，经QC小组攻关，产品质量明显提高。该工程地下室深基坑采用建设部"十大新技术"应用之一喷锚网支护，为我市首次使用该项新技术，节约造价20余万元。该工程的框架柱钢筋连接采用了电渣压力焊新工艺，提高了产品质量，其中提高电渣压力焊施工质量QC攻关活动成果获得了省优秀成果奖。华侨饭店改扩建工程通过他与他的同事们不断使用新工艺、新技术，工程质量呈现诸多亮点，引来了全国建筑同仁来参观取经，工程获得了国家优质工程银质奖，这也是集团公司成立以来工程质量方面获得的最高荣誉。

重学习提高，带头弘扬正气

他作为工程项目党支部支委，虽然现场工作极为繁忙，但仍不忘履行其职责，总是带头执行集团公司和党组织的决议，带头参加组织生活和理论学习，加强党性修养，自觉践行科学发展。在业务知识学习上，他觉得科技发展在突飞猛进，施工技术也在日益更新，如果不去及时充电，很快就会落伍。因此，他非常珍惜学习培训机会，带头学习施工技术、工程经济、金融法律等方面的知识。2006年他取得了本科学历，2007年获得了高级工程师技术职称。在日常工作中，他注重言传身教，努力做好"传、帮、带"工作，以自己的实际行动影响和带动身边的年轻人积极向上，在他带领的施工管理班子中，很多同志追求进步，许多人已加入或正在申请加入中国共产党。

一项工程的施工建设，牵涉到方方面面的利益，他作为一名共产党员，始终严格要求自己，自觉接受组织和群众的监督，始终保持清正廉洁、艰苦奋斗的作风。他带头树立和弘扬清风正气、爱岗敬业、淡泊名利的思想，坚决同各种不良风气和违纪违法行为作斗争，在自己30多年的施工职业生涯中，真正做到了"常在河边走，就是不湿鞋"。

关心员工，热心服务群众

他经常与员工交流，帮助解决群众的实际困难。职工毛美菊是项目部的材料员，她家庭经济条件较差，丈夫患有重病，前些年还做过心脏手术，使原本就不富裕的家庭更是雪上加霜。他得知该情况，发动项目部员工为她捐款，并在自己力所能及的情况下给予最大帮助。

农民工是建筑工地一支不可缺少的队伍。他手下有数百名民工，他关爱民工，从不拖欠工资。为了让民工们安心工作，他对工地后勤生活设施特别舍得投入。就说位于市区车站大道的"盛德大厦"工地，他共花了6万多元购入一整套不锈钢厨具设施，并装修了浴室，一天24小时供应热水，农民工都说："在工地比自己家里还舒服。"

在工地上，他与工人打成一片，常能看到他与工人谈工作、处理问题、解决困难，有时候他还会捋起袖子与工人们一起干上一会儿，工人们都亲热地叫他"阿农伯"，彼此结成了深厚的情谊。

集多方面施工经验、技术和荣誉于一身的共产党员周正农，以他高度的责任感、出色的工作业绩和朴实的工作作风，诠释着一名共产党员的优良品质和企业精神的孕育与弘扬。如今他依然保持着勤奋好学、爱岗敬业、埋头苦干的工作态度，践行着一名优秀共产党员的诺言，为党和人民的事业，为集团公司的改革创新和企业精神的放大，贡献出自己的应有能力和努力。

第6章 安全是生命、是最好的效益，让安全成为我们的习惯

——安全文化建设

> 安全是确保人员和财产不受损害的状态，无危则安，无缺则全，安全就是没有危险且尽善尽美。安全是员工的生命也是企业的生命，是最大经济效益也是最大社会效益。失去了安全，就会面临危险；丢掉了安全，就可能孕育灾难；没有了安全，就可能没有了一切。让安全的警钟长鸣，让安全成为我们的习惯。

6.1 安全文化的理论描述

6.1.1 安全文化的内涵

安全文化的首创者国际核安全咨询组（INSAG）对安全文化给出了相对狭义的定义："安全文化是存在于单位和个人中的种种素质和态度的总和……"英国健康安全委员会核设施安全咨询委员会（HSCASNI）对国际核安全咨询组给出的定义进行了修正，认为："一个单位的安全文化是个人和集体的价值观、态度、能力和行为方式的综合产物，它取决于健康安全管理上的承诺、工作作风和精通程度。"安全文化在企业中的应用即所谓的企业安全文化，企业安全文化是安全文化最重要的组成部分。企业只要有安全生产工作存在，就会有相应的企业安全文化存在。广义上的安全文化是指"人类在安全实践过程中创造的物质财富和精神财富的总和"，它作为社会文化的亚文化，与文化特性相同，其层次结构由表及里，包含了安全物质文化、安全观念文化、安全制度文化和安全教育文化。

（1）安全物质文化

安全物质文化是安全文化的表层部分，它是生产、生活各个方面的安全环境、安全条件、安全设施等物质要素的总和，是形成观念文化和行为文化的条件。安全物质文化往往能体现出组织或企业领导的安全认识和态度，反映出企业安全管理的理念，折射出安全行为文化的成效。企业生产过程中的安全物质文化体现在：一是人类技术和生活方式与生产工艺本身的安全性；二是生产和生活中所使用的技术和工具等人造物及与自然有关的安全装置、仪器、工具等物质本身的安全条件和安全可靠性。

（2）安全观念文化

安全观念文化主要是指企业员工共同遵守、用于指导和支配行为的安全意识、安全理念、安全价值等多种意识形态。它是安全文化的核心和灵魂，是形成和提高安全教育文化、制度文化和物质文化的基础和原因，在安全文化体系中起主导作用。当前，我们需要建立的安全观念文化是：以人为本的观点；预防为主的观点；安全也是生产力的观点；安全第一的观点；安全就是效益的观点；最适安全性的观点；安全超前的观点；安全管理科学化的观点；自我保护的意识；保险防范的意识；防患于未然的意识，等等。

（3）安全制度文化

安全制度文化是协调生产关系，规范组织和个体安全行为的各项法规和制度。它介于安全文化的核心层与表层之间，是安全物质文化和安全观念文化的载体，在体系中发挥着协调、保障、制约和促进的作用。安全制度文化的建设包括从建立法制观念、强化法制意识、端正法制态度，到科学地制订标准、规章和制度，严格地执行程序和自觉地遵章守纪行为等。同时，安全制度文化建设还包括行政手段的改善和合理化；经济手段的建立与强化等。

（4）安全教育文化

安全教育文化是通过各种形式的教育活动影响员工的思想观念和道德品质，增进员工的知识和技能。它是属于安全物质文化、安全制度文化和安全观念文化之间的转换层，在安全文化结构中，最能体现出人的本质、主体地位和主观能动性的自我调节和自我规范特性。安全教育文化源于生产层的人的本质发展要求转换为管理制度和价值观理论，并通过制度文化转换为物质生产层的人的本质的内在素质，使之与他人相互协作，更好地发挥个体的特殊行为能力。需要发展的安全教育文化是：进行科学的安全思维；强化高质量的安全学习；执行严格的安全规范；进行科学的安全领导和指挥；掌握必需的应急自救技能；进行合理的安全操作等。

6.1.2 安全文化的特点

安全文化作为一种文化现象，具有鲜明的特点。

（1）人文性

安全工作的最终目的是维护人的生命权、健康权。安全文化建设顺应社会进步的要求，将人作为文化服务的对象，强调人是最宝贵的，提出"人命关天，安全为大，人的安全高于一切"，体现出浓浓的人文特性。当今时代的建筑职工，不仅是企业人，更是经济人，这种特性对安全生产的取向和价值产生了深刻的影响，企业正是通过安全文化的引导，使职工把安全生产的价值与自身的劳动价值、人生价值统一起来，建立起新的安全伦理道德和行为规范。特别是近几年，建筑企业在管理理念上逐渐转变为以人为管理的主体，重视人的因素，实现人的价值最大化，充分体现了人文性。

（2）广泛性

安全文化内容包罗万象，大到安全总体思路、总体规划，小到一线班组的宣传口号、各个工种的岗位职责，可以说凡是有建筑延伸的地方，就有安全文化的传播。参与人员的广泛性也是建筑企业安全文化的显著特点，比如重要电文记名传达、班前安全教育，普及到了每个职工。

（3）严肃性

每一项规章出台，都有其严格规定。比如"行规""安规""技规""维规"等明确地告诉操作人员该怎么做，而且对违反者都有处罚。近几年，随着建筑企业跨越式发展的逐步深入，安全文化愈发彰显出其严肃性。

（4）融合性

安全是企业的永恒主题。安全文化围绕安全生产，可以说是目标同向、工作同步、风险共担、成果共享。无论业务部门还是党工团组织的工作，都要始终融合到安全生产中，造就一种大氛围的安全文化。

（5）双重性

安全文化具有超前和滞后的双重特性。超前性是指要对安全生产中可预见的困难问题提前准备，未雨绸缪。现行的建筑职工班前教育、安全预想，以及大型施工的包保、监控、安全措施等均体现出超前性。滞后性则是指绝大多数事故的发生，都是由小事端酿成，个别事故的发生几乎防不胜防，年年总结教训，年年仍有事故发生，而且同一类事故有时连续发生。随着高新技术的广泛应用以及管理理念的不断提升，人们的安全意识进入本质安全论阶段，也就是要以本质安全化、超前预防为主，达到有序可控，长治久安，这不仅是建筑安全文化，而且是各企业安全管理都期望达到的目标。

（6）激约性

安全管理的对象是人和物，而对物的管理归根结底也是对人的管理。对人的管理不外乎激励和约束两个方面，激励是安全管理的"高线"，是明确努力的方向和达到目标的途径，其目的是激发职工树立正确的安全价值观，实施符合安全要求的行为，把确保安全的价值和实现自身的价值统一起来，互融互动、协调统一。约束是管理的"基线"，其目的是规范职工的基本行为，使职工在规章制度允许的范围内从事安全生产。规章制度以及安全教育具有明显的约束力，让职工明确该怎么做，不该怎么做，在岗位上干什么、怎么干、干好了怎么办、干不好又怎么办，可以说是把管理和被管理的关系逐渐转变为契约关系、责任关系和效益关系。同时，在安全上以经济杠杆来主动施压，进行利益驱动，一旦安全管理失控，将直接关系工人的"饭碗"和干部的"乌纱帽"。如果安全生产达到了有序可控，实现了短期内的奋斗目标，那么干部的提升提级，工人的工资效益就会得到回报。足见安全文化的激约性极强。

6.1.3 安全文化的作用

安全文化蕴涵于安全管理的每个环节之中，蕴涵于每个员工的行为之中，它可营造出一个崭新的、社会性的安全大氛围。许多国家、地区和企业的成功经验说明，要想把安全的事情办好，离开安全文化是不行的。

（1）凝聚作用

凝聚作用就是吸引、聚合企业的各种力量，使其在科学的组合中壮大优势。如同一种信念，用无形的"绳索"将企业员工牢牢链接在一起，凝聚成安全生产合力。这种安全文化，既可以提高干部职工的思想道德素质、科学文化素质和身体健康素质，强化干部职工保安全的过硬技能，把干部职工的思想意识、价值取向、安全行为、精神面貌凝聚到共同的安全理念之中，实现人的全面发展，又可以进一步提高安全保障能力，提供更加安全、优质、快捷的服务，这不仅是企业保持旺盛竞争力的动力源泉，而且是树立和落实科学发展观的必然要求。这种凝聚功能体现在安全生产中，就是目标管理，运用目标管理凝聚人心。

（2）共识作用

由于建筑行业的特殊性，多年来，人们对"安全压倒一切、安全第一"的观念已欣然接受，达成共识。这种共识就是建筑职工在生产活动中共有的理想信念、价值观念和行为准则。多年来，建筑业各系统、各单位结合行业特点，围绕安全生产，致力于服务社会、推动企业发展，创造了许多反映企业生存发展需要的安全文化，它们孕育于企业变革之中，随着企业的发展变化而发展变化。安全文化通过文化因素的暗示，渗入人们的心理，形成观念，取得共识，支配人们的行动，像一双看不见的手一样影响和推动着企业安全发展。

（3）核心作用

安全文化具有明显的行业特点，其主要精神集中体现在安全和服务上。通过增加建筑产品的文化含量，体现安全价值观和安全行为准则，这已经成为体现建筑企业发展程度的最基本特征之一。可以说，安全文化是建筑企业的核心文化，是企业安全生产的灵魂和统帅，这种核心功能表现在建筑企业管理理念中就是始终坚持安全第一不动摇。

（4）导向作用

安全文化是在吸取经验和教训的基础上，在先进思想体系下提炼出来的群体先进意识，它反映建筑行业整体的共同追求、共同价值和共同利益，对全体干部职工都有一种强烈的感召力，使职工的思想观念、行为准则与企业的目标相一致，职工的智慧、力量凝结为巨大的合力，从而对由个体行为构成的企业整体行为产生巨大的功效。这种导向功能正是企业发展的力量所在。

（5）协调作用

在安全这盘棋上，每个棋子都发挥着无法替代的作用，要盘活、走赢这盘棋，用系统论、统筹学加以协调最恰当不过，因此，建筑行业的协调性较其他行业更为明显。同时，在建筑企业内部，人人都是安全文化的创造者，也是倡导者、遵从者。共同的目标、共同的追求、共同的利益，可融合、润滑和调剂人际关系，使相互之间具有共同语言，人与人之间密切合作的契机增多。在协调的环境中，职工逆反心理等内耗因素得到消除，摩擦减少，矛盾解决，人际关系协调，企业内部各种力量汇聚在一个共同方向，推动企业发展。这种协调功能必然要求全程运用系统论、统筹法和综治手段同舟共济保安全。

（6）规范作用

规范作用也称约束功能。先进、科学、整体的安全文化一旦形成，它所确立的一系列有形的、无形的，正式的、非正式的，成文的、非成文的，强制与倡导的行为准则都具有规范职工行为的功能。建筑业工种繁多，条框清晰，工序衔接紧密。企业安全文化要求我们在安全管理过程中，必须加强制度建设，根据安全生产新规律、新特点、新问题不断修订完善各项规章制度，特别是讲评考核制度和责任追究制度。

（7）辐射作用

安全文化的开放特性决定它具有全方位的辐射功能。一是对内具有强烈的传播感染力，可带动全体职工遵章守纪，形成人人保安全的氛围。二是向外辐射，通过企业人员和社会多方面的交往，在社会上树立良好的建筑企业形象，不仅可以给企业带来经济效益，而且还可产生社会效益。

当然，由于安全文化对人的影响是深层次的，因此不可能在短时间内产生明显的、根本的效果。甚至有人说，倡导安全文化的效果可能要在两三代人的身上才能显现出来，所以必须从孩童时期抓起。另外，安全文化的推行，必须建立在完善的安全技术措施和良好的安全管理基础之上。

6.2　安全文化的培育

6.2.1　安全文化的培育方法

（1）强化现场安全管理

一个企业是否安全，首先表现在生产现场，现场管理是安全管理的出发点和落脚点。员工在企业生产过程中不仅要同自然环境和机械设备等作斗争，而且还要同自己的不良行为作斗争。因此，必须加强现场管理，搞好环境建设，确保机械设备安全运行。同时要加强员工的行为控制，健全安全监督检查机制，使员工在安全、良好的作业环境和严密的监督监控管理中工作，没有违章的条件。为此，要搞好现场文明生产、文明施工、文明检修的标准化工作，保证作业环境整洁、安全。规范岗位作业标准化，预防人的不安全因素，使员工干标准活、放心活、完美活。

（2）注重安全管理规范

人的行为的养成，一靠教育，二靠约束。约束就必须有标准、有制度，建立一整套健全的安全管理制度和安全管理机制，是搞好企业安全生产的有效途径。

首先，要健全安全管理法规，让员工明白什么是对的，什么是错的；应该做什么，不应该做什么，违反规定应该受到什么样的惩罚，使安全管理有法可依，有据可查。对管理人员、操作人员，特别是关键岗位、特殊工种人员，要进行强制性的安全意识教育和安全技能培训，使员工真正懂得违章的危害及严重的后果，提高员工的安全意识和技术素质。解决生产过程中的安全问题，关键在于落实各级干部、管理人员和每个员工的安全责任制。

其次，要在管理上实施行之有效的措施，从公司到车间再到班组建立一套层层检查、鉴定、整改的预防体系，公司成立由各专业的专家组成的安全检查鉴定委员会，每季度对公司重点装置进行一次检查，并对各厂提出的安全隐患项目进行鉴定，分公司级、厂级、整改项目进行归口及时整改。各分厂也相应成立安全检查鉴定组织机构，每月对所管辖的区域进行安全检查，并对各车间上报的安全隐患项目进行鉴定，分厂级、车间级整改项目，落实责任人进行及时整改。车间成立安全检查小组，每周对管辖的装置（区域）进行一次详细的检查，能整改的立即整改，不能整改的上报分厂安全检查鉴定委员会，由上级部门鉴定并进行协调处理。同时，重奖在工作中发现和避免重大隐患的员工，调动每一个员工的积极性，形成一个从上到下的安全预防体系，从而堵塞安全漏洞，防止事故的发生。

（3）提升员工素质

人是企业财富的创造者，是企业发展的动力和源泉。只有高素质的人才、高质量的管理、切合企业实际的经营战略，才能使企业在激烈的市场竞争中立于不败之地。因此，企业安全文化建设，要在提高人的素质上下工夫。近几年来，企业发生的各类安全事故，大多数是员工存在侥幸、盲目心理和习惯性违章造成的。这就需要从思想上、心态上去宣传、教育和引导，使员工树立正确的安全价值观，这是一个微妙而缓慢的心理过程，需要我们做艰苦细致的教育工作。提高员工安全文化素质的最根本途径就是根据企业的特点，进行安全知识和技能教育、安全文化教育，以创造和建立保护员工身心安全的安全文化氛围为首要条件。同时，加强安全宣传，向员工灌输"以人为本，安全第一""安全就是效益、安全创造效益""行为源于认识，预防胜于处罚，责任重于泰山""安全不是为了别人，而是为了你自己"等安全观，树立"不做没有把握的事"的安全理念，增强员工的安全意识，形成人人重视安全、人人为安全尽责的良好氛围。

（4）开展安全文化活动

企业要增强凝聚力，当然要靠经营上的高效益和职工生活水平的提高，但心灵的认可、感情的交融、共同的价值取向也必不可少。开展丰富多彩的安全文化活动，是增强员工凝聚力，培养安全意识的一种好形式。因此，要广泛地开展认同性活动、娱乐活动、激励性活动、教育活动；张贴安全标语、提合理化建议；举办安全论文研讨、安全知识竞赛、安全演讲、事故安全展览；建立光荣台、违章人员曝光台；评选最佳班组、先进个人；开展安全竞赛活动，实行安全考核，一票否决制。通过各种活动方式向员工灌输和渗透企业安全观，取得广大员工的认同。开展的"安全生产年""百日安全无事故""创建平安企业"等一系列活动，都要与实际相结合。其活动最根本的落脚点都要放在基层车间和班组，只有基层认真地按照活动要求结合自身实际，制定切实可行的实施方案，扎扎实实地开展，不走过场才会收到实效，才能使安全文化建设更加尽善尽美。

（5）树立大安全观

企业发生事故，绝大部分是职工安全意识淡薄造成的，因此，以预防人的不安全生产行为为目的，从安全文化的角度要求人们建立安全新观念。比如上级组织安全检查是帮助下级查处安全隐患，预防事故，这本是好事，可是下级往往是百般应付，恐怕查出什么问题，就是真的查出问题也总是想通过走关系，大事化小、小事化了了。又如安全监督人员巡视现场本应该是安全生产的保护神，可是现场管理者和操作人员利用"你来我停，你走我干"的游击战术来对付安全监督人员。还有，本来"我要安全"是员工本能的内在需要，可现在却变成了管理者强迫被管理者必须完成的一项硬性指标……上述的错误观念一日不除，正确的安全理念就树立不起来，安全文化建设就永远是"空中楼阁"。我们应利用一切宣传媒介和手段，有效地传播、教育和影响公众，建立大安全观，通过宣传教育途径，使人人都具有科学的安全观、职业伦理道德、安全行为规范，掌握自救、互救应急的防护技术。

6.2.2　安全文化培育要特别注重"四化"

安全文化培育要特别注重"四化"，才能把"安全第一"的思想真正贯穿于生产经营活动全过程。

（1）内化"人的生命高于一切"的精神文化

分析各类事故发生的背后，尽管原因是多方面的，但究其根本原因，还在于"安全第一"的思想并没有深入人心，还在于遵章守纪并没有形成一种群体的自觉行为。而要改变这种状况，根本的还是要用文化的力量去解决，通过安全理念的内化来实现，使"关注安全、善待生命"成为职工的内在需求，成为职工家庭幸福的原动力。一起事故对一个企业来说，可能是几千分之一、几万分之一的不幸，但对于一个职工和家庭来说，就是百分之百的灾难。安全生产的本质就是使人的生命和健康不受威胁，因此，做到"安全第一"的思想不动摇，时刻把"人命关天"的事放在心上，把人的生命放在高于一切的位置，把职工群众的利益作为安全工作的根本出发点和归宿点。否则，安全工作做不好，老百姓出行没有安全感，职工人身安全没有保障，人民群众的根本利益难以得到体现，企业发展就会失去前提条件和基础。从这个意义上说，"人的生命高于一切"的思想要求各级干部必须带着感情抓安全，带着责任抓安全，抓住安全不动摇，正确处理安全与效益、安全与任务、安全与家庭、安全与法律的关系，从根本上解决"要钱不要命"的问题，使广大职工在思想深处牢固树立"违章就是违法，违章就是犯罪，违章就是杀人"的观念，从而把"人的生命高于一切"的安全价值观根植到心灵深处。

（2）固化"人人为安全负责"的制度文化

企业是船，理念是帆。安全理念成为安全生产之帆，必须以行之有效的制度融入进去，固定下来，贯穿到运输安全生产全过程，变成持之有据、可操作性的长效机制。当前，一是要牢固树立"安全人人有责"的思想，坚持"逐级负责、分工负责、系统负责、岗位负责"的原则，制定实施安全生产责任制，明确各级干部、各个部门、各个岗位在安全管理中的责任，形成责权分明、运作有序、互相支持、互相保证的安全责任体系，从而把安全责任落实到生产过程的每一个岗位和环节。二是要强化问责意识，牢记"隐患险于明火"，超前主动抓安全，突出"接合部"，盯住问题，强化"发现不了问题可怕，解决不了问题可悲，不去解决问题可耻"的问责意识，做到关键作业有联防、关键岗位有监控、关键时间有人盯、关键地点有防范，确保安全隐患得到全方位、多角度、超前性控制，从而把各类问题消灭在萌芽状态。三是坚持情理相融，强化考核定责。一方面，对防止事故有功人员及时给予物质和精神奖励；另一方面，严格事故定责考核。对发生的事故和险情，坚持按逐级负责和"三不放过"原则进行分析，按照"80/20法则"严格事故定责，对决定次要多数的负有管理责任的干部定主责，使安全责任的理念成为推动安全管理的一只"看不见的手"，使职工自觉地承担相应的安全责任，实现安全生产由"要我安全"到"我要安全"转变，推进"人人为安全负责"的安全制度文化的形成。

（3）外化"人人保安全"的行为文化

职工是安全生产的主体，是安全生产最根本、最关键、起决定作用的因素。企业良好的群体安全行为的形成，离不开企业良好的物质、生活、学习和人际环境，更离不开职工个人行为规范的养成。只有把企业的安全理念同职工个人的行为联系起来，促使人人敬业爱岗，才能唤起"人人保安全"的工作热情，形成群体保安全的能动性。从深层次看，安全不仅仅是一时的大意疏忽，或一种业务能力，更是一种道德行为的体现。我们必须从落实公民道德建设实施纲要入手，深入开展职业道德、职业纪律的自我教育，从"提炼一句话安全道德行为规范用语"入手，提高职工安全道德意识，从根本上使职工立足岗位、确保安全、遵章守纪成为一种自觉、一种习惯、一种美德。当务之急，一要工作重心下移，转变作风，关心一线职工疾苦，强化岗位自控、班组自控和现场作业联控，使每个职工都成为安全生产的有心人，最大限度地消除安全隐患和薄弱环节；二要培养职工精心维护设备的责任和习惯，使各种设备状态良好，有效发挥作用；三要建立学习型组织，强化职工岗位技术业务培训，推进岗位职工的学历和技能达标，提高职工的应变水平和实际解决问题的能力，树立科学的安全素养和正确的行为习惯，使之从"体力型""技术型"转变为"知识型""创造型"，从而使"人人保安全"成为干部职工的自觉行为。

（4）强化"安全靠大家"的环境文化

安全理念要营造氛围，必须突出人格化的点滴渗透，才能形成强势力量，实现宣传内容与形式的和谐统一。第一，在安全舆论引导上渗透。一方面，着力加强安全目标和典型的宣传。强化安全目标的宣传，要注意把企业安全目标与职工个人安全目标有机地结合起来，特别是与个人利益结合起来，使职工明确实现了安全目标，企业才能有发展，自己才能得实惠，家庭才能有安宁的观念。安全典型是安全理念的人格化。要弘扬正面典型，宣传各级干部转变作风发挥表率作用的事迹，宣传行之有效的安全操作法，宣传敬业爱岗，无私奉献，作出优异成绩的"安全品牌"，使广大职工学有榜样、干有目标。特别是注意宣传导向，体现人文关怀，不要宣传不顾职工个人、家庭的安危，带病坚守岗位，一心扑在工作上的所谓"舍小家、顾大家"的先进事迹。另一方面，还要利用多种形式强化反面案例教育，及时通报违章违纪现象，及时反映安全生产中的隐患，及时报道各种倾向性问题，使事故案例成为安全宣传教育的活教材。第二，宣传载体和方式上的渗透。要充分调动广大职工群众的聪明才智，通过文艺活动，建立安全雕塑，创作安全漫画，征集安全警语、岗位格言、动漫公益广告，举行安全生产辩论会等形式，传播安全理念，聚焦安全问题，深化安全观念认同。譬如组织由事故责任人参加的"警醒、反思、奋起"演讲小分队，通过"安全搭台、文艺唱戏"，把"安全责任重于泰山"编成歌曲，把安全生产中的故事创编成文艺小品，深入车间、班组，寓教于乐，教育大众，共同唱响"安全靠大家"的主旋律，营造和谐共进的安全环境。

6.2.3　安全文化培育应注意的问题

（1）注重领导方法，提高领导的安全文化素质

领导者好比种子，通过他们把安全价值观言传身教地播种到每一名员工的心里，进而通过细致的工作和努力的实践不断进行培育，就能最有效地加快安全文化建设速度，从而形成良好的安全文化氛围。

（2）结合企业实际，推进安全文化建设

在安全文化推进过程中，各单位要注重与本单位实际相结合。可以按照"先简单后复杂、先启动后完善、先见效后提高"的要求，统一规划，分步实施，切实抓好企业安全文化建设。

（3）创新培育方法，改进培育方式

在坚持已有的行之有效的管理制度和措施的同时，要根据企业的发展和生产情况，根据员工的思想状况，及时地创新工作方法和机制，吸收国内外先进的管理理念，吸收职业安全健康管理体系思想，有针对性地加强对员工安全意识、安全知识和安全技能的培训。人的文化行为一定要靠文化来影响，安全文化也是这样。我们要利用一切宣传和教育形式传播安全文化，充分发挥安全文化建设的渗透力和影响力，达到启发人、教育人、约束人的目的。

（4）强化宣传手段，加大传播力度

要把对安全文化的宣传摆在与生产管理同等重要，甚至比其更重要的位置来宣传。抓好安全文化建设，有助于改变人的精神风貌，有助于改进和加强企业的安全管理。文化的积淀不是一朝一夕能实现的，但一旦形成，则具有改变人、陶冶人的功能。

（5）增加投入数量，保证硬件作用

企业要预防事故，除了抓好安全文化建设外，还需要不断加大投入，依靠技术进步和技术改造，依靠不断采用新技术、新产品、新装备来提高安全化的程度，即保证工艺过程的本质安全（主要指对生产操作、质量等方面的控制过程），保证设备控制过程的本质安全（加强对生产设备、安全防护设施的管理），保证整体环境的本质安全（主要是为作业环境创造安全、良好的条件）。生产场所中都有不同程度的风险，应将其控制在规定的标

准范围之内，使人、机、环境处于良好的状态。

6.2.4　安全文化50条

① 珍爱生命，安全第一。

② 防火一松，人财两空。

③ 疏忽一时，痛苦一世。

④ 安全不离口，规章不离手。

⑤ 宁让千人恨，不让一家哭。

⑥ 宁可停工停产，决不违章蛮干。

⑦ 严格管理总是爱，放纵懈怠终是害。

⑧ 身边隐患大家纠，安全生产众人管。

⑨ 安全是生命之本，违章是事故之源。

⑩ 高高兴兴上岗位，平平安安回到家。

⑪ 安全法规血写成，违章作业情不容。

⑫ 违章作业等于自杀，违章指挥等于杀人。

⑬ 遵纪是安全的保证，违章是事故的根源。

⑭ 遵章是平安的保障，违纪是灾祸的开端。

⑮ 安全就是企业的效益，安全就是家庭的幸福。
    安全就是社会的安定，安全就是生命的保证。

⑯ 多想一下，免得出差；多防一步，少出事故。
    多看一眼，有惊无险；安全放松，人财两空。

⑰ 事故不难防，重在守规章。

⑱ 安全人人抓，幸福千万家，安全两天敌，违章和麻痹。

⑲ 安全来于警惕，事故出自麻痹，巧干带来安全，蛮干招来祸端。

⑳ 工程质量是根，经济效益是本，文明施工是脸，安全生产是命。

㉑ 要想生产走在前，安全肯定是关键。

㉒ 要想生产打胜仗，安全规章是保证。

㉓ 文明施工出效益，安全生产创水平。

㉔ 施工忘了保安全，等于不握方向盘。

㉕ 建高楼靠打基础，保安全靠抓班组。制度严格漏洞少，措施得力安全好。

㉖ 安全多下及时雨，教育少放马后炮。快刀不磨要生锈，安全不抓出纰漏。

㉗ 安全是遵章者的光荣花，事故是违章者的耻辱碑。
    安全与效益是亲密姐妹，事故与损失是孪生兄弟。

㉘ 绳子总在磨损的地方折断，事故常在薄弱的环节发生。

㉙ 给安全员——
    安全教育说在嘴上，安全制度落在纸上，
    安全意识记在心上，安全责任担在肩上。

㉚ 安全防护要做好，进入现场有"三宝"，
    安全帽、网、安全带，保护生命不可少。

㉛ 建筑楼房大又高，出入上下防跌跤。

不能攀爬脚手架，应走楼梯或马道。

㉜ 高空作业上天桥，安全带儿要系牢。

带好随身工具兜，严禁抛掷防脱手。

㉝ 消防器材是个宝，平时注意维护好。

严禁随意做他用，发生火灾找不着。

㉞ 安全隐患是警钟，安全教育不放松。

安全规程天天讲，安全生产立新功。

㉟ 进场要戴安全帽，警示标志要知道。

遵章守纪保平安，一人安全全家笑。

㊱ 进入现场要注意，危险区域观仔细。

麻痹大意要不得，安全二字牢牢记。

㊲ 安全教育应狠抓，分层培训你我他。

增强教育灵活性，工作岗位实践它。

㊳ 说说安全给你听

同志们请静一静，说说安全给你听。说到安全真重要，安全意识记心上。

远离家乡来北京，安全规程要记清。安全生产莫忽视，警钟时刻要长鸣。

进场之前先考试，增强知识和意识。遍查现场危险源，防范事故知措施。

高空作业系好"带"，交叉作业"帽"戴端。

操作电器防触电，运料先要前后看。劳动生产比着干，大家都把安全管。

逐级包保要落实，领导带队去巡视。安全干事常盯守，生产安全当先锋。

团结协作相互勉，遵章守纪人人赞。

㊴ 忽视安全可要命

工程急，任务重，忽视安全可要命。各项工作搞得好，安全工作少不了。

㊵ 安全生产"三字经"

建筑工，仔细听：安全经，要记清。进工地，有规程。安全帽，要戴正。

戴不好，把头碰；出了事，悔终生。喝了酒，头发蒙；神经乱，出险情。

走路时，眼看清。木料上，有铁钉。若大意，脚扎洞，既痛苦，还误工。

搭脚架，管放正；管子卡，要紧拧。安全网，及时撑，勤检查，无漏洞。

上架子，神集中，不在意，脚蹬空。摔得轻，看医生；摔重了，出人命。

安全带，系腰中。手抓紧，脚实蹬。高挂钩，低做工。上有呼，下有应。

传材料，勿乱扔，互照看，常提醒。废杂物，料斗清，要禁止，往下扔。

木工房，关系重，要杜绝，把火生。遇火灾，要报警。开机器，按规程。

眼勤看，耳勤听，遇故障，专工修。临时电，勿乱动，有事情，找电工。

起重工，脑要清，十不吊，记心中。千嘱咐，万叮咛，抓安全，不放松。

促生产，楼高升。无事故，享太平。

㊶ 安全生产，重于泰山；安全第一，牢记心间。

预防为主，重在防范；监督管理，确保平安。

杜绝三违，改错从善；防护用品，正确穿戴。

安全方针，指明方向。特种作业，持证上岗。

接受培训，充实思想；警钟长鸣，永享安康。

㊷ 安全不能心太软，规章不能挂嘴边，落实行动记心间，全家欢乐保平安。

㊸ 安全防护

临边防护，谨防坠物。进入现场，提高警惕。

防护用品，正确佩戴。安全教育，牢记心间。

㊹ 要想甜，保安全。安全帽，必须戴。

不违章，不违规。高兴去，欢乐回。

㊺ 安全法要牢记，安全生产出效益。进现场要警惕，处处小心别大意。

安全帽安全带，随身佩戴免伤害。安全员勤巡看，发现隐患要阻拦。

保质量保工期，安全生产属第一。施工前想周全，管理措施除隐患。

施工中不违章，完成任务保安康。施工后细观察，没有隐患把家还。

不违章不蛮干，幸福伴随每一天。

㊻ 四劝歌——致司机朋友

一劝司机莫贪酒，酒后驾车误事由。头脑昏昏行路难，不知何时惹祸端。

二劝司机少喝酒，酒多有害身康健。伤肝伤脾伤心脏，人生未老百病缠。

三劝司机莫酗酒，酒后醉话惹是非。伤人害己误友情，醒来难抑心中悔。

四劝司机远陋习，思想品德勤修炼。幸福健康都拥有，遵章守纪做模范。

㊼ 安全施工三件宝，施工现场离不了。头上戴上安全帽，防止砸伤损失小。

腰上系上安全带，高空坠落生命保。脚上穿上防滑鞋，确保防滑不跌倒。

三件宝贝作用大，样样不能离开它。以人为本抓落实，生产发展效益好。

㊽ 安全生产歌

戴好安全帽，穿上防滑鞋，系紧安全带，作业保平安。

贯彻《安全法》，听好安全课，唱着安全歌，平安把家还。

㊾ 安全防护都是宝

安全帽儿是个宝，进入现场不可少。安全带是更可爱，高空作业必须带。

施工戴好安全帽，防砸防撞有保证。上高系好安全绳，护佑生命有神灵。

㊿ 一路平安

安全是生命的保障，违章是事故的祸根，

从我做起重视安全，确保人生一路平安。

6.3 温州建设集团的安全文化诠释

温州建设集团的安全文化：安全是生命，是最好的效益，让安全成为我们的习惯。

安全是确保人员和财产不受损害的状态，无危则安，无缺则全，安全就是没有危险且尽善尽美。安全是员工的生命也是企业的生命，是最大的经济效益也是最大的社会效益。失去了安全，就会面临危险；丢掉了安全，就可能孕育灾难；没有了安全就可能没有了一切。让安全的警钟长鸣，让安全成为我们的习惯。

6.3.1 安全是生命

什么是"安"，"安"是无危而安，"全"是无险而全。安全就是无危而安，无险而全。就大的方面而言，安全能促使社会和谐稳定，国泰民安。对公司而言，安全是企业发展之本。对家庭而言，安全则是幸福的保障。所以说，安全是生命的基石！安全是魂！安全是天！安全是生命的常青树！安全是员工的生命也是企业的生命。生命是我们的一切，如果没有生命，我们就没有效益。

"生命"，是一个鲜活的词语；"安全"，一个老生常谈的话题。人们热爱生命，因为它能让人领略到幸福和温情。我们常说安全，是因为生命只有在安全中才能永葆鲜活。如果国家没有了安全，那么人民的生命便没有了保障；如果社会没有了安全，那么公民的生命就失去了意义；如果建筑施工没有了安全，那么我们职工的生命和财产就会处在危险当中。其实大家随手翻翻报纸，看看电视，就会发现，每天都有数以百计的人因为忽视安全而丧失了生命。当我们把目光投向那一个个因血淋淋的安全事故而不再完整的家庭的时候，你是否会感到酸涩在眼，刺痛在心？面对那些惨痛的教训，我们怎么能说安全不是生命呢？

6.3.2　安全是最好的效益

安全是效益，这几乎是一个毋庸置疑的定律。安全就是效益，效益就是企业的发展、企业的盈利，效益就是职工的工资、奖金和福利。失去了安全，就会面临着危险；丢掉了安全，就可能孕育着灾难。

（1）伤亡事故产生负经济效益的严重性

伤亡事故造成的经济损失是严重的。国际劳工组织 1964 年通过的《工伤事故与职业病津贴公约》（第 121 号公约）以及实施公约的建议书，目前已成为当今各国制定工伤保险法律的共同规范和共同遵守的基本标准。按国际惯例，对工伤死亡抚恤补偿，一般按因工死亡职工死亡时的年龄到退休年龄，这段时间的全部工资，加上退休年龄到社会平均寿命，这段时间的全部养老金的总和，一次性付给死亡职工的家属。1994 年 5 月 29 日，利比亚籍"奥斯罗特"货轮停靠在福州马尾港，卸货过程中，发生一起因二氧化碳中毒窒息死亡 3 人的事故，中方就按上述计算方法，向"奥"轮赔偿了抚恤补偿金 65.3 万元人民币。当然，人命是无法用金钱来衡量的，更是金钱赔偿不了的，这里算的只是纯经济账。由此可见，伤亡事故造成的经济损失是相当严重的。

（2）无事故经济效益的潜在性

搞好安全工作，减少工伤事故，杜绝重大伤亡事故，实际上就是最好的经济效益。例如，有座水泥厂，厂领导舍不得花钱安装必要的防尘设备，粉尘浓度严重超标。又因为厂方提供的防护用品属于不合格产品，危害了劳动者的健康，有 56 名职工患上了尘肺病，其中 18 人死亡。劳动监察部门根据群众举报，及时进行了调查处理，对该厂进行了经济处罚，并提请当地政府令其停产整顿。水泥厂领导在这种情况下才投资安装了除尘设备。结果用于受害职工的医疗费、丧葬费、赔偿费和劳动部门的罚款，全部加起来是安装除尘设备所需费用的 6 倍。厂长追悔莫及地说："早知如此，不如当初就安装了。"如果当初安装了除尘设备，还能产生这一负经济效益吗？

前国务院副总理邹家华说过，每个企业都必须想方设法，挤出资金进行隐患治理和安全技术措施的改造，摆正增产措施和安全措施的关系。

（3）积极预防伤亡事故，创造良好的经济效益

如果劳动条件恶劣，发生了伤亡事故或职业病，就不仅损伤了劳动力，挫伤了职工的积极性和创造性，而且会给生产造成巨大破坏，给国家造成损失；如果安全生产搞得好，职工精神面貌好，生产积极性高，就能创造出良好的经济效益。努力保护劳动者的安全，

职工有了向心力和主观能动性，就能创造上佳的经济效益。

（4）片面追求经济效益的恶果

当安全和生产发生矛盾的时候，有些人没有坚持安全第一的原则，而是片面追求经济效益，因而发生事故，造成了不可挽回的损失。

例如，一座小型雄黄矿，其主要负责人在任期间，把国家拨给该矿用来防治职业病的专款，挪用去开新矿。这一做法当时确实取得了显著的经济效益，该负责人也被授予优秀企业家的称号。但是就在他获得一个个荣誉，并官升一级之后不久，该矿工人却患上了职业病。工人的积极性受到严重挫伤，无心再为企业效力，很快该企业就陷入了资不抵债的泥潭。这是漠视工人卫生与健康的结果。

（5）事故与经济效益成反比，安全与经济效益成正比

这是市场经济的规律，也是世界的工业生产规律，是在市场经济反复起落中被证明了的。如在美国，1906年前后，美钢联事故频发，生产经营难以为继。1907年确立了"安全第一，质量第二，生产第三"的生产经营方针，采取了一系列自我约束措施后，当年控制住了频发的事故，企业才扭亏为盈。

（6）发达国家的资本家怎样看安全与效益的关系

以跨国行业的托拉斯——杜邦公司为例。他们认为减少工伤的经济效益是很可观的：从创造利润这一点上来讲，减少一起工伤，比增加50万~60万美元的销售额要容易得多。一个企业把工伤作为管理成果好坏的一项标准，工伤赔偿可以降低90%。他们认为，"安全上的努力及费用是用来降低整体的成本，是明智的花费"，"把时间、金钱和说教付给安全事业，企业的总体效益非但不会减弱，反而会加强，这样做，值得！"

6.3.3 让安全成为我们的习惯

安全不仅仅局限在技术层面，而应当使各种危害因素始终处于受控制状态，使"要安全，会安全，能安全"成为每个员工的迫切愿望和需求。在安全管理工作中，谈到习惯人们总会联想到习惯性违章、习惯性动作，很少有人会想到习惯性按章操作、习惯性上标准岗、习惯性干标准活和习惯性安全生产。其实，在我们身边很多是由于习惯性违章违纪而导致事故的发生，使企业和家庭付出了惨重的代价。所以，我们的企业领导、每一位员工，都应当做到以下四点。

（1）树立正确的安全理念习惯

生产安全事故有着方方面面的原因，但根据事故致因理论分析，生产安全事故的发生无外乎是因为"人的不安全行为，物的不安全状态和管理上的缺陷"。而根据事故统计分析，人的不安全行为是造成生产安全事故的第一位因素，约占事故总量的85%。换句话说，如果人的行为"安全"了，就可以避免85%的生产安全事故的发生。避免和减少生产事故，要从生产过程的各个环节入手，运用科学的方法，超前管理，系统防范。但从根本上说，这些还都是外力作用。要真正实现安全生产，关键还是在于人的内在因素，在于人的安全意识、安全责任感、安全操作技能和安全防范能力。这些问题的解决贵在树立正确的安全理念。

（2）建立良好的安全道德和行为规范习惯

传统的安全管理模式采用自上而下的形式，员工被动接受而不是主动参与，没有切实解决好内在动力问题。因此应在对传统安全管理进行剖析、反思的基础上，从"以人为

本，文化领先"的角度入手，突出"人的本质安全"的安全管理理念，注重引导、培植广大员工对安全与健康的自愿、自需、自求意识，逐步开启员工的安全需求思维，改善员工的安全心智模式，引导员工将其本能性的安全要求固化在实际操作之中。

当安全成为一种习惯时，我们就会严格遵守规章制度，戴好安全帽，穿工作服；离开办公室时，就不会忘记关掉电源……当安全成为一种习惯时，安全制度对于我们就不再是一种约束，不会是一种负担，更不会为了应付检查而假装"安全"。

（3）坚持人本管理习惯

企业的发展需要管理方式的不断改进，安全生产管理应该向独立自主管理阶段发展，强调"以人为中心"。每个人都是安全生产的主体，每个人也是安全生产的目的，应当尊重员工个体自主的安全行为。要把制度约束升华为一种职业安全道德，从而使职工从不得不服从管理制度的被动执行状态，转变成主动自觉地按安全要求采取行动，即从"要我安全"转变成"我要安全"，这也是将安全理念融入安全管理思想的一种新认识，以达到人的安全与生产和谐、员工与管理和谐、企业与社会和谐、环境与发展和谐的高度和谐，员工迈向个体本质安全化，使"要安全，会安全，能安全"成为员工的自觉行为。定制度、严监管、靠约束固然有效，但却不能标本兼治，必须要将安全意识根植于每名员工的心里，让安全成为一种习惯。大力营造浓厚的安全文化氛围，突出安全文化的建设，让每个人在这种大环境下，自觉形成执行安全行为的良好习惯。

（4）严肃处理违反安全生产行为的习惯

安全生产涉及面广，可以说无处不在、无时不有，违章行为、违规操作现象也大量存在。"隐患险于明火"，如不依法予以处理，必将导致生产安全事故的发生。因此，我们必须养成严格处理安全生产违法行为的好习惯，对事故隐患要责令予以整改，能当即整改的要当即整改，不能当即整改的要限期整改，对不整改就无法保证安全生产的要停产整改；消除事故隐患，杜绝违法行为和违章操作现象，将生产安全事故消灭在萌芽状态。在当前"违章、麻痹、不负责任"的安全三大敌人中，习惯性违章是引发事故的罪魁祸首。对此，当务之急是每个员工都应该从我做起，从点滴做起，严格按规程办事，对习惯性违章"人人喊打"，营造安全生产的良好氛围，特别要养成严肃处理违反安全生产行为的习惯。

☼【实践描述】

安全责任重于泰山
——安全就是命根子

潘　斌

安全生产是我国的一项基本政策，党中央、国务院非常重视。近年来，相继采取一系列重要举措，加强安全生产工作。2002年，全国开展了第一个"安全生产月"活动，形成了"安全责任重于泰山"的舆论氛围；为了加快安全生产法制建设步伐，11月份又出台了《安全生产法》等重要法律、行政法规，使安全生产工作开始步入比较健全的法治轨道。通过贯彻落实这些措施，促使全国安全生产状况总体稳定，趋于好转。但是，由于受生产力发展水平和基础工作薄弱等因素的影响，我国的安全生产形势依然比较严峻。一是事故总量仍然比较大。二是特大事故时有发生，损失惨重，影响恶劣。三是许多地区和单位都存在着一些重大危险源和重大安全隐患，迫切需要加强监控和整改。

2002年11月22日早上，安全管理处人员例行去由温州建设集团总承包第五工程公司承建的瓯海民兵训练基地工程进行安全检查，在检查工程中发现这项工程的安全隐患比较多，我们处室人员当场就开出了安全隐患整改通知书，并下了停工令，让工地上的管理人员把我们提出的问题立即落实整改。

当天下午3点30分左右，该工程发生一起高处坠落事故，死亡一人。事故发生后，现场项目部立即对现场进行了必要的保护，并通知总承包第五工程公司和集团公司。接报告后，集团公司会同总承包公司组成事故调查小组，赶赴现场进行调查，并对有关当事人作了书面谈话笔录，在掌握大量事实的基础上，对事故的发生原因、责任进行分析。

据调查，事故经过是这样的。死者冯宗其约在事发半月前，由泥工班组长周仙其安排到本工地泥工班组做普工，死者冯宗其既未申办有关手续，没签订劳动合同，也没有入住工地统一安排的宿舍，而是住在其兄弟租在不远的农村私人房，上下班骑自行车，属班组长私雇工人。

事发前一天（11月21日），因一楼土方未回填，材料运输有困难，泥工带班陈先金曾向施工员张健要求先砌二楼墙体。考虑到东边楼梯边隔墙砌筑下方有人员通行，要求架子工在其边上搭设一防护脚手架。次日早上10点左右，架子工将该防护脚手架搭好后，与之相连的楼层临边防护栏杆、安全网均还完好。因考虑到该脚手架起防护作用，架体与楼层有2米左右，仅架了水平横杆，未铺脚手片，防护栏杆有1.5米左右空缺。

事发当日下午1点30分左右，泥工陈兆苗被泥工带班陈先金安排到该处砌墙时，此时冯宗其已经在二楼搬砖，据陈兆苗说，此时楼层防护栏杆的提脚杆已经拆除，陈兆苗发现防护脚手架架体与楼层有2米左右未铺脚手片后，冯宗其就找来两块竹篱板铺好，之后陈兆苗就上架砌墙，冯宗其用手推车给他运砖块和砌筑砂浆。3点30分左右，陈兆苗在清理拉接筋，冯宗其把一车砖块运到脚手架上到下后，拉车后退，背部撞在楼层防护栏杆上，连人带车从脚手架上摔落。

据分析，冯宗其在坠落后安全帽掉在一边，安全帽完好且帽内没有血迹，可以推测，其作业时没有按要求扣好帽带，坠落时安全帽先脱落，没有发挥保护作用，致使头部直接撞在片石上，重伤致死。

安全就是企业的命根子，也是每个人的命根子。大家要在各自的工作岗位上，干好自己的本职工作，在工作上真正树立安全第一的思想，克服种种困难，吸取别人的教训，遵章守纪，严格把关，搞好自控、互控，从每个安全月入手，最终实现一个个安全百天、安全千天，实现安全的目标。

温铁新客站站前广场项目桩基工程的安全思考
——安全是最大的效益

兰海宁

温州市铁路新客站站前广场项目是温州的重点工程，开工时间为2009年4月3日，要求 2009 年 10 月 1 日动车组通车前地下室结顶，60 天之内完成桩基施工，施工工期短。该工程地处温州市潘桥镇，毗邻江边，60% 以上施工场地为淤泥沉淀物回填河道，地耐力非常差，地质情况非常复杂。因为工期紧张，所以桩基施工前未对场地进行土体置换及基本的"三通一平"等有效处理；同时，为满足施工工期要求，桩基施工投入作业人员和施工机械数量都比较大。

安全是确保人员和财产不受损害的状态，无危则安，无缺则全，安全就是没有危险且尽善尽美。树立安全理念是保证安全的重要前提，是贯穿安全生产全过程的指导思想。

温州市铁路新客站站前广场项目不仅是温州的重点工程，更是温州的形象工程，也是温州建设集团公司的品牌工程。该工程工期短、桩基工作量大、场地及地质情况复杂。施工区域内 60% 以上为淤泥沉淀物回填河道，需采取打设木桩排架处理后方可满足设备进场施工要求。为此，我们共投入各型钻孔桩 42 台、混凝土砼车 4 台、挖掘机 6 台及汽车吊等多台机械设备，投入钻工、钢筋工及辅助工等作业人员共 350 余人。施工机械数量多，投入的人员多，但场地条件差，给施工生产和安全都带来了相当大的难度。为有效解决安全管理难题，我们本着"安全是生命、是最好的效益，让安全成为我们的习惯"安全文化理念，投入了巨大的人力、财力、物力，制定了一系列有效的安全措施，消除了安全隐患，杜绝了安全事故的发生。

由于场地以前是农田，尤其 A 区是流塑性土质，场地根本无法承载桩机，桩机就位后出现严重沉降、位移，存在较大安全隐患，易发生桩机倾覆事故。针对这一问题，基础工程公司不惜工本，投入大量木桩、钢板、人工，预先在桩位周边打入木桩，然后铺钢板，再将钻机就位施工，确保了施工机械的稳定性，从而避免了钻机出现倾覆伤人事故，有效杜绝了这一安全隐患。

在施工用电方面，由于投入的施工机械数量较多，在整个场地上遍地开花，施工现场到处都是施工电缆，很多都被泥浆盖住；而施工现场的砼车、挖机等施工车辆、机械来来往往，难以确保电缆电线不被轧断，出现漏电事故。为确保施工人员的人身安全，消除这一安全隐患，基础工程公司开工前对现场施工用电进行周密部署，合理安排线路走向。同时要求固定电缆全部套上钢管，深埋地下，活动电缆全部架空。每台钻机移位后首先必须将电缆固定，深埋后经现场管理人员检查无误后，再由总负责人开具开工令，方可开孔。这种方法有效解决了施工用电安全隐患，在整个项目施工过程中，未发生一起因用电引起的安全事故。

在人员安全管理方面，基础工程公司建立了以项目经理为第一责任人，以安全员和操作层各相关施工班组为执行层的三级安全管理体系。对工程实现全面、全员和全过程的安全管理。认真贯彻执行"安全第一，预防为主"的安全管理方针。

在安全生产控制措施方面，基础工程公司编制了安全生产专项方案和临时用电方案。现场作业人员，均经过了安全培训，特殊工全部做到持证上岗。在开工前进行一次三级（公司对项目部、项目部对班组、班组对个人）安全教育，确保每一个进场作业的工作人员都受到安全教育。对每一名进场工人，在上岗前都进行安全、质量交底，提高工作人员的安全意识。基础工程公司每周进行一次安全大检查（例检），日常上班随时进行抽检，发现隐患，及时限期整改。公司配备了一名专职安全员并持证上岗，负责工地的安全生产、文明施工管理。同时制定出了一套完善的奖惩制度并有效地实行了下来，使每一名工人和现场管理人员的安全意识都有了进一步的加强。

　　该工程项目未发生一起安全事故，圆满地完成了集团公司给予的重任。这说明，公司作出的努力和付出的劳动是值得肯定的，行之有效的。这一系列举措，保证了进场作业人员的人身安全、公司的财产安全。"安全责任重于泰山"不仅仅是一句口号，更重要的是付诸行动，扎根于意识中。这一点基础工程公司真正做到了。

　　安全是员工的生命也是企业的生命，是最大经济效益也是最大社会效益。失去了安全，就会面临危险；丢掉了安全，就可能孕育灾难；没有了安全就没有了一切。让安全的警钟长鸣，让安全成为我们的习惯。

第7章 以精立业，以质取胜，事事从我做起

——质量文化建设

> 质量文化是企业崇尚质量、追求质量、满足用户对质量要求的精神力量。以精立业就是工作上精益求精，以制造精品建功立业；以质取胜就是以卓越的产品质量、工程质量和热忱的服务赢得用户的信赖。事事从我做起，从点滴做起，从细节做起，让工作的每一个环节都经得住质量的考验。

7.1 质量文化的理论描述

7.1.1 质量文化的含义

邓小平曾说："质量问题反映了一个民族的素质。"本质上说，质量本身就是一种文化。它不仅是一种文化现象，而且因为质量同理念、产品、服务相关联，质量文化具有覆盖人民生产、生活广泛领域和极其深刻内涵的特质，质量文化受到各行各业各类优秀企业的重视，也因此促进了质量文化建设在我国的发展。实践证明，凡是质量文化建设搞得好的企业，往往是优秀甚至是卓越的。

质量文化的概念有广义和狭义之分。

广义的质量文化是指"以近、现代以来的工业化进程为基础，以特定的民族文化为背景，群体或民族在质量实践活动中逐步形成的物质基础、技术知识、管理思想、行为模式、法律制度与道德规范等因素及其总和"。据此我们不难理解，广义的质量文化是在工业文明的过程中，随着人们不断的质量实践活动而发展起来的价值观念。

狭义的质量文化是指"企业的全体员工为实现质量发展目标而自觉遵循的一些共同价值观和信念，它是企业崇尚质量、追求卓越、满足顾客对质量要求的精神力量"，也就是我们常说的企业质量文化。

广义的质量文化和狭义的质量文化的最大不同点就是所属的对象不同。广义的质量文化是对特定的群体或民族而言。狭义的质量文化仅限于企业内大多数成员而言，它实际上是企业文化的核心部分。作为价值观，广义的质量文化和狭义的质量文化有一个共同点，就是它们都是群体行为模式和实践活动长期积累的结果，是特定群体所共有的，即使这一群体中的成员不断更新，文化也会得以延续和保持。

质量文化从结构上分为三个层次：物质行为层、组织制度层、价值观层。物质行为层是质量文化的物质表现，主要是指与质量工作有关的原材料、环境、员工素质、质量行为

等；组织制度层是人与物、人与企业运营制度的结合，是一种约束企业和员工行为的规范性文化，表现为质量标准、质量法规和质量体系等；价值观层是质量文化的核心和精髓，表现为员工对待质量工作的思想、道德观念、质量意识、价值取向等。

质量文化能为企业注入强大的生命活力，给企业带来经济效益和社会效益，同时质量文化又能不断地推动企业的发展。纵观世界许多成功的企业，他们都经过了长期努力，精心培育出优秀的、独特的企业质量文化。这种质量文化将企业的技术系统、管理系统、社会心理系统、目标与价值系统等有机地组合起来，形成了企业在特定经营中的竞争优势，为企业的发展提供了活力，成为企业发展的动力之源。

7.1.2 质量文化的特点和功能

（1）质量文化的特点

质量文化是很宽泛的概念，具体有以下五个特性。

① 客观性。它根植于企业长期的生产经营实践中，是一种客观存在，并影响着企业的成败兴衰。犹如每个人都有自己独特的个性、风格与观念一样，每个企业只要留下了历史的足迹，都会形成自己的质量文化。

② 社会性。它是社会文化在企业的特殊形态，亦称社会文化中的"亚文化"，不同的社会制度具有不同的质量文化。同一社会形态中，因所有制不同，其质量文化的特征也有所差异。质量文化既是全体职工意志一致性、精神寄托、非纯理性的体现，也是大众的社会性的统一意志。它反映了企业行为满足社会需要，并得到社会承认的一种精神支柱。

③ 继承性。它重视研究传统价值观念、行为规范等精神文化范畴在管理中的核心作用，而这一点在以往的管理理论中并不被人重视。质量文化从民族文化中吸取营养，继承本企业优秀文化传统，随着企业的成长而发展，作为意识形态的质量文化将会被后继职工所接受，并一代一代地传下去。

④ 时代性。它属于亚文化的层次，存在于一个国家一定的社会物质文化生活的环境之中，必然反映时代的风貌和体现时代的要求，并与时代的发展保持同步。随着科学技术的发展，人类文明水平的提高，人们认识事物的水平、道德水准、评价事物的标准也发生相应的变化，因而整个人类的价值观也将相应地改变。所以，企业的质量文化作为一种历史现象，其内涵也必将随着生产力的发展而发生变化，而且这种变化会向着更高的水平发展。

⑤ 渐进性。质量文化的形成和培育是一个长期的渐进的过程，它作为一种共同价值观念，其塑造是不可能在一朝一夕就能形成的。因为价值观念的塑造是一个非常微妙而又复杂的心理体验过程，而企业的职工在个性、品行、气质、文化素养和社会背景等诸多方面存在着很大的差异，要在如此复杂多样的个体当中形成一种共同的价值观念，必须经过长时期耐心的倡导和培育。

质量文化对企业生产经营活动中的质量行为、质量实践起着导向、规范、制约作用。因而它成为影响、决定企业质量工作状况和产品质量的一个关键性因素，并作为一种观念形态成为企业文化的一个核心部分。它是现代工业文明在文化层次方面的表现，而不是"质量"和"文化"两个孤立概念的简单叠加。

（2）质量文化的功能

质量文化对全体员工具有导向、凝聚、约束等功能，这些功能的重要作用主要表现如下。

① 凝聚功能。质量文化可以在企业内建立共同的质量价值观和质量目标，使员工在主观观念和客观目标上有统一的准绳和方向，使群体的质量意识有正确的引导，使员工能够认同企业的使命和愿景，从而增强企业的凝聚力。企业凝聚力是企业的宝贵资源，是协调员工质量行为的内在力量，可以有效引导企业员工在质量追求上齐心协力、步调一致。质量文化的凝聚作用可以增强企业员工提高质量的主动性。人的思想决定了工作的态度，决定了做人做事的方式。只有人的思想与态度的转变，才能从根本上解决问题。而质量文化体现的是以人为本，它以理念的灌输和习惯养成作为重点，通过质量文化的建立，使追求质量成为每名员工内在的价值理念，使企业和员工树立科学的质量价值观，把质量管理层的"强制性"要求变成员工的"自主性"行为，即把企业的质量工作从"要我做"变成"我要做"，从而凝聚企业全体员工。

② 激励功能。激励作用体现在企业质量文化一旦被全体员工接受并理解时，可以在很大程度上增强员工对质量的认同感和依存感，强化员工的质量忧患意识和顾客意识，激励员工在日常工作中表现出更大的主动性和创造性、追求零缺陷的质量目标。优秀的质量文化能够激励员工，能够使员工拥有使命感和前进的动力。美国强生公司的信条中有这样几句："我们首先要对医生、护士和病人，对母亲、父亲及其他所有使用我们产品及服务的人负责""我们对我们生活和工作的社区以及整个世界负有责任""我们鼓励公民的发展以及更好的健康和教育"；希尔顿酒店则提出"顾客第一，员工也第一"的质量文化，体现公司对顾客和员工的极端重视，从而激发员工提高服务质量的主动性和热情。

③ 规范功能。质量文化体现了企业员工的共同质量信念，这种信念体现了全体员工的共同利益。一切违背企业质量价值观的行为都会遭到员工的反对和抵触。因此，企业的质量精神对企业的每一个员工都有约束和规范的作用，使那些不符合质量文化的个体行为难以存在下去。只有管理方法、规章制度成为每名员工自觉的行为准则，只有建立起强大的质量文化，企业才能真正建立起坚实的质量基础，才能真正保证产品质量和服务质量。同时，质量文化所形成的"文化氛围"，使员工产生对企业的归属感、认同感和使命感，而这些又成为员工忠于企业的内在因素。

④ 反馈功能。质量文化一方面受社会环境的影响，另一方面也影响着社会。企业员工同时也是社会的重要组成部分，企业质量文化通过他们向社会传播进而影响社会，特别是大型企业的不断扩张，使其在社会生活中逐渐占有举足轻重的地位，这些企业的质量观念和行为准则也能在一定程度上影响社会文化，因此优秀的质量文化，不仅有利于企业发展，而且有益于社会进步。

7.1.3　质量文化建设的内容和目标

（1）质量文化建设的主要内容

质量文化建设的主要内容包括四个方面。

① 通过实现工作现场管理，建设质量文化设施，为质量文化建设创造良好的环境。

② 健全和完善质量管理体系、质量标准和质量程序，确保质量管理体系有效运行。通过这种活动可以充分发动各层次人员从理论到实践作认真、深入、细致的学习及讨论，既能统一认识，又能落实统一的质量行为准则。

③ 吸取国内外先进的质量文化成果，提炼具有单位自身特点的质量文化核心，编制质量文化手册，使单位的质量方针、质量理念、质量行为准则等深入人心，让员工养成良

好的工作习惯。

④ 开展多层次的全员质量教育、培训和再培训，包括质量理念、质量态度、质量价值观、质量道德观、质量行为准则和质量行为规范等方面的内容。

（2）质量文化建设的主要目标

质量文化建设的主要目标包括以下七个方面：

① 从传统的质量管理模式向现代的质量管理模式转变；

② 从事后把关向事前预防转变；

③ 从主要依靠专职质量监督管理向主要依靠群众性监督和自我管理转变；

④ 使全员接受深刻的质量文化教育，使全员的质量意识得到进一步的提高，使质量管理体系在良好的质量文化环境中有效地运行；

⑤ 进一步健全各项质量管理规章制度和标准，做到质量管理制度健全、职责明确、程序规范、监督有力、奖罚分明，使产品质量的受控状况有较大的改观；

⑥ 建立一支精干的、高素质的、专业化的、有影响力的专职质量管理队伍，使之在科研生产和质量改进中发挥更大的作用；

⑦ 各类质量问题发生率逐年下降，特别是低层次、重复性的质量问题和人为责任事故明显降低，顾客投诉明显减少。

7.1.4 质量文化的发展历程与展望

（1）质量文化的发展历程

尽管质量文化这一概念出现在 20 世纪 80 年代，但它的历史源远流长。质量文化从"隐形"到"显形"经过了漫长的发展过程。其实，美国提出质量文化一词是由于它发现日本成功的原因在于日本有优秀的质量文化。日本企业质量文化的核心在于日本的儒教文化，而日本儒教文化却来源于中国的儒家思想。中国的儒家文化，是以家族为基础进而推广到社会的，它在调整人际关系、维系家族或社会组织内部和谐等方面，有着完善的理论体系。儒家思想经过数千年历史的发展演变，在旧中国的民族资本企业中，就形成了"号训"和"企业精神"，并在实际工作中取得了极为显著的效果。

中国近代和现代质量文化的发展历程可分为以下五个阶段。

第一阶段，第二次国内革命时期至 1949 年。当时在革命根据地开办了一些工厂，主要是以军工产品为主兼有一些手工业，不过规模很小，管理也比较落后，但很注重产品质量，不过这只是一种战时现象。

第二阶段，1949 年至 1965 年。其间在全国范围内广泛学习和引进苏联的管理方法，国家对内实行高度集中的计划经济体制，对外实行闭关自守，所以，对产品质量要求不高，质量文化意识并不浓厚。

第三阶段，1966 年至 1977 年。此间是以阶级斗争代替生产斗争、污蔑"工业七十条"是"复辟资本主义总纲领"、叫嚣"砸烂一切规章制度"的时期。当时的企业价值观念受到扭曲，正常行为受到桎梏。在极"左"思潮影响下，政治统帅一切作为质量文化的主要内容。

第四阶段，1978 年至 1992 年。这一时期，随着商品经济的发展，逐步增强了全社会的商品经济意识、竞争意识、质量意识、市场意识、品牌意识。这些意识逐步改变了人们落后的价值观念，初步形成了中国的新的质量文化。

第五阶段，1992年至现在，即党的"十四大"确立社会主义市场经济体制以来，中国的质量文化有了较大的发展。人们初步懂得，搞市场经济主要依靠产品质量，而产品质量又取决于质量文化。

纵观中国质量文化的发展历程，可以发现中国的历史对其产品的质量文化曾产生了重要的影响，从而使中国出现过一些国内外名牌产品。但是，中国毕竟是一个脱胎于半殖民地半封建、没有经过资本主义社会的国家，所以商品经济还不很发达。而且，中国过去一向采用的是计划经济体制，并对外实行封闭，市场经济意识、竞争意识还不强。由于中国经济不太发达，大多数中国人的消费水平还比较低，所以对商品的需求还停留在功能满足方面，而缺乏对其附加值的需求。相对于发达国家来说，我国的质量文化还很落后，这与我国的社会主义市场经济发展的需要相差甚远。改变这种状况的根本措施是加快建设中国的质量文化，使之形成具有中国特色的质量文化，完善宏观质量调控必需的企业管理基础。

（2）质量文化的发展趋势

当今世界的质量文化有以下三大发展趋势。

① 质量文化的理念越来越趋同。人类追求生活质量不断提高的本能和本性是推动生产力发展及社会全面进步的原动力。人的共性决定了人们对生活质量具有共同的感受和共同的理解。随着科学技术的飞速发展，世界的时间距离越来越短，人们生活质量的相互依存度越来越高。从物质生活来讲，人们享受的物质产品越多，生活质量就越高，而物质产品的精益化取决于越来越细的分工，这种分工早已经开始全球化了。从精神生活来看，人们享受的文明程度越高，生活质量就越高，而精神产品的丰富和品位取决于全世界各地区各民族的交流、融合。飞速发展的生产力这根无形的红线，受人类追求生活质量的本能本性需求原动力驱使，正在强有力地突破各种政治的、文化的樊篱，把人类拉向世界大同，组成地球人类大家庭，这是不以任何人的意志为转移的历史发展趋势。共同的需求产生共同的理念，人们对产品质量理念的趋同，也从一个方面反映了这种趋势。ISO 9000系列标准的"八项质量管理原则""质量是企业的生命""顾客是上帝""信誉是金""全面质量管理""第一次就把工作做对""保护生态平衡""提高生活质量"等质量理念，正在日益深入地成为人们的共识。

② 质量文化的标准日趋统一。统一各种物质计量和人的行为标准，是人们交换劳动和进行社会活动的前提，是集中人类智能发展生产力、提高人类自身生活质量的基础。标准是衡量事物的准则，也是可作准则的事物。组织生产，贸易往来，包括人们的衣食住行都离不开标准。人类文明程度越高，生存环境社会化越广，统一标准、按标准办事的要求就越高。随着经济全球化进程的加快，国际标准化组织质量管理和质量保证技术委员会制定了一系列国际标准，各个国家越来越重视标准化管理，都在陆续向这些标准靠拢。这是由于离开标准人们不可能正常交往，更不可能组织好科研生产、保证产品质量，也不可能融入世界大家庭，生活质量就不可能与时俱进地提高。历史上，秦始皇曾以强权统一了当时全国混乱的各种标准，"一法度衡石丈尺，车同轨，书同文"，有力地促进了社会经济的发展和封建文化的传播，为我国历史的发展作出了重大贡献。产品质量的标准是随着生产力的发展不断发展的，是随着人的需求不断上升的，质量概念的内涵也是随着人们对客观世界和人对自身的认识不断深化而发展的。随着人类文明的进步，秦始皇式的统一标准的历史不可能重演，人们对统一标准已开始进入按照先进性原则有选择地确立和自觉自愿地

实行的阶段。统一标准是参与国际市场竞争的通行证,已成为质量文化建设的世界性潮流。

③ 质量文化日益注重环境保护。自然生态环境与人类社会活动的关系非常密切,它对人类社会的发展具有很强的制约作用。西方工业化国家早期不惜以污染、破坏生态环境为代价发展工业,进行原始积累,教训惨痛。就是这惨痛的教训使他们早已觉醒,许多国家将环境问题提上了立法议程,美国最早于1969年颁布了环境保护基本法——《国家环境政策法》,人们已普遍有了环保意识,生态环境已得到了很好的恢复和保护。我国前几年有些地方在发展经济的过程中不注意环境保护,教训也非常深刻。历史经验告诉我们,人类社会要保持持续的发展和进步,不仅需要支配自然、征服自然,而且需要理解自然、保护自然,与自然和谐地相处。我国及时吸取教训,确立了可持续发展战略。在走新型工业化道路的进程中,既要加快现代化建设,又要保护好生态环境。追求发展和产品质量决不能以牺牲生态效益为代价。西方许多工业化国家都把环保的要求纳入产品质量标准并严格监督实行,如对汽车尾气排放的限制、对蔬菜农药残留量检测等。几年前,我国积极推行国际ISO 14000环境系列标准,并颁发了《中华人民共和国环境保护法》《中华人民共和国水污染防治法》《中华人民共和国大气污染防治法》《中华人民共和国海洋环境保护法》等环境保护法规,对污染环境的企业和产品也采取了坚决关闭停产的措施,对许多产品的生产过程和产品本身的环保质量标准都有了明确的规定和严格的监管。把环保要求纳入产品质量标准将成为质量管理的主流,越来越重视环保的质量文化正在全世界形成。推进质量文化建设必须认清质量文化的发展趋势:质量理念必须符合世界潮流,代表先进质量文化的前进方向;坚持改革开放,积极、虚心地学习一切先进的科学技术和管理经验,努力完善、规范国家标准化管理,积极推广国际标准,以积极的心态和实际行动融入世界大家庭,不断提高我们的国际竞争能力;把环保纳入社会管理和质量管理的重要内容,纳入产品的质量标准,努力形成人人重视环保的良好社会风气,始终不渝地坚持走可持续发展道路。

7.2 质量文化的培育

7.2.1 质量文化的培育步骤

当下,企业质量文化的必要性、重要性越来越被人们理解、认同。作为一种与现代工业文明密切相关的文化现象,企业质量文化有其自身独特的结构特征。从质量文化培育的角度观察,培育过程大体需要以下几个步骤。

第一步,提高认知度。

提高认知度,就是培育企业质量文化首先要让人人知道。你知我知他知,大家用心建设企业的质量文化,建设大家心中的企业质量文化。真正知晓企业的质量理念、质量目标、质量方针、质量价值观等,如此才能行好做好。

目前,大多数企业都非常重视企业质量文化建设,挖空心思用精美的辞藻提炼名句、格言并写在墙上,印在本子上,花费人、财、物力予以宣传贯彻,这些形式是必需的。其实,这只能算是知道的初级阶段,许多企业的员工并不真正明白企业质量文化的内涵是什么、本来面目究竟又是什么。这种现象用专家的话说,叫"魂不附体"。也就是说,企业倡导的质量文化与实际情况之间差距较大，感觉不太真实。这种"魂不附体"包括两个层面：一是员工的言行与企业质量文化的理念和准则的差距，说的和做的言行不一，你说你的，我干我的；二是管理层与员工之间无形的鸿沟，从企业层面讲，不允许员工的言行举止违背企业质量的理念和准则，但没有方法和艺术，只是机械重复地宣扬、强调，只会使员工对企业质量文化产生厌恶、反感，甚至对立。

"全员认同管理法"是一种知而是之，做之前先知道的管理方法。企业在推行质量文化的过程中，积极推行全面质量管理，建立各项严格的质量管理制度、工艺纪律和质量责任制等一系列考核激励和制约机制。从制度制定前的学习、讨论到修改，再到全员签字认可后定稿，实实在在，从口头到书面，从抽象到具体，从理念到行动。

企业质量文化要靠制度来烘托，靠氛围来影响，靠细节来体现。一个企业只有质量价值观和行为准则得到全员认可，才能将理念转化为行动，企业的发展之舟才能"不管风吹浪打，胜似闲庭信步"。

第二步，要提高领悟度。

提高领悟度，就是从认知上升到领悟的层次。这样才能看到企业质量文化的真实面貌，领略到企业质量文化对企业成功、个人发展的真正价值，员工的心灵才会真正被企业的质量文化蕴藏的能量所打动，形成"荣辱与共"的企业与员工的关系。

我们的企业要实施"企业质量文化战略"，要确定"一心一意抓质量，真心诚意为客户"方针，并大张旗鼓地给予奖励。可以采取厂内公开征集的方法，培养全员参与企业质量文化建设的过程，让大家先知道后融入，再悟道，后在实践中引导、指导行道。让员工自觉规范自己为什么要做，该怎么做，怎么去做好，外化于形，内化于心。

一个企业家，既要有一览众山小的高度，又要有带领队伍蹚过沟沟坎坎的宽度，既要自己心明眼亮、运筹帷幄，又要唤醒全员质量意识、市场意识，在变化中找到自己生存和发展的坐标，否则是很难领略山外风采的，这就是悟。

如今的发展趋势，已不再是靠个人努力所能移植、左右的形势，而是需要在科学发展中，在大质量意识的环境下适应时变，在变幻莫测中悟出"看山是山，看水是水，看山不是山，看水不是水，看山还是山，看水还是水"的心境，这就是质量文化的境界。

第三步，要提高执行度。

提高执行度，就是要行、要做。质量文化是企业形象的集中体现，一个企业的质量文化成为发自内心的牢固信念之后，还要付诸行动，身体力行，这就是行。培育质量文化，提高质量意识，必须在实践中才能落地生根。

如何把质量管理制度与人文精神有机结合起来，将企业的质量文化、品牌战略变为全体员工的质量意识，并用质量意识丰富企业的质量文化，不断追求优秀的产品、优质的服务及企业的社会责任，并传达到社会中去。

企业质量文化是企业员工在长期的实践中逐步建立起来的一种共同的价值取向、心理趋向和文化定式，对企业的运行状况和发展方向具有重要作用。企业质量文化不是装饰品，而是一种环境、一种形象，是企业提升质量的必需品；质量是生命，是市场，更是企业发展的明天。

第四步，要提高思考力。

提高思考力，就是要思考，要牢固树立质量意识。质量，就是符合要求、零缺陷，就是符合用户、图纸、标准等要求。在经营的路上，有许多馅饼，也有许多陷阱，要以一种

谨慎、认真的态度，看重质量胜过数量，心静似水，用始终如一的心态接受测试，这种牢固的质量意识就是进行质量管理的前提、质量文化的归宿。

国外许多大公司的慎重和严谨正是一种质量文化的体现。在市场经济时代，没有绝对不好的事情，只有绝对不好的心态。质量就是诚信，说到做到，讲究质量诚信其实就是企业质量文化的核心。

第五步，要提高宣传力。

提高宣传力，就是传道，就是领导者、管理者将安全意识积极传播下去，并传而不厌。传不是送鱼给人，而是教人钓鱼的方法，所谓授人以渔，而不是授人以鱼，就是如此。

企业质量文化建设的过程中，随着企业的发展变化，作为传道的管理者，必须自觉地亲自实践和体验，逐步退居二线，成为教练，帮助企业做好事情。再扶上马送一程，退到第三线，成为裁判，指导全体员工做好事情，搭建企业生态平衡链条。这就是企业家的境界，是真正的传道。

质量文化是企业文化的重要组成部分，指引着企业的每一个员工和每一项行动。要使每个员工都积极投入质量改进活动中去，树立"质量第一，用户至上"思想，形成人人关心质量、创造完美的大质量文化。这不是表象的、形式的，关键在于那些身居要职、核心层面的中层有意识无意识地行道、传道，只有让你的每一个员工知道、明道和悟道，你才能走到通往目的地的路径，生成万物，循环往复。

道，似水，无声无息无为养万物，企业质量文化此道之力，人不可及。

7.2.2 质量文化的培育重点

（1）增强质量意识，更新质量观念

不少人认为，质量培训与质量意识的提高是专职质量管理人员的事，认为产品与服务的质量品质只是基层管理或控制出来的，忽视了对企业中高层管理者的质量意识及一线工人的质量管理技术培训。其实，企业中每个人的质量意识综合起来就是群体质量意识。企业员工的群体质量意识和质量观念是形成整个企业质量文化的基础。个人的质量意识增强了，质量观念更新了，企业的群体质量意识和观念就会得到提高；反过来，群体质量意识会作用于员工的个体意识，这样，企业的员工就会形成一种积极、自觉的保证质量行为。增强质量意识就是要在企业中以特定的企业精神感召、教育员工，激发员工的质量意识、大局意识，坚定努力工作、拼搏进取的信心，逐步形成强大的向心力。树立"质量振兴、人人有责"的观念，增强员工的集体荣誉感、主人翁责任感。进而依靠广大员工齐心协力地去提高质量，从而降低企业成本，更好地满足顾客需求，为企业持续发展注入活力、增强动力。要坚持不懈地开展教育培训，采取多种形式普及质量。企业要切实加强全员质量意识教育和质量管理知识教育，实施不同层次的质量知识普及教育：对于重点岗位的质量管理人员，必须经过培训，持证上岗，提高劳动者素质。要教育全体员工牢固树立质量意识、问题意识、改进意识和参与意识，提高员工结合本职岗位参与质量管理的积极性和创造性，使全面质量管理工作具有广泛的群众基础，这是质量管理不断深化的动力和源泉。

（2）优化质量管理模式，提高质量管理的科技含量

企业要结合自身的实际，建立从产品设计到售后服务全过程运转有效的质量控制和质量保证机制，严格把关，层层把关。健全质量管理体系，落实质量责任制，建立质量激励竞争机制，充分调动全体职工参与质量管理活动的积极性。质量文化的实施，需要各个部

门紧密配合，内部信息能够有效迅速沟通，职责清晰、权责明确。这就涉及企业组织结构优化的问题。在实施质量文化的企业里，产品生产不再是一个个单独的环节，而是一个完整的系统。企业资源利用效率得到最大发挥，企业就赢得了竞争优势。随着信息化技术的发展与计算机的普遍应用，利用计算机、因特网、现代通讯技术进行质量信息管理、交流和服务将成为一种必然发展趋势，也为我们实现包括石油企业在内的质量管理信息化提供了可能。通过利用信息化技术开发质量管理信息平台软件，创新管理手段，能够提高质量管理人员掌握质量信息的及时性，另外还可以通过远程可视技术请专家指导或会诊质量问题从而排除事故，还可以利用已集成的数据仓库挖掘潜在价值，变质量数据为质量管理知识，提高质量管理的科技含量和管理的含金量。加大科技投入，推广应用新技术，减轻一线工人的劳动强度和精神紧张程度，从而可以减少出现质量问题或质量事故的概率，夯实质量基础。这就要求专兼职质量管理者必须提高工作能力，提高服务水平，以企业的根本利益为本，考虑问题和办事情要以企业的根本利益为出发点和落脚点，要充分发挥自己的积极性、主动性和创造性，以人为本创新质量管理队伍建设，为企业发展多做贡献。

（3）有效运用科学的奖励制度

奖励制度，就是要从一线工人的需要出发，重视精神鼓励，对产品或服务质量成绩优秀者，颁发质量优秀证书。精神鼓励往往胜过单纯的物质奖励。恰当的激励与认可能够激发员工的热情。大量实践表明，激励与认可有助于营造良好的质量文化氛围。创建以人为本的质量文化要根据科学的激励理论，充分考虑员工的需求层次进行激励。对员工进行工作安排时尽量做到人尽其才，同时做到赏罚分明，客观评价员工的工作，让员工充分认识存在问题的同时，增强自我激励能力和进取精神，对促进员工更好地工作发挥积极作用。此外，通过改善工作内容、工作环境和工作方式，员工能够产生奋发向上的进取精神和努力工作的积极性、满足感。总之，通过对员工恰当的激励与认可，可以帮助企业营造良好的企业质量文化氛围，使员工个人质量意识和企业整体工作质量都得到提高。

（4）加大人才培养投入，培养高素质人才

人才宝贵，知识崇高。培养高素质的质量管理人才，要作为一项系统工程来抓才行。它包括三个方面内容：一是制定企业质量管理培训目标，把企业质量管理人才资源开发培训纳入计划，并制定出阶段性的培训要求，并进行季度考核、年度奖金兑现；二是建立科学的职业生涯管理，并与国家的相关职业注册结合并轨；三是加强培训费用的预算管理和支出管理，保证质量管理人才培训费用落实。开展质量管理科技进步这项工作，要同企业开展的科学技术进步工作协调一致，要积极参与行业部门组织的质量科技进步活动。

7.2.3　质量文化的培育需注意的几个问题

在质量文化建设的过程中，要注意以下几个问题。

（1）应根据经验，结合自身特点形成特有的质量文化

方法和过程可以模仿，但文化具有原创性、自有性、独特性，所以质量文化是无法复制的。每个企业都要根据自己的实际情况、所处的环境等，经过长期的探索和实践，走出充满自我个性的质量文化之路。

（2）高层决策者的质量意识对质量文化的形成有着至关重要的作用

世界著名的质量管理学家费根堡姆博士指出："公司领导是质量成功的关键。有力的质量管理的领导对形成质量文化是十分重要的。当今的竞争趋势已经不是单靠个人在质量

上的努力所能决定的,而是要有一种环境,在公司内建立一种框架,使每个员工都积极投入质量改进活动中去。因而,公司的质量领导的作用倍加重要。"

所以,领导层要不断学习和导入先进的经营理念,将质量作为关乎企业生存的头等大事来抓,建立并推行科学的质量理念,将其作为企业质量文化的核心内容,不遗余力地采取各种方式在企业内灌输新的质量理念、质量文化。同时,领导层要以身作则,发挥企业领导的示范效应,协调并帮助解决质量工作中的问题和困难,这是企业建立质量文化的前提保证。

(3)建立以质量为核心的管理制度,规范人们的行为

质量文化的形成和培育是一个长期的和渐进的过程,在这个过程中要注意建立岗位质量责任,将质量考核指标落实到个人,并严格考核;建立和健全企业质量保证和责任感、用户观念、市场意识和团队精神。通过培训,树立质量立业、诚信为本的思想,树立"质量第一,预防为先"的观念。

质量价值观是质量文化的核心要素,是企业全体员工对质量的共识,是企业成败兴衰的根本,通过对员工质量价值观的培训,激发员工的原动力,从而充分发挥员工的智慧、主动性、积极性和创造性。只有把质量内化为员工的自觉意识,质量文化才能成为企业文化建设中最具活力的因素。

(4)为员工创造机会,把质量教育经常化、制度化

员工是企业的主体,如果他们没有很强的责任感,那么企业满足顾客的需要是不可能的。企业要为员工的发展提供机会,为他们创造良好的工作环境和和谐的人际氛围,在各个方面关心他们、帮助他们、理解他们,满足员工自我实现的需要,只有当员工的个人发展和企业发展一致的时候,员工才真正有主人感,才能发挥出积极的聪明和才智。

在质量文化建设的过程中,应该注意发挥领导作用,通过建立制度、加强培训等多种方式引导员工根据企业自身情况建立适合自身发展的企业质量文化。

7.3 温州建设集团的质量文化诠释

温州建设集团的质量文化:以精立业,以质取胜,事事从我做起。

质量文化是企业崇尚质量、追求质量、满足用户对质量要求的精神力量。以精立业就是工作上精益求精,以制造精品建功立业;以质取胜就是以卓越的产品质量、工程质量和热忱的服务赢得用户的信赖;事事从我做起,从点滴做起,从细节做起,让工作的每一个环节都经得住质量的考验。

7.3.1 以精立业

以精立业就是工作上精益求精、精雕细琢,以制造精品建功立业。就是要固守打造百年企业品牌的信念,坚持自主创新,精益求精,以卓越的产品质量、工程质量和热忱的服务赢得用户的信赖。

精益求精中的"精"指完美,"益"指更加,"求"指追求。事物已经非常出色了,却还要追求更加完美。《论语·学而》中记载:"〈诗〉云:如切如磋,如琢如磨。"宋代的朱熹注:"言治骨角者,既切之而复磋之;治玉石者,既琢之而复磨之,治之已精,而益求其精也。"

古代有个百步穿杨的故事,说的是有一年轻人射箭技术高超,能在百步之外准确无误

地射穿一片树叶，他颇为自豪，四处卖弄，恰被一卖油老者看到，满脸的不屑一顾，在年轻人面前表演起了自己的绝活：将一铜钱置于油桶上方，舀起一瓢油熟练地将油顺着钱孔倒下来，铜钱却未沾上一滴油。其实，老者的表演是在告诫年轻人，凡事只要多练就会熟能生巧，不能满足于现状、不思进取，自以为天下第一。山外青山楼外楼，强中自有更强手，学习无止境，奋斗无止境，我们应该将精益求精坚持到底。

每个员工都应以精立业，每个人都具有掌握各种技能的条件，有的人由于着重发展某一方面，成为专家，如果以之为职业，则是入了某一行。无论入哪一行，要好，要精，必须下工夫锻炼。首先是勤练，还要巧练。勤，大抵是容易办到的，只要身体好，不懒惰就是了。巧，就比较困难，难在不是一下子就能巧起来。巧，即俗语所谓"找到了窍门"。任何工作，搞熟了，都会巧起来，常言道："熟能生巧"。一个人，由于经常进行某种技艺的劳动，摸熟了这种技艺的规律，他总结经验，想出了更好的方法去驾驭和运用这种技艺，这就是巧。可见"巧"者，是人在长期劳动时所获得的最有价值的果实和收获。这就是为什么前人的经验是非常宝贵的——当然要经过去粗取精的过程，它是积累了多少代人的辛勤劳动的成果，对我们非常有用。不去用它，是不智的。当然，基础要打得结实，才能支撑得住"高楼大厦"。这需要下很大的工夫。就算有人天分很高，他还是要勤练、巧练。有人自命天才，认为人家经过千锤百炼的技能是唾手可得的，结果常常是一无所获。无论做基本功还是探索更深奥的技巧，都离不了勤练和巧练，既学习前人的经验，又要创造新的技艺、新的风格。归根到底，就是在工作上精益求精。

让我们在自己的专业上精益求精、巧上加巧，把工作做得更好，把企业做得更好！

7.3.2 以质取胜

一个真正有生命的企业是因为有着厚重的质量基础作保障，没有质量，谈什么品牌、发展、竞争都是空话。质量是企业的立厂之本，兴企之纲，我们要像爱护生命那样重视质量，这样才能立于不败之地。

所谓质量，一般是指事物、产品或工作的优劣程度。譬如，杨世运等《从青工到副教授》："磷肥车间的生产记录本上，每天都记有几项质量分析数据，各数据相互制约，影响着产品质量。"李一氓《英文集》序："电影，是艺术，更加是工艺和科学。数量和质量不要再那么寒碜了。"

美国著名的质量管理专家朱兰（J. M. Juran）博士从顾客的角度出发，提出了产品质量就是产品的适用性，即产品在使用时能成功地满足用户需要的程度。用户对产品的基本要求就是适用，适用性恰如其分地表达了质量的内涵。这一定义有这样一种含义，即使用要求和满足程度。人们使用产品，总对产品质量提出一定的要求，而这些要求往往受到使用时间、使用地点、使用对象、社会环境和市场竞争等因素的影响，这些因素变化，会使人们对同一产品提出不同的质量要求。因此，质量不是一个固定不变的概念，它是动态的、变化的、发展的；它随着时间、地点、使用对象的不同而不同，随着社会的发展、技术的进步而不断更新和丰富。

ISO 9000:2000"质量"的定义：质量是一组固有特性满足要求的程度。

国际标准化组织所制定的 ISO 8402—1994《质量术语》标准中，对质量作了如下的定义："质量是反映实体满足明确或隐含需要能力的特征和特征的总和。"

21 世纪是质量领先者的世纪。因为，未来的成功属于质量领先者，唯有质量，才能缔造将来。质量带给您看得见的未来，说不尽的精彩；质量是亘古不变的制胜之道；质量是价值与尊严的起点。质量就是竞争力，质量就是企业的生命，今日的质量就是明日的市场。所以，要以质量求生存，以质量求发展，向质量要效益。不论产量多少，品质永远不忘。

以质取胜就是以卓越的产品质量、工程质量和热忱的服务赢得用户的信赖。

7.3.3 事事从我做起

事事从我做起，从点滴做起，从细节做起，让工作的每一个环节都经得住质量的考验。

事事从我做起，是因为企业的每一位员工都是质量管理体系中的一分子，在质量管理体系的职能分配中都扮演着相应的角色，因此，它与我们每一位员工的日常工作和业务素质水平是密切相关的。近年来，企业通过贯标认证工作的不断深入开展，进一步规范了管理，夯实了基础，以标准拉动了企业的各项质量管理工作。在坚持走质量效益型的道路上，也形成了一套适合企业实际、行之有效的管理机制和管理办法，并逐步把质量管理从产品质量为重点的实物型管理转向提高全员质量意识的以人为本的素质型管理，因而在企业中提高人的质量也就是我们平常所说的人的素质就尤显重要。"企"字很形象，无人则止。企业成败，质量好坏，归根结底在于做好人的文章，要把企业的质量工作真正落实到实处，就要从我做起，从每个人做起。

从点滴做起，就要克服"大概是这样""差一点没影响""不会被抽查"等麻痹大意思想。提高质量，要从每天的工作中的小事做起。工作态度决定产品质量，只要心中时刻装着"质量放松，劳而无功"，从工作中的点点滴滴做起。就能生产出令人满意的产品。在日常生产中仔细检查设备的运行，发现问题及时反馈。在检修时，盯好每一项工作的完成情况，并在检修后作总结。抓好工作中的点点滴滴，肯定有质的回报。

从细节做起，就是抓好工作的每个细节，因为细节能够决定成败。企业家土光敏夫曾说过这样一句话："没有沉不了的船，没有倒闭不了的企业，一切取决于人的努力。"每个细微环节都需要员工认真敬业的工作，如果工作不到位造成生产质量出现问题，带来产品不合格，对自身和分厂都是很不利的。质量，要从点滴做起，从细节做起。质量是准则，是忠诚，是责任，是生产过程的积累。工作中的任何细节都不容忽视。细节在精益求精中，质量在人的心中，只有把企业的质量看成是生命中的一部分，才能把我们的产品做得更加完美。才能让企业在可持续发展的道路上充满生命和活力。"业精于勤，荒于嬉，行成于思，毁于随。"重视质量要从小事做起，从细节做起，从自身做起，"心动"不如"行动"。把质量问题看成是自己的一种责任，质量就会大大改进和提高。

✦【实践描述】

细节成就梦想
——细节与质量的交响曲

厉 娜

黑格尔说"建筑是凝固的音乐"，每当我们徜徉在都市街头看那鳞次栉比、高耸入云的高楼大厦时,心底便油然而生一种颤动心灵的感动。它们何尝不是灵动的协奏曲呢?你看,它们或高,或低;或长,或短;或轻盈,或厚实;或华丽,或质朴……合奏着一首美妙的城市交响曲。而跳跃在其间最美的音符就是质量。一个人无论穿着多么华贵,如果没有了内涵,那么他的华贵将变得庸俗;一件物品无论包装多么精美,如果没有了品质,那么它的精美将变得短暂;而一幢建筑无论装修多么高档,如果没有了质量,那么它的高档将变得缥缈。工程质量是建筑的灵魂,是建筑企业的生命,是企业的立企之本、兴企之基、发展之源。

工程质量对我们来说是如此的重要,然而它绝不是什么高不可攀、神秘莫测的东西。它是什么?它是一砖,是一瓦;是一铲灰,是一锹土;是一个标高,是一张图纸……它朴素地存在于我们日常工作中,存在于我们每一位建筑工人的手中,存在于我们一点一滴的行为细节中。细节决定成败,细节成就梦想,细节是质量的精髓,是质量的灵魂。

有一首民谣是这样说的:丢失了一个钉子,坏了一只铁蹄;坏了一只铁蹄,折了一匹战马;折了一匹战马,伤了一位骑士;伤了一位骑士,输了一场战斗;输了一场战斗,亡了一个帝国。

这首民谣使我不禁想起"差之毫厘,谬以千里"这句中国传统的古语。还让我想起美国杜邦公司的1% = 100%质量管理理念。在杜邦公司的高层决策和经营人员中,流传着一个公式:1% = 100%。这一看似荒谬的公式,却直接道出公司对待产品质量的严谨态度。他们认为,如果企业100只产品中99只优良,只有一只有差错,只能算一等品(在杜邦的质量等级上,一等品是列为不良品的),那么,在买到这一只有差错产品的消费者的心目中,你的产品质量并不高,经过他的宣传,就会有更多的人认为你所有产品都有问题。为此,杜邦公司不断升级产品质量实现目标。20世纪80年代后,杜邦公司提出了实现质量"零差错"目标,要求以消灭不良品为原则,使所有的杜邦产品100%地达到优良等级。从那以后,他们借助科学管理,运用先进机械设备,特别是注重引入电脑控制机制,使产品质量优良率不断上升,很快就实现了"零差错"的质量目标。

以上故事告诉我们,做什么事情都要注重细节,讲究精益求精。我们搞工程的,更加要注重质量,重视工作细节,加强过程控制,厉行精细化操作,这样我们才能生产出更多的建筑精品,奉献给千家万户。近些年在全国造成恶劣影响的"楼倒倒""楼裂裂"都是因为不注意细节问题,最终酿成质量责任事故的反面典型。

我们知道,"鲁班奖"是我国建筑行业工程质量的最高荣誉奖,代表着工程建设的最高质量水平。所有获奖工程都是注重工作细节、精细化操作的典范。多年来,我们集团公司上上下下都视创"鲁班奖"为我们的质量梦想。几代人为了创"鲁班奖",付出了艰苦的努力,一次一次冲击目标都因种种原因未果。这一次我们集团再一次调集精兵强将,将平阳鳌江皇家大酒店工程列为创"鲁班奖"目标工程,向"鲁班奖"发起新一轮冲击,十分振奋人心。不久在忙碌的皇家大酒店工程项目部办公室里,我偶然听到这么一件事情,项目部人手都有一本《细节决定成败》的书。可见,注重细节已经成为我们每个施工人员的责任意识,成为一种自觉的行动。老子说过:"天下难事,必做于易;天下大事,必做于细。"我们的工程项目建设,要铸造精品工程,就要经得起时间的考验。如果我们的工程技术人员不抓一砖一瓦的质量,如果我们的质检人员不纠一丝一毫的偏差,如果我们的安全人员不管一点一滴的小事,如果我们的预算人员不省一分一厘的资金,精品工程哪里来?百年大计何处谈?所以说,细节无处不在,细节决定成败。只要大家从自我做

起，从细节做起，严把施工中的每道工序关，一丝不苟，严格检验检测，从工程施工的开始就要高起点，高标准，高要求，我们的梦想就一定能够实现。

要崇尚质量、追求质量，满足用户对质量的要求，要事事从我做起，从点滴做起，从细节做起，让工作的每一个环节都经得住质量的考验。

精于细节，能成就梦想，把握质量，能走向成功！

第8章　做企业公民，赢社会满意，得用户信赖，获员工拥戴

——责任文化建设

> 企业公民是国际通行的用来表达企业社会责任的新术语。企业公民包括崇高的道德行为、对人应负的责任、对环境承担的义务和对社会发展的贡献。做优秀的企业公民，赢得社会满意、用户信赖、员工拥戴，是企业良好形象的重要标志。

8.1　责任文化的理论描述

8.1.1　责任及其内涵

（1）什么是责任

责任是每个企业的文化根源，要成就百年基业，责任必须贯穿始终。如果在企业文化中强调从小处培养员工的责任心，从大处培养员工的责任感，并使员工养成自觉行为，那么这个企业的责任文化就已经形成。责任心就是竞争力，责任感就是凝聚力。责任心越强，损耗就越低，失败就越少，希望就越大；责任感越强，企业乃至国家就会越来越兴旺发达。缺乏责任感的民族，是走向没落的民族；缺乏责任意识的企业，是没有前途的企业；缺乏责任心的人，是任何事情都不能做好的人。

那么，什么是责任？什么是责任心？

从字面上理解，责任有两层意思：① 指分内应做的事，如职责、尽责任、岗位责任等；② 指没有做好自己的工作，而应承担的不利后果或强制性义务。

从实践层面看，责任是一个系统。根据责任文化研究专家唐渊在《责任决定一切》（清华大学出版社）的阐述，责任是一个完整的体系，包含五个方面的基本内涵：① 责任意识，是"想干事"；② 责任能力，是"能干事"；③ 责任行为，是"真干事"；④ 责任制度，是"可干事"；⑤ 责任成果，是"干成事"。

责任心就是主体对于责任所产生的主观意识，也就是责任在人的头脑中的主观反映形式。

（2）责任的内涵

责任有丰富的内涵，可以从不同层次、不同形式来区分，可以从不同领域、不同角度去认识。责任无处不在，存在于生命的每一个岗位。父母养儿育女，儿女孝敬父母，老师教书育人，学生尊师好学，医生救死扶伤，军人保家卫国。人在社会中生存，就必然要对

自己、对家庭、对集体、对祖国承担并履行一定的责任。责任有不同的范畴，如家庭责任、企业责任、社会责任、领导责任等。这些不同范畴的责任，有普遍性的要求，也有特殊性的要求。责任只有轻重之分，而无有无之别。责任是一种客观需要，也是一种主观追求；是自律，也是他律。一切追求文明和进步的人们，应该基于自己的良知、信念、觉悟，自觉自愿地履行责任，为国家、为社会、为他人作出自己的贡献。无论是道德责任，还是法定责任，都不以个人意志为转移。不履行道德责任，会受到道德的谴责和良心的拷问；不履行法定责任，会受到法律的追究和制度的惩处。

责任和权利是对应统一的。没有无责任的权利，也没有无权利的责任。一个人的权利，往往是他人的责任；一个人的责任，往往是他人的权利。享受一定的权利，必须尽到相应的责任；尽到一定的责任，才能享有相应的权利。

责任是道德建设的基本元素。官德、师德、医德、商德、艺德和社会公德、职业道德、家庭美德，都以责任为基础，为前提。有责任感的人，受人尊敬，招人喜爱，让人放心。

责任是成就事业的可靠途径。责任出勇气，出智慧，出力量。有了责任心，再危险的工作也能减少风险；没有责任心，再安全的岗位也会出现险情。责任心强，再大的困难也可以克服；责任心差，很小的问题也可能酿成大祸。

责任是实现人的全面发展的必由之路。有理想、有道德、有文化、有纪律，都以责任相联结，都通过履行责任来体现，来升华。每个人只有在全面履行责任时，才能使自己的潜在能力得到充分的挖掘和发挥。每个人只有在推动社会的进步中，才能实现个性的丰富和完美。

社会在发展，责任内涵也在不断发展，改革开放和现代化建设的伟大实践，赋予责任日益丰富的时代内容。

8.1.2 责任文化的定义与框架

（1）责任文化的定义

所谓责任文化是"人人都讲责任的文化"，是在文化的基础上加入责任的成分，是企业及其全体成员共同信奉并实践的以责任理念为核心的价值观。

从字面上理解有两层含义。

① 责任文化是文化中的一项内容，比如唐渊提出的企业文化八字方针"责任、主动、合作、纪律"，"责任"是其中的一项内容。

② 以责任文化为归宿点的文化，即责任文化囊括企业的其他文化。同样如唐渊提出的企业文化八字方针"责任、主动、合作、纪律"，"责任"是其终极内容，其他内容都可以是它的分目录，可以理解为"责任"包含主动、合作、纪律等内容。责任是提纲挈领、纲举目张的。如没有责任心就没有纪律性，就没有主动性，也没有团队精神和合作意识了。

（2）责任文化的框架

无论责任是作为文化的一项内容也好，还是作为文化的最终归宿也好，企业责任文化的基本内涵在企业文化的基础上有着自己的框架。责任文化的框架大致可以分为以下四个层次表述。

① 物质层面的责任文化，即责任文化的表层部分，由物化的知识力量构成，是一种

以物质形态为主要研究对象的表层企业文化，是人的物质生产活动及其产品的总和，是可感知的、具有物质实体的文化事物。

②行为层面的责任文化，是以人的行为为形态的责任文化，以动态作为存在形式。上下级之间以及成员之间的关系是否融洽，各个部门能否精诚合作，在工作时间、工作场所人们的脸上洋溢着热情、愉悦、舒畅还是正好相反，向客户提交产品是否按时和保证质量，对客户服务是否周到热情，工作目标是否得到群众拥护等。行为文化是精神面貌和价值观的行为体现。

③制度层面的责任文化，规定哪些情况必须负责任以及如何负责任，由企业在实践中建立的各种规范构成，主要是指对企业和成员的行为产生规范性、约束性影响的部分，是具有企业特色的各种规章制度、道德规范和成员行为准则的总和，包括社会经济制度、婚姻制度、家族制度、政治法律制度等。

④精神层面的责任文化，是责任文化的深层部分，是责任文化的核心和灵魂，是企业在长期实践中所形成的企业成员关于责任理念的群体心理定势和价值取向，反映企业全体成员的共同追求和共同认识。

8.1.3 责任文化的作用

据美国一项调查表明，员工责任感强的企业，效率、绩效等综合经济指标明显高于责任感弱的公司。也就是说，当企业界不停地呼唤诚信、呼唤执行力、呼唤领导力的时候，殊不知责任、责任心、责任感正是诚信和执行力的真正支柱。豆腐渣工程、假冒伪劣产品，人们往往用诚信的缺失来谴责，但如果深入剖析就会发现，隐藏在背后的是这些工程的管理者、员工以至于当地政府官员责任感的缺失。员工责任感的高低决定一个企业的命运。而员工责任感的匮乏，往往会成为企业运营不善的直接原因。那些缺乏责任感的员工，不会视企业的利益为自己的利益，企业也便因此存在着潜在的危机。反之企业则兴旺发达。

责任文化的作用表现在以下几个方面。

(1) 可以激发员工潜能

强烈的责任意识，是履职尽责的巨大精神力量，是完成各项工作的重要保证。从一定意义上说，员工的责任意识在很大程度上能够决定一个企业的命运。员工责任意识的匮乏，往往会成为一个企业运营不善的直接原因。那些缺乏责任意识的员工，不以企业利益为重，就不会处处为企业着想，这样的企业必然存在着潜在的危机。深化责任文化培育，会引爆员工的内在潜能，使员工抛开任何借口，将自己的忠诚、责任和热情内化为尽职尽责的动力，彻底融入企业的发展之中。

(2) 可以凝心聚力

责任是凝聚力量的纽带，人人主动履行职责，才会形成整体合力，才会想方设法为企业发展尽心尽力，并与企业同甘共苦、荣辱与共。一旦员工形成明确的个人责任意识和勇于负责的理念，企业的执行力会大幅度提高，企业的运转会更加流畅、高效。只有共同担当起责任，形成人人都管事、事事有人管的工作氛围，才能保障企业生产经营活动的正常运营。

(3) 可以提高工作质量

企业任何一个岗位、一个部门都担负着一定的责任，工作质量的好坏都或多或少影响着企业的生存发展，每一个细小的失误，都可能造成不可挽回的损失。因此，应打造责任文化，让责任贯穿生产经营活动工作的全过程，使员工按时、按职、按量完成工作任务，从而提高工作效率和质量，减少和避免责任事故的发生。

（4）可以抵抗企业风险

大力加强责任文化培育，增强员工的责任感、使命感，对于进一步认清形势，增强应对挑战的信心，提高企业抵抗风险的能力，具有十分重要的意义。就建筑企业来说，在金融危机时代的影响下，需要全体干部员工共同担当起责任，立足本职工作，严格执行各项工作流程，严把生产建筑质量，高效快捷配送，全力以赴做好各项工作，就能积极推动企业又好又快发展。

（5）可以推动企业发展

企业犹如一个生命体，由数以百万计的细胞组成，这个生命体要健康发展就必须做到每个细胞都充满活力，每个细胞都能承担起自己的责任。全面履行主体责任，提升生产经营能力，是共同面对的目标责任。这就要求员工以企业利益为重，处处为企业着想，全身心投入工作，明确工作责任，全力以赴保证生产经营活动的正常进行，促进企业发展再上新台阶。

8.1.4　社会责任文化与企业成功

社会责任文化与企业成功有着不可分割的联系。

有人曾经对百年老店作过调查，他们的第一代创业者都是以理想主义来创业的，倡导社会责任第一，利益、利润第二。在2005《财富》全球论坛会上，海尔集团首席执行官张瑞敏指出："利润和企业社会责任不是博弈关系。一般情况下，追求利润的最大化是企业的生存之本，也是企业应享有的基本权利。但同时，企业承担着必要的社会义务，这种权利和义务的对等关系构成了企业理念的基础。"海尔从砸不合格冰箱开始，就以强烈的社会责任感创立品牌，建立市场网络，参与国际合作。不仅保持竞争优势，提升了社会形象，而且赢得广泛尊重，企业获得了令人瞩目的成就。

履行社会责任是当代企业管理的发展趋势，也是我国企业转变经营方式、提高管理水平的需要，是促进中国经济与社会协调发展的必然。对企业来说，传统的成本、质量、服务已经成为最基本最平常的标准，而道德标准正在成为保持企业竞争优势的关键因素。从管理的进程来看，企业管理正在从全面质量管理、环境管理走向社会责任管理。其主要特点是，企业管理不仅表现为投资者、管理人员的职能，而且融合为劳动者、消费者、供应商、利益相关者的共同参与。这种新的管理趋势，要求企业从更广泛的公众利益和社会发展的角度考虑问题，自觉接受社会和公众对自己的监督、检验和认可。通过履行社会责任，塑造和展现企业有益于公众、有益于环境、有益于社会发展的正面形象。

一个有社会责任感的企业，消费者对其产品也就更加信赖，从而提高企业的销售额和客户的回头率，赢得市场。由此看来，成功的企业必须做好两件事：一个是做好自己的商业品牌；另一个就是树立好企业的社会公民品牌。看一个企业是不是成功，不仅要看它的股东满不满意，它的客户满不满意，还要看一般社会公众满不满意。也就是说，成功的企业并不是只做好自己的商业品牌就完事大吉了，它还要做好企业的社会公民这个品牌。不做好这个品牌，这个企业就不算成功，也不可能成功。

有两个真实故事或许对人有更好的启示。一个故事是说武汉市鄱阳街有一座1917年修建的 6 层洋楼，这座名叫"景明楼"的楼宇在度过 80 个春秋后的一天，该楼的设计者——英国一家设计事务所——远隔万里来信一封，告知：景明楼为本所 1917 年设计，使用期限 80 年，现已超期服役，敬请业主注意。还有一个故事是说台湾有一位博士，在意大利某名牌鞋店买鞋。最合脚的尺码卖完了，选了一双小一号的，但有一点紧。他认为反正鞋穿穿会松的，于是要掏钱买，可售货员拒绝卖给他，理由是顾客试穿鞋时表情不对劲，"我不能将顾客买了会后悔的鞋子卖出去"。这都是高度的社会责任感啊！这样的企业能不成功吗？

8.2 责任文化的培育

企业责任文化贯穿得越全面、渗透得越深入，企业、干部和员工的责任才能得到有效发挥，企业发展才有活力和动力，才能实现共同的愿景。因此，大力加强企业责任文化培育，是提升企业团队凝聚力、助推企业发展的需要，是提高干部员工基本素质和规范职业道德行为、圆满完成工作目标任务的需要。

8.2.1 深化责任理念宣传

（1）加强责任文化宣传

行之有效的责任文化宣传，是提高干部员工责任意识的有效途径。针对企业各个时期发展战略目标的需要，要充分发挥企业网络、内部刊物、电子屏幕、展示标牌等宣传工具的作用，营造勇于承担责任的氛围，让干部员工明白企业的责任，清楚自身承担的责任，形成责任共担、责无旁贷、不找借口、不打折扣的干事创业风气，增强企业发展的动力。

（2）强化责任文化教育

员工的责任意识不是与生俱来的，也不是自发形成的，和其他任何美好品格的形成一样，教育培养是必不可少的。因此，增强干部员工的责任意识，必须结合企业实际需要，深入开展形势任务教育、主人翁意识教育、职业道德教育、发展意识教育等一系列的教育培训。教育培训形式要在授课的基础上，不拘一格，采取交流学习、现场参观、典型引导、主题演讲等形式，使干部员工认识到"工作就是责任""责任胜于能力""责任保证绩效""责任激发潜能""责任成就卓越"等，从而把自己的工作当做一种不可推卸的责任担在肩头，全身心地投入其中，为企业作出更大的贡献，成就更辉煌的自我。

（3）发挥典型示范教育

榜样的力量是无穷的。在企业的经营生产中总会涌现出落实责任的先进集体和典型个人，也会出现因不负责任而造成责任事故的负面典型。要善于发现和挖掘这些责任案例，通过干部员工身边的人和事广泛开展责任意识教育，让干部员工学有榜样、比有事例，从而把责任转化为自觉遵守的行为准则，全身心地履行职责，形成事事有人管、人人都管事的氛围。

8.2.2 建立完善的责任体系

（1）构筑责任文化

首先要明确责任，作为一个企业有其必需的责任使命，要根据企业的责任结构、部门岗位，为每一个岗位确立明确、清晰和有限的岗位责任，并以完整有序、纵横交错的企业

"责任链"，确保每个岗位责任都能落实到相应的员工身上，让每一位员工都清楚自己应该在本职岗位上"做什么，做到什么程度"。同时，更要抓住一个关键点，就是各级单位和部门负责人，不但要清楚自己的岗位职责，还要熟悉管理范围内每项工作的流程，以及各岗位的岗位职责，确保每项工作严格按照其应有的流程进行，避免因工作分配上的随意性，而造成下属员工间产生矛盾、出现问题时又推诿扯皮等情况的发生。

（2）完善工作机制

长期保持和不断增强员工的责任意识，要不断完善工作机制，充分发挥正激励的作用，引导每一个员工承担起应有的责任，提倡和鼓励员工在履行职责中，不但要有魄力创出新成绩，还要有勇气承担工作中的失误和过错。因此，在引导和鼓励员工承担起应有的责任时，就要进一步完善激励奖惩制度，借助强制力促使干部员工对自己的行为负责，从而严格按照责任，充分发挥自己的聪明才智，创新性地开展工作，以坚韧不拔的信心和勇气攻坚克难，努力完成任务。反之，如果不尽责，就会造成失责、失职、渎职行为，将受到责任追究。

8.2.3 坚持以人为本思想

（1）公平一致

责任文化培育应当摒弃居高临下的工作方式，不应以强迫、教训的姿态出现，要从尊重干部员工的立场出发，以润物无声的方式激励干部员工的潜能，营造人人负责的文化氛围。责任文化的执行和实施要从企业的高层做起，力戒只要求基层和员工无条件服从。如果无条件服从，就会使员工产生厌恶心理，从而失去信心，难以形成一个有高度责任心的优秀团队。

（2）贴近实际

责任文化培育不是空泛的口号，要结合企业发展的实际，将大道理分解、将大目标分解，转化成员工能够切实感受到的实实在在的事，转化成可以实现的小目标。以贴近干部员工的具体工作为切入点，让干部员工感受责任文化的氛围，让责任成为干部员工自觉的行为。

（3）心情舒畅

在企业内部建立人与人之间良好的人际关系，创造适宜的工作环境和主动承担责任的氛围，让干部员工心情舒畅，乐于奉献。在这种和谐的环境中，每个干部员工才能自发地形成对企业的忠诚感和责任感，发自内心地认同并接受企业倡导的价值观念，使企业目标转化为个人的自觉行动，最终实现员工自我控制，充分发挥其潜能和实现自我价值。

（4）奉献社会

培育责任文化要兼顾各个方面，对社会要勇于承担捐助、救助、扶助责任，不断塑造企业信誉度、美誉度，激发干部员工的自豪感、幸福感。对企业之间的密切合作，不能站在本企业的立场权衡得失，忽视责任风险共担，难以形成诚信经营、战略合作的局面，从而削弱抗风险能力。对员工要坚持发展成果共享，力求创造更好的业绩满足员工生活水平的提高，力求创造更好的环境满足员工自我发展的需求，这样员工才能在企业实现自我价值，则会更加关心企业的发展，因为这时企业的前途已经和个人的前途联结在一起。

8.2.4　成就每一项工作

责任心就是个人对自己和他人，对家庭和企业，对国家和社会所负责任的认识、情感和信念，以及与之相应的遵守规范、承担责任和履行义务的自觉态度。责任心与自尊心、自信心、进取心、雄心、恒心、事业心、孝心、关心、慈悲心、同情心、怜悯心、善心相比更为突出，是"群心"灿烂中的核心。责任心是衡量一个人成熟与否的重要标准。

（1）责任心是一种习惯，是优秀员工所必需的

"不患无策，只怕无心。"因为没有处理好铁轨上的一颗道钉而使一列火车倾覆，因为没有检查到扔出的烟头是否熄灭而毁掉一片森林，因为随意的一张处方而断送了一个人的生命，这些由于没有重视细节、没有尽到应有的责任心而造成的后果是可怕的。一个人无论从事何种职业，都应有高度的责任心，敬重自己的工作，在工作中表现出忠于职守、尽心尽责的精神，这才是真正的敬业。工作就意味着责任。每一个职位所规定的工作任务就是一份责任。每个人都应该对所担负的工作充满责任心。当我们对工作充满责任心的时候，就能从中学到更多的知识，积累更多的经验。在全身心投入工作的过程中找到快乐。这种习惯或许不会有立竿见影的效果，但可以肯定的是，当懒散敷衍成为一种习惯时，做起事来往往就会不诚实。这样，别人最终必定会轻视你的工作，从而轻视你的人品。粗劣的工作，不但降低工作的效能，而且还会使人丧失做事的才能。工作上投机取巧也许只给你的公司带来一点点的经济损失，但却可以毁掉你自己的一生。只有当责任成为一种习惯，成了一个人的生活态度，我们就会自然而然地担负起责任。非常事，有非常人；非常人，唯有非常心而已。事实上，只有那些能够勇于承担责任并具有很强责任心的人，才有可能被赋予更多的使命，才有资格获得更大的荣誉。责任心是一种习惯性行为，也是一种很重要的素质，是做一个优秀员工所必需的。

有这样两个故事。

一位名人在《实话实说》栏目中讲述了一个令人感慨的故事。他到瑞士访问的时候，在一个洗手间里，他听到隔壁小间里一直有一种奇特的响动。由于这响动时间过长，而且也过于奇特，因此不觉吸引了他的好奇。于是，在好奇心的驱使下，他通过小门的缝隙向里探望。这一看使他惊叹不已。原来，一个只有七八岁的小男孩正在修理马桶的冲刷机构。一问才知道，是这个小男孩上完厕所以后，因为冲刷设备出了问题，他没有把脏东西冲下去，因此他就一个人蹲在那里，千方百计地想修复那个冲刷设备。而他的父母、老师当时并不在他的身边。这件事令这位名人非常感慨，一个只有七八岁的小男孩，竟然有如此强烈的负责精神，可以说这种负责精神已经渗透到了他全身的每个细胞、每根神经、每滴血液，已经完完全全成了习惯。

另有一位大公司的老板曾经也讲过这样的故事。有个人来他公司应聘，经过交谈，他觉得那个人其实并不适合他们公司的工作。因此，他很客气地和那个人道别。那个人从椅子上站起来的时候，手指不小心被椅子上跳出来的钉子划了一下。那人顺手拿起老板桌子上的镇纸，把跳出来的钉子砸了进去，然后和老板道别。就在这一刻，老板突然改变了主意，他留下了这个人。事后，这位老板说："我知道在业务上他也许未必适合本公司，但他的责任心的确令我欣赏。我相信把公司交给这样的人我会很放心。"由此可见，责任心确实是一种很重要的素质，正是这种素质为这位小伙子赢来了一份好职位。

（2）责任心多大，人生舞台就多大

托尔斯泰说："一个人若没有热情，他将一事无成，而热情的基点正是责任心。"人要有爱心、信心、进取心等，但这些"心"中最重要的是责任心，因为责任心是一个人立足社会、成就事业最基本的人格品质，从某种程度上讲，责任心多大，你的人生舞台就有多大。

看过一个统计：在全球五百强中，近20年来，从美国西点军校毕业出来的董事长有1000多名，副董事长有2000多名，总经理或董事一级的有5000多人。世界上没有任何一家商学院能够培养出这么多的顶尖人才，但为什么不是商学院培养的企业领导人多而是西点军校呢？因为商学院更多的是教给学生商业知识和经验，比较缺乏对一个人最基本的人文素养的培养。成功人士的身上有一点是共同的，那就是对自己深深的责任感和执著的态度（有三个重要特点：第一，信守承诺；第二，结果导向；第三，永不言败）。西点军校对学生要求的标准——准时、守纪、严格、正直等，这些都是任何一家优秀企业对其领导人要求的最基本的素质，也是值得挖掘和培养的素质。

（3）用一颗责任心去做好每一项工作

工作意味着负责。负责是工作最基本的要求，世界上没有不必承担责任的工作，职位越高、权力越大，肩负的责任就越重。

对工作负责就要做一个有责任心的人。责任心是一个人对自己的所作所为负责，对他人、集体、社会、国家乃至整个人类承担责任和履行义务的自觉态度。一个人的责任心如何，决定着他在工作中的态度，决定着其工作的好坏和成败。如果一个人没有责任心，即使他有再大的能耐，也不一定能作出好的成绩来。不论你是一名默默无闻的办事员，还是大权在握的领导者，都应有责任心，凡事尽心尽力而为。一个有责任心的人，一定会认真地思考，勤奋地工作，细致踏实，实事求是；一个有责任心的人，做每一件事都会坚持到底，按时、按质、按量完成任务，圆满解决问题；一个有责任心的人，一定能主动处理好分内与分外的相关工作，有人监督与无人监督都能主动承担责任而不推卸责任；一个有责任心的人，一定会从事业出发，以工作为重，忠于职守，尽职尽责，勇于承担责任。

叔本华说："上帝给我们肩膀，就是教你来挑担子的。"其实，换个角度来说，我们每个人肩上都担负着责任，一个人生活在世上，就必须承担属于自己的责任，无论是对自己、对家庭、对朋友、对社会还是对民族，都必须尽到责任和义务。

8.3 温州建设集团的责任文化诠释

温州建设集团的责任文化：做企业公民，赢社会满意，得用户信赖，获员工拥戴。

企业公民是国际通行的用来表达企业社会责任的新术语。企业公民包括崇高的道德行为、对人应负的责任、对环境承担的义务和对社会发展的贡献。做优秀的企业公民，赢得社会满意、用户信赖、员工拥戴，是企业良好形象的重要标志。

8.3.1 做企业公民

（1）关于企业公民

企业公民的概念属于社会文化范畴，是指一个公司将社会基本价值与日常经营实践、运作和策略相整合的行为方式。企业是社会的细胞，社会是企业利益的源泉。企业在享受社会赋予的条件和机遇时，也应该以符合伦理、道德的行动回报社会、奉献社会。企业公民这一概念蕴涵着社会对企业提出的要求，意味着企业是社会的公民，应承担起对社会各方的责任和义务。例如，为员工提供更好的工作环境和福利，为社会创造就业机会和为社会发展作贡献，为消费者提供安全可靠的产品，同经营合作伙伴建立良好的关系，关注环境和社会公益事业，等等。企业公民不仅仅是为了行善，而是首先要把本职工作做好，确保企业遵纪守法，不骗人，不做假账，不搞伪劣产品等等。实际上，能否做一个合格的企业公民体现了一个企业的价值取向和长远追求。

美国波士顿学院给出的企业公民定义是：企业公民是指一个公司将社会基本价值与日常商业实践、运作和政策相整合的行为方式。一个企业公民认为公司的成功与社会的健康和福利密切相关，因此，它会全面考虑公司对所有利益相关人的影响，包括雇员、客户、社区、供应商和自然环境。

英国的"企业公民会社"认为有下列四点：① 企业是社会的一个主要部分；② 企业是国家的公民之一；③ 企业有权利，也有责任；④ 企业有责任为社会的一般发展作出贡献。

（2）企业公民形象

一个合格的企业公民需要有三种人格，即负责任的人、有影响力的人和乐于帮助别人的人。而调动员工的积极性，使得员工能够轻松地参加回报社会的活动，传导企业的这个概念，慢慢对其他的成员起一种影响和约束的作用，使员工成为企业公民的主体对于塑造企业公民形象非常重要。

（3）企业公民的行为表现

企业公民的行为表现在以下六个方面。

① 公司治理和道德价值：主要包括对法律、法规的遵守情况，防范腐败贿赂等交易中的道德行为准则问题，以及对公司小股东权益的保护。

② 员工权益保护：主要包括员工安全计划、就业机会均等、反对歧视、生育期间福利保障、薪酬公平等。

③ 环境保护：主要包括减少污染物排放，废物回收再利用，使用清洁能源，减少能源消耗，共同应对气候变化和保护生物多样性等。

④ 社会公益事业：主要包括员工志愿者活动、慈善事业捐助、社会灾害事件捐助、奖学金计划、企业发起设立公益基金会等。

⑤ 供应链伙伴关系：主要包括对供应链中上、下游企业提供公平的交易机会。

⑥ 消费者权益保护：主要包括企业内部执行较外部标准更为严格的质量控制方法，对顾客满意度的评估和对顾客投诉的积极应对，对有质量缺陷的产品主动召回并给予顾客补偿等。

（4）企业公民评价标准

美国《商业伦理》（Business Ethics）杂志从 2000 年开始评选"最佳企业公民 100 强"（100 Best Corporate Citizens），迄今已连续进行 5 年。该杂志最初的评价标准只有股东、员工、客户、社区，到 2005 年又增加了公司治理、对少数族裔及女性的包容性、环境、人权，达到 8 项。加拿大《企业绅士》（Corporate Knights）杂志 2005 年评选出"最佳企业公民 50 强"（Best 50 Corporate Citizens），使用的评价标准包括公司治理、环境、与海外利益相关者的关系/人权（包括与原居民关系）、产品安全与商业惯例、社区关系、员工关

系/包容性、财务绩效等 7 项。很明显，美、加这两家杂志所使用的标准，除人权之外，全部落入克拉克森界定的首要利益相关者和卡罗尔界定的社会责任的范围之内，但不是全部。换言之，最佳企业公民的评选并非面面俱到，而是要抓主要特征和普遍存在的问题。

2009 年《中国优秀企业公民评价标准》大体从十个方面对企业的经济责任、法律责任、伦理责任和社会责任进行系统的检验和评价。这十个方面如下。① 对所有者的责任：即对股东负责，企业盈利情况良好；② 对员工的责任：员工的工资待遇、工作环境、职业规划以及女工关怀等；③ 对消费者的责任：产品质量、售后服务等方面的满意度高；④ 对供应商的责任：营造公平友好的交易环境、产业链中不拖欠货款等；⑤ 对政府的责任：照章纳税、安排就业、维护社会稳定、遵纪守法、反对贿赂等；⑥ 对社区的责任：生产和生活在社区，要关心和回报社区；⑦ 对环境的责任：注重环境保护、资源节约，以及对周边社区造成的影响等；⑧ 对公益慈善的责任：积极投身社会公益慈善事业等；⑨ 对知识产权的责任：创新自己的知识产权，尊重他人的知识产权；⑩ 定期披露企业履行社会责任的情况的责任：发布企业公民社会责任报告。

为进一步完善优秀企业公民评价体系，明确优秀企业公民评价范围，从 2009 年第五届优秀企业公民系列活动开始，评价体系中进一步明确了六类企业不能参评优秀企业公民。六类企业如下。① 生产或经营对人或社会有害的商品的企业将不能参评优秀企业公民。这些企业不仅包括生产商，也包括中间商、分销商等直接或间接参与经营的企业。例如烟草行业等。② 亏损企业将不能参评优秀企业公民。亏损企业是指在最近 3 年平均利润为负，或连续 2 年亏损。③ 有严重破坏自然环境行为的企业将不能参评优秀企业公民。比如高污染行业。④ 有违法乱纪行为的企业将不能参评优秀企业公民。对于在 3 年内有明确违法乱纪行为的企业或者企业内主要领导人出现违法乱纪行为的，组委会将其直接排除在优秀企业公民范围之外。⑤ 有不道德商业行为的企业将不能参评优秀企业公民。不道德商业行为是指商业欺诈、经营假冒伪劣商品、恶意竞争、恶意收购等，若企业在 3 年内有明显的不道德商业行为将不能参评企业公民，比如三鹿"毒奶粉"事件。⑥ 有不诚信公益行为的企业。不诚信公益行为包括诺而不捐，捐赠不到位，承诺的公益项目不如约履行等。近日，我们在调查中发现，某家股份有限公司因"喝一瓶水捐一分钱"公益项目误导消费者，涉嫌严重欺诈行为，被怀疑拿消费者的钱免税而被排除在优秀企业公民之外。以上六种行为简称优秀企业公民的"六不准"。

（5）企业公民评价标准运用的条件

将企业公民评价标准运用到优秀企业公民评选活动或对企业进行社会责任履行状况的评价，是一项严肃而又系统的工作，需要具备多种条件，其中最重要的条件如下。

① 社会对企业公民概念的认知程度。我国社会几乎是在毫无准备的状态下应对企业带来的负面效应。例如，有些工厂既不给员工加班费又不给缴纳任何保险，而某些员工不仅不依法抗争反而感谢业主提供了就业机会，等等。

② 企业对企业公民概念的觉悟程度。所谓觉悟程度，一是指企业如何理解企业公民，二是如何自觉地按照企业公民的标准制定决策和选择行动。到目前为止，我国大多数企业还认为优秀企业公民就是捐钱多的企业，进而认为遵守企业公民的标准需要经济实力，是自愿而不是强迫的、是企业发展壮大之后而不是创业初期的事情。这种看法显然忽略了企业的法律责任。企业在完整地理解企业公民概念的前提下，还能自觉地按照企业公民的标准约束自己，那么，优秀企业公民的评选就有了坚实的基础。许多发达国家的企业以及跨

国公司从很早就开始努力将自己发展成优秀企业公民，进入 21 世纪以来，诸如 Intel、IBM、壳牌化工等公司都自愿地公布社会责任或企业公民报告。我国在这方面还有很长的路要走。

③ 企业社会责任或绩效信息的现成性。美国《商业伦理》评选 "最佳企业公民 100 强" 所需要的数据全部来源于 KLD 研究与分析公司的数据库。该公司收集了美国公司近 10 年来关于社会责任数据，并表现公司社会责任的 DSI 指数和 Russell 1000 指数。加拿大《企业绅士》评选 "最佳企业公民 50 强" 所需要的主要数据由创新投资战略价值咨询公司（Innovest Strategic Value Advisors）提供。我国还没有类似的公司拥有相应的数据库，这给优秀企业公民的评选带来巨大的困难。

（6）中国优秀企业公民表彰大会

"中国优秀企业公民表彰大会" 暨 "中国最具社会责任企业家" 调查评价活动，吸引了国有企业、民营企业和世界五百强跨国公司优秀代表的积极参与，极大推动了中国企业公民事业的发展。获得殊荣的优秀企业家和实业家，在第一至第四届表彰大会上，先后签署《中国企业公民宣言》《中国企业公民财富新观念行动纲领》，以榜样的力量，引导和带动企业自觉承担社会责任，为构建和谐社会贡献力量。委员会名誉会长陈昌智、蒋正华、成思危等，或亲自为优秀企业和企业家颁奖，或亲临晚宴祝贺，极大地鼓舞了广大企业和企业家投身到企业公民建设中来。

此项活动由 2005 年开始至今已经成功举办了 5 届，由中国社工协会企业公民委员会主办。

8.3.2 赢社会满意

这里的 "满意" 是指意愿得到满足。社会满意是指顾客在对企业产品和服务的消费过程中所体验到的对社会利益的维护，主要指顾客整体社会满意，它要求企业的经营活动要追求先进文化，遵循诚信原则，促进社会和谐。

赢社会满意，就是赢得外界对企业总体工作的充分肯定。具体包括客户满意、服务满意、产品满意和形象满意。

客户满意，就是要将满足客户的需要作为重要使命，为客户提供优质的服务，让客户满意，在不断为客户创造价值的过程中，更好地留住老客户和发展新客户，通过形成企业与客户共生共赢的关系，在成就客户、成就企业的同时，成就员工。

服务满意，主要是在服务过程的每一个环节上都能设身处地地为顾客着想，做到有利于顾客、方便顾客。特别是服务水平的提升尤为重要，包括服务意识的提升、完整的服务指标、服务满意度考查等。

产品满意，是指企业产品带给顾客的满足状态，包括产品的内在质量、价格、设计、包装、时效等方面的满意。产品的质量满意是构成顾客满意的基础因素。产品满意是顾客满意的前提，顾客和企业的关系首先体现在产品细节上，要做到产品满意必须做好以下方面的工作：了解顾客需求、适应顾客需求、提供满意的产品、对产品功能的满意和对产品品位的满意。

形象满意，指企业的综合实力和整体形象获得社会公众的一致认可，即企业和员工的形象带给顾客的满意状况。

8.3.3 得用户信赖

（1）关于信赖和用户信赖

信赖，指信任并依靠。宋朝沈括的《故信阳军罗山县令陈君墓志铭》中记载："居家得乡人之欢，姻族益亲；仕于邦，则当剧处繁，能以多为约，人信赖之。"巴金的《家》中写道："通过周报他们认识了许多同样热烈的青年的心。在友谊里，在信赖里，他们也找到了安慰。"得用户信赖，就是得到用户的充分信任。用户信赖，既体现了服务对象对企业工作的认可度，更体现了用户对企业的忠诚度，反映了企业在社会上较高的美誉度。

菲利普·科特勒认为，用户信赖"是指一个人通过对一个产品的可感知效果与他的期望值相比较后，所形成的愉悦的感觉状态"。亨利·阿塞尔也认为，当商品的实际消费效果达到消费者的预期时，就导致了信赖，否则，会导致用户不信赖。

从上面的定义可以看出，信赖水平是可感知效果和期望值之间的差异函数。如果效果低于期望，用户就会不信赖；如果可感知效果与期望相匹配，用户就信赖；如果可感知效果超过期望，用户就会高度信赖、高兴或欣喜。

一般而言，用户信赖是用户对企业和员工提供的产品和服务的直接性综合评价，是用户对企业、产品、服务和员工的认可。用户根据他们的价值判断来评价产品和服务，因此，菲利普·科特勒认为，"信赖是一种人的感觉状态的水平，它来源于对一件产品所设想的绩效或产出与人们的期望所进行的比较"。从企业的角度来说，用户服务的目标并不仅仅止于使用户信赖，使用户感到信赖只是营销管理的第一步。美国维持化学品公司总裁威廉姆·泰勒认为："我们的兴趣不仅仅在于让用户获得信赖感，我们要挖掘那些被用户认为能增进我们之间关系的有价值的东西。"在企业与用户建立长期的伙伴关系的过程中，企业向用户提供超过其期望的"用户价值"，使用户在每一次的购买过程和购后体验中都能获得信赖感。每一次的信赖都会增强用户对企业的信任，从而使企业能够获得长期的盈利与发展。如果对企业的产品和服务感到信赖，用户也会将他们的消费感受通过口碑传播给其他用户，扩大产品的知名度，提高企业的形象，为企业的长远发展不断地注入新的动力。

用户信赖包括产品信赖、服务信赖和社会信赖三个层次。

（2）用户信赖理论

用户信赖理论（Customer Satisfaction. CS）的产生是企业管理观念变迁的必然，从"产值中心论"到"销售中心论"，再到"利润中心论"，再到"市场中心论"，再到"用户中心论"，然后进入"用户信赖中心论"阶段。用户信赖工作是主动的，具有前瞻性，而售后服务工作是相对被动的，具有滞后性，此外，两者在工作观念、过程、境界上都有很大差别。

用户信赖的思想和观念，早在20世纪50年代就受到世人的认识和关注。学者们对用户信赖的认识大都围绕着"期望—差异"范式。这一范式的基本内涵是用户期望形成了一个可以对产品、服务进行比较、判断的参照点。用户信赖作为一种主观的感觉被感知。描述了用户某一特定购买欲的期望得到满足的程度。

Otiver & Linda（1981）认为用户信赖是"一种心理状态，用户根据消费经验所形成的期望与消费经历一致时而产生的一种情状态"。Tse & Witon（1988）认为用户信赖是用户在购买行为发生前对产品所形成的期望质量与消费后所感知的质量之间所存在差异的评价。Westbrook & Reilly（1983）认为用户信赖是——情感反应。这种情感反应是伴随或者是在购买过程中产品陈列以及整体购物环境对消费者的心理影响而产生的。亨利·阿塞尔认为，当商品的实际消费效果达到消费者的期望时就会导致用户信赖，否则会导致用户不信赖。

8.3.4　获员工拥戴

拥戴的意思是推举拥护和拥护推戴。

拥戴的出处为《朱子语类》卷一三三："众遂拥戴汝为，势乃猖獗。"明代沉德符的《野获编·内阁三·王文肃密揭之发》中记载："乃冒居发奸首功，取悦时贤，以为拥戴入阁之地。"清代昭连的《啸亭杂录·今上待和珅》中记载："丙辰元日上既受禅，和珅以拥戴自居，出入意颇狂傲。"茅盾的《子夜》中写道："就是不知道眼前这几个人是否一致把他当首领拥戴起来。"

员工拥戴，是员工对自身的生存、发展环境以及自身的社会地位的满足感，从而拥护和爱戴哺育自己成长和发展的企业。

美国《财富》杂志首创评选"全球最受尊敬企业"，已经有几十年的历史，在全球范围内产生了巨大的影响。由北京大学管理案例研究中心与《经济观察报》联手评选"中国最受尊敬企业"始于 2001 年，活动涉及在中国注册的国有企业、民营企业以及外商投资企业。首次评出海尔、诺基亚等 20 家"2001 年中国最受尊敬企业"，虽然不及"全球最受尊敬企业"的影响巨大，但已开始受到海内外的广泛关注。可以预期，经过几年的评选，"中国最受尊敬企业"必将产生较大的影响。"中国最受尊敬企业"为什么受人尊敬？按照主持此次活动的何志毅先生的说法主要有三条标准：第一是这个企业提供的产品和服务除了经济价值之外是否对社会有突出的意义；第二是这个企业所表现出来的社会责任意识；第三是企业家的人格魅力和对企业员工的影响力。就是说，评选活动不是以企业的规模和效益为主要标准，而是以其社会效益、社会贡献、公众形象、公众心理感受等为主要内容。因此，也可以这样说，"中国最受尊敬企业"所展示的，主要不是其经济实力，而是其文化素质。

由此可见，中国最受尊敬企业为什么受尊敬，关键在于这些企业具有充满活力的企业文化、公司吸引、激励和员工的拥戴。

☀ 【实践描述】

做企业公民，尽社会责任
——构造浓重的企业责任文化

朱中亮

尽社会责任是做企业公民的重要体现。做优秀的企业公民，赢得社会满意，是企业良好形象的重要标志。

温州建设集团租赁分公司成立于 1994 年 5 月，是集团的核心层企业，并通过了

ISO 9001：2000质量体系认证。本公司主要承担集团公司对内对外的设备、周转材料租赁经营业务，并拥有建设部门颁发的塔式起重机、施工电梯及物料提升机安装拆卸一级资质。在钢管租赁上更是发挥着引领行业发展的带头作用，在同行业居重要地位。创建以来始终秉承"以承诺服务开拓市场，用务实态度打造专业"的理念服务于各大工程项目。公司拥有一支技术过硬的人才队伍，也是推动集团公司发展的主导力量。

走过无数个年轮风华，我们懂得了时代赋予我们的责任和使命。无数集团人在每一个角落默默地坚守着这份使命："做企业公民，尽社会责任。"

2008年9月，"三鹿牌"婴幼儿奶粉重大食品安全事故波及整个中国。温州市附二医的婴幼儿B超筛查爆满，院方还把图书馆一楼大厅临时改造成检查室。由于候诊的人数大大超过预期，炎炎夏日烈日当头，仍有部分家长和孩子在大楼外排队候诊。得此情况，为了积极响应集团公司"做企业公民，尽社会责任，服务于人民"的号召，公司迅速组织人员，调动搭建物资，运送往医学院，投入临时遮阳棚的搭建工作。从9月22日下午5点奋战到次日凌晨5点，30多个建设工人连夜抢工搭设钢架。他们中大部分人参加过四川抗震救灾过渡安置房援建工作。这期间，集团董事长邵奇杰三次来到现场查看进度。23日下午3时，300多平方米的遮阳棚完全投入使用，排队候诊的市民终于有了一个遮阳挡雨的地方，高兴的同时纷纷表示感谢。秉着为人民服务的精神，工人们不怕苦不怕累，因为温州的建设发展有我们的一份责任。

不管是哪里，也不管是何时，只要社会需要我们，我们就会伸出我们的臂膀。2009年6月29日凌晨2点，在瞿溪往曹平方向的道路上，一农用运石车行驶过山洞后在离山洞一公里处的道路上翻车，跌入道路边的深坑，驾驶员被困在离地面7米深的地方，情况十分危急。集团领导接到事故电话第一时间就想到租赁公司的应急队。接到任务，应急人员二话没说，以饱满的精神整装驾驶16吨吊车来到事故现场配合120、消防局、交警实施救助。因被困人员的右腿被卡在座椅缝隙中，起吊稍微有偏差就会带来剧烈疼痛，为了尽量减少伤者的痛苦，不给伤员造成二次伤害，吊车驾驶人员全神贯注，把每一个细微之处都做到最好。在全体人员的积极配合下，经过1小时的艰苦奋战，成功将被困人员救出。

同年11月14日，浙江温州市绕城高速公路北线工程仰义枢纽前京村段一高架桥匝道，在施工时发生倾塌事故。事故造成1人死亡、7人受伤。事故现场，发生倾塌的高架桥桥面足有三四十米长，倾塌桥面与桥墩、河道呈等边直角三角形。事故发生后，应急队接到指示马上派出了四名钢结构技术人员赶赴现场配合公安、消防、卫生、安监等部门的救援人员开展抢救工作。

"视责任如泰山"已成为我们全体建设人的共识，社会的责任就是我们的责任，只要社会需要我们，我们就会沿着这条路一直走下去，因为温州的建设发展需要我们保驾护航。

构建社会主义和谐社会，是我们党从中国特色社会主义事业的总体布局和全面建设小康社会的全局出发提出的一项重大战略任务，也是需要社会各方面共同参与的、长期的系统工程。作为温州市唯一一家国有建筑业企业，就要在我们创造物质财富的同时，更好地承担起应有的社会责任，构造浓重的企业责任文化，为社会发展贡献应有的力量。这不仅是我们的责任，更是我们实现企业价值的表现。

第9章 以诚破天下之伪，用实破天下之虚

——诚信文化建设

> 只有诚实才可破除天下之虚伪，只有实在才可破除天下之虚幻！诚实做人，信用做事，是我们坚定的诚信理念。诚信是金光大道，只要坚持走下去，就会越走越宽阔；诚信是财富的种子，只要诚心种下，就能收获一片希望！

9.1 诚信文化的理论描述

诚信是企业的道德范畴，是企业的身份证，是日常行为的诚实和正式交流的信用，是待人处世真诚、老实、讲信誉，言必信、行必果，一言九鼎，一诺千金。

9.1.1 关于诚信

（1）中国人的诚信观

诚信是中国人的传统美德。无论过去或现在，诚信对建设人类社会文明都是极为重要的。

诚信可从以下几方面理解。

① 诚信，人人必备。诚信是一种人人必备的优良品格，一个人讲诚信，就代表了他讲文明。讲诚信的人，处处受欢迎；不讲诚信的人，人们会忽视他的存在。所以，我们每个人都要讲诚信。

② 诚信是立人之本。孔子曰："人而无信，不知其可也。"认为人若不讲信用，在社会上就无立足之地，什么事情也做不成。

③ 诚信是齐家之道。唐代著名大臣魏征说："夫妇有恩矣，不诚则离。"只要夫妻、父子和兄弟之间以诚相待，诚实守信，就能和睦相处，达到"家和万事兴"之目的。若家人彼此缺乏忠诚、互不信任，家庭便会逐渐崩溃。

④ 诚信是交友之基。只有"与朋友交，言而有信"，才能达到"朋友信之"、推心置腹、无私帮助的目的。否则，朋友之间充满虚伪、欺骗，就绝不会有真正的朋友，友谊建立在诚信的基础上。

⑤ 诚信是为政之法。《左传》云："信，国之宝也。"指诚信是治国的根本法宝。孔子在"足食、足兵、民信"三者中，宁肯"去兵""去食"，也要坚持保留"民信"。因为孔子认为"民无信不立"，如果人民不信任统治者，国家朝政根本立不住脚。因此，统治者必须"取信于民"，正如王安石所言："自古驱民在信诚，一言为重百金轻。"

⑥ 诚信是经商之魂。在现代社会，商人在签订合约时，都会期望对方信守合约。诚信更是各种商业活动的最佳竞争手段，是市场经济的灵魂，是企业家的一张真正的"金质名片"。

⑦ 诚信是心灵良药。古语云："反身而诚，乐莫大焉。"只有做到真诚无伪，才可使内心无愧，坦然宁静，给人带来最大的精神快乐，是人们安慰心灵的良药。人若不讲诚信，就会造成社会秩序混乱，彼此无信任感，后患无穷。

综观而言，诚信对于自我修养、齐家、交友、营商乃至为政，都是一种不可缺少的美德，可见诚信在人类社会中是非常重要的。

（2）何为"诚"和"信"

何为"诚"？"诚"是儒家为人之道的中心思想，我们立身处世，当以诚信为本。宋代理学家朱熹认为"诚者，真实无妄之谓"，肯定"诚"是一种真实不欺的美德。要求人们修德做事，必须效法天道，做到真实可信。说真话，做实事，反对欺诈、虚伪。

何为"信"？《说文解字》认为"人言为信"，程颐认为"以实之谓信"。可见，"信"不仅要求人们说话诚实可靠，切忌大话、空话、假话，而且要求做事也要诚实可靠。而"信"的基本内涵也是信守诺言、言行一致、诚实不欺。

（3）名人论诚信

老子："信言不美，美言不信。"（《老子·第八十一章》）指诚信之言不华美，华美之言不信实，因为诚信之言是质朴无华的。

孔子："信近于义，言可复也。"（《论语·学而》）强调人讲信用要符合"义"，只有符合"义"的话才能实行。

荀子："耻不信，不耻不见信。"（《荀子·非十二子》）耻于自己不能有"信"德，而不耻于不被别人信任。

刘安："人先信而后求能。"（《淮南子·说林训》）应当先看他是否讲信用，然后再论及他的能力如何，说明"信"重于"能"。

诸葛亮："勿恃功能而失信。"（《出师表》）不要仗持有功劳、有才能就失信于人。

王通："推之以诚，则不言而信。"（《中说·周公》）只要能够推心置腹，以诚相待，不用言说也会相互信任。

程颐："诚则信矣，信则诚矣。"（《河南程氏遗书》卷二十五）诚实就会有信誉，讲信誉就是诚实，可见"诚"与"信"是相通的。

朱熹："诚者，真实无妄之谓。"（《四书章句集注·中庸章句》）诚信就是真实而无虚假。

曹端："一诚足以消万伪。"（《明儒学案》卷四十四《语录》）一个诚实的行为足以消解千万种虚伪。

9.1.2 关于诚信文化

"八荣八耻"中明确提出，"以诚实守信为荣，以见利忘义为耻。"我们应当深刻理解、认识诚信文化，建设诚信文化，创新诚信文化，以先进的文化作为公司和谐发展的精神支撑，并在公司内部形成广泛的共识。

（1）哲学视角看诚信文化

从哲学视角看诚信文化，"诚信"既是一种世界观，又是一种社会价值观和道德观，无论对于国家、社会、组织，还是个人，都具有重要意义。诚信作为世界观、价值观，讲诚信是一种美德，是指导人和企业行为的准则，是社会最普遍也是最基本的价值需要。孟子认为"诚者，天之道也；思诚者，人之道也"。在孟子看来，"诚"是天经地义的事情，是天道本体的最高范畴，也是做人的准则。因此，诚信是立国之本、立业之本、立身之本、立企之本。

（2）政治视角看诚信文化

从政治视角看诚信文化，中华民族的"政治"历来就是与"德治"联系在一起的。纵观中华民族五千年的发展历史，诚信始终与政治成败、民族兴衰息息相关。周幽王烽火戏诸侯，只留下帝王的悲哀。商鞅"立木示金"，向国民展示其法律的诚信。一个个王朝兴起与衰落，改朝换代，此起彼伏，失政者大多因为政治失信而导致民心背离。可见诚信与国家、民族命运的重要关系。诚信不仅是中华民族的传统美德，更是中华民族的复兴之本。

（3）经济视角看诚信文化

从经济视角看诚信文化，市场经济是建立在契约基础上的诚信经济。诚信体现于商品经济活动中，是契约的基础，是市场交换的前提，也是实现贸易活动的保障。信用表现为一种经济关系。没有信用，就没有等价交换，就没有公平、公正。经济的高速发展与诚信建设应当是同步进行的。

（4）法律视角看诚信文化

从法律视角看诚信文化，诚信文化要求企业及员工对内、对外要做到诚实无欺、讲究信用。在合同领域，法律要求人们能够诚实守信地订立与履行合同，遵守契约内容。法律一方面保护守信者，一方面惩罚失信者。法律意义上的诚信，既是当事人进行各种活动的行为准则，又是法官裁定的依据。

（5）道德视角看诚信文化

从道德视角看诚信文化，伦理道德的最高原则和评价标准，是建立符合社会大众观念的道德规范体系，培养人的道德行为，建立和谐的人际关系。诚信文化倡导员工与员工、企业与员工、企业与企业、企业与社会之间建立和谐融洽的人际关系和良好的组织秩序。二者相通。"惟诚可以破天下之伪，惟实可以破天下之虚"，真诚相待、开诚布公，这是企业内部全体员工和谐工作的保障。

简而言之，企业诚信文化是企业在长期生产经营活动中逐步形成的，并被企业员工认同的诚实守信的经营理念、人生价值观和行为准则。

9.1.3　诚信文化讲诚信

诚信文化讲诚信，并不是说说而已，不少企业是说得容易做起来难。这大概就是真而不诚、诚而难信的一种劣根性，他们以利益确定诚信，以自私和贪婪玩弄诚信。

在现实社会生活里，做企业做事什么都不缺，缺的是人心，缺的是诚信。有的企业只是要求别人有诚信讲诚信，而自己就很难用诚信来对待他人。在社会文明发展的今天，更应该体现做人做事的诚信度，结果却不能令人满意。

可以说，一旦人丢掉了诚信，人性就显得可恶、可怕、可耻、可怜。

现实中，可怕的是认为讲诚信就是去"送死"，讲诚信就得吃亏上当，这个诚信谁还敢讲？目前似乎什么都在发展进步，唯独人的道德品质进步不快，相反在逐渐下滑。

如果每个企业都建立起诚信文化，都讲诚信，社会经济秩序将比法律约束更有效。

9.1.4 诚信文化讲准则

诚信文化讲准则，是说诚信是做人、做事、做企业的基本准则，但究竟怎样才算是有诚信？看看中国古代哲贤如何实践诚信之道。

（1）戒欺，不自欺亦不欺人

《礼记·大学》说："所谓诚其意者，毋自欺也。"意谓真诚实意就是不自欺。宋代哲学家陆九渊也说："慎独即不自欺。"即使在闲居独处时，自己的行为仍能谨慎不苟且，不会自欺。中国现代学者蔡元培先生说过："诚字之意，就是不欺人，亦不可为人所欺。"可见，戒欺是诚信的重要准则之一。东汉名臣杨震在赴任东莱郡太守的途中，经过昌邑县。昌邑县令王密是他过去推荐的秀才，王密深夜带十斤黄金私赠给杨震。杨震说："老朋友了解你，你却不了解老朋友，这是为什么呢？"王密说："现在是深夜，没有人知道。"杨震回答说："天知，神知，你知，我知，怎么说没有人知道呢？"王密听了这番话，很羞愧地走了。杨震"不受四知金"的故事，说明他的道德修养已达到了不自欺的"慎独"境界。只有在没有人监督的情况下，能做到不自欺，才算是真正的诚信。著名徽商胡雪岩在杭州胡庆余堂药店中，向内挂了一块"戒欺"的牌匾。他在跋文中写道："凡贸易均著得欺字"，"余存心济世，誓不以劣品弋取厚利"，"采办务真，修制务精，不至欺余以欺世人"。胡庆余堂药店之所以能够蜚声海内外，生意兴隆，其秘诀就在于"戒欺"二字。这则故事说明，"戒欺"二字是企业成功的秘诀，也是企业家的无价之宝。

（2）信守承诺

《左传·僖公十四年》曰："弃信背邻，患孰恤之。无信患作，失援必毙。"意思是说，若自己丧失信用，背弃邻国，遇到祸患没有谁会同情自己。失去了信用，一旦祸患发生，没有人来支援自己，就必定会灭亡。由此可见，重诺守信是十分重要的。如果我们对别人许下诺言，就须认真对待，对自己的承诺负责，切勿掉以轻心，失信于人。在平日待人处世时，我们可先从守时开始做起，然后对家人、朋友信守承诺，以诚信待人。

秦朝末年，楚国有一个叫季布的人，个性耿直，而且非常讲信用，只要他答应的事，就一定会努力做到，也因此受到许多人的称赞，大家都很尊敬他。他曾经在项羽的军中当过将领，而且率兵多次打败刘邦，所以当刘邦建立汉朝当上皇帝的时候，便下令捉拿季布，并且宣布：凡是抓到季布的人，赏黄金千两，藏匿他的人则遭到灭门三族的惩罚。可是，季布为人正直而且时常行侠仗义，所以大家都想保护他。起初季布躲在好友的家中，过了一段时间，捉拿他的风声更紧了，他的朋友就把他的头发剃光，化装成奴隶和几十个家僮一起卖给了鲁国的朱家当劳工。朱家主人很欣赏季布，于是专程去洛阳请刘邦的好朋友汝阴侯滕公向刘邦说情，希望能撤销追杀季布的通缉令，后来刘邦果真赦免了季布，而且还给了他一个官职。

（3）言行一致

中国古代哲人要求言行一致，《礼记·中庸》曰："言顾行，行顾言。"切不可"自食其言""面诺背违""阳是阴非"，所以朱熹认为"信是言行相顾之谓"，要求"口能言之，身能行之"，这才是"国宝"；如果"口言美，身行恶"，那是"国妖"，是君子所不取的。孔子说过："始吾于人也，听其言而信其行；今吾于人也，听其言而观其行。"意思是说，从前孔子对于人，只要听了他讲的话，就会相信他的行为；现在孔子对于人，当听了他讲的话后，还要观察他的实际行为。在这里，孔子肯定道德实践是评价诚信品格的标准。

（4）过而能改

《左传·宣公二年》曰："人谁无过？过而能改，善莫大焉。"孔子曰："过而不改，是谓过矣。"韩愈曰："告我以吾过者，吾之师也。"陆九渊曰："闻过则喜，知过不讳（忌讳），改过不惮（畏惧）。"古人申居郧曰："小人全是饰非，君子惟能改过。"由此可见，中国古代哲贤认为如何对待过错，是君子与小人的重要区别之一。中国古代哲人强调知过即改，这是诚实的一种表现。《孟子·滕文公下》载有一则寓言：有一个人每天都偷邻居家的鸡，有人劝告他说："这不是有道德者的行为。"那人回答说："那么，我打算减少一些，一个月只偷一只鸡，等到明年，然后停止偷鸡。"这则寓言说明，如果已经知道这样做是不道德的，就应立即改正，何必等到明年！所以，人对于过错应该"迁善如风之迅，改过如雷之烈"。一定要与过错一刀两断，彻底改正。

9.2 诚信文化的培育

诚信不仅是一种品行，更是一种责任；不仅是一种道义，更是一种准则；不仅是一种声誉，更是一种资源。就个人而言，诚信是高尚的人格力量；就企业而言，诚信是宝贵的无形资产；就社会而言，诚信是正常的生产生活秩序；就国家而言，诚信是良好的国际形象。诚信是道德范畴和制度范畴的统一，讲诚信有利于社会效益和经济效益的统一，加强诚信建设，充分体现了社会主义法制建设与道德建设的统一，体现了依法治企与以德治企的紧密结合。树立人人讲诚信的良好风尚，推动企业又好又快发展，这是时代赋予我们的重任。

9.2.1 诚信文化的培育内容

（1）加强荣辱观教育

进一步加强荣辱观教育，树立企业诚信标兵。在此基础上加强诚信教育，营造一种危机意识和机遇意识，使行为主体认识到诚信的重要性和重塑诚信文化的紧迫性，形成社会共识和社会内聚力，在全社会范围内共同建设诚信文化。

（2）忠诚企业，爱岗敬业

温州建设集团地处民营经济极为活跃的浙东南地区，特殊的地理位置决定了公司承担着特殊的政治和经济的重要使命。在诚信文化建设过程中，牢固树立诚信价值观，突出一个"诚"字，即强调忠诚报效国家、报效企业，真诚关爱员工，至诚对待客户；教育各级干部和全体员工要顾全大局，团结兴企，这是每一位员工的工作态度。

（3）严履使命，力担重责

在诚信文化建设过程中，努力营造诚信氛围，将诚信文化贯彻到公司的各个层面和员工的行为之中，突出一个"实"字，即倡导老老实实做人、扎扎实实工作，实事求是，按照客观规律办事，严履使命、力担重责，思想充实、作风朴实，言行一致、表里如一，有诺必践、恪尽职守，雷厉风行、执行到位。这是企业人提升执行力的具体内容。

（4）依法治企，遵章守纪

在诚信文化建设过程中，公司努力建立科学、完善的诚信体系，建设诚信文化运行的硬环境和基础管理平台，加大监察力度，依法经营，履行合约，认真贯彻落实党的各项方针政策，遵守国家的法律法规和公司的各项规章制度，令行禁止，纪律严明。努力创建诚

实守信的制度环境。

（5）信守公德，崇尚诚信

在诚信文化建设过程中，通过诚信文化引导，公司努力提升企业及全体员工的诚信文化素质，自觉约束企业及员工行为，杜绝失信行为的发生，同时建立鼓励诚信行为奖励制度，塑造人人讲诚信，信守公德、崇尚诚信的健康氛围，努力创建诚信文化的文化环境。

9.2.2 诚信文化的培育体系

诚信文化的根本价值在于凝聚各种利益相关者，能够按照一定的道德和规范开展合作。市场经济就是信用经济，企业文化建设、社会和谐文化建设都应该以诚信文化为根基。

诚信文化建设可以发挥七个基本作用：① 提高组织执行力，达成组织目标，降低管理、沟通成本；② 取得客户的信赖，提高客户满意度和忠诚度；③ 吸引和保留人才，使员工全力以赴地投入工作；④ 加强与合作伙伴的联盟，建立长期合作关系；⑤ 提高社会知名度和认可度，成为守法的企业公民；⑥ 提升企业的品牌美誉度，使企业成为金字招牌；⑦ 有助于员工的人格养成，培养积极心态与提高能力。

如果企业缺失诚信文化，则存在六大危害：① 对企业——合同故意违约，企业间合同纠纷普遍，劣币驱逐良币，守信者被市场淘汰，遭遇恶意侵权，使企业形象受到损害，内部形式主义，对组织肌体造成损害；② 对股东——制造虚假利润，通过上市骗取股东资金，发布虚假信息，使股东作出错误决策；③ 对客户——销售制造假货，侵害消费者个人利益，销售信息失衡，侵害消费者个人利益，销售承诺失约，造成消费者投诉；④ 对国家——恶意欠债逃债，国家背上不良资产包袱，加大监管力度，提高监督管理的成本核算，诚信氛围缺失，阻隔了与外部的贸易往来；⑤ 对员工——追求拜金主义，造成员工极端个人主义，损公肥私，使员工走上腐化堕落之路，更加关注关系网，导致腐败的产生；⑥ 合作伙伴——不信任度增加，合作的管理成本增加。

关于诚信文化体系建设可参见图9-1。

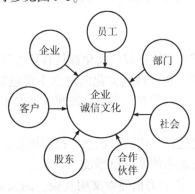

图9-1　诚信文化体系建设图

由图9-1可以看出，企业诚信文化建设涉及七个主体，即企业本身、员工、部门、社会、合作伙伴、股东和客户，并且由内部推动外部，外部影响内部，它们紧密结合，相互配合，相互促进，共同构成了企业诚信文化建设的动力链。

企业内部首先要营造诚信氛围，增强企业对员工、员工对企业、员工对员工、部门对部门的诚信意识，这是一种道德与行为的自律。外部诚信是企业内部诚信的延伸，只有企业内部相互讲诚信，才能形成真正的诚信文化，企业才能做到对客户诚信，对股东诚信，对合作伙伴诚信，对社会诚信。反过来，客户、合作伙伴、社会和股东又会对企业的诚信进行信任和监督，形成诚信与他律的环境。

对内的三个主体为企业、员工和部门。

一是企业与员工之间的诚信。首先企业要对员工讲信用，实现企业对员工作出的承诺。企业规定的各项规章制度，一定要做到有章必依，严格按章办事，令则行禁必止。制度执行上要一视同仁，不能搞多重标准。其次，员工要对企业忠诚守信，要有高度的敬业精神和事业心，遵守公司的各项规章制度，争做优秀员工，为公司多做贡献。

二是员工之间的诚信。是指要创造和谐宽松的人际关系，人与人之间相互信任，相互关爱，在工作中人人都感觉融洽和舒心，把公司建设成一个对人才有强烈吸引力的幸福大家庭。特别是上下级之间说到做到，建立相互信任的工作关系。

三是部门之间相互诚信。是指部门间的沟通协作要顺畅，要有一个科学、合理、畅通的工作流程，每个部门都把别的部门当做公司的客户来对待，尽职尽责做好自己的工作。

对外的四个主体为客户、股东、合作伙伴和社会。

一是诚信为股东。表现为经营诚信和沟通诚信。建立在诚信基础上的公司治理结构也是企业诚信最重要的制度保障，包括投资者保护、董事会的谨慎与忠诚、准确公开的信息披露制度等。珍惜并善用每一份资本，建立以价值最大化为导向的企业经营文化，使企业价值不断增长，使股东获得满意的回报。

二是诚信为社会。表现为责任诚信和品牌诚信。怀抱感恩之心反哺社会，为需要救助帮扶的对象提供力所能及的帮助，这是企业公民社会价值重要的外在体现。重视企业声誉和品牌形象，把它作为企业重要的无形资产来培育。

三是诚信为客户。表现为品质诚信和服务诚信。诚信待客，让客户满意，努力为客户提供全方位、个性化、专业化的产品及服务。对客户承诺的内容坚持完成。

四是诚信为合作伙伴。表现为合作诚信和信誉诚信。以双赢的心态和合作伙伴共同成长。

9.2.3 诚信文化建设的理念

企业诚信文化建设中，首先要明确诚信文化都具有哪些理念，这些理念是指导企业和员工具体经营行为的根本思想。企业诚信文化的理念主要包括诚信道德观、忠诚敬业观、恪守信用观、务求实效观、以义取利观、廉洁自律观、诚实正直观七大理念。

（1）诚信道德观

作为现代企业的诚信文化建设，应该以职业道德为核心，以个人品德为基础，以社会公德、家庭美德为保障，树立基本的诚信道德观。

诚信道德观有四种类别：① 大力倡导以文明礼貌、助人为乐、爱护公物、保护环境、遵纪守法为主要内容的社会公德；② 大力倡导以爱岗敬业、诚实守信、办事公道、服务群众、奉献社会为主要内容的职业道德；③ 大力倡导以尊老爱幼、男女平等、夫妻和睦、勤俭持家、邻里团结为主要内容的家庭美德；④ 在个人修养上，大力倡导以诚实、正直、守信、公正、坦荡、沟通、团结等观念为主要内容的个人良好品德修养。

（2）忠诚敬业观

主要表现为视职业为天职，视职业责任为义务的态度和精神。热爱自己的工作岗位，热爱自己的本职工作，拥有责任感和集体荣誉感，敬业的核心要求是严肃认真，一心一意，尽职尽责。树立大局意识，遵守公司的规章制度，带头履行岗位职责，在岗位上实现个人的最大价值。

（3）恪守信用观

在处理工作和人际关系的时候，说到做到，使自己的言行与自己所处的社会地位、所承担的社会职责和道德义务相符合。即做到言行一致、表里如一，使一言一行、一举一动遵守自己的诺言，从而获得别人和社会的认可，保持自己行为的稳定性、一贯性。

（4）务求实效观

求实观代表合作中的态度和行为，是否尽职尽责，为他人考虑，取得实际效果；是否正视并真实地反映自己的能力；是否从实际出发，按客观规律办事，讲规矩，求实效。

（5）以义取利观

义利观就是在认识到"利他"的同时实现"利己"，从而将道德的利他性与经济的利己性构成为一个和谐的统一体，把诚信理念从一种外在的要求变成人们的自觉行动。义利观还包括把权利与义务结合起来，树立把国家和人民利益放在首位而又充分尊重公民个人合法利益的社会主义义利观。

（6）廉洁自律观

廉洁观就是树立"以廉为荣、以贪为耻"的健康向上的社会廉洁观；树立遵纪守法、办事公道、克己奉公的公职廉洁观；树立责任意识，以清正廉洁进行自律。特别对于管理者和权力部门，应该正确运用权力，为企业尽到应有责任。

（7）诚实正直观

所谓"诚实"即说话办事实事求是，言行透明，做事透明，不说谎，不隐瞒，不弄虚作假，不回避错误，勇于认错，勇于改正。所谓"正直"即公正坦率，做人堂堂正正、光明磊落，能坚持真理，坚持客观公正，追求真理，主持正义，一身正气，讲求原则，不卑不亢，勇于批驳谬误，勇往直前，从而做一个正直而高尚的人，做一个有益于人民的人。

9.2.4 诚信文化建设的目标

企业诚信文化建设，需要树立明确的工作目标和结果，建立软性的诚信文化体系，需要做好六个必要的工作，包括建立企业的道德准则、职业操守、社会责任、信用评价、员工守则、业务准则，使企业的诚信文化形成自己的目标体系，按照这六个目标建设，实现全方位的诚信承诺。

（1）道德准则

思想道德准则，是企业的道德观，是企业内部各行为主体对其根本遵行的道德底线的承诺。《公民道德建设实施纲要》明确提出，作为一个社会公民的道德准则是"爱国守法、明礼诚信、团结友善、勤俭自强、敬业奉献"，作为一个负责任的企业公民，结合自己的发展阶段和具体业务，总结提炼自己的道德观，形成企业的道德根基。例如，联想提出"宁可丧失金钱，绝不丧失信誉""客户利益第一，企业利益第二"等道德观，为企业和员工在处理各种关系时提供了准绳和指导思想。

（2）职业操守

职业操守是企业员工在商业活动中对自身职业标准行为的承诺，涉及员工、消费者、商业伙伴、股东、行业、社会、政府等利益相关方，具体是强调利益冲突解决和道德问题处理机制。例如，GE、IBM等国际公司，都有明确的职业操守，并且对所有利益相关者进行公布、沟通，保持顺畅的沟通渠道，主动接受社会的监督。

（3）社会责任

社会责任是企业在经营活动之外对社会自觉承担义务的承诺。社会责任活动不仅包括慈善和捐助，而且涉及自然环境保护、相关利益方权益维护、促进社区发展和公益事业等。不能为了短期利益和眼前利益，违背社会公德和社会责任的基本承诺，损害企业和个人的根本利益。例如，壳牌石油、中国石油等企业连续几年发布企业社会责任报告，向社会宣布其利润贡献、绿色环保、员工成长、社会公益方面的承诺和结果，督促企业的良性发展。

（4）信用评价

信用评价是企业对自身信用风险管理能力进行的管理，是企业诚信在日常制度中的集中体现。针对企业信用管理体系的建立、评价、审核等相关内容，突出强化企业信用风险防范的能力建设与信用品质的提升，包括客户信用调查、客户信用评估、债权保障决策、应收账款监控等。例如，华为在物资采购中坚持对供应商进行信用评估，根据评价结果对供应商信用进行调整，从而避免风险，保证企业信用安全。

（5）员工守则

员工守则是企业员工在日常行为中对自身诚信行为的具体承诺。员工守则是职员精神、行为规范的具体行为准则，要将诚信理念落实到行为规范中去，明确员工行为要求。例如，联想在早期的时候，从"迟到罚站5分钟"开始，逐渐到"联想四天条"，再到建立系统的行为规范和职业操守，形成企业的行为规范体系，明确员工哪些行为是公司倡导的，哪些行为是公司禁止的，便于员工执行，便于公司监督和管理。

（6）业务准则

业务准则是企业在开展具体业务的时候，为了规范企业经营和管理，对员工作出的规范和要求。业务准则着重是从分析业务流程开始，对企业管理成功开展和实施中的关键点和关键行为进行界定，以行为准则的方式来明确告知和约束员工。对于不同部门，具体侧重点和要求有所差别。例如，对生产部门更多强调安全、健康、环保和质量的承诺；对采购和营销部门，则更多强调公平公正、廉洁自律、按时供货和客户满意等方面的行为承诺；人力资源和行政管理部门，更多要强调公正、效率、服务等方面的行为承诺。在公司内外部形成承诺的链条。

9.2.5 诚信文化建设的形态

诚信文化作为企业文化的一种内容，也具有物质文化、行为文化、制度文化和理念文化四种形态，建设企业诚信文化也应从这四个层面入手。

第一种形态：诚信理念。指诚信愿景、诚信目标、诚信价值观、诚信方针、诚信理念等，用来系统阐释公司的诚信哲学，指导诚信文化建设。

第二种形态：诚信规范。指公司日常诚信管理中共同的规范与细则，包括诚信组织、诚信制度与流程、诚信道德与操守、诚信流程规范、诚信行为准则等，从行为上来指导和规范员工的诚信行为。

第三种形态：诚信习俗。习俗文化是指企业员工在企业生产经营、教育宣传、人际关系活动、文娱体育活动中产生的文化现象，如诚信承诺、诚信检查、诚信交流、诚信激励、诚信公益、诚信庆典、诚信文艺等约定俗成的企业诚信活动。

第四种形态：诚信品牌。在视觉和听觉方面开发诚信文化载体，通过员工、产品、客户、环境、社区等方面，全方位展示企业的诚信形象，打造企业的诚信品牌，如诚信环境、社区责任、社会关怀、张贴有关诚信的名人名言、宣传诚信美德的故事等。

9.2.6 诚信文化建设的步骤

企业诚信文化建设主要分为以下六个步骤。

第一步骤：诚信现状的调研。对诚信文化现状进行评估，了解企业诚信文化的现状。如诚信文化 360 评测。

第二步骤：诚信理念的制定。制定企业自身特色的诚信文化理念。如道德理念、务实理念、信用理念、廉洁理念等。

第三步骤：诚信目标的树立。确立诚信文化建设的承诺目标，如业务准则承诺、员工守则的承诺等。

第四步骤：诚信制度的建立。建立企业诚信文化发展的制度规范和保障机制，除了评价员工在多大程度上达到的经济指标的要求外，还应评价其决策在多大程度上符合企业诚信标准。例如，确立公正合理的诚信奖惩机制；建立鲜明的诚信辨识机制（财务、资源管理等）；建立诚信行为的考评机制；建立健全任用干部的道德考评机制。

第五步骤：诚信环境的营造。建立企业诚信的文化氛围，宣传企业的诚信理念，进行情景模拟和考核，在企业显著位置进行平面宣传，使全员时刻牢记诚信要求。

第六步骤：诚信效果的审计。对诚信的阶段性成果进行审计和检查，发现问题及时整改，如诚信意识审计、诚信业务审计等。

9.3 温州建设集团的诚信文化诠释

温州建设集团的诚信文化：以诚破天下之伪，用实破天下之虚。

只有诚实才可破除天下之虚伪，只有实在才可破除天下之虚幻！诚实做人，信用做事，是我们坚定的诚信理念。诚信是金光大道，只要坚持走下去，就会越走越宽阔；诚信是财富的种子，只要诚心种下，就能收获一片希望。

9.3.1 "惟诚可以破天下之伪，惟实可以破天下之虚"之渊源

"惟诚可以破天下之伪，惟实可以破天下之虚"是蔡锷在《曾胡治兵语录》中讲的一句名言。

蔡锷，原名艮寅，字松坡。汉族，湖南邵阳人。1882 年 12 月 18 日（清光绪八年十一月初九）生。1911 年云南重九起义的主要领导者，总指挥。1915 年云南护国起义的主要组织者和领导者，中华民国开国元勋。我国近代著名的革命家、军事家、政治家、爱国将领。中华民国历史上第一位享受国葬殊荣的革命元勋。清宣统三年（1911），蔡锷就任云南新军协统之时，受镇统（相当于师长）钟麟同委托，编"精神讲话"，遂摘取曾国藩、胡林翼的论兵言论，分类编辑成《曾胡治兵语录》，每章后加评语，以阐发其军事思想。目的在于厉兵秣马，驱逐列强。1917 年此书由上海振武书局刊行。1924 年蒋介石将此书作为黄埔军校教材，并增辑《治心》一章以《增补曾胡治兵语录》出版。1943 年八路军《军政杂志》曾出版《增补曾胡治兵语录白话句解》，1945 年八路军山东军区重印出版。

"惟诚可以破天下之伪，惟实可以破天下之虚"这句名言虽然是治兵语录，同样也适

用于企业，对企业的诚信文化建设有重要的指导意义。

9.3.2　关于诚与实

《曾胡治兵语录》的第四章讲的是"诚实"，书中对诚实内容的论述相当精辟，对企业的诚信文化建设也有重要的借鉴意义，现将有关内容注释如下。

①天地之所以不息，国之所以立，圣贤之德业所以可大可久，皆诚为之也。故曰：诚者，物之终始，不诚无物。

②人必虚中不著一物，而后能真实无妄。盖实者不欺之谓也。人之所以欺人者，必心中别著一物。心中别有私心，不敢告人，而后造伪言以欺人。若心中了不着私物，又何必欺人哉！其所以欺人者，亦以心中别著私物也。所知在好德，而所私在好色。不能去好色之私，则不能欺其好德之知矣。是故诚者，不欺者也。不欺者，心无私著也；无私著者，至虚者也。是故天下之至诚，天下之至虚者也。

③知己之过失，即自为承认之地，改去毫无吝惜之心，此最难之事，豪杰之所以为豪杰，圣贤之所以为圣贤，便是此等处磊落过人。能透过此一关，寸心便异常安乐，省得多少纠葛，省得多少遮掩装饰丑态。

④盗虚名者，有不测之祸；负隐匿者，有不测之祸；怀忮心者，有不测之祸。

⑤天下惟忘机可以消众机，惟懵懂可以被不祥。

⑥用兵久则骄惰自生，骄惰则未有不败者。勤字所以医惰，慎字所以医骄。二字之先，须有一诚字以为之本。立意要将此事知得透，辨得穿。精诚所至，金石亦开，鬼神亦避，此在己之诚也。人之生也直，与武员之交接，尤贵乎直。文员之心，多曲多歪，多不坦白，往往与武员不相水乳。必尽去歪曲私衷，事事推心置腹，使武人粗人，坦然无疑，此接物之诚也。以诚为之本，以勤字、慎字为之用，庶几免于大戾，免于大败。

⑦楚军水、陆师之好处，全在无官气而有血性。若官气增一分，血性必减一分。

⑧军营宜多用朴实少心窍之人，则风气易于纯正。今大难之起，无一兵足供一割之用，实以官气太重，心窍太多，漓朴散醇，真意荡然。湘军之兴，凡官气重、心窍多者，在所必斥。历岁稍久，亦未免沾染习气，应切戒之。

⑨观人之道，以朴实廉介为质。有其质而傅以他长，斯为可贵。无其质而长处亦不足恃。甘受和，白受采，古人所谓无本不立，义或在此。

⑩将领之浮滑者，一遇危险之际，其神情之飞越，足以摇惑军心；其言语之圆滑，足以淆乱是非。故楚军历不喜用善说话之将。

⑪今日所说之话，明日勿因小利害而变。

⑫军事是极质之事，二十三史，除班马而外，皆文人以意为之。不知甲仗为何物、战阵为何事。浮词伪语，随意编造，断不可信。

⑬凡正话实话，多说几句，久之人自能共亮其心。即直话亦不妨多说，但不可以讦为直，尤不可背后攻人之短。驭将之道，最贵推诚，不贵权术。

⑭吾辈总以诚心求之，虚心处之。心诚则志专而气足，千磨百折，而不改其常度，终有顺理成章之一日。心虚则不客气，不挟私见，终可为人共谅。

⑮楚军之所以耐久者，亦由于办事结实，敦朴之气，未尽浇散。若奏报虚伪，不特畏谴迮之指摘，亦恐坏桑梓之风气。

⑯自古驭外国，或称恩信，或称威信，总不出一信字。非必显违条约，轻弃前诺，

而后为失信也。即纤悉之事，謦笑之间，亦须有真意载之以出。心中待他只有七分，外面不必假装十分。既已通和讲好，凡事公平照拂，不使远人吃亏，此恩信也。至于邻人敬畏，全在自立自强，不在装模作样。临难有不屈挠之节，临财有不沾染之廉，此威信也。周易立家之道，尚以有孚之威，归诸反身，况立威于外域，求孚于异族，而可不反求诸己哉！斯二者，似迂远而不切于事情，实则质直而消患于无形。（以上曾语）

⑰ 破天下之至巧者以拙，驭天下之至纷者以静。

⑱ 众无大小，推诚相与。咨之以谋，而观其识；告之以祸，而观其勇；临之以利，而观其廉；期之以事，而观其信；知人任人，不外是矣。近日人心，逆亿万端，亦难穷究其所往。惟诚之至，可救欺诈之穷。欺一事不能欺诸事，欺一时不能欺之后时。不可不防其欺，不可因欺而灰心所办之事，所谓贞固足以干事也。

⑲ 吾辈不必世故太深，天下惟世故深误国事耳。一部《水浒》，教坏天下强有力而思不逞之民；一部《红楼》，教坏天下堂官、掌印司官、督抚、司道、首府及一切红人。专意揣摩迎合，吃醋捣鬼，当痛除此习，独行其志。阴阳怕懵懂，不必计及一切。

⑳ 人贵专一，精诚所至，金石为开。

㉑ 军旅之事，胜败无常，总贵确实而戒虚捏。确实则准备周妥，虚饰则有误调度，此治兵之最要关键也。粤逆倡乱以来，其得以肆志猖獗者，实由广西文武欺饰捏报，冒功幸赏，以致蔓延数省。流毒至今，莫能收拾。

㉒ 事上以诚意感之，实心待之，乃真事上之道。若阿附随声，非敬也。

㉓ 挟智术以用世，殊不知世间并无愚人。

㉔ 以权术凌人，可驭不肖之将，而亦仅可取快于一时。本性忠良之人，则并不烦督责而自奋也。

《曾胡治兵语录》第四章"诚实"通篇讲的都是"诚"与"伪"，蔡锷在"按语"中讲到的"惟诚可以破天下之伪，惟实可以破天下之虚"可以说是对《曾胡治兵语录》第四章"诚实"的高度概括和总结。我们坚信，诚信是金光大道，只要坚持走下去，就会越走越宽阔。

★【实践描述】

以诚得人心，以质赢天下
——以诚破天下之伪，以实破天下之虚

张 钿

诚实做人，信用做事，是我们坚定的诚信理念。企业要做到最优秀、最具竞争力，必须在诚信上下工夫。诚信是立身之本、立企之根，在市场经济愈来愈发达、市场竞争愈来愈激烈的大环境中显得尤为重要。一个企业如果责任感丢失、道德意识泯灭，那剩下的只有贪婪、欺骗，一旦事件被曝光，企业的诚信荡然无存，最终将失去竞争力，并在企业界无立锥之地。温家宝总理说过，每个企业家、每个企业，在它们的身上都流着道德的血液。只有把看得见的企业技术、产品和管理，以及背后引导他们并受他们影响的理念、道

德和责任加在一起，才能构成经济和企业的 DNA。

温州建设集团近 60 年的经营，职工已形成了强烈的质量意识、品牌意识，以优质高效的精品工程取信于社会，绝不偷工减料，绝不制造"豆腐渣工程"，绝不侵害用户的生命安全。温州建设集团在经营施工建设中严格实践合同契约和承诺，重合同、守信用，不违约、不毁约。荣获 2006 年温州市建筑业信誉企业，从 2004 年起连续三次获得浙江省工商企业信用 AAA 级"守合同重信用"单位；在依法诚信纳税方面，温州建设集团争当信用标兵，多次被授予温州市纳税百强企业称号。在创建守法诚信的建筑业企业方面，温州建设集团积极采取多种措施，构筑农民工工资支付长效机制，按时、足额发放农民工工资，确保农民工的合法权益。

温州建设集团以诚信谋发展，用心做事，踏踏实实，一步一个脚印。保质、保量、按期交付每一项工程，坚持不渝地追求建筑精品，打造百年品牌，做用户永远信赖的企业。可以说，温州建设集团所取得的所有成就，都与讲诚信分不开。在整顿和规范建筑行业市场经济秩序、建设企业诚信文化过程中，我们问心无愧地承担了我们肩负的重任。作为温州市唯一一家国有建筑施工企业，应当把讲诚信作为一种义务，积极履行政治、经济、社会三大职责。只有履行了这种义务，才能不断提高用户忠诚度，才能不断实现跨越赶超发展。

违背诚信，甚至失信，最终企业将退出历史舞台，被消费者遗忘。因此，企业要增强法制观念，把依法治企、以德治企结合起来。在经营活动中严格要求、依法办事，不搞违法乱纪行为，不偷工减料，依法纳税。努力营造公开、公平、公正的市场环境，使守信者畅通天下，失信者寸步难行。

诚信是市场经济发展之本，欺诈是导致社会衰败的毒瘤。在激烈的市场竞争中，诚信是最好的竞争手段。只有通过自己的诚信经营争得诚信之"名"，才能获得更大的"利"，只有将利益建立在信用基础上，企业才能长盛不衰，永远立于企业之林。

第10章 修德、克己、正身，以德赢客

——道德文化建设

> 修德就是培养人的谦虚、柔和、忘我和坦荡胸怀，提升道德品质与思想境界，进而形成团结、互助、真诚、和睦的人际关系，实现企业的和谐与安定。克己就是克制自己的私心，对自己要求严格，做到克己奉公。正身亦即修身，就是强调自身修养，陶冶身心，涵养德性，修身才能齐家治国平天下。人诚品优，正己正人，才能赢得用户的信赖。

10.1 道德文化的理论描述

10.1.1 关于道德

（1）关于道德的定义

道德是社会意识形态长期进化而形成的一种制约，是在一定社会关系下，调整人与人之间以及人与社会之间关系的行为规范总和。

道德和文化有密切关系，人类的道德有共通性。不过，不同的时代，不同的社会，往往又有不同的道德观念；不同的文化中，所重视的道德元素及其优先性、所持的道德标准也常常有所差异。所谓"性相近，习相远"，同样一种道德，在不同文化社会背景中的外在表现形式、风俗习惯往往也相去甚远。

道德一词，在汉语中可追溯到先秦思想家老子所著的《道德经》一书。老子说："道生之，德畜之，物形之，势成之。是以万物莫不尊道而贵德。道之尊，德之贵，夫莫之命而常自然。"其中，"道"指自然运行与人世共通的真理，而"德"是指人世的德性、品行、王道。在当时，道与德是两个概念，并无道德一词。"道德"二字连用始于荀子《劝学》篇："故学至乎礼而止矣，夫是之谓道德之极。"在西方古代文化中，"道德"（morality）一词起源于拉丁语的"mores"，意为风俗和习惯。

（2）关于道德的功能

道德作用的发挥有待于道德功能的全面实施。归纳起来，道德具有五个方面的主要功能。

① 认识功能。道德是引导人们追求至善的良师。它教导人们认识自己，对家庭、对他人、对社会、对国家应负的责任和应尽的义务，教导人们正确地认识社会道德生活的规律和原则，从而正确地选择自己的行为和生活道路。

② 调节功能。道德是社会矛盾的调节器。人生活在社会中总要和自己的同类发生这

样或那样的关系。因此，不可避免地要发生各种矛盾，这就需要通过社会舆论、风俗习惯、内心信念等特有形式，以自己的善恶标准去调节社会上人们的行为，指导和纠正人们的行为，使人与人之间、个人与社会之间的关系臻于完善与和谐。

③ 教育功能。道德是催人奋进的引路人。它培养人们良好的道德意识、道德品质和道德行为，树立正确的义务、荣誉、正义和幸福等观念，使受教育者成为道德纯洁、理想高尚的人。

④ 评价功能。道德是公正的法官。道德评价是一种巨大的社会力量和人们内在的意志力量。道德是人们评价把握现实的一种方式，它通过把周围社会现象判断为"善"与"恶"而实现。

⑤ 平衡功能。道德不仅调节人与人之间的关系，而且平衡人与自然之间的关系。它要求人们端正对自然的态度，调节自身的行为。环境道德是当代社会的公德之一，它能教育人们应当以造福而不贻祸于子孙后代的高度责任感，从社会的全局利益和长远利益出发，开发自然资源，发展社会生产，维持生态平衡，积极治理和防止对自然环境的人为性破坏，平衡人与自然之间的正常关系。

（3）关于中国传统道德

中国道德从上古发展而来，传说中尧、舜、禹、周公等都是道德的楷模。孔子整理《六经》，到汉朝传为《五经》，其中便包含了大量的道德思想。孔子发展的学说被称为儒家学说，以后儒家又将《五经》发展为《十三经》，这些儒家经典学说成为中国道德的主要思想来源。尽管各个时代中国社会的道德观并不完全符合孔子的儒家思想，但儒家学说是历代中国社会道德观的主要依据。

道德是判断一个人行为正当与否的观念标准。道德是调节人们行为的一种社会规范。按照孔子的思想，治理国家，要"以德以法"，道德和法律互为补充。同时，法律反映立法者的意志，顺应民意的立法者制定的法律条文，反映了社会道德观念在法律上的诉求。

道德具有普适性，对整个社会的所有人，不论身份，全民适用，道德面前人人平等。《大学》载："自天子以至庶人，一是皆以修身为本。""人之有阶级、等差，各国均不能免。他族之言平等，多本于天赋人权之说。吾国之言平等，则基于人性皆善之说。以礼之阶级为表，而修身之平等为里，不论阶级、等差，人之平等，惟在道德。"

道德是评价一个人的尺度。一个人若违背社会道德，比如不仁不义、不忠不孝，那么人们就会给他负面的评价，造成他没有好的名声，从而对他形成一种来自周边人群的社会压力，约束他的行为。另一方面，对很多人来说，道德是个人良心的自觉遵守，无需周边人群的社会压力制约。

人们对一个人的道德评判，主要来自其所表现出来的言行。但是"有言者不必有德"，口头上标榜仁义道德的不一定真有仁义道德。因此人们往往"听其言而观其行"，然后作出评判。个人对道德的意见，对己对人，有宽容者，有苛求者。中国文化中多有提倡对自己严格、对他人宽恕的思想。孔子曰："厚以责己，薄以责人。"韩愈曰："古之君子，其责己也重以周，其待人也轻以约。"

（4）中国传统道德解析

中国传统道德主要表现为如下几个方面。

① 四维：礼、义、廉、耻。四维的说法，最早载于《管子》。《管子》牧民篇载："仓廪实，则知礼节。衣食足，则知荣辱。国有四维，一维绝则倾，二维绝则危，三维绝

则覆，四维绝则灭。倾可正也，危可安也，覆可起也，灭不可复错也，何谓四维？一曰礼，二曰义，三曰廉，四曰耻。礼不逾节，义不自进，廉不蔽恶，耻不从枉。故不逾节，则上位安。不自进，则民无巧诈。不蔽恶，则行自全。不从枉，则邪事不生。"

②五常：仁、义、礼、智、信。汉章帝建初四年以后，"仁义礼智信"被确定为整体德目"五常"。五常不仅是五种基础性的"母德""基德"，而且形成并高度概括了中华传统道德的核心价值理念和基本精神。仁和义是儒家文化中两大根本性的道德元素，可谓总体价值观中的核心价值观。离开了仁、义，忠、孝、礼、乐等都失去了意义。子曰："人而不仁，如礼何？人而不仁，如乐何？"荀子曰："从道不从君，从义不从父，人之大行也。"《周易》载："不事王侯，高尚其事。"与其他价值观要素相比，仁、义具有超然性。例如，孔子在《论语·子路》中说："言必信，行必果。"孟子则说："大人者，言不必信，行不必果，唯义所在。"

③四字：忠、孝、节、义。忠、孝兴于夏，"夏道尚忠，复尚孝"。忠、孝在中国社会是基础性的道德价值观。《孝经》中，孔子曰："夫孝者，天之经也，地之义也，人之本也。""夫孝，德之本也。""孝慈，则忠。"曾子曰："夫子之道，忠恕而已。"《说文解字》载："忠，敬也，尽心曰忠。"孙中山曾说："古时所讲的'忠'，是忠于皇帝……我们在民国之内，照道理上说，还是要尽忠，不忠于君，要忠于国，忠于民，要为四万万人去效忠。为四万万人效忠，比为一人效忠要高尚得多。"《说文解字》载："孝，善事父母者。"孝是人可以从身边之最近处做起的人间关系，被称为"百德之首，百善之先"。《孝经》中，孔子曰："教民亲爱，莫大于孝。""孝之为义，初不限于经营家族。"孙中山在《三民主义之民主主义》一文中指出："《孝经》所言的孝字，几乎无所不包，无所不至。"孝最基本的内涵是子女对父母的孝。《礼记》曰："孝有三：大尊尊亲，其次弗辱，其下能养。"孝最首要的含义是尊亲，孟子曰："孝子之至，莫大乎尊亲。"孔子曰："今之孝者，是谓能养。至于犬马，皆能有养。不敬，何以别乎？"

④三达德：智、仁、勇。三达德出自《中庸》。《中庸》载："智、仁、勇三者，天下之达德也，所以行之者一也。"

⑤八德：忠孝、仁爱、信义、和平。

到了现代，孙中山提出了中国固有的八种道德，他在《三民主义之民族主义》中说："讲到中国固有的道德，中国人至今不能忘记的，首是忠孝，次是仁爱，其次是信义，其次是和平。这些旧道德，中国人至今还是常讲的。但是，现在受外来民族的压迫，侵入了新文化，那些新文化的势力此刻横行中国。一般醉心新文化的人，便排斥旧道德，以为有了新文化，便可以不要旧道德。不知道我们固有的东西，如果是好的，当然是要保存，不好的才可以放弃。"

八德和四维，合称"四维八德"。

（5）国外道德点滴

①美国人的道德准则。

第一，个人的行为主张正确与否往往只根据两个条件来衡量：一是直接参与某一行为的各方都无异议；二是该行为不伤害其他的人。如果这两个条件得到满足，接下来美国人便按照自己的标准进行。个人和衡量标准使美国人拥有行动选择的广阔领域。

第二，对于大多数美国人来说，生命的意义就是要成为一个完全属于自己的人，恨不能生出一个自己来。这一过程的大部分都具有否定的性质。个体需要摆脱家庭、社群以及传统思想的联系。

第三，美国人对群体或事业不抱认同的态度，同时他们也不喜欢自己被他人的动机所左右，他们尤其反感和抗拒权力者以命令、强制或恐吓来驱动他们。也许正是出于这个缘故，美国人对军方缺乏信任，他们对军队的认可也非常勉强。虽然大多数美国人似乎并非不能忍受战斗与暴力，但他们深恶痛绝军队中那种露骨的权力体现。

第四，在美国文化中，一个人的出生地、家庭，或其他可对自我进行标记的因素并不具备什么特别的含义，这与其他社会的情况很不相同。在美国人看来，个体的存在不过是个偶然的事件，自我的意义主要体现在个体的成就。个体应该树立自己的目标，并由自己来决定如何使它们得以实现。无论是追求长远的目标，还是完成当前某一具体的任务，行为的动力来源于个体自己。

第五，他们不要求全方位地接受某个人才能与其共事，他们可能对某人的政治观点、个人爱好或个人生活的圈子很不以为然，但却仍然能和他们进行卓有成效的工作。美国人将人的个性视为一个由不可割裂的部分组成的整体，正是这个观点及追求成功的愿望，使美国人产生了合作的动力。与此相反，倾向于隶属性行为动力的人往往采用整体的观念对待他人，他们经常由于宗教信仰或道德准则的不同而对一个人完全地排斥，并因此不能与其共同工作。

② 日本人的道德标准。

第一，情义与人情。日本人待人处世之中首先考虑的是不能缺少情义。一些初到日本的外国人很难理解日本人所谓的情义。这是因为情义这种生活规范并不是人类共有的普遍准则。在日本人经常提到的话题中，没有比情分更使人吃不消了，如同人必须尽义务一样，人情必须偿还。

第二，感恩与报恩。同情义一样，日本人日常谈话中时常提到"受恩""不忘恩""报恩"等。职员根据年限领取"恩给"（养老金）。尽管平日没有感受到老师多少好处，但在毕业仪式举行之前，一定要举行谢恩会，招待自己的老师，并称老师为恩师。百货公司和商店平日对顾客并不那么在意，但年终和结算的时候一定要利用库存举行"谢恩大贱卖"。这是"知恩必报"的日本人道德心性在起作用，这种思维方式很早以前就存在于日本社会中，直到今天仍在起作用。

第三，名利与耻辱。由日本封建社会培养出的特殊的社会意识中，有一种"惜名知耻"的道德规范。明确提出这种思想的是封建社会初期的镰仓幕府。然而早在平安时期，社会上就有"将门欲扬兵名于天下""可怜先灭己身，后扬他名"的说法。就在武士刚刚出现在历史舞台上的时候，就十分强调名的思想，这种名与耻的思想经过室町时代，在近代封建社会得到继承和发展。山鹿素行、大道寺友山曾大肆鼓吹这种名与耻的思想，当然它是以武士特权阶级的社会意识为基础的。名与耻是维持主从关系所不可缺少的。强调"重名""知耻"的思想，使武士们产生了比普通人、农民优越的感觉。

第四，礼貌与礼仪。人们称赞日本人懂礼貌。在外国人看来，日本人讲礼貌已经到了让人惊奇的地步。天文十八年（1549）曾去过日本的西班牙人扎比埃罗曾在他的书中写道："在文化、礼仪、风俗、习惯方面（日本人）懂礼貌的程度远远超过西班牙人。"日本文政八年（1811）曾在松前蹲过两年监狱的葛罗宁在他的《日本幽囚记》中写道："日本人彼此很讲礼貌，不仅下级对上级，就是同级的人彼此之间也很讲礼貌。把腰弯下去，恭恭敬敬地鞠躬。特别是向对方表示敬意的时候，双膝紧闭，跪在地面。日本人外出遇到熟人竟能说上几分钟的寒暄语。不说完这些话，他们决不会干其他要紧的事情。在这里，他们总要互相说上三分钟的话，才肯交班。"直至今日，讲情理的老婆婆相遇后，仍习惯说很长的寒暄语并相互施礼。礼仪作为封建社会的产物，代表了主从、上下的身份关系，其实际内容本应随着封建社会的消亡而消亡，变得毫无意义。但是，在今天的日本，这种形式上的拘束仍然束缚着人们的手脚，老人们经常为年轻人不懂礼节而大动肝火，这就是最好的说明。

第五，孝道与孝敬。孝的观念是日本特有的观念，也是日本人独特的思想方式之一。在日本人看来，孝道是日常生活中必不可少的行为。甲骨文、金文当中的"孝"是在老人面前摆放食物即用物质供养父母的思想。日本的孝道并不仅仅表现为孩子对父母的敬慕之情，也不仅仅表现为晚辈对前辈的尊敬之情，日本的孝道还表现为后代单方面承担的一种义务。也就是说，尽管父母没有给孩子多少好处，仅凭生育之恩，孩子就得全心全意为父母服务。这同相互间的感情没有多大关系，只是单方面地强调儿女的自我牺牲。为了表示孝顺，在去当新郎或者新娘的路上自杀或者出卖自身当妓女养活父母等都属于这一类。对于为父母作出的这种牺牲，父母没有报答的必要，只需享受就可以了。今天日本成为世界上屈指可数的福利国家，从物质上供养老人的义务已由国家承担起来，但是从感情上尊敬老人仍是日本社会极为关心的大问题。

③ 欧洲人的道德标准。

第一，在荷兰，人与人之间是有相当大距离的。荷兰人只有在别无选择的情况下才会坐在别人旁边，连在汽车和火车上都如此。如果是高峰时间车上很挤，他们会收腹，像是在说："我尽量让自己少占地方，别怨我。我真的尽了最大的努力。"荷兰人具有执拗和不易接近的名声，他们与素不相识者全然不交谈。他们交流的方式使他们与生人之间竖起了一道障碍。在公共场合，除非有事，人们不轻易与周围的人搭腔。如果你问路或问其他非私人性的问题，人们解答得会很详细。在火车上，乘客都保持冷漠的寂静，要么是读报纸，要么是听随身听，将自己与周围的人隔开。某处可能时时会传来谈话声，但那一般是来自朋友或一起工作的同事。

第二，法国人说话的时候喜欢动用他的手和身体一起来表达。法国有 360 万个话题，还不包括那些悲伤的话题。法国人对一件事先感兴趣、喜欢，然后开始评论、批斗，最后就没啥想法，也懒地关注了。

第三，英国人可以用保守、含蓄、幽默、好赌这几个词来形容。比如，在英国，汽车的方向盘在左边，行车时也靠左，这种与其他国家大相径庭的做法一直保留至今也没有改掉，英国人的保守可见一斑。英国人同其他欧美国家的人相比，显得格外沉默寡言，他们只有在熟人面前才会表现得无拘无束。但英国人的语言却含蓄中不乏幽默。比如，一位英国朋友向你推荐一部极好的电影，他会说"It is not a bad film, you know"。其实，句中的 not a bad film 代表的意思是"极好的、第一流的电影"。英国人特别好赌，在英国各地，人们每年赌马、赌狗、赌足球投下的赌注往往有几十亿英镑之多。英国有 60 个赌马场，每年有 8000 多个赛马日，赛狗场有 100 多个，聚赌俱乐部有 18000 多个。

10.1.2 关于道德文化

(1) 关于道德文化的定义

企业道德文化是指企业在生产经营活动中自觉履行的伦理准则和道德规范。企业道德文化是较高层次的社会责任，分为内、外两个方面：就企业内部而言，主要包括善待员工、关注职工生命安全和身体健康、改善工作环境、保障职工合法权益、注重职工事业成长、让职工分享企业发展的成果；就企业外部而言，包括遵守商业道德、平等交易、诚实守信，以及尊重自然、保护环境、珍惜节约资源能源等。

企业道德文化可以从广义和狭义两个方面进行分析。从较为广泛和普遍的意义上分析，企业的道德文化体现在企业的经济责任、法律责任和精神文化责任之中，同时又是同企业伦理建设密切相关的诸种责任的有机统一。而从狭义的视角来看，企业的道德文化是企业所肩负的对自己、对企业和对社会的道德义务的自觉承担和精神承担，其精神实质可以用"敬业求精、贵和乐群"来概括。企业道德文化的内化即为企业良心。企业良心就是企业道德文化的自我意识和自我评价。它由企业爱心、企业诚心和企业义心或公正之心构成。

（2）企业道德文化的责任

企业构建道德文化须承担三种责任：① 对消费者的关心，比如能否满足使用方便、产品安全等要求；② 对环境的关心；③ 对最低工作条件的关心。

企业承担的三种责任是企业活动最低限度的核心道德文化。首先，企业有义务承担最基本的道德文化，即为消费者提供安全、良好的商品和服务。其次，企业应当关心环境和减少资源消耗。最后一个层次的道德文化指的是企业作为共同体的责任。这意味着企业起码不能滥用道德文化。企业的这三种核心的道德文化，目的是为了保证最低水平的道德状况。三项企业道德要求可以为企业提供可行性、建设性的参考。赚钱与接受一定限度的道德要求是可以结合起来的。最低的道德要求意味着企业应为公众提供高质量的产品和服务，而不危及基本的公共福利和共同的未来。

10.1.3 道德文化的特征

企业道德文化是在企业员工中提倡实行的特殊的职业道德文化。企业道德文化通过善良与邪恶、正义与非正义、公正与偏私、诚实与虚伪等相互对立的范畴来评价企业及员工的各种行为，以对企业员工之间、一般员工与管理者之间、员工与企业之间以及企业与社会之间的相互关系进行指导和调节，因而它是调整企业员工行为的特殊的职业道德文化。企业道德文化作为企业层次和范围内的员工道德生活的一个特殊领域，有自己鲜明的特点。

第一，企业道德与社会道德具有一致性。

这种一致性主要是指企业道德的规范体系与道德原则相一致。

从企业道德原则、规范和要求看，它们表述的公正原则、集体主义原则、诚实与守信原则、人道主义原则，都从不同方面反映了社会道德的核心——为人民服务。这是由于在现有制度下，员工是企业和社会的主人，他们的个人利益、企业利益和社会利益从本质上来说是一致的，这种一致性必然导致企业道德和社会道德的一致性。

在现实社会，企业员工的职业活动不是单纯地为了个人利益和企业利益，而是为了生产对路的商品，更好地满足人们日益增长的物质文化生活需要，个人利益和企业利益在满足社会和人民的需要中得到相应的实现，这也决定了员工的职业目标和企业道德规范对他们行为规范的要求是一致的。

第二，企业道德与有关法规紧密相连。

企业道德与法律虽然存在职能上的区别，但两者又紧密联系、互相影响、互相制约。

从企业道德与法律的区别来看，前者要求企业员工"应该怎样做"，因而它不是靠强制来实现的，而是靠社会舆论、内心信念起作用的；后者的要求是"必须这样做"，因而它是一种对禁止性后果的确认，是靠强制力量实现的。

从企业道德与法律的联系来看，企业道德与有关法规紧密相关。大多数的企业道德是通过有关的"守则""准则""条例""制度"以及其他各项规章固定下来的。这些规章已经超越了"应该怎样做"而含有"必须这样做"的规定性，从而使企业道德具有更大的约束力。

第三，企业道德具有稳定性和连续性。

企业道德总是同企业员工的职业生活以及职业要求相结合。由于企业员工通过劳动分工被固定在一定的岗位上，保持相对的稳定性，因而在企业实践中会形成比较稳定的职业心理、职业习惯和职业道德评价。这种心理、习惯和评价，就会铸成企业员工稳定的品质，进而决定了企业道德的连续性，具体表现为在企业生产经营活动中较多地包含着世代相传的企业传统，如讲究质量和效益，注重信誉和人才等，都有一定的稳定性和连续性，形成一种传统性的要求。

企业道德总是与企业对社会所负的特殊的经济责任、政治责任、社会责任联系在一起的，因而它主要存在于"走上社会"的成年人的意识和行为中，是员工过去所受的家庭和社会教育所初步形成的道德面貌的发展，是企业员工个人的道德意识和道德行为的成熟阶段，这也决定了企业道德文化具有稳定性和连续性。

10.1.4 道德文化的作用

企业道德文化属于社会意识，它直接体现了企业文化的特色，并用具体形式表现企业文化的约束功能和塑造功能；企业道德文化又是一种管理观点，即主张用道德观念和道德规范来调节企业及员工的行为。任何一个企业的文化，如果离开了风尚、习惯、道德规范，就是不成熟、不系统的。

企业道德文化的主要作用表现在如下三个方面。

（1）道德文化的内聚自律作用

企业道德文化作为一种群体意识，通过确立共同的价值目标和行为导向，以舆论评价和监督的形式促使人们形成积极的信念和追求正确的行为取向，从而使道德文化成为一种强大的群体凝聚力量和自觉的内在约束机制。

一方面，企业道德文化像一种黏合剂，在共同的价值指向、理想目标和善恶认知的基础上，使企业与职工成为一种利益共同体和意识共同体。

另一方面，企业道德文化又像一个控制系统，通过舆论和信念的作用，实现企业行为的自我监督、自我约束、自我控制，以确保企业行为的公正性和合理性，防止企业行为的越轨和失范。

（2）道德文化的均衡调节作用

道德文化作为一种行为规范，均衡和调节利益关系与矛盾，以保证社会秩序的稳定、和谐，是其最基本的作用。

企业道德文化的均衡调节作用主要体现在两个方面：一是确定利益统一的价值标准，即要求国家、企业、客户、职工利益的相互统一，企业经济效益与社会效益的相互统一，实现企业物质文明和精神文明的同步发展；二是建构企业行为的规范体系，指导企业正确处理内外各种道德文化关系，明确是非善恶的界限，以正当的行为手段谋取正当的利益。

（3）道德文化的教育激励作用

教育和激励是道德文化调节作用得以发挥的思想基础，它通过造成社会舆论、形成企业风气、树立道德文化榜样等方式，深刻影响企业群体的道德文化观念和道德文化行为，从而形成扬善抑恶的企业道德文化环境。在市场经济条件下，教育激励作用的发挥，一方面，在舆论导向上引导企业坚持社会主义经营方向，克服与社会主义精神文明相背离的经营思想和经营作风，通过宣传先进企业的经验，树立良好的企业形象，促进企业在激烈竞争中朝着健康的方向发展；另一方面，激发企业职工的积极进取精神，特别是在企业面临困难的情况下，向社会展现一个现代化企业的整体精神风貌。

10.2 道德文化的培育

10.2.1 企业道德文化的内容

归结起来，企业道德文化主要包括四方面内容，即企业与员工之间的道德规范、管理者与员工之间的道德规范、员工与员工之间的道德规范、企业与社会之间的道德规范。制定企业的道德规范，就是要从它的内容和要求出发，根据企业的实际，用一定的形式固定下来。

（1）企业与员工之间的道德规范

企业与员工之间的关系，其实就是集体与个人之间的关系。调整集体与个人关系的根本道德原则是集体主义。按照集体主义原则来协调个人利益和集体利益之间的关系，解决两者之间的矛盾，是精神文明在企业道德文化建设中的根本体现。因为企业是拥有集体与个人共同利益的整体，也是实现个人与集体两者利益的有机体。

一方面，集体离不开个体。集体要承认员工个体的存在，为个体的存在和全面发展服务，在保障集体利益大于个体利益的前提下考虑、尊重和发展个人利益。这样的集体，就会成为员工的大家庭。员工作为家庭的一员，处于主人翁地位，平等相处，友好交往，个性和专长得到应有的尊重和发挥。如果家庭成员感觉不到家庭的温暖，那么就会产生离心力，这个家庭势必会发生"裂变"。从伦理学的观点看，这样的集体是不合格、不道德的。一个合格的企业集体应该有如下的道德观念和道德规范：第一，尊重作为个体员工的价值、个性与尊严，尽力满足员工合理的且有实现可能的需求；第二，承认员工之间在能力、收入等方面的合理差别，不搞平均主义，同时又要考虑扶贫济困，不搞分配差别上的过分悬殊；第三，集体对个人的满足是有限度的，必须在保证企业集体整体运行和整体利益的前提下，为员工的全面发展和聪明才智的充分发挥创造良好的环境条件。

另一方面，员工个体也不能离开集体。员工要加强自我修养，提高自身素质，自觉遵守符合集体主义要求的个人行为规范。这些行为规范包括爱集体、爱公物、爱劳动、爱科技、爱岗位、爱产品和讲责任、讲纪律、讲质量、讲时效、讲信誉、讲协调，充分体现员工的主人翁精神，竭力为企业集体的兴旺发达作出贡献。这样，员工就能成为集体利益共同体、命运共同体、理想共同体和情感共同体中的合格一员，在发展企业的过程中完善和发展自己。

（2）管理者与员工之间的道德规范

管理者和员工都是构成企业的重要要素。管理者与员工的关系是否协调，直接影响到企业聚合力的强弱。管理者与员工在整体利益上是一致的，但由于他们在企业生产经营中扮演着不同的角色，有着不同的职责范围，因而也会产生种种分歧和矛盾。通过一定的道德规范调整彼此行为、协调相互关系是十分必要的。为此，必须做好如下工作。

第一，要求管理者树立为人民管理企业的思想，遵循廉洁奉公的宗旨，守职尽责，勤奋工作；遵纪守法，敢于同不良行为作斗争；团结员工，乐于协作，真正成为员工的公仆，以自己良好的品德、渊博的知识、超群的能力把员工聚合在自己的周围。

第二，要求员工对管理者的工作给予尊重、理解和支持，包括主动参与管理，贯彻执行管理者作出的各种管理决策，全面完成下达的计划任务，用实际行动关心和维护企业的整体利益。这样，就使管理者和一般员工在实现企业目标的轨道上保持一致。

（3）员工与员工之间的道德规范

在企业这个群体网络中，可以按照不同标志对员工总体划群分类，进而发挥各个组群的作用，最终实现企业整体效果最佳。

要使企业群体发挥整体效果最佳，就必须正确认识和处理企业内部普遍存在的错综复杂的人际关系。那么，用什么样的道德规范来处理这些人际关系呢？那就是建立"平等、团结、友爱、互助"的新型和谐关系，这是处理企业员工之间关系的道德准则。虽然员工之间存在自身的物质利益，但彼此之间没有根本的利害冲突。虽然员工之间存在着个性、能力、性格、气质等诸多差异，有劳动分工上的不同，但在人格上一律平等，可以在集体主义原则指导下平等相处、团结协作、互相帮助、共同进步。当然，这并不是说在我们的社会和企业里，所有的人在处理与他人的关系时都已经做到了这一点，要实现建立"平等、团结、友爱、互助"的新型和谐关系，还需要长期不懈的努力，特别要注意确立一套符合本企业员工实际的人际关系准则。例如，长城特殊钢公司，首先对全体员工和家属提出了"为人民服务，尽社会责任，做'四有'员工，当'五爱'公民"的道德规范总要求；其次，对各级管理者提出了"公正廉洁，忠诚积极，光明正大，精勤效率，全心全意为人民服务"的总要求；再次，对全体工人提出了"热爱本职，认真负责，团结互助，优质高效"的共同要求。公司处理人际关系的准则是：长幼关系——尊老敬贤，扶持后俊；上下级关系——尊重领导，爱护下级；同志关系——互尊、互爱、互信、互谅、互助；同级关系——同心协力，协调支持。这种员工与员工之间的道德规范表现得非常到位。

（4）企业与社会之间的道德规范

企业内部存在道德文化问题，企业与外部同样存在道德文化问题。例如，企业在处理与客户、供应商、其他企业、财税与金融部门、新闻媒介等关系问题上，必须受到企业道德文化的约束和调节。企业与外部的关系是否协调、和谐，关系到企业能否生存和发展。正确处理企业与外部各单位的关系，必须坚持"平等、友好、互利、互助"的道德文化规范。例如，在处理与客户的关系时，要做到诚信、互利、互助和联合；既讲平等竞争，又讲互助、互利与协作。要讲质量，讲信誉，始终以消费者为中心，把"客户放在第一位"。在处理与国家的关系时，坚持把国家利益与企业利益统一起来，把国家利益放在第一位，维护企业的正当利益要以服从和服务于国家利益为前提。企业应在国家调控下，提高产品质量，增加产品品种，提高经济效益，以对国家建设和人民利益多做贡献为荣。企业必须自觉遵守党和国家的方针、政策、法规、条令等，以国家整体的、长远的利益为重，在经营上克服短期化倾向，克服企业本位主义和小团体主义。那种只顾本企业员工利益和情绪，不顾国家利益和社会影响的行为，是不符合社会主义道德原则的。

10.2.2 培育企业道德文化的主要途径

（1）中西结合，发挥优势

要吸取中西道德文化的优秀成果，与现代道德文明进步的潮流相一致。企业道德文化培育既要立足于中国特色这一根基，弘扬民族传统文化的精华，又要借鉴和吸取西方企业管理和企业文化建设中反映一般规律的科学理论和方法，把企业道德文化建设纳入企业文化建设，把道德文化看做充分发挥企业主体活力和自主能力的积极推动力量，以反映现代企业管理的客观要求。

（2）规范标准，建构体系

制定和实施企业道德文化规范，是最基础的企业道德文化培育活动。规范即标准、准则，其主要作用：一是行为约束，告诫人们不应该做什么；二是行为导向，告诉人们该做什么。所以，道德规范的制定，就是要确立一个企业行为的标准和正确选择的准则以及善恶评判的尺度。

首先，我国企业道德的基本原则是集体主义，核心是全心全意为人民服务，这是整个企业道德中居于主导地位的根本道德准则。

其次，企业处在多方面的道德关系之中，诸如企业与国家的关系、企业与企业的关系、企业与社会和客户的关系以及企业与职工的关系，处理和协调这些利益关系和矛盾，也就相应地需要一系列具体的道德规范，由此形成了一个完整的企业道德规范的体系。这些具体规范是围绕着企业道德基本原则展开的，是企业在各个重大社会关系领域中的普遍道德要求。制定和实施这些规范，是整个企业道德建设的中心环节和基础工作。

（3）提高素质，提升企业

企业道德文化是由企业主体以一定的观念、心理和相应的行为表现出来的。因此，企业员工的整体素质是企业道德文化培育的关键因素，企业道德文化培育要有利于培养具有现代科学文化和道德素质的行为主体。

从道德角度看，提高企业员工的素质主要是塑造符合现代建设要求的人格及与之相应的观念。目前的现实状况与此尚有差距，一些传统的或西方的腐朽的人格趋向仍较普遍地存在，比如以自身利益为价值标准的实用性人格、把交换原则扩展到一切社会关系的商品化人格、以贪欲性和掠夺性为基本特征的攫取性人格等，对社会风尚的消极影响和破坏性已充分表现出来。企业道德文化培育所面临的任务，就是培养现代人格特征，包括具有强烈自主意识、平等观念的独立性人格，言行一致、胸怀宽广、具有良好人际关系和高度社会责任感的开放性人格，开拓创新、积极进取的创造性人格等。

（4）创造环境，营造氛围

企业道德文化环境不仅仅是企业道德文化秩序的确立，而且是包括文明的生产经营管理、健全的规章制度、良好的文化氛围、健康的生活方式、融洽的人际关系等多方面的综合的道德文化生活空间。只有形成这样一个道德文化环境，才能培养每一个企业成员的道德文化素养，激发整个企业的道德文化活力。

创造良好的企业道德文化环境要重点做好三个方面的工作。

首先，要坚持"两个文明"一起抓的战略方针，把道德文化培育与创建文明企业、培养文明职工的活动结合起来，形成企业行为的道德文化调节机制。

其次，要建立合理的利益分配关系，最大限度地实现社会公平，给企业道德文化环境以必要的利益基础，尽可能满足企业职工的物质、文化生活需求，并形成文明、健康、科学的生产和生活方式。

再次，要同整个企业文化建设结合起来，创造道德建设的氛围，如加强思想政治工作、培育企业精神、开展各种企业科技文化活动等，造就一个良好的企业人文环境和精神风貌，为企业道德文化建设创造全方位的有利条件。

（5）完善机制，有效监控

企业道德文化培育除了宣传、教育和引导之外，还需要有一套扬善抑恶、奖善罚恶的道德文化调控机制，以确立道德文化规范的权威。

完善机制、有效监控包括两个方面的重要工作：一是监督机制，即注视人们的行为选择取向，监督企业行为或职工个人的行为方式，及时发现和纠正各种越轨行为；二是保障机制，即保证各种道德规范的实施，仲裁和评判行为的善恶是非，主持道德文化公正，对越轨行为及时有效地作出相应的处罚。这是企业道德文化的制度保证。

10.3　温州建设集团的道德文化诠释

温州建设集团的道德文化：修德、克己、正身、以德赢客。

修德就是培养人的谦虚、柔和、忘我和坦荡胸怀，提升道德品质与思想境界，进而形成团结、互助、真诚、和睦的人际关系，实现企业的和谐与安定。克己就是克制自己的私心，对自己要求严格，做到克己奉公。正身亦即修身，就是强调自身修养，陶冶身心，涵养德性，修身才能齐家治国平天下。人诚品优，正己正人，才能赢得用户的信赖。

10.3.1　修　德

修德就是培养人谦虚、柔和、忘我和坦荡胸怀，提升道德品质与思想境界，进而形成团结、互助、真诚、和睦的人际关系，实现企业的和谐与安定。

传统道家学说认为，人的先天真性，本与太虚同体，清静洁白，空洞虚无。下生之后，产生种种后天妄心，如云遮月，蒙蔽真性，造成修道障碍，念想难除，妨害道修。修德的目的，从静修的角度来讲，是要培养个人谦虚、柔和、忘我、不争的坦荡胸怀，净化心灵，去妄归真，再去下功，则入静易而进功深，所谓："德正则心安，心安则炁顺。"相反，若无修德之熔炼，则心神不清，心地不纯，如此心态，去做修炼功夫，无异沙地造厦。所以修炼强调修德，乃与个人的修功息息相关，有德就有道，无德即失道，道以德为基，德高道更高。

从社会和企业意义上来说，提倡修德，使人与人之间形成团结、互助、真诚、和睦的关系，有益于社会和企业风气的好转和生活环境的安定。道家修德，还进一步要求推诚万物，"昆虫草木犹不可伤"，提倡以好生之德，保护自然环境。因此道家修炼所提倡的修德，并不局限于狭隘的个人修炼，这种广义的道德观，体现了真实的道德价值，既有社会价值，又有个人价值，个人修德有益于社会，利济他人就是升华自己。《老子》云："圣人不积，既以为人己愈有，既以与人己愈多。"出世的修真之学，与入世的为人之道，"独善其身"与"兼善天下"，两者并不抵触，而是互补协调的统一。

明白了修德，大道就在眼前，人人可为，所谓"百姓日用而不知"。

明朝名臣于谦身居高位，清廉正直，在几十年的官场生涯中没有贪过污、受过贿，在贫寒中坚持着操守。他长期在河南、山西为地方官，平冤狱、济灾民、设药局，深受百姓的爱戴。有一次他要进京，朋友劝他带些当地的绢帕、蘑菇、线香等土特产分送朝贵，他没有接受，还写了一首《入京》诗表明心迹："绢帕蘑菇与线香，本资民用反为殃。清风两袖朝天去，免得闾阎话短长。"不但道出了他正直爱民的品行，更表明了他自律、廉洁、修身、重德的品质。

古人云，"先莫先于修德"。德不仅是一个人的立身之本，更是立国之基。作为企业管理人员、企业员工，都应修德、守德、从德。

10.3.2 克 己

克己就是克制自己的私心，对自己要求严格，做到克己奉公。

"克己"是孔子倡导的一种道德修养方法。他认为"克己"是实行"忠恕之道"的先决条件，也是爱人的先决条件。要克制凡事从自己利益出发的行为，而应该考虑别人的利益。只要严格遵循"礼"所规定的标准，约束自己的言行，使之一一合乎"礼"的规范，就可以达到最高的伦理道德境界——"仁"。同时，孔子还把"克己"作为"复礼"的条件，提出了"克己复礼"的观点。《左传·昭公十三年》载："仲尼曰：古也有志，克己复礼，仁也。信善哉，楚灵王若能如是，岂其辱于乾溪。"

"克己"一般包括克己奉公、克己复礼、克己慎行等。

克己奉公：克己，约束自己；奉公，以公事为重。克制自己的私心，一心为公。出自《后汉书·祭遵传》："遵为人廉约小心，克己奉公。"

克己复礼：克，克制。儒家指约束自己，使每件事都归于"礼"。出自《论语·颜渊》："颜渊问仁。子曰：'克己复礼为仁。一日克己复礼，天下归仁焉！为仁由己，而由人乎哉?'"

克己慎行：克己，克制自己；慎，谨慎。约束自己，小心做事。出自唐代韩愈的《送齐暤下第序》载："故上之人行志择谊，坦乎其无忧于下也；下之人克己慎行，确乎其无惑于上也。"

10.3.3 正 身

正身亦即修身，就是强调自身修养，陶冶身心，涵养德性，修身才能齐家治国平天下。正身，就是努力提高自身的思想道德修养水平。道家、儒家、墨家都讲修身，但内容不尽相同。儒家自孔子开始，就十分重视修身，并把它作为教育"八目"之一。儒家的"修身"标准，主要是忠恕之道和三纲五常，实质上是脱离社会实践的唯心主义修身方法。他们认为修身的过程是：格物、致知、诚意、正心。修身是本，齐家、治国、平天下是末。由此通过"反省内求"的方法，使个人的行为同封建道德相吻合，为其封建统治和政权的巩固培养人才。道家的修身要求做到顺应自然；墨子则要求做到"志功合"，兴利除害、平天下。

"修德、修智、德才兼备"是修身的理想结果。而修德又是修身的首要任务。孔子曰："弟子，入则孝，出则悌，谨而信，泛爱众，而亲仁。行有余力，则以学文。"说的是，弟子们在父母跟前，就孝顺父母；出门在外，要顺从师长，言行要谨慎，要诚实可信，寡言少语，要广泛地去爱众人，亲近那些有仁德的人。这样躬行实践之后，还有余力的话，就再去学习文献知识。这就明白地告诉我们，应以修德为先。"仁、义、礼、智、信"被称做中华伦理的"五常"，儒家倡导"仁、义、礼、信"旨在修德。走进《论语》，你会发现，修德之道无处不在。如"苟志于仁矣，无恶也"，"君子喻于义，小人喻于利"，"非礼勿视，非礼勿听，非礼勿言，非礼勿动"，"与朋友交而不信乎？"已是家喻户晓的至理名言。《论语》还告诫我们，庄重、宽厚、诚信、勤敏、慈惠（恭、宽、信、敏、惠），乃人之"五德"。至于修智，《论语》不仅指明了学习知识"敏而好学，不耻下问"的正确态度和"举一隅"而"三隅反"（举一反三）的学习方法，更阐明了书本知识与实践的关系。孔子说过，即使"诵诗三百"，不能用于实践（"授之以政，不达；使于四方，不能专对"），又有何用（"虽多，亦奚以为"）？所以他主张读书人要做"躬行君子"。他还教导读书人，知识面不要狭窄，要广博，提出"游于艺"（就是要学习"六艺"：礼、乐、射、御、书、数）。

由此可以看出，《论语》对修身的评价是相当高的。所以，自古以来，中华民族就遵循着这么一条古训："自天子以至于庶人，壹是皆以修身为本。"（《礼记》）企业是利益纠结的地方，修身自然是企业道德文化建设的重要任务，无论是官还是员，都当"以修身为本"，学会做人。

10.3.4 以德赢客

人诚品优，正己正人，才能赢得用户的信赖。

"德"字的本义是"道德"或"品行"，是恪守道德规范的"操守""品行"，如"功德、品德、德才兼备、德行"等。《荀子·非十二子》载："不知则问，不能则学，虽能必让，然后为德。"就是说：一个人要做到"问""学""让"才能算是有德。

德，也是一个人或社会好的内在的品格和价值观。老子说："圣人常无心，以百姓心为心。善者吾善之，不善者吾亦善之，德善。信者吾信之，不信者吾亦信之，德信。"德指内心的情感或者信念，用于人伦，则指人的本性、品德。儒家认为，德包括忠、孝、仁、义、温良、恭敬、谦让等。

由此可见，在传统文化的"礼乐文明"中，德是核心。孔子当年之所以念念不忘"克己复礼"就是因为以德为核心的西周之礼是儒家思想最为推崇的道德标准，而"厚德载物"仍然是中国传统文化中的优秀精神遗产，是我们构建企业道德文化的准绳。敬天、保民、明德、慎罚是周人基本的精神信仰。周人认为"皇天无亲，惟德是辅"，德是和天联系在一起的，个人、家族、国家有德，便能得到上天的垂顾，成为"受命之人""受命之族""受命之国"。周人认为殷之所以灭亡，是因为无德，天命转移到了有德的周人身上。《周易·系辞》载："地势坤，君子以厚德载物。"德是涵盖了诚信、仁义等一切美好品行的道德范畴。德的价值原则，被孔子发展为"道之以德，齐之以礼，有耻且格"的王道原则，被孟子发展为"民为贵，社稷次之，君为轻"的民本原则，被《礼记·大学》发展为"大学之道，在明明德，在亲民，在止于至善"的道德纲领。"德"成为中华伦理的核心概念，成为中华民族文化的核心概念。

"德"的外化即为礼，在心为"德"，发之于心而表现为行为即为礼。《尚书大传》载："周公摄政：一年救乱，二年克殷，三年践奄，四年建侯卫，五年营成周，六年制礼作乐，七年致政成王。"周人"制礼作乐"，系统整理审定了社会礼仪规范，严格规定了人的尊卑秩序和行为准则，将整个社会成员纳入到上下一统的尊卑有分、贵贱有等、长幼有序、轻重有别的社会关系中。周礼的诞生，为中华民族成功地建设文明社会奠定了基石，成为文明社会道德政治秩序和伦理生活方式。

企业作为营利性的经济组织，更应注重修德，不能缺德。"德"是人们共同生活及其行为的准则、规范。人诚品优，正己正人，企业才能赢得用户的信赖。

☀【实践描述】

"雷人"杨荣教勇救落水女孩
——道德文化实践

黄宇慧

一个道德沦丧、缺失的企业，不可能有快速、持续、健康的发展，也不可能有社会的正常发展、基本社会秩序的存在。道德存在的目的是直接关系到人们了解并掌握基本的为人之道，在此基础上，形成正常完善的人格，树立高尚的道德情操和理想。

2010年央视春晚上，"雷人"一词在冯巩相声小品《不能让他走》里有了新解：雷人——雷锋的传人！3月13日，一名温州"雷人"在马鞍池公园救起了落水的11岁女孩，随后不留姓名就走了。第二天，获救女孩的父亲许造杰寻找这位"雷人"的新闻出现在了《温州都市报》"老师伯讲新闻"栏目上。后经"爆料"，原来这位"雷人"就是我集团公司经济护卫队队员杨荣教。

3月13日下午1时多，市民许造杰的妻子赵女士带着两个孩子到市区马鞍池公园看花展，11岁的女儿蹲在湖边看人捉虾时竟然滑进了湖里。

当天，杨荣教正和妻子、女儿到马鞍池公园游玩。天气很好，他就靠在草地上睡会儿，突然旁边传来妻子和路人的呼喊声："赶紧、赶紧！救人！救人！"他立刻跳了起来，往周围一看，发现一个孩子在湖水中挣扎，当时连"救命"都喊不出来，两手乱拍着往下沉。

"当时什么都没想，连衣服都来不及脱，手机、皮包都还在口袋里。"杨荣教笑着对笔者说。由于天凉，身上穿着厚重的夹克、牛仔裤，跑到岸边，一头就跳下水去，没想水挺深，无法踩到底，身上的衣裤浸了水就很重。

回忆起水中的情况，杨荣教显得很庆幸："还好水很清，能看到湖中的小孩。"他游到孩子身边，憋着气，托着孩子往岸边挪。到了岸边，岸上的人赶紧帮忙把孩子拉上岸来，一个高大男子还帮忙把杨荣教拉上了岸。

被救孩子的母亲赵女士当时吓坏了，抱着女儿不停地说谢谢。杨荣教什么话也没说，一看孩子没事就回公司换衣服了。

3月14日，《温州都市报》"老师伯讲新闻"栏目就登出了"寻找雷人"的新闻，获救女孩的家人希望找到他并登门道谢。3月15日，"雷人"找到了。当都市报根据集团职工的"爆料"找到了杨荣教并询问家里地址时，杨荣教说："这是小事，是正常事，不用联系、不用谢。看到这种事只要会游泳就会去救的。"

社会道德折射出企业道德，企业道德反映出人的道德。我们为有这样的企业员工而感到自豪。

第11章　立企业之法，行企业之规

——制度文化建设

> 企业管理必须立企业之法，即确立企业规章、规则、程序等行动规范和准则。同时又必须增加守规意识、执行意识和执行力，更重要的是员工的认可、认同，进而自觉遵守执行。

11.1　制度文化的理论描述

11.1.1　制度与制度文化

什么是制度？综合多种解释，制度最一般的含义是：要求大家共同遵守的办事规程或行动准则。许多情况下，制度也是某一领域的制度体系，如我们通常所说的政治制度、经济制度、法律制度和文化制度等。企业制度主要包括劳动合同管理、工资管理、社会保险福利待遇、工时休假、职工奖惩，以及其他劳动管理规定等。制定制度应当体现权利与义务统一、奖励与惩罚结合，不得违反法律、法规的规定。

制度文化是指与制度相关联的意识形态和社会心理，是企业在长期的生产、经营和管理实践中产生的一种文化特征和文化现象，是企业文化中人与物、人与企业运营制度的中介和结合，是一种约束企业和员工行为的规范性文化。

企业制度与企业制度文化不是同一概念，企业制度是企业为了达到某种目的，维持某种秩序而人为制定的程序化、标准化的行为模式和运行方式，它仅仅归结为企业某些行为规范；而企业制度文化强调的是在企业生产经营的活动中应建立一种广大员工能够自我管理、自我约束的制度机制，这种制度机制使广大员工的生产积极性和自觉能动性不断得到充分发挥。当企业制度的内涵未被员工接受时，其仅仅是管理规范，至多是管理者的"文化"，对员工只是外在的约束，只有当企业制度的内涵被员工接受并自觉遵守时，制度才变成一种文化。

西方学者作过一个比喻：制度管理就像一座漂浮在大海里的冰山，露出水面的部分，占1/3，大体相当于强制性规定、强制性执行等有形管理；隐在水中部分，占2/3，大体相当于员工对制度的接受度、认同感、认知率等无形管理即制度文化。

11.1.2　制度文化的性质

（1）制度文化是企业文化的组成部分

制度文化是一定精神文化的产物，它必须适应精神文化的要求。人们总是在一定的价值观指导下去完善和改革企业各项制度的，企业的组织机构如果不与企业目标的要求相适应，企业目标就无法实现。卓越的企业总是经常用适应企业目标的企业组织结构去迎接未来，从而在竞争中获胜。

（2）制度文化是精神文化的基础和载体

制度文化是精神文化的基础和载体，并对企业精神文化起反作用。一定的企业制度的建立，又影响人们选择新的价值观念，成为新的精神文化的基础。企业文化总是沿着"精神文化——制度文化——新的精神文化"的轨迹不断发展、丰富和提高。

（3）物质文化是制度文化的存在前提

物质文化是制度文化的存在前提，一定的物质文化能产生与之相适应的制度文化。企业的组织机构是提高管理有效性的最重要方法之一。如果企业组织结构不先进，那么无论怎样调整，这个管理机构的活动也不能得到预期的效果。相反，有科学根据的组织结构，在减少与管理有关的消耗的同时，能为提高管理的有效性、可靠性和应变能力，创造出十分有利的条件。因此，这些组织结构的质量及其各部分的相互作用在很大程度上决定着能否及时地履行管理职能。正确处理企业制度文化和其他企业文化的关系，对于提高企业管理的质量也具有重要意义。

（4）现代化生产设备要求形成一套管理制度

现代化的生产设备要求形成一套现代化的管理制度，制度文化还要随着物质文化的变化而变化。企业劳动环境和生产的产品发生了变化，企业的组织结构就必须作出相应的变化，否则就不能发挥其应有的效能。制度文化是物质文化建设的保证，没有严格的岗位责任制和科学的操作规程等一系列制度的约束，任何企业是不可能生产出优质产品的。

（5）制度文化是企业行为文化得以贯彻的保证

同企业职工生产、学习、娱乐、生活等方面直接发生联系的行为文化建设得如何，企业经营作风是否具有活力、是否严谨，精神风貌是否高昂，人际关系是否和谐，职工文明程度是否得到提高等，无不与制度文化的保障作用有关。

根据科学原理构建的企业组织结构具有能够保证系统高效率地发挥作用并使系统得到发展的潜力。那些在自身运动中已经落后了的，已经多少觉察到不能满足管理对象需要的组织结构则可能成为系统的巨大障碍。为了保证企业运营各子系统经常保持协调一致，必须经常改变组织机构以适应之。

11.1.3 制度文化的作用

无论哪种类型的企业，都要有自己的制度文化，只是有多有少、有好有坏之分。制度文化在企业建设和发展过程中都会发生重要作用。

（1）没有规矩，不成方圆

各项管理制度是企业进行正常生产经营管理的强有力保证。企业制度是基于企业体制和企业组织机构之下，企业为了自身的生存和发展，在生产与经营实践活动中制定的各种强制性规范，它表现为各项规定或条例，包括企业的生产管理制度、计划管理制度、人力资源管理制度、财务管理制度、党群工作制度等一切规章制度。企业制度是实现企业目标的强制措施，制度面前要人人平等。

制度是"企业工作的法律"，具有强制性，它明确规定了企业和员工应该怎么做，不应该怎么做。优秀的企业制度必然是科学、完善、实用的管理方式的体现，是与优秀的企业文化相协调的。一个企业如果没有制度，在某一段时间内也许能过得去，但从长远和整体上来看是行不通的。

制度文化是企业制度得以贯彻实施的最有效方法，也是企业员工自觉遵守制度的直接表现。

（2）制度是山，文化是水

企业制度管理和制度文化是企业活力的重要来源。制度管理主要是硬性的、外在的调节。忠于企业制度、忠实执行企业制度是每一位员工都应具备的最基本价值理念，是企业文化的最基本内涵，也是企业制度应具有的文化内涵。譬如，在着装上，某电厂规定了在厂区内工作时必须穿工作服，进入生产现场必须戴好安全帽，这样一来，员工就要注意自身的形象和电厂的形象而遵守规定。而企业文化主要是内在的文化自律与软性的文化引导，企业文化强调的是内在的心理认同，强调人的自主意识和能动性，达到自控与自律。对多数员工来讲，由于认同了企业的主流文化，因此，企业文化就变成非强制性的管理；对于少数未认同企业主流文化的员工来讲，主流文化一旦形成，他们也同样受企业主流文化氛围、理念、情操、习惯等非正式规则的约束，违背企业主流文化的言行是要受到企业舆论谴责或企业制度惩罚的。

企业制度和企业文化有着非常密切的联系，这种联系是说企业必须要用适应企业目标的企业文化和企业制度去面对市场、迎接挑战、捕捉机遇，从而在竞争中获胜。当然，企业制度和企业文化也有区别。其一，表现形态不同。前者是有形的、刚性的，往往以规章、条例、标准、规定、指标、责任制等形式表现出来；后者是无形的、柔性的管理，存在于人的头脑中，是一种精神状态，往往通过有形的事情、活动反映出来。当然，两者是一体两面，有形的制度中渗透着文化，无形的文化通过有形的制度载体得以表现。其二，对人的调节方式不同。企业制度是一种外在的约束，是硬性的调节；而企业文化是一种内在的约束，强调的是员工的心理认同，外在的约束通过内在的约束起作用。当一个人在思想上觉得自己应该如何去工作的时候，那么他才能形成内在约束，只有在这种内在约束起作用的条件下，才能最终保证企业制度的有效实行。其三，适用的范围不同。制定刚性的制度和规范相对来讲是比较容易的，如果缺乏软性的价值理念的认同和支撑，这些刚性的制度就没有多大的生命力，甚至会带来负面影响。制度只能告诉我们做什么或不做什么，而只有文化才能真正告诉我们该怎样做什么或该怎样不做什么。企业文化是企业实现法治和规范化管理的基础。其四，演进方式不同。制度的演进一般是"跳跃式"的，企业文化的演进一般是采取"渐进式"，但两者同处于一个过程之中。从制度到文化，再建新制度，再倡导新文化，两者交互提升和发展。企业管理正是在这种交互提升和发展的过程中得以不断优化，臻于完美。其五，当制度内涵未得到员工的心理认同时，制度只是管理者的"文化"，当制度内涵已被员工接受并自觉自愿遵守时，制度就变成了企业所有人的企业文化。所以，从一定意义上理解，企业制度是"山"，企业文化是"水"。俗话说，山有形而水无形，有山必有水，山有多高，水就有多深。

总之，一个完善、合事宜的企业制度文化，能规范员工行为，使企业各项工作有章可循，提高管理效率与质量，形成一个良好的企业文化。加强企业制度文化建设，能够从根本上解决企业经营中的不协调、不统一的问题，能够有效地提升企业的管理水平，提高企业的经营效益和效率。

11.1.4 制度文化的国际差异

在人类管理发展史上，无论是企业管理实践还是管理思想，几乎都是从西方兴起并传播开来的。尽管中国也有丰富的管理思想，但大多数都是治理国家的管理思想，而关于企业管理思想的贡献是很少的。美国式西方管理几乎提供了科学管理的全部内容：行为科学管理中属于"独立人"方面的全部内容，现代管理系统中的电脑、数学模型、新科学管理方法的大部分内容，创新管理的全部内容。日本在现代的管理思想上也有所贡献，但所占比例不大；欧洲人也有贡献，但也不能居于主导地位。由于从美国兴起的制度管理克服了传统管理的无序状态、放任状态、经济主义等方面的缺陷，因而成为全部管理的基础，即任何形式的管理，如果不能经历科学管理阶段的制度管理文化的熏陶，并形成一种制度管理文化，其管理绩效不是无效的就是低效的。所以，制度是一种文化，不同的国家或民族对制度有不同的看法和做法。

（1）决策制度文化比较

美国管理者的决策行为是在资本主义的自由、平等精神之下发展起来的。美国人的自由、平等观念相当强烈，认为自由和平等是天赋不可剥夺的权利。正是这种天赋人权形成了美国文化强调个体、重视个体的特点，体现在其决策风格上，则是管理上注重授权。美国企业相对于中国企业，拥有上下级之间较小的权力距离，下级通常认为上级是"和我一样的人"，美国人在"管理"这一概念的含义中，特别强调"授权"，他们信奉最接近过程的人最了解这个过程和问题，对问题最有发言权。美方的高层经理通常会给下属制定一个目标，然后就由下属来达到这个目标，高层经理只是以成果来衡量目标，至于中间用什么样的方式去做，他基本上是不会干预的。任何一个层次的部门经理，都可以在部门的范围之内作决策，只要把工作做好，不违反公司的商业道德即可。

决策上的个人主义。由于美国文化当中强调个体、重视个体的特点，加之美国企业当中的管理者通常拥有管理方面的理论和实践经验，所以他们在决策中比较注意自己个人的意志，因此主观性比较强。美方的部分管理人员我行我素，滥用权力，根据现代管理理论，这种个人决策制有其长处，即权力集中，责任明确，指挥灵敏，行动迅速，工作效率较高，也易于考核领导业绩。但相应也有其不足之处，即受个人能力、知识、精力限制较大，如果监督机制不完备或不得力，容易产生个人专断。很多美国管理学家也已经发现了美国企业这种个人决策方式的局限性，哈佛大学管理学家洛奇曾经指出，历来指导美国经济的个人主义价值观已无法适应新的环境，美国需要向日本的集团主义学习，他提出治"美国病"需要"东方药"。管理大师德鲁克也认为，日本企业"一致同意"的决策方式是值得美国企业学习、借鉴的重要内容。美国人注重个人决策，从不依赖他人，也不太考虑下属意见，只根据自己的意志行事，认为征求别人意见是一种软弱的表现，雇员与企业管理者之间的关系较为冷淡。由于是个人决策，所以决策过程快，但执行过程慢。

日本企业集体决策，决策过程慢，反复讨论，但是执行起来比较顺利。日本企业的决策方式是一种集体决策制度。日本企业经营管理中最高层面的组织是决策层，相当于我国企业过去的党委会和现在企业的董事会。决策层对企业实施管理，要经过一个叫"经营会议"的途径。企业的重大问题都拿到"经营会议"上来解决，除了极个别的中小企业老板一人说了算外，大企业的决策过程通常采用"立案禀议"制度。日本企业是"旋转式"决策模式，日本企业的决策通常是循着由下而上（雇员—课长—部长—经理—董事长），

然后再由上而下（董事长—经理—部长—课长—雇员）的顺序进行的，层层裁决，层层盖章，逐级向上反映汇报，同时，各有关部门也进行横向交流和协商以取得一致同意。最后，由最高决策机构批准。日本人把这种一致同意的"旋转式"决策称为"禀议制度"。具体方式分两种。一种是自下而上，由具体的业务部门写出立案，再将立案交有关主管部门征求意见，广泛论证，在此基础上形成正式议案。正式议案交给董事长（总经理、社长），然后再召开"经营会议"讨论议案，并集中研究决定，最后把可行的议案交有关主管部门组织实施。另一种是自上而下的由决策层拿出提案，交中层主管部门进行可行性研究，征求意见，广泛论证，最后形成正式议案，再交决策层集体研究、讨论、定夺，最后组织实施。总之，决策层要拍板一件事情，尤其是涉及企业的重大问题，不是那么容易，必须找到决策的依据，并历经循环往复的论证过程，充分发挥集体的力量。"经营会议"是决策层讨论问题的场所，禀议制度是决策层实施决策获得依据的方式。有了这两个基础，日本企业的决策层就能够最大限度地减少决策失误，减少盲目性、主观性，增强了科学性、客观性。这种决策的优点是十分明显的。由于决策由大家共同制定，因此，可以群策群力、集思广益，而且，由于决策者本身就是决策的执行人，所以一旦作出决策，就可以很顺利地执行。美国人在与日本企业打交道时有两点很怕日本人：一是日本人在制定决策时那样慢条斯理，让美国人等得急不可耐；二是日本人在执行决策时那样雷厉风行，让美国人措手不及。这两个困惑，正反映了两者的决策差异。

有专家研究认为，中国企业的决策是"环链式决策"。由于中国企业实行厂长负责制，为与这种体制相适应，保证企业的重大决策不出现或少出现失误，大多数企业采取厂长在集体讨论的基础上进行综合决断的方式。有些专家针对这种决策方式在程序上的特点，将其称之为"环链式决策"。中国企业家协会的调查报告表明，实行"环链式决策"方式的企业占绝大多数。这种决策是按照如下顺序运行的。首先由厂长在决策设想基础上提出课题、目标和原则，交给有关部门收集信息资料，草拟方案，然后将方案交给管委会办公室；其次组织有关人员（或通过各种专业会的形式）进行可行性分析，完善方案内容，将确定的方案打印，分别征求党委、工会等有关方面的意见和建议，并提前将决策方案提交管理委员会研究酝酿，请委员提出建议，这中间还要做一些必要的协调工作；最后由厂长主持召开管委会会议进行讨论和论证。在充分听取各方面专家和职工代表意见并集中集体智慧的基础上，厂长拍板决定。对于需要补充的意见、建议和需要解决的问题，以职工质询的方式和职工代表提案的方式反馈给厂长和各分管副厂长（或"三总师"，即总工程师、总会计师、总经济师），责成各职能部门限期解决、落实。这些都是在传统的计划经济下或者是在计划经济向市场经济过渡阶段，国有企业和集体企业的决策模式，但是，在市场化程度越来越明显的情况下，现代企业制度的完善，企业决策模式逐步向美国模式发展，或者说具有国际化的特点。当然，在中国"新三会"（董事会、股东会、监事会）与"老三会"（党委会、职代会、工会）的同时并存，又会产生不同于现代企业制度下的法人治理结构和决策制度，集体领导和民主管理的充分实施还缺乏必要的制度保障。在一些企业内部，个人的权力和意志在企业决策中还起着决定性作用。管理人员和普通职工只是单纯的决策执行者，不能参与决策的制定，从而严重挫伤了员工的工作积极性，导致企业的发展与个别人的决策紧密相连，使企业的发展缺乏稳定性，制度文化的特殊性明显，该决策制度文化成熟程度还有待于进一步探索。

西欧各国的企业决策管理追求理性与民主性管理，植根于理性基础之上的西欧决策管理文化，决策管理工作力求做到制度化、程序化，以此作为高效率的保证。欧洲人尤其是最富理性的德国人善于逻辑思维，考虑问题严谨周密，办事严肃认真，稳健谨慎，决策管理追求经济科学化、风险最小化、优化策略的观念深入人心。要求民主是人文主义发展的必然结果，决策民主观念深入人心，企业普遍重视职工参与管理，工会力量参与企业决策就是这一精神的体现。与西欧其他国家有所区别的是，由于独特的地理、历史、文化等条件，在民主决策管理方面，德国企业文化有些例外，强调集权、独裁和直线型管理控制成为该国企业文化的重要特点。

（2）用人育人制度文化比较

美国企业在过去的很长时间里，把人看成是一种会说话的工具，是可以随便更换的机器零部件，只把人当做一种生产要素，仅仅看做可供使用的客体。其短期雇佣制有利于劳动力之间形成竞争，有助于企业选择最佳劳动力，也为职工们选择工作提供更多机会，从而达到整个社会劳动力的最佳配置。在聘任制和合同制方面，聘用职工先由企业提供明确的用人条件，规定职工享受的权利和应负的责任，应聘人员与企业签订合同，合同之外，双方既不承担相互的责任，也没有相互干涉的权利。建立在契约主义基础上的聘任制，一方面明确了企业与职工之间的利益关系，另一方面也为职工的流动提供了更多的机会。最近十几年来，美国企业在发生改变，随着物质生活条件的提高，人才不再仅仅看重自身的物质利益，而开始注重自身的发展和自我价值的实现。《财富》杂志在美国访问了大约1000名工人，发现他们非常渴望学习新技艺。为了学习新技艺，他们愿意调换工作，必要时愿意调动工作岗位。为了适应人才发展的需要，美国企业从20世纪80年代开始，在重视物质激励的同时，构建具有自身特色的企业文化，促进价值认同，借以增强企业的内聚力、向心力和能动力，使全体员工协调一致共同努力，为实现企业的共同目标而奋斗。例如，IBM公司除每年投入大量的资金，建立比较完善的福利制度，如免费的在职教育、廉价的伙食、全天开放的各种娱乐设施和图书馆等，除为每名员工提供一个良好而稳定的环境外，还制订了一套完整的员工培训计划，如对新职工进行定期培训，使他们了解公司的有关情况，提高处理人际关系的能力，熟练地掌握专业知识；普通员工每年要受训一周，听取公司的有关业务情况和本行业技术进展的介绍；所有的高级经理每年都要接受为期两周的人际关系课程和业务知识课程教育，在职务提升时，还要再补一周类似的课程教育；选派一些优秀的员工到世界各地进行学习，接受新的信息和知识。以上各项举措，满足了员工多层次多方面的发展需要，大大调动了员工的工作积极性。

日本企业用人机制强调对人尊重，他们认为，人既是可供企业使用的一种客体，也是应当受到尊重的主体。终身雇佣制是其典型特点，享受终身雇佣制的职工占职工队伍人数的35%，职工对企业"忠诚""尽忠""报德"，反对跳槽是一种文化规范，终身雇佣制是维持日本企业高效管理的一大支柱，它在防止职工高频流动，抑制人们短期行为，增强企业凝聚力方面，起到了极其重要的作用。当然，实现终身雇佣制是有条件的，即：①日本每个大企业都给职工发红利，作为职工所得报酬的一大部分；②日本的每个大企业都雇有一大批临时工，这些临时工大多数是女工；③在日本大企业的周围有一批卫星企业，这些卫星企业的生存要完全依靠大企业，它们从来也没有可能变为大企业。三者的结合为大企业提供了防止不稳定性的缓冲体，从而使得大企业中男性职工的稳定和终身雇佣制可以成为现实。注重内部流动，日本企业在防止职工向外流动的同时，鼓励职工在企业内部流动，即非专业原则。如松下公司每年大约5%的职工轮换工作岗位（5年内一般要调换五六个工作岗位），这样调来调去，直到使每个职工都能找到一个能够最大限度地发挥他潜能的工作，同时也增强职工适应若干工种和业务的能力，把握了本企业工作的方向，成为多面手。近10年来，日本的企业也发生了重大变化，一些年轻人反对固定不变的工作环境，打破老一辈日本人的"跳槽"就是忘恩负义的思想意识，由于终身雇佣制受到现代用工制度的强烈冲击，日本企业也不得不在一定程度上适应时代潮流，即除了保留一部分终身雇佣工外，大量雇佣临时工，以弥补人才短缺。日本企业家认为，人才开发的利益大得无穷，企业用在对职工教育上的投资，投入产出系数最大，职工素质的提高与企业利润的增长，呈几何级数的关系，所以他们重视职工教育与培训，提高了企业竞争力。企业内部设立专门的职工教育机构，中小企业联合办学，每个职工平均每年要接受300多小时在职培训。

中国企业受计划经济的影响，国有和集体企业一直采取行政命令的管理模式，对企业内外环境因素的变化反应迟钝，管理模式和管理人才队伍无法适应市场竞争的需要。近年来在市场竞争的压力下，通过实行公司制改革，引进和培养人才，虽然得到了一定的改善，但与公司制相配套的各种体制还不健全，改革开放以后成长起来的私营企业，虽然已经成为我国经济生活的一个重要组成部分，但是大多数私营企业的管理还处在企业主个人管理和以血缘为纽带的家族式管理阶段，管理缺乏系统性和稳定性。落后的管理制度已经严重制约了企业的进一步发展壮大。在用人体制上，从国有或集体企业转变过来的企业，仍然沿用传统的用人模式，国有或集体控股公司的高层用人权仍然控制在党的组织部门，难以适应市场经济的需要，大量的优秀人才从这些企业流向私营企业、民营企业和外资企业。现在诸多中国民营企业已经认识到了人才的重要性，出年薪二三十万，外加汽车、住房，招聘一名管理人才或技术人才已经不是什么新鲜事。但是，即使中国企业提供和外企差不多的物质待遇，仍有很多人才跳槽到外企工作，而且有的人所获物质待遇不比在中国企业时高。这一现象令许多中国企业百思不得其解。其实当物质生活达到一定的水平以后，个人追求的不仅仅是物质生活的享受，而是越来越重视个人的发展进步和自我价值的实现。如果把员工与企业的关系仅仅看做是单纯的合同关系，只注重员工为公司作出多少贡献，就给员工多少物质利益，而不注重员工的自身发展和精神需要，员工便会对工作产生厌烦情绪，对个人在公司的发展丧失信心。在公司对员工缺乏吸引力的情况下，他们往往会跳槽，寻找新的发展机会。中国企业人力资源管理存在五大问题。一是雇用一个不恰当的人来从事工作，即人事匹配问题。二是由于激励机制有问题，员工流动率高，员工工作不尽力。三是没有有效的招聘技术，面试无效而浪费了宝贵的时间和资源。四是由于对员工缺乏培训而使企业效率受损。五是人员配置不是建立在工作分析和工作说明书的基础之上，人浮于事，工作职责不清，对员工无法进行系统的招聘、考核、晋升、奖酬、培训等，管理混乱。当然，应该看到中国企业的用人育人制度正在走向国际化的道路。用人制度上，一是契约关系，二是根据绩效表现用人。在育人制度上，开始重视对人的潜力的挖掘，注重员工的培训，尤其是短期的培训和教育。在国内出现的培训热，就是典型的表现。

欧洲企业的用人育人制度文化，与美国大体类似，注重员工培养。欧洲各国企业一般都很注重培养和提升员工的综合素质，强调建立员工的工作责任感和职业道德感，在实践中有一种将企业建立成"学习型组织"的愿望和倾向。在人力资源管理上信奉能力主义。企业人事管理部门在进行人力资源开发时所重视的硬件就是学历和能力。比如，在整个德国，受教育的机会随时存在，对所有人开放，人人都有平等机会，就看你愿意不愿意抓住机会。企业与员工是赤裸裸的雇佣关系，双方重视法律与契约。在法治氛围中形成的企业与员工的关系就是由合同契约形式确定的利益关系，因此，员工从一而终的就业意识或归属意识很弱。员工与企业的关系往往视生产条件而变化，习惯于"人往高处走"，只要有合适的工作，员工会不惜风险去"跳槽"。在法国，强调自由平等，在用人机制上体现出对员工的尊重和信赖，进行民主化的管理。皮尔卡丹则说："用人不在于学历，也不在于多少，而在于能力。"在法国，工会是有法人资格的，工人用法律的形式确定自己参与企业管理的权利，法国的企业内部和社会都非常重视员工发展，给他们以良好的培训。

（3）薪酬与晋升制度文化比较

美国公司制企业具有灵活自主的分配制度，各有各的特色，其主导性的薪酬制度是以岗位工资为主，奖金、津贴为辅的模式，部分公司还实行员工持股计划。一般蓝领生产工人实行岗位等级工资制度，工资等级按各工种技术水平的高低划分。在每个等级中，又根据工种不同分出几个级差。蓝领工人的工资形式主要是计时工资，即按照预定的工时单价和实际工作小时支付工资，其工资标准一般每年调整一次。全美有 50% 以上的工人按小时支付工资。工人薪酬的构成大体情况是，基本岗位工资占其总收入的 40% ~ 80%，奖金通常根据员工的工作业绩确定，如直接计件或计时等。在员工的劳动收入中，奖金的比重较小，1997 年仅为 9.72%；福利津贴是工资报酬的一种补充，如工作时间外的报酬、雇主为员工缴纳的社会保险金以及部分医疗费、保健费、抚恤金和文娱费用等。美国公司的福利费支出呈上升趋势，目前约占其人工成本的 38%。此外，美国还有约 20000 家公司实行了员工持股计划，参与持股计划的员工达到了 1200 万人，约占全美劳工总数的 10%。公司通过有计划地组织员工以各种形式购买本公司股份，使员工能分享企业一定比例的财产所有权，获得一定的经济收益。迅速考评与迅速晋升，重视考评，认为这不仅是强化积极工作行为，纠正消极工作的手段，更是决定职工去留和晋升的主要依据。通过考评决定晋升体现能力主义原则，以能力取人，把能力的高低作为职工是否晋升的依据。能力主义不以资历、年龄、工龄作为晋升的各项根据。能力主义也不把学历、文凭作为晋升的凭证，从而体现晋升依据的客观性。在能力主义面前，每个职工既有机会迅速晋升，又有社会自由流动，不需要论资排辈，也不寄望于一个企业。

日本企业实行年功序列工资制，这是以资历为主要依据的一种分配制度，年功工资制度是指依据工作年限或年龄的增加而定期提高工资的一种惯例。职工晋升工资主要以工龄长短作依据，福利待遇也相同，这种制度实质上体现了企业与职工之间的一种借贷关系，即 40 岁前，企业借职工的，工资涨幅低于劳动生产率的增长；50 岁后，企业还给职工，工资涨幅高于劳动生产率的增长。这种制度是以终身雇佣制为基础的，反过来对终身雇佣具有巩固作用，保持稳定的职工队伍，资本家放心地进行投资、引进先进技术设备，培养企业所需要的技术人员和熟练工人。虽然自从 1955 年以来，在年功工资体制中引入职务工资（职务工资是由职务等级决定的工资），但是，由于职务工资和年功工资并存，以及根据职务等级幅度实行固定的年功升薪，因此，年功工资仍然是主要的形式，职务工资在实行中并没有普及。在 20 世纪 70 年代，有相当多的企业采用了职能工资。职能工资是由职工完成职务能力决定的工资。职工的能力是指在特定企业长期工作对实现企业目的作出贡献的那种能力。职能工资也具有年功工资的性质，企业内部的福利制度是对职工及其家属供给满足生活福利的惯例，其主要形式是实物供给，它是企业作为生活共同体的主要标志。在日本，职务晋升与生产和个人因素的结合联系在一起，日本职务晋升的个人前提有：对完成职责认真负责，喜欢不断充实自己的职业知识和表现创造主动性，与领导和企业其他员工保持良好关系的能力。企业提升员工职务的可能与工资基金的数额、生产发展前景和企业结构改革的趋势有关。日本企业要定期对职工进行考评，考评与晋升有关系，但一般不作为晋升的主要依据。晋升原则是资历主义，即与一个人的学历、资历、年龄和工龄密切相关，从工人到组长需 3~4 年，大学毕业生到课长需 12~13 年，钢铁企业最快要到 41 岁才能当处长。随着时代的发展，人们越来越重视感情的作用，注重培养企业与职工之间的良好感情，这种感情可以转化成生产力。日本企业关心职工的生活表现在普遍兴办一些看得见摸得着的实事，如送生日礼物、设立婚姻事务所以解决大龄职工婚姻问题。又如丰田公司除较高待遇外，为职工提供便宜的公司住房和八折优待汽车，建立自己的文娱、体育及生产设施。20 世纪 80 年代后期起，日本企业界就开始关心能力主义人事管理制度的引入。所谓能力主义人事制度，是指以职能资格制度、人事考查制度、职能报酬制度和能力开发制度（职员培训制度等）四个主要内容为支柱，包括晋升制度、目标管理面谈制度、自荐制度、适应性调查制度等具体操作环节的一整套崭新的人事管理方式。年薪制、浮动奖金的增加等"成果主义人力资源管理制度"特征日益明显，"雇佣的流动化、合同雇员的扩大"的倾向进一步加强。再加上劳动市场的流动性增加，以终身雇佣为前提的人力资源管理制度的变革就成为必然。

当前中国企业薪酬制度存在的突出问题，主要有以下几方面：① 职务分类而非职位分类。人们的工资是身份工资而非职位工资。② 资历而非能力和绩效导向。人才竞争要求对有能力者和工作绩效突出者给以高薪酬。激励机制的重点是核心员工和关键员工。能力导向是中国企业面临的突出问题。机器的生产率是固定的，但有能力的人不一定创造一流业绩。人与机器管理的区别就在此。人力资源管理就是要把人的潜在能力发挥出来。③ 结构而非水平问题突出。薪酬设计水平线有五种模型：匹配型、领先型、落后型、浮动型、权变型。在国有企业，低级职位是领先型，如有个公司的司机年薪竟然有 10 万元。其实月薪两三千元就能聘到一个很好的司机。而中高级职位是落后型。薪酬不是建立在内部公平性和外部竞争力的基础之上。④ 几乎没有工资制度。制度内工资等级差别很小，不能体现职位的价值和工作绩效的差别。差距只在单位与单位之间，行业与行业之间。有单位工资、行业工资，而没有职位工资。没有正常的升级和降级，工资调整随意性很大，是运动性管理，没有制度。没有科学考核制度，薪酬与考核结果和晋升缺乏联系。工资的浮动要与考核挂钩。薪酬调查数据有用但不科学，没有科学的市场薪酬，外部竞争力目前对工资影响不大。面对这样一些问题，我们认为这是转轨经济时期的必然现象，究竟如何来解决，需要时间，也需要行业内部尽快建立行业薪资确定规则。在晋升制度方面，我国在过去计划经济条件下，国有企业和集体企业有一套比较完善的制度体系，直至现在许多国有控股企业和还没有改制的国有企业和集体企业仍然在继续使用。至于新型企业，大多数采用了美国模式，信奉能力主义。

欧洲企业的模式与美国相似，薪酬分配上也信奉能力主义。德国企业在管理中坚持责、权、利相统一的原则，担任什么样的职务，从事什么样的工作，就按雇佣契约领取什么样的报酬。企业建立有效的激励制度让优秀人才的价值得到体现。德国企业中部门主管的角色规范比较严格，只有受过高等训练教育的有学位的人才，才能担任部门负责人的工作。另一方面，尽管德国企业中等级观念很强，且晋升机会较少，但个人只要是真正较长时间为企业服务，有足够的学历和阅历，是会获得晋升机会的。一般有学位的专业人才会得到优先提升机会，非专业学历的人得不到提升。法国企业在管理过程中也尊重人，同时给员工创造良好的环境，积极调动人的主观性，发挥他们的创造性。在深层的观念上，法国企业文化中的团体精神也是非常浓厚的，但是它的基础是人的个性思想，个人先于集体，在行为上体现出个人与团体的平等和互助。

11.2 制度文化的培育

11.2.1 制度文化的培育内容

企业制度文化建设主要包括三方面内容，即企业领导体制、企业组织结构和企业管理制度。企业领导体制的产生、发展、变化，是企业发展的必然结果，也是企业文化进步的产物。企业组织结构，是企业文化的载体。企业管理制度是企业在进行生产经营管理时所制定的、起规范保证作用的各项规定或条例。

（1）完善企业领导体制

企业领导体制是企业领导方式、领导结构、领导制度的总称，其中主要是领导制度。企业的领导制度，受生产力和文化的双重制约，生产力的提高和文化的进步，就会产生与之相适应的领导体制。在企业制度文化中，领导体制影响着企业组织结构的设置，制约着企业管理的各个方面。所以，企业领导体制是企业制度文化的核心内容。一个好的领导体制，可使企业管理者形成一致的目标、产生强烈的动机为之努力，并可在员工中产生较强的号召力和影响力。

（2）健全企业组织机构

企业组织机构是指企业为了有效实现目标而建立的内部各组成部分及其关系。企业组织机构好比一幢建筑的框架，它对企业的生存和发展有很大的影响。因此，组织机构是否适应企业生产经营管理的要求，对企业生存和发展有很大的影响。不同的企业文化，有着不同的组织机构。企业目标、内外部环境、员工素质、领导体制等都会对企业的组织机构构成影响因素。组织机构形式的选择，必须有利于企业目标的实现。

（3）科学制定企业管理制度

企业管理制度是企业为实现目标，在生产管理实践活动中制定的各种带有强制性义务，并能保障一定权利的各项规定或条例，包括企业的人事制度、生产管理制度、民主管理制度等一切规章制度。企业管理制度是实现企业目标的有力措施和手段。它作为职工行为规范的模式，能使职工个人的活动得以合理进行，同时又成为维护职工共同利益的一种强制手段。因此，企业的各项管理制度，是企业进行正常的生产经营管理所必需的，它是一种强有力的保证。企业管理制度是实现企业目标的强制措施。合理的管理制度会充分调动企业职工的积极性，有利于职工主观能动性的发挥。科学、完善、实用的企业管理制度是与优秀的企业文化相辅相成的。

11.2.2 制度文化的培育方法

企业制度文化建设的过程，是一个信仰、道德、理念、规则和行为不断强化的过程，不是一朝一夕所能实现的，它是一种历史的积累和沉淀所凝聚的力量。要把握企业制度文化的"无形""柔性",就必须强调企业制度文化建设。企业制度文化建设可以从以下五个方面入手。

（1）抓住基本点

从审视制度是否以企业的根本性需求出发入手，抓住企业制度文化建设的基本点。俗话说：没有规矩，不成方圆。制度建设是制度文化的骨架部分，任何一个企业离开了制度就会成为一盘散沙。同时，制度又反映一个企业的基本观念，反映企业对社会、对人的基本态度，因而制度又不是随心所欲的。制度必须从企业的根本性需求出发，维护企业的根本性需求，如事关企业生存的各种问题，包括服务质量、客户关系、网络运行等，毫无疑问必须以制度加以明确规范。

（2）激活活力点

从审视制度的内容是否"以人为本"入手，抓住企业制度文化建设的活力点。制度是靠人去执行的，再好的制度如果没有高素质的人去执行也不会产生好的效率、效果。加强对员工的培养和教育，应是制度建设中的重要内容。首先，应加强对企业员工诚实守信的教育，因为如果没有诚信，就会出现弄虚作假、欺上瞒下、投机取巧的现象，就会直接影响企业的形象和企业的信誉。其次，要关注员工自身价值的建设，注重其创新能力的培养和提高。应当对不同的工作岗位每年提出不同的知识更新要求，通过培训、考试、考核和业绩评估等形式提升企业全体员工的能力水平。同时，管理者还应创造适宜的工作环境、工作条件以满足员工的尊重需求和自我实现的需要，采用适当的激励手段调动员工工作的积极性和创造性。

（3）架起支撑点

从审视制度是否使各直接参与者的利益得到平衡入手，抓住企业制度文化建设的支撑点。制度作为公正的体现不但要求其形式是公正的，更要求其内容是公正的，要使制度约束下各直接参与者的利益得到平衡，体现权利与义务的对称。唯有如此，制度才能得到全员的认可。

（4）掌握折射点

从审视制度的执行是否真正严格平等入手，抓住企业制度文化建设的折射点。制度执行的最好效果就是在无歧视原则下产生的普遍认同心理，这也正是制度执行中的难点问题。因为每个人在企业中所处的地位不同，制度的监督执行部门在企业中所处的地位不同，在执行制度时是很难做到完全公正和无歧视性的，这样往往就会影响制度的效果，危及制度的最终目标。

（5）稳住落脚点

从审视制度的责任是否明确落实入手，抓住企业制度文化建设的落脚点。制定严格的责任追究制度和惩罚规定是企业制度得以贯彻执行的根本保证，如果没有严格的责任追究制，就会使各项合理的规章制度形同虚设，这个企业也就没有什么凝聚力和战斗力可言。惩罚规定是责任追究制度的补充，它既是治理违法违规、偷懒、弄虚作假的直接手段，又是树立正风、打击歪风邪气的有力武器，这种制度规定是必需的，也是有效的。在制度面前人人平等，全体员工都应是制度的执行者和维护者，在企业内部不应有特殊员工，尤其是对违法违规的处理上，必须坚持公平、公正性原则，要一视同仁，一碗水端平。这样的制度才是有效的，具有权威性的。

11.2.3 制度文化培育的几个相关问题

（1）制度建设同精神文化的一致性问题

在企业文化系统中，精神文化具有决定性作用。同精神文化相一致的制度文化能够强化企业文化的作用，反之，同精神文化相背离的制度文化则减弱企业文化作用的发挥。因此，制度文化的诊断、提炼和创新，都要以企业精神、价值观作为指导思想，要契合企业经营管理理念并充分体现企业理念。

企业制度归根结底受价值理念的驱动与制约。企业制度的形成与变化均源于企业对制定和修改制度的某种需求，这种需求正是企业价值理念的一种具体表现。只有认为制定或修改制度有价值时，企业才会去制定或修改该项制度。至于价值何在、价值大小，不同企业有不同的认知和理解，这些认知与理解同样也是企业价值理念的一个构成部分。不同企业对制度认知和理解的不同，会使完全相同的制度出现截然不同的效果，这也是企业价值理念使然。

在企业制度文化建设中，要审视各种制度是否是以企业的根本性需求为基础、是否与企业最本质的目标相联系。制度文化建设是企业文化的骨架部分，任何一个企业离开了制度就会成为一盘散沙。但由于制度是一个企业基本观念的体现，反映了企业对社会、对人的基本态度，因而制度又不是随心所欲不受任何制约的。

并非所有的规章制度都是企业文化的内容。只有那些符合企业价值观要求、增强企业向上精神、激发员工积极性和自觉性的管理制度，才能构成企业文化的组成内容。因此，判断一项规章制度是不是企业所需要、是不是需要调整或者摒弃，标准只有一个，即该制度是否同我们的企业价值观、企业精神相一致并利于企业价值观、企业精神的提升。

（2）制度建设与"以人为本"的问题

制度对于企业的意义在于通过建立一个使管理者意愿得以贯彻的有力支撑，使企业管理中不可避免的矛盾由人与人的对立弱化为人与制度的对立，从而可以更好地实现约束和规范员工行为，减少对立或降低对立的尖锐程度，逐渐形成有自己特色的企业文化。

然而，管理制度要成为具有本企业特色的文化内容，还需要有个前提条件，那就是要"得到员工认可"。任何人都不要将这个条件简单化。员工认可是管理制度上升为企业文化的必备步骤之一。把握好这一步骤的关键是把握好制度文化效力点所在的问题，也就是把握好企业精神、价值观的"柔"与制度化管理的"刚"有效结合的问题。把握好这个问题，实际上涉及一种基本的人性和人情观的问题。制度文化的效力点不在别处，而在人的心灵。所以，要适当把握企业精神、价值观的"柔"和制度化管理的"刚"，必须坚持"以人为本"。

如何在保证制度顺畅执行的前提下，尽量减弱人与制度之间的对立，是企业制度文化建设中必须注意的问题。这个问题的实质就是如何在企业制度文化建设的过程中坚持"以人为本"。鼓励员工参与到企业各项制度的制定工作中来，倡导企业的民主管理制度和民主管理方式，是坚持"以人为本"；重视各项制度执行中的反馈意见，广泛接受企业员工和广大服务对象的意见、批评和建议，及时做好有关制度的调整工作，是坚持"以人为本"；完善公开制度，增加工作的透明度，让员工知情、参政、管事，使企（司）务公开工作更广泛、更及时和更深入人心，也是坚持"以人为本"。实践证明，坚持"以人为本"，走群众路线，实践制度的"从群众中来，到群众中去"，有利于保证各项制度的合

理性和可行性。

（3）制度的调整、变革问题

制度化过程既是推动企业文化发展的重要手段，同时又可能成为阻碍企业文化发展的主要障碍。制度化的过程同时也是企业文化相对固化的过程。随着对制度的深入理解和广泛认同，人们在接受制度文化的同时，又会倾向反对与现存制度相背的文化。这种现象一方面容易让企业拘泥于制度文化，而忽略企业的其他文化；另一方面又会让企业固守现存文化，抵制外在文化，从而很难实现吐故纳新。制度化过程既能促使企业井然有序地运行，也可能让企业走上按部就班的老路。

认识制度化过程对企业文化发展的利弊，有利于我们在企业文化建设过程中保持清醒意识，以便及时采取有效措施，避免相对固化的制度给企业变革可能带来的阻力。企业变革前，我们要尽量预见变革后企业文化与现有制度文化之间可能存在的冲突，以便策划制度变革的有效方法，在企业变革的同时有计划地实施制度变革；企业变革后，我们要密切关注原有制度对新文化的负面影响，做到及时纠正、调整。

（4）制度文化不是企业文化的全部

管理制度是企业文化的重要部分，但不是全部。根据企业文化的"总和说"，企业文化涵盖了企业的物质文化、制度文化和精神文化。管理制度是企业文化的一种外在表现形式，而且体现着企业的内在精神，但企业文化的外在表现不仅仅局限于制度这一种表现形式，企业的内在精神，也不可能完全依靠制度来体现。

认识制度是企业文化的一部分而不是全部的意义在于，在企业文化建设中，强调制度的建设无疑是必要的，但企业文化建设不能仅仅局限于制度，更不能迷信于制度的制定而忽视企业文化的其他部分建设；企业文化建设中，不能仅仅局限于完善制度本身，而应同时强调制度的执行和调整，从而确保制度的科学性、可行性和有效性。

11.3 温州建设集团的制度文化诠释

温州建设集团的制度文化：立企业之法，行企业之规。

企业管理必须立企业之法，即确立企业规章、规则、程序等行为规范和准则。同时又必须增加守规意识、执行意识和执行力，更重要的是员工的认可、认同，进而自觉遵守执行。建立制度是基础，执行制度是关键。

11.3.1 立企业之法

企业管理必须立企业之法，即确立企业规章、规则、程序等行为规范和准则。

企业制度的制定要从企业的经营实际出发，充分考虑到企业内外多方面的因素。既要考虑行业特征的影响，又要涉及区域文化、人文特征等对企业所产生的影响。制度是任何一个社会及组织团体正常运转所必不可少的因素之一，是企业进行正常的生产经营管理的强有力保证。合理的管理制度会充分调动企业职工的积极性，这有利于职工主观能动性的发挥。科学、完善、实用的企业管理制度是与优秀的企业文化相辅相成的。制度的质量决定制度的执行力。对制度的遵从，往往是从慎重进行制度建设开始的。实践证明，制度只有反映规律、符合规律、遵循规律，才可能得到认同和遵守，才可能真正具有根本性、全局性、稳定性和长期性。管理制度制定应遵循五大原则。

① 合法性原则。企业管理制度的制定一定要依据和遵守国家的法律、法规、政策，不得与国家的法律、法规、政策相抵触，而应在企业管理中贯彻、融入国家的法律、法规和政策。只有这样，才能保证制度的合法性。

② 平等性原则。制度面前人人平等。上自老总，下至一般员工，都应该充分尊重制度的权威性。好的制度应对企业所有成员都具有同等且硬性的约束力。

③ 可行性原则。制度要与企业的经营实践相结合，要具有一定的可行性。没有可行性基础的制度形同虚设，不仅不能给企业管理带来一定的辅助，还会给制度的推行造成很大的困难。

④ 严肃性原则。企业内部管理制度一经正式推行，企业中的每一位员工，不论是领导还是普通职员都应照章行事，做到制度面前人人平等，有章必依，违章必究。否则，制度就会缺乏权威性、严肃性，变得苍白无力，企业管理也就不可能成功，必将陷入管理松懈、纪律涣散的危险境地。

⑤ 稳定性原则。制度应具有稳定性，切不可朝令夕改。不断变化的制度不仅会影响人的行为判断，也会使制度的权威性受到挑战。

此外，制定制度还要立足于企业实际，制度建设的过程要民主、公正和规范，要全员共同参与，要公正、公开、公平，既要体现领导意志，也要体现一般员工的意志。

11.3.2 行企业之规

立企业之法的同时又必须增强守规意识、执行意识和执行力，更重要的是取得员工的认可、认同，进而自觉遵守执行。行企业之规有三个方面非常重要。

(1) 制度能否得到执行，关键在领导

领导干部的率先垂范是最重要的，是保证制度真正落实和执行的关键。所谓"上行下效""上梁不正下梁歪"，讲的都是这个道理。有的领导把制度当做手电筒，只照别人，不照自己，或者有选择性照射，缺乏公正；有的不是把制度用来维护企业和员工的利益，而是为小团体的利益，甚至为个人不可告人的目的，"好经往歪里念"；有的对制度缺乏正确的理解和把握，把好经念歪了；有的领导热衷的不是去维护制度的神圣性、严肃性，而是想方设法化解制度，不执行制度。因此，必须增强制度面前没有特权、制度约束没有例外的意识，促使领导干部带头学习制度、严格执行制度、自觉维护制度，在制度执行上率先垂范。

(2) 自觉学习制度，做制度的"明白人"

自觉学习制度，做制度的"明白人"是执行、落实制度的基本前提。制度意识来自高度的自觉性，也来自对制度的不断学习和熟知。学习制度是包括各级领导干部在内的每一个人的责任和义务，领导干部的职责和作用决定了他们必须带头学习制度，做到先学一步，多学一些。通过学习制度，使制度内化为自身的行为准则和自觉行动。通过学习制度，经常用制度进行"思想扫描"，对照制度找差距，发现薄弱环节和问题，及时纠正。通过学习制度，知道什么不能做，什么能做，在任何情况下都不越"雷池"、不闯"红灯"。通过学习制度，用制度规范自己的履职行为，坚持用制度管权、用制度管人、用制度管事、用制度管物。只有不断学习制度，深刻领会制度的实质，全面把握制度规范的要求，切实增强贯彻制度的自觉性和主动性，才能确保各项制度得到有效落实。

(3) 制度的执行要有公平性、激励性

对员工行为的规范约束是企业制度的一大作用，它强制员工遵守制度所规定的行为准则。因此，在制度执行过程中，要坚持公平性和激励性相结合。公平性可以减少制度执行过程中所遇到的阻力。激励性可以促使员工主动自觉地去遵守和维护制度。这里所说的激励要包括奖励和惩罚，如企业考勤制度的制定方面，迟到和早退要受到惩罚，同时，员工全勤也可以采用一些奖励措施。

☀ 【实践描述】

立企业之"法"贵在自觉执行

张 钿

确立企业规章、规则、程序等行为规范和准则，同时又必须增强守规意识、执行意识和执行力，更重要的是员工的认可、认同，进而自觉遵守执行。

作为一个社会的游戏规则，制度是构建人们相互行为的人为设定的约束。大到整个社会，小到每个企业，人们追求自身利益的行为常常是相互牵制乃至互相冲突的。为了协调人们之间的利益冲突，维持机体的生存和社会的秩序，人们无时无刻不需要用制度去规范个体的行为。企业制度文化就是在这样的大环境下孕育而生的。

为提升集团的管理水平，提高工程质量，规范施工行为，集团引进了质量、安全、环境管理三体系，旨在使我集团的制度管理不断步入规范化、标准化。质量管理体系、职业健康安全、环境一体化管理体系在集团已运行 10 年，情况良好，符合 GB/T19001-2000、GB/T24001-2004、GB/T28001-2001 标准的要求，符合集团所建立的质量管理体系、一体化体系文件的要求。多年来，没有发生质量事故和重大质量问题、安全事故和重大环境污染事件。同时每年都有多个工地通过"省市级标化"工地验收，屡创"瓯江杯"、"钱江杯"优质工程质量奖。质量管理体系和一体化管理体系已得到进一步的贯彻实施与改进。

从优秀到卓越，对企业来说，迈出的或许只是一小步，而结果却是领先一大步。集团从 2010 年 7 月份以来开始导入卓越绩效管理模式，举办企业导入卓越绩效模式宣传、贯彻培训讲座，特邀张思众教授、高级工程师王洪秀、教授级高级工程师田浩分别讲授《卓越绩效评价准则》、卓越绩效案例和卓越绩效模式实施指南。11 月份，集团又特邀中国建筑业协会工程建设质量管理分会专家组莅临集团开展为期四天的卓越绩效模式咨询指导工作。通过不断优化、改进制度管理建设和创新管理模式，稳步推进双体系管理运行，让广大职工深入了解卓越绩效是引领企业发展、推动企业不断成熟、追求卓越的有效方法，并实实在在地融入每个职工的工作当中，实现集团走上管理创新促跨越发展的道路。

企业制度一经制定实施，就必须下大力气贯彻执行，下真工夫抓落实，使之得到自愿、自觉、自动地执行和遵守，从而全面推进各项工作的开展。

第12章 以实力构建品牌地位，用文化滋润品牌成长

——品牌文化建设

> 优秀的企业品牌是依靠实力构建而成的，这种实力包括企业的高知名度、高尚品质、独有特色、领先技术和高雅文化。企业品牌是企业或品牌主体一切无形资产总和的文化浓缩，品牌展示着独特文化魅力，文化支撑着品牌的丰富内涵，没有文化就不可能创造品牌，更不可能成就名牌，用文化滋润品牌，品牌才能卓越成长。

12.1 品牌文化的理论描述

12.1.1 关于品牌

（1）品牌的由来

品牌的英文单词 brand，源出古挪威文 brandr，意思是"烧灼"。人们用这种方式来标记家畜等需要与其他人相区别的私有财产。到了中世纪的欧洲，手工艺匠人用这种打烙印的方法在自己的手工艺品上烙下标记，以便顾客识别产品的产地和生产者。这就产生了最初的商标，并以此为消费者提供担保，同时向生产者提供法律保护。16世纪早期，蒸馏威士忌酒的生产商将威士忌装入烙有生产者名字的木桶中，以防不法商人偷梁换柱。到了1835年，苏格兰的酿酒者使用了"Old Smuggler"这一品牌，以维护采用特殊蒸馏程序酿制的酒的质量声誉。

在《牛津大辞典》里，"品牌"被解释为"用来证明所有权，作为质量的标志或其他用途"，即用以区别和证明品质。随着时间的推移，商业竞争格局以及零售业形态不断变迁，品牌承载的含义也越来越丰富，甚至形成了专门的研究领域——品牌学。

（2）品牌与品牌价值

品牌是给拥有者带来溢价、产生增值的一种无形资产，它的载体是和其他竞争者的产品或劳务相区分的名称、术语、象征、记号或者设计及其组合，增值的源泉来自消费者心目中形成的关于其载体的印象。与品牌紧密联系的有如下一些概念。

① 品牌名：品牌中可以读出的部分——词语、字母、数字或词组等的组合，如海尔、红双喜1999、TCL等。

② 品牌标志：品牌中不可以发声的部分——包括符号、图案或明显的色彩或字体，如耐克的一钩造型、小天鹅的天鹅造型、IBM的字体和深蓝色的标准色等。

③ 品牌角色：是用人或拟人化的标志来代表品牌的方式，如海尔兄弟、麦克唐纳、

图 12-1

米老鼠、康师傅等。

④ 商标：受到法律保护的整个品牌、品牌标志、品牌角色或者各要素的组合。当商标使用时，要用"R"或"注"明示，意指注册商标。

产品有产品的价值，品牌也有品牌的价值。品牌的价值包括用户价值和自我价值两部分。品牌的功能、质量和价值是品牌的用户价值要素，即品牌的"内圣"三要素；品牌的知名度、美誉度和普及度是品牌的自我价值要素，即品牌的"外王"三要素。品牌的用户价值大小取决于"内圣"三要素，品牌的自我价值大小取决于"外王"三要素。

（3）品牌的特征

① 品牌具有专有性。品牌是用以识别生产者或销售者的产品或服务的。品牌拥有者经过法律程序的认定，享有品牌的专有权，有权要求其他企业或个人不能仿冒和伪造，这一点也是指品牌的排他性。然而我们国家的企业在国际竞争中没有很好地利用法律武器，没有发挥品牌的专有权。近年来我们不断看到国内的金字招牌在国际市场上遭遇的尴尬局面。如"红塔山"在菲律宾被抢注，100 多个品牌被日本抢注，180 多个品牌在澳大利亚被抢注等。人们应该及时反省，充分利用品牌的专有权。

② 品牌是无形资源。由于品牌拥有者可以凭借品牌的优势不断获取利益，可以利用品牌的市场开拓力、形象扩张力、资本内蓄力不断发展，因此我们可以看到品牌的价值。这种价值我们并不能像物质资产那样用实物的形式表述，但它能使企业的无形资产迅速增大，并且可以作为商品在市场上进行交易。1994 年世界品牌排名第一的是美国的可口可乐，其品牌价值为 359.5 亿美元，相当于其销售额的 4 倍。到 1995 年可口可乐的品牌价值上开到 390.50 亿美元，1996 年又上升为 434.27 亿美元。我国的品牌创造虽起步较晚，但国内的名牌发展较为迅速，像云南红塔集团的"红塔山"、浙江杭州的娃哈哈、山东青岛的海尔、四川绵阳的长虹集团等知名品牌的价值也很不菲。以 1998 年评估为例。"红塔山"的品牌价值为 386 亿元人民币，"海尔"的品牌价值为 245 亿元人民币。品牌作为无形资产其价值可以有形量化，同时品牌作为商品交易，比如有的以品牌入股形式组建企业，有的以品牌的号召特许经营，更有一些企业加盟到名牌门下，以图发展。

③ 品牌转化具有一定的风险及不确定性。品牌创立后，在其成长的过程中，由于市场的不断变化，需求的不断提高，企业的品牌资本可能壮大，也可能缩小，甚至在竞争中退出市场。品牌的成长由于存在一定风险，对其评估也存在难度。品牌的风险，有时由于企业的产品质量出现意外，有时由于服务不过关，有时由于品牌资本盲目扩张，运作不佳，这些都给企业品牌的维护带来难度，对企业品牌效益的评估也出现不确定性。

④ 品牌的表象性。品牌是企业的无形资产，不具有独立的实体，不占有空间，但它最原始的目的就是让人们通过一个比较容易记忆的形式来记住某一产品或企业，因此，品

牌必须有物质载体，需要通过一系列的物质载体来表现自己，使品牌形式化。品牌的直接载体主要是文字、图案和符号，间接载体主要有产品的质量、产品服务、知名度、美誉度、市场占有率等。没有物质载体，品牌就无法表现出来，更不可能达到品牌的整体传播效果。优秀的品牌在载体方面表现较为突出，如"可口可乐"的文字，使人们联想到其饮料的饮后效果，其红色图案及相应包装能起到独特的效果，再如"麦当劳"的黄色拱形"M"会给人们多层的视觉效果。

⑤ 品牌的扩张性。品牌具有识别功能，代表一种产品、一个企业，企业可以利用这一优点展示品牌对市场的开拓能力，还可以帮助企业利用品牌资本进行扩张。

（4）品牌的种类

品牌可以依据不同的标准划分为不同的种类。

① 根据品牌的知名度和辐射区域划分，可以将品牌分为地区品牌、国内品牌、国际品牌、全球品牌。地区品牌是指在一个较小的区域之内生产销售的品牌，如地区性生产销售的特色产品。这些产品一般在一定范围内生产销售，产品辐射范围不大，主要是受产品特性、地理条件及某些文化特性影响，这有点像地方戏种，秦腔主要在陕西，晋剧主要在山西，豫剧主要在河南等的现象。国内品牌是指国内知名度较高，产品辐射全国，全国销售的产品，例如，家电巨子——海尔、香烟巨子——红塔山、饮料巨子——娃哈哈等。国际品牌是指在国际市场上知名度、美誉度较高，产品辐射全球的品牌，如可口可乐、麦当劳、万宝路、奔驰、爱立信、微软、皮尔·卡丹等。

② 根据产品生产经营的所属环节，可以将品牌分为制造商品牌和经销商品牌。制造商品牌是指制造商为自己生产制造的产品设计的品牌。经销商品牌是经销商根据自身的需求，对市场的了解，结合企业发展需要创立的品牌。制造商品牌很多，如 SONY（索尼）、奔驰、长虹等。经销商品牌如"西尔斯"（百货店如"王府井"销售）等。

③ 根据品牌来源划分，可以将品牌分为自有品牌、外来品牌和嫁接品牌。自有品牌是企业依据自身需要创立的，如本田、东风、永久、摩托罗拉、全聚德等。外来品牌是指企业通过特许经营、兼并、收购或其他形式而取得的品牌。例如，联合利华收购的北京"京华"牌，香港迪生集团收购法国名牌商标 S. T. Dupont。嫁接品牌主要指通过合资、合作方式形成的带有双方品牌的新产品，如琴岛—利勃海尔。

④ 根据品牌的生命周期长短来划分，可以分为短期品牌、长期品牌。短期品牌是指品牌生命周期持续较短时间的品牌，由于某种原因在市场竞争中昙花一现或持续一时。长期品牌是指品牌生命周期随着产品生命周期的更替，仍能经久不衰，永葆青春的品牌，如老字号全聚德、老边饺子等。也有些是国际长久发展来的世界知名品牌，如可口可乐、奔驰等。

⑤ 根据品牌产品内销或外销，划分为内销品牌和外销品牌。由于世界各国在法律、文化、科技等宏观环境方面存在巨大差异，一种产品在不同的国家市场上有不同的品牌，在国内市场上也有单独的品牌。品牌划分为内销品牌和外销品牌对企业形象整体传播不利，但由于历史、文化等原因，不得不采用，而对于新的品牌命名应考虑到国际化的影响。

⑥ 根据品牌的行业，可划分为家电业品牌、食用饮料业品牌、日用化工业品牌、汽车机械业品牌、商业品牌、服务业品牌、服装品牌、女装品牌、网络信息业品牌等几大类。

⑦ 根据品牌的本体特征，可划分为个人品牌、企业品牌、城市品牌、国家品牌、国际品牌等。如刘晓庆、张艺谋、王楠等属于个人品牌，哈市冰雪节、宁波国际服装节等属于城市品牌，金字塔、万里长城、埃菲尔铁塔、自由女神像等属于国家品牌，联合国、国际红十字会等属于世界级品牌。

（5）品牌的作用

① 品牌是产品或企业核心价值的体现。品牌是消费者或用户记忆商品的工具，品牌不仅要将商品销售给目标消费者或用户，而且要使消费者或用户通过使用对商品产生好感，从而重复购买。再通过不断宣传，形成品牌忠诚，使消费者或用户不断重复购买。消费者或用户通过品牌，通过对品牌产品的使用，形成满意，就会围绕品牌形成消费经验，存贮在记忆中，为将来的消费决策形成依据。一些企业更为自己的品牌树立了良好的形象，赋予了美好的情感，或代表了一定的文化，使品牌及品牌产品在消费者或用户心目中形成了美好的记忆，比如"麦当劳"，人们对于这个品牌会感到一种美国文化、快餐文化，会联想到一种质量、标准和卫生，也能由"麦当劳"品牌激起儿童在麦当劳餐厅里尽情欢乐的回忆。

② 品牌是识别商品的分辨器。品牌的建立是由于竞争的需要，用来识别某个销售者的产品或服务。品牌设计应具有独特性，有鲜明的个性特征，品牌的图案、文字等与竞争对手的区别，代表本企业的特点。同时，互不相同的品牌各自代表着不同形式、不同质量、不同服务的产品，可为消费者或用户购买、使用提供借鉴。通过品牌人们可以认知产品，并依据品牌选择购买。例如人们购买汽车时有这样几种品牌：奔驰、沃尔沃、桑塔纳、米提诺、英格尔等。每种品牌的汽车代表了不同的产品特性、不同的文化背景、不同的设计理念、不同的心理目标，消费者和用户便可根据自身的需要，依据产品特性进行选择。

③ 品牌是质量和信誉的保证。企业设计品牌、创立品牌、培养品牌的目的是希望此品牌能变为名牌，于是在产品质量上下工夫，在售后服务上做努力。同时品牌代表企业，企业从长远发展的角度必须从产品质量上下工夫，特别是名牌产品、名牌企业，于是品牌特别是知名品牌就代表了一类产品的质量档次，代表了企业的信誉。比如"海尔"，作为家电品牌人们提到优质"海尔"就会联想到海尔家电的高质量，海尔的优质售后服务及海尔人为消费者用户着想的动人画面。再如"耐克"作为运动鞋的世界知名品牌，其人性化的设计、高科技的原料、高质量的产品为人们所共睹。"耐克"代表的是企业的信誉、产品的质量。

④ 品牌是企业竞争的武器。树品牌、创名牌是企业在市场竞争的条件下逐渐形成的共识，人们希望通过品牌对产品、企业有所区别，通过品牌形成品牌追随，通过品牌扩展市场。品牌的创立、名牌的形成正好能帮助企业实现上述目的，使品牌成为企业的有力的竞争武器。品牌，特别是名牌的出现，使用户形成了一定程度的忠诚度、信任度、追随度，由此使企业在与对手竞争中拥有了后盾基础。品牌还可以利用其市场扩展的能力，带动企业进入新市场，带动新产品打入市场；品牌可以利用品牌资本运营的能力，通过一定的形式如特许经营、合同管理等形式进行企业的扩张。总之，品牌作为市场竞争的武器常常带来意想不到的效果。

⑤ 品牌是企业的"摇钱树"。品牌以质量取胜，常附有文化及情感内涵，所以品牌给产品增加了附加值。同时，品牌有一定的信任度、追随度，企业可以为品牌制定相对较高

的价格，获得较高的利润。品牌中的知名品牌在这一方面表现最为突出，如海尔家电，其价格一般比同等产品高；耐克运动鞋，比同等的李宁运动鞋、安踏运动鞋高出很多。而在这一方面我们还可以再看一看著名饮料企业可口可乐的例子：可口可乐公司1999年的销售总额为90亿美元，其利润为30%，除去5%由资产投资带来的利润，其余22.5亿美元均为品牌为企业带来的高额利润。由此可见，品牌特别是名牌给企业带来的较大收益，而品牌作为无形资产，已为人们所认可。

12.1.2 关于品牌文化

（1）品牌文化的提出

在社会进步、物质生活水准提高的今天，大众对文化的需求也日益强烈。消费者作为社会人，抽象的文化正深刻地影响着他们具体的购买行为。例如，价值观和生活方式就影响着消费者是否选择一件高档服装或使用何种品牌的洗发水。反过来，通过具体的购买行为，消费者也可能得到文化上的满足。因为在商业化的社会，追求文化上满足的一种重要途径就是消费。通过消费，来试图找到属于某一群体的归属感，来追求名誉、自尊、地位等，乃至与自我的价值联系起来。

如果将产品和品牌相互独立起来看，不难发现在许多情况下，一个品牌名称比具体的产品更能为消费者带来文化上的价值。文化价值（或说是一种消费者心理上的效用）不是产品本身创造的，而是由抽象的品牌所创造的，而产品只是具体的载体。这种现象在服饰、日用品等行业尤为明显。

品牌文化，就是体现出品牌人格化的一种文化现象。一旦某种品牌文化在消费者心目中建立起来，选用该品牌已成为了消费者理解、接近该种文化的一种途径。培育品牌文化，就是将单纯的品牌看成一个有思想的"消费者"。这个"消费者"是品牌目标市场的典型代表，了解目标市场的心态，或是这个目标市场追求中的偶像。

（2）品牌文化的定义

品牌文化（Brand Culture），指通过赋予品牌深刻而丰富的文化内涵，建立鲜明的品牌定位，并充分利用各种强有效的内外部传播途径形成消费者对品牌在精神上的高度认同，创造品牌信仰，最终形成强烈的品牌忠诚。拥有品牌忠诚就可以赢得顾客忠诚，赢得稳定的市场，大大增强企业的竞争能力，为品牌战略的成功实施提供强有力的保障。

品牌力要依托于品牌的文化内涵，是品牌在经营中逐步形成的文化积淀，代表了企业和消费者的利益认知、情感归属，是品牌与传统文化以及企业个性形象的总和。与企业文化的内部凝聚作用不同，品牌文化突出了企业外在的宣传、整合优势，将企业品牌理念有效地传递给消费者。品牌文化是凝结在品牌上的企业精华。

品牌文化的核心是文化内涵，具体而言是其蕴涵的深刻的价值内涵和情感内涵，也就是品牌所凝练的价值观念、生活态度、审美情趣、个性修养、时尚品位、情感诉求等精神象征。品牌文化的培育通过创造产品的物质效用与品牌精神高度统一的完美境界，能超越时空的限制带给消费者更多的高层次满足、心灵的慰藉和精神的寄托，在消费者心灵深处形成潜在的文化认同和情感眷恋。在消费者心目中，他们所钟情的品牌作为一种商品的标志，除了代表商品的质量、性能及独特的市场定位以外，更代表他们自己的价值观、个性、品位、格调、生活方式和消费模式；他们所购买的产品也不只是一个简单的物品，而是一种与众不同的体验和特定的表现自我、实现自我价值的道具；他们认牌购买某种商品

也不是单纯的购买行为,而是对品牌所能够带来的文化价值的追逐和个人情感的释放。因此,他们对自己喜爱的品牌形成强烈的信赖感和依赖感,融合许多美好联想和隽永记忆,他们对品牌的选择和忠诚不是建立在直接的产品利益上,而是建立在品牌深刻的文化内涵和精神内涵上,维系他们与品牌长期联系的是独特的品牌形象和情感因素。这样的顾客很难发生"品牌转换",毫无疑问他们是企业的高质量、高创利的忠诚顾客,是企业财富的不竭源泉。可见,品牌就像一面高高飘扬的旗帜,品牌文化代表着一种价值观、一种品位、一种格调、一种时尚,一种生活方式,它的独特魅力就在于它不仅仅提供给顾客某种效用,而且帮助顾客去寻找心灵的归属,放飞人生的梦想,实现他们的追求。

(3) 品牌文化的作用

① 通过品牌文化来加强品牌力,不仅能更好地实现企业促销的商业目的,还能有效承载企业的社会功能。培育品牌文化,其行为根本上是受商业动机支配的:通过品牌文化来强化品牌力,从而谋求更多的商业利润。之所以要强调培育一种品牌文化,是因为消费者是社会人,具有复杂的个性特征,但由于同一经济、文化背景的影响,其价值取向、生活方式等又有一致性。这种文化上的一致性为培育品牌文化提供了客观基础。市场细分基础上确立目标市场之后,有必要对目标市场消费者的文化心态进行深入调研,并将它与商品的效用联系起来,为品牌培育典型的文化个性,达到促销的目的。另一方面,社会营销观念认为企业在满足消费者需求、取得企业利润的同时,也需要考虑到社会的长期整体利益。这要求企业在宣传自己产品功效品质的同时,也要弘扬优秀的文化,倡导正确的价值观,促成社会的进步。美国经济学家 W. C. 弗莱德里克认为,作为现代核心组织的企业,"它所面临的社会挑战就是要寻找一条使经济与道德相统一的途径"。通过培育优秀的品牌文化,来表明企业坚持积极的文化理念,也是促进社会利益的一种体现。

② 品牌文化满足了目标消费者物质之外的文化需求。行为科学的代表人物梅奥·罗特利斯伯格提出"社会人"的概念,认为人除了追求物质之外,还有社会各方面的需求。品牌文化的建立,能让消费者在享用商品所带来的物质利益之外,还能有一种文化上的满足。在这种情况下,有时市场细分的标准就是以文化为依据。"在这个世界上,我找我自己的味道,口味很多,品味却很少,我的摩卡咖啡。"这是一则摩卡咖啡的电台广告,它就有基于文化细分上的鲜明的目标市场:不赶时尚、有自己品位的少部分人,同时暗示他们选择摩卡咖啡就是坚持这样生活方式的体现。

③ 品牌文化的培育有助于培养品牌忠诚群,是重要的品牌壁垒。按消费者的忠诚型式,一个市场可分为坚定型、不坚定型、转移型和多变型。其中坚定型企业忠诚群对企业最有价值。最理想的是培养一个品牌的坚定忠诚者在买主中占很高比例的市场,但事实不会如此完美。由于市场竞争十分激烈,往往会有大量的消费者从坚定型成为不坚定型和转移型。因此维护、壮大品牌的忠诚群体至关重要。该品牌能保持强有力的商品力无疑是最关键的。但另一方面,在品牌树立、壮大过程中,在商品效用诉求的同时,也应该始终向目标消费者灌输一种与品牌联想相吻合的积极向上的生活理念,使消费者通过使用该品牌的产品,达到物质和精神两方面的满足。尤其在竞争激烈的今天,不同品牌的同类产品之间的差异缩小,要让消费者在众多的品牌中从心理上能鲜明地识别一个品牌,有效的方法是让品牌具有独特的文化,可以将此称为品牌的文化差异战略。贝纳通是世界著名的服装品牌。为了让贝纳通树立自己的特色,经营者为贝纳通培育了"爱自然、爱人、关怀社会"的品牌文化。贝纳通的广告都以环境污染、种族歧视、战争灾难等为题材,远远超越

了一般的广告观念，进而成为时代特征，具有强大的冲击力，使贝纳通的品牌形象脱颖而出、独树一帜。这种文化差异一旦让目标消费者接受，对提高品牌力是十分有利的。因为一旦形成对一种文化的认同，消费者是不会轻易加以改变的。这个时候，品牌文化就成了对抗竞争品牌和阻止新品牌进入的重要手段。这种竞争壁垒，存在时间长，不易被突破。

12.2 品牌文化的培育

12.2.1 演绎富有生命力的品牌文化

演绎富有生命力的品牌文化是企业品牌文化培育的重要方面，具体可以从下述五个方面重点考虑。

（1）围绕品牌核心价值演绎

品牌文化的演绎必须围绕品牌核心价值的主线，改变或偏离这根主线往往使消费者雾里看花，对品牌认知产生错乱，自然难以积淀成深厚的文化内涵。

例如，万宝路品牌的核心价值是男子汉的"阳刚、豪迈"，万宝路30余年一直鼎力赞助F1方程式车赛、滑雪、沙漠探险等运动，这些自由、奔放且极具挑战性的运动紧紧围绕"阳刚、豪迈"这一主线，完美地演绎了万宝路品牌的文化内涵。

（2）关注细节，细小之中见伟大

有人说："一颗子弹想打下树上所有的鸟，最终只能是一个也打不着；一个文化想打动所有人的心，最终也只能是一句空话。"

大而全的品牌文化就是没有文化，也无法深入人心，引起共鸣。品牌文化从来就是细小之中见伟大，正如原子弹，其巨大的核威力却来自最细小的分子聚变。

（3）赋予自然清新独特的品牌文化内涵

最能打动人心的东西往往是最自然清新独特的东西，就像清水之中的芙蓉，东施效颦、故作姿态往往只能是适得其反，其实品牌的文化内涵也是如此。

从经典品牌的发展历程可以看出，凡是能够穿越时光、跨越国界的品牌往往都蕴涵着自然、鲜明、独特的文化内涵，自然流露，动人心弦，保持长久的生命。

（4）通过品牌文化满足消费者的人性需求

在著名的"行销28律"中，"人性律"摆在了第一位，这也说明满足人性需求的品牌文化才是最有生命力的。品牌文化虽由企业建设培育，但却由消费者需求而定，所以品牌文化的演绎应该洞察消费者的内心世界，满足消费者的人性需求。

（5）采用多种形式的品牌文化演绎手段

品牌文化的培育应该是点滴积累、循序渐进的过程，全境式的广告轰炸只能快速提高品牌知名度，却很难积淀品牌深厚的文化内涵。除了广告外，品牌文化的培育还需要多种手段，如公益活动、新闻宣传、公关赞助等。

12.2.2 从国际名牌看品牌文化培育

深度挖掘国际名牌神奇背后的"金经"，透视国际名牌的营销手段，了解国际名牌市场运作的商业机密，借鉴国际名牌近10年创新营销的经营理念、战略和战术，对建立我国企业品牌文化，提高品牌文化水平，增强品牌竞争力，大有裨益。从国际名牌看品牌文化培育，都必须拥有高品质、与众不同的特色、领先的技术创新、高雅的文化这四大杀手锏。

（1）品牌文化培育的杀手锏之一：高品质

产品品质直接关系到企业的生死存亡。产品的高品质是品牌文化建设的王牌，它比任何形式的促销手段更能让顾客信服。通常名牌产品，都是依靠其上乘的质量、优质的服务来赢得民心，占领市场的。譬如，"精益求精""质量第一"的肯德基，"傲世名门，质量为重"的奔驰，"尽善尽美，追求卓越"的松下等这些国际品牌都是凭借其过硬的质量在全世界基业长青、长盛不衰。

肯德基——精益求精，质量第一。20世纪30年代由桑德士上校创建的肯德基，虽然股权几易其主，但生意却越来越火。如今，肯德基在全世界80多个国家和地区拥有超过11000家餐厅，而且还在以极快的速度扩张着。肯德基对质量精益求精，在进货、制作、服务等所有环节中，都有着严格的质量标准，并有一套严格的规范保证这些标准得到一丝不苟的执行，包括配送系统的效率与质量、每种作料搭配的精确分量、切青菜与肉菜的先后顺序与刀刃粗细、烹煮时间的分秒限定、清洁卫生的具体打扫流程与质量评价量化，乃至于点菜、换菜、结账、送客、遇到不同问题时的文明规范用语、每日各环节差错检讨与评估等上百道工序都有严格的规定。为了保证员工能够服务到位，肯德基对餐厅服务员、餐厅经理到公司的管理人员，都要按其工作性质的要求，进行严格培训。例如，餐厅服务员新进公司时，每人平均有200小时的"新员工培训计划"，对加盟店的经理培训更是长达20周时间。

奔驰——傲世名门，质量为重。创立于1926年的奔驰公司，是世界十大汽车公司之一，它生产的汽车以外形美观、行车安全、坚固耐用、乘坐舒适、服务周到、名贵豪华而著称。奔驰公司追求高品质，把质量视为生命。奔驰公司的一位新闻处负责人说："我们的方针就是要追求高质量。"整个生产过程从产品构想、设计、研制、试验、生产，直至推销、维修，质量第一原则贯彻始终。为了保证质量，公司建立了一支技术熟练的工人队伍，并建立严格的产品和部件检查制度。为了检验新产品的质量和性能，公司设置了一套计算机控制设备，另外还建造了占地8.4公顷的实验场。

松下——尽善尽美，追求卓越。1918年，松下幸之助在日本创办了松下电气器具制作所，经历80多年的奋斗，现在已发展成世界著名的综合性电子企业。松下通过优质产品策略的运用，树立了品牌成功的典范。松下幸之助曾有句名言："对于产品质量来说，不是100分就是0分，即使万分之一的误差对于松下电器来说也是次品。"质量是产品的生命线，是具有竞争力的保证。松下公司特别注重两个质量环节。一是按市场需要设计产品。把市场需要作为制定产品质量高低的标准，努力地提高产品质量、改进产品功能、美化外观设计，以高质量使企业和产品立于市场的不败之地。二是用高技术保证高质量。松下拥有强大的科研队伍。总公司所属23个研究所，其中17个是骨干研究所，主要从事基础的课题研究和应用技术的研究。研发经费约占总公司每年销售总额的4%～6%，对于技术开发而言，松下在人、财、物力各方面都毫不吝啬，因为这决定着产品的高质量。

（2）品牌文化培育的杀手锏之二：与众不同

每个世界品牌都是高质量的代名词，但也有各自的独特性。正是这种不同，创造了各种各样的名牌世界。譬如，"君临天下，舍我其谁"的可口可乐，"捕捉瞬间，美丽永恒"的柯达，"简单即美，个性飞扬"的宜家等，正是因为其拥有与众不同的品牌精髓，才使其永远流行。

可口可乐——君临天下，舍我其谁。可口可乐，可谓家喻户晓。在2003年《商业周刊》评选的全球1000家最有价值的品牌中，它以704.5亿美元的品牌价值再次高居榜首。从1886年诞生到如今已有100多年的历史，但它日益富强、经久不衰。可口可乐从产品、价格、传播到分销都与众不同。一是产品特色，它是地球人喜欢喝的饮料。彭伯顿先生研制的可口可乐最初是一种药，就是如今它还保留着某种药的味道。药的治病功能没能使可口可乐畅销，改变为饮料功能后却大获成功。它有很强的适应力，在美国，它会产生"自由、解放和美国梦"的品牌联想；在英国，它则体现"生活愉快、爱情幸福"的品牌个性；在中国，它从不渲染"美国血统"，而将口味微调至符合中国的口味。二是货真价实，公司一贯推行低价策略，让人人都买得起，早期每瓶可乐的价格只有5美分，今天仍然保持着较低的价位。因此，在第三世界国家，就是在困难时期，可口可乐仍畅销不衰。三是频繁露面，它时时提醒人们"别忘了我"，时时提醒人们："买一杯可口可乐，好吗？"正如该公司前任总经理唐纳德·基欧所言："所有的红白相间的广告标志、红色卡车和自动售货机、喷泉式饮料机和零售商招牌、菜单和冷柜、红太阳帽和T恤衫、可口可乐爱好者随处堆放的红色易拉罐和红色标签瓶子，所有这些都保证了可口可乐永远不会被消费者遗忘。"四是随处可买。可口可乐随处可见，而且价格便宜，想买就能买得到。可口可乐就在身边，就在眼前。

柯达——捕捉瞬间，美丽永恒。柯达从1880年创业伊始就有着"狼子野心"，目前在世界30多个国家和地区已经建立了50多家子公司，全球营业额高达128亿美元。公司在影像、拍摄、分享、输出和显示领域一直处于领先地位。柯达有许多不同之处。一是开发廉价相机。1900年，柯达推出了仅为2美元的方型廉价相机，使广大摄影爱好者趋之若鹜。1963年悄然问世的全自动傻瓜相机，定价也只有十几美元，最高也只有几十美元，低廉的价格使其在短短的一年半就售出650万部。二是用相机诱发胶卷市场。低价相机疯狂地席卷市场，摄影成了人们生活的一部分，也成为人们生活的一种需要，进而诱发潜力无限的胶卷市场。三是认定卖的是美丽。柯达不只停留在廉价相机的开发上，还利用数字技术推出美丽的数码相机。数码相机既可以提高照片质量，又使照片更易于保存和后期制作，满足了新一代消费者的需求。随之而来的数码洗相技术的开发，也使他们取得一本万利之效。

宜家——简单即美，个性飞扬。宜家是在北美和欧洲广为人知的大企业。在瑞典及欧洲各国常会见到"自己动手"的广告和一只眼睛、一把钥匙加一个"啊"字的徽记，这就是宜家的创意。作为国际连锁家居巨鳄的宜家，在对创意生活空间的控制上越见深远。它的与众不同有如下几点。一是别出心裁的销售方式。宜家出售的家具多数不是成品，而是各种组件。消费者买回去，将利用宜家提供的图纸、特殊起子和扳手，组装成自己满意的家具。由于经营方式的新奇性，迎合了西方人在近代形成的"自己动手"风气，因此生意非常兴隆。二是独到的经营策略。宜家家具展厅外一般开设有餐厅。每天到餐厅品尝各国风味食品的人成百上千，这无疑是一项重要的经营收入。然而，醉翁之意不在酒，宜家公司的目的在于让食客在饮食过程中，看中这里的各种家具，饮饱食足后进而购买各种组件，从而收到"一石多鸟"之效。三是让价格自己说话。宜家是绝对不打折扣的直销，并且拒绝对旗下的产品进行批发，对大宗团购客户也不提供任何让利服务，不出租任何自己的柜台，连餐厅都是自己亲力亲为。在终端上，宜家作为一个低成本的领导厂商，极为重视在销售中发挥价格"此时无声胜有声"的作用。

（3）品牌文化培育的杀手锏之三：永远领先

一种产品要立足于市场，必须有"绝活"。永远保持某个领域的领先地位，是许多世界名牌成名的看家大法。纵观世界名牌，它们不仅开创了产品，同时又不断地推出更新换代的新产品，保持其品牌的绝对领先地位，譬如"求新求变，引领潮流"的英特尔，"数码创新，领导时尚"的三星，"创造特色，一马当先"的诺基亚等都是如此。

英特尔——求新求变，引领潮流。英特尔公司创立于 1968 年。20 世纪 70 年代，英特尔开发出世界上第一块用于个人电脑的 4004 型微处理器。80 年代，英特尔把普通的芯片制造工艺改造成为世界上最高效、最尖端的工艺。90 年代末，在创新理念的指导下，它果断改变芯片设计，取得了巨大的成就。英特尔是当之无愧的计算机和互联网革命的领导者，它改变了自己，更改变了整个世界。英特尔所以能够成功，其原因之一就是时时刻刻求新求变。摩尔定律是 1965 年由 Golden Moors 提出的，他指出半导体芯片所能容纳的晶体管数量，是以每一年半至两年为一个周期，逐期倍增。从 1965 年起，这一定律一次一次地得到证实，它几乎向全世界指明了芯片更新的周期。英特尔十分重视芯片的设计更新，在高端市场上，始终保持世界领先水平。除了在速度上保持领先以外，英特尔还十分重视用户的需求和市场的动态，适时推出新的产品。1997 年初，英特尔推出 MMX 多媒体处理器，很快吸引了整个市场的注意力。

三星——数码创新，领导时尚。由李秉哲创建于 1938 年的三星公司，在半个多世纪的时间里，从一个默默无闻的小杂货店成长为雄踞韩国十大企业之首的世界性大企业，被誉为韩国经济的超级巨星，"赚钱最多的企业"。三星有一条严格得几乎苛刻的经营观念，那就是"第一主义"，三星的一系列企业就是以"第一"命名的，如第一制糖公司、第一毛纺公司、第一化纤公司、第一企划公司、第一冷冻公司等。这种第一主义原则，就是要经营者牢记把企业办成第一流的企业。"第一主义"主要体现在两大方面。一是企业经营上的"第一主义"，就是"质量第一，用户至上"。正是这种追求卓越的精神，使得三星集团的所属企业从生产管理到销售管理，从资金管理到人事管理都井井有条。二是企业管理上的"第一主义"。李秉哲常说："企业就是人。""钱财之源不是权，也不是钱，而是人。"正是三星倡导的第一主义，才使三星产品处处领先。

诺基亚——创造特色，一马当先。1865 年，在芬兰诞生了一家普通造纸厂，它以当地一条名叫诺基亚的河流命名。这个名不见经传的小厂经过百年的磨砺，成为世界通信业的领袖，与摩托罗拉、爱立信并驾齐驱，其市场占有率近几年来更是稳居榜首。在竞争激烈的今天，它倡导"科技以人为本"，领导着手机的主流方向。诺基亚坚守自己的信条，就是致力于创新。诺基亚致力于创新的首要准则就是应用最新先进的技术。诺基亚每个时期技术创新的目标都很明确，从以移动通信为发展方向，追求全球高附加值的产品，到创造移动信息社会的名牌，再到提出"把互联网放在每个人的口袋里"，至今诺基亚始终处于全球技术领先的前沿地带。诺基亚人提出"永远走在别人前面"。永远走在别人前面的诺基亚源于诺基亚的企业性格：敏捷的反应速度，快速地作出决策，永远创新。诺基亚一贯认为：要在高科技领域和激烈的市场竞争中生存下去的唯一途径就是永远走在别人前面。

（4）品牌文化培育的杀手锏之四：高雅的文化

产品是阶段性的，文化才是永恒的。无文化的产品可能会畅销一时，但绝不会风光无限，因此不少策划家将产品赋予其永恒的文化，才使得其品牌得以永久存在和生生不息。人们追求劳斯莱斯，不单只是为了解决出行方便的问题，更是为了显示身份与地位；孩子们迷恋麦当劳、肯德基不单只为了满足口味，同时在追寻那快乐和温馨的氛围。无论如何，世界品牌是不能没有文化的。譬如，"以客为尊，一切为你"的麦当劳，"追求创新，享受生活"的本田，"立足本土，即时出击"的海尔等都是高雅文化的典范。

麦当劳——以客为尊，一切为你。麦当劳是世界上最成功的餐饮零售企业之一，它的成功不仅表现在商业运作和收益上，还表现在深层次的饮食文化上。它不仅改变了成千上万人的饮食习惯，而且使全世界的食品行业发生了变革。麦当劳的经营理念"以客为尊，一切为你"更是其取胜的关键。其具体表现在两个方面。一是倡导"顾客永远是上帝"，即服务务必让顾客感到"完全满意"。每个进入麦当劳的员工所需做的第一件事就是接受培训，学习如何更好地为顾客服务。麦当劳要求员工：顾客排队购买食品时，等待时间不超过2分钟，员工必须快捷准确地工作。服务员必须按柜台服务"六步曲"为顾客服务，当顾客点完所需要的食品后，服务员要在1分钟以内将食品送到顾客手中。顾客用餐时不得受到干扰，即使吃完以后也不能"赶走"顾客。二是TLC理念。T：英文Tender的第一个字母，即细心、仔细。麦当劳要求员工在服务时必须全身心投入，细心地为每一位顾客服务，不忽视任何一个细微环节。L：英文Loving的第一个字母，即爱心。麦当劳不仅注重赚取利润，同时还关注社会公益事业，为此经常出资赞助社会慈善事业，以此来尽一份自己的社会责任。C：英文Care的第一个字母，即关心、关怀。对待特殊顾客，如伤残顾客，更要周到服务，使他们像正常人那样可以愉快地享受到在麦当劳用餐的乐趣。

本田——追求创新，享受生活。本田1946年创立，是世界上最大的摩托车生产厂家，汽车产量和规模名列世界十大汽车厂家之列。本田创造了如此的"神奇"与它的高雅文化有密切关系。本田的理念如下。一是充分尊重个人，公平合理授权。本田宗一郎的语录"为自己工作"是尊重个人精神的高度概括。他告诫员工不要考虑向公司宣誓忠诚，而是要为自己工作。本田公司既无官僚色彩，也不存在派系和宗派主义，员工可以轻松愉快地工作。在本田，人们强调娱乐，认为娱乐可以扩大人的视野、积累经验和密切关系。如果通宵达旦工作而不休息，可能就不会有创新，还会失去全面培养人的机会。二是一人一事，自由竞争。本田公司给每一位职工自由选择一个自己主攻方向的权利，这就是"一人一事"。"自由竞争"就是主张进行不同性质的自由竞争。为了达到共同的目标，每一个人、每一个小集体都要有自己的设想，并且把设想与实际联系起来，找到自己的开发领域，从而把竞争机制引进公司内部来。三是造就独创型人才。要造出风格独特的产品，企业员工就必须具有独创性的头脑。四是建立新设想工作室。本田在其国内各工厂都设有名为"新设想工作室"的实验工作室，室内备有机械设备，员工一旦产生好主意就可以到实验室中把其设想具体化。五是举办另类作品展览会。宗旨是提出自由奔放的设想并给予实施的"头脑运动会"，是彻底的群众活动。这与本田"不论工作、娱乐，只要心情舒畅就干到底"的精神相吻合。六是技术面前人人平等，没有上下级的区分，因此经常发生被称为"以下克上"的事情。这些以人为本的理念都充分体现了"追求创新，享受生活"的企业信条。

海尔——立足本土，即时出击。在中国海尔位居电子信息百强之首，是中国家电出口创汇最多的企业。2003年海尔入选业界品牌实验室CWBL编制的《世界最具影响力的100个品牌》，位居第95名。它从一个濒临倒闭的集体小厂经过20年的奋斗和创新，发展成为一个跨国企业，这与它的高雅文化息息相关。张瑞敏给员工灌输"下道工序就是用户"的观念，进而创造出海尔产品的"零缺陷"。"用户永远是对的""真诚到永远""国际星级服务一条龙"的全新理念，使海尔品牌与用户之间形成一种亲情般的关系。目前在全国各大城市海尔都设立了"9999"售后服务热线，用户只需一个电话，剩下的事全由海尔来做，在海尔与消费者之间架起了一座座"心桥"。海尔人的真诚服务得到了用户的赞誉，提高了海尔品牌的美誉度。这是海尔的无形财富，也是海尔的动力源泉。

总之，世界名牌的形成必须拥有高品质、与众不同的特色、领先的技术创新精神以及高雅的文化内涵。这为我国企业品牌建设和品牌经营提供了可资借鉴的宝贵经验，也是品牌成长的营养精华。

12.2.3 走出品牌文化培育的八大误区

在公司整个营销活动链中，最大的盈利环节依然是品牌经营和品牌文化培育，品牌和品牌文化都是无形的，从成功企业经营者走过的足迹可看到，品牌之路是一段坚韧不拔的苦旅，可谓"人间正道是沧桑"。在品牌经营和品牌文化培育过程中往往会自觉或不自觉地走向误区。

一是邯郸学步。人都容易犯红眼病，企业也一样！照猫画虎，照葫芦画瓢，跟在别人的后面亦步亦趋，成了模仿秀。看到行业巨头走多品牌路线过得如此滋润，心里很是妒羡，不就是多几个品牌吗？我也可以做。于是乎一哄而上，一夜之间梦想成为"行业巨头"，看似风光无限，殊不知，到头来却落得消化不良被不明不白地撑死。

二是目光短浅。许多企业缺乏自己的愿景目标，只凭自身经验、个人想象主宰企业，模仿，无创新、无鉴别力。没有清晰的品牌文化战略和品牌规划，只知道走一步看一步，摸着石子过河，还自认为脚踏实地，看似稳重，却有随时掉进陷阱的危险。

三是没有主见。总以为外来的和尚能念经，高薪聘请"空降兵"。个别职业品德低劣的"职业经理人"对缺乏鉴别力的老板往往用"三拍"功夫，刚来时"拍脑袋"——夸海口，吹嘘自己可以将企业带到光明的地方；然后"拍胸膛"——向老板大人下保证，完成或超额完成目标，保证企业挣个银子满盆；最后"拍屁股"——折腾得差不多了，老板的赌资也快空了，不行了，拍屁股走人呗！留下老板独吞苦果。

四是纸上谈兵。以为只要猛打广告，就能快速创建品牌。于是千篇一律、毫无新意的广告铺天盖地出现在消费者面前，看似热闹非凡，却不知有多少能真正烙在消费者心里。千篇一律的广告极易陷入无休止的广告轰炸怪圈，浪费大量广告资源，却难以出现立竿见影的奇迹。事实上，这是赌徒心态，难成大业。

五是随波逐流。不知道企业自身的优势在哪里，始终找不到自己的核心竞争力，更谈不上差异化竞争手段和竞争思路，只知人云亦云，一窝蜂似地随大流，品牌、产品、市场等毫无个性可言，久而久之被无情地淹没掉。

六是怨天尤人。每个老板都感叹缺人才、需要人才。可为何缺？为何需？企业在什么阶段需要什么样的人才？在什么岗位需要配置什么样素质结构的人才？……一问三不知。怎么办？瞎蒙、乱要、乱挖、乱用！到头来"血型难融"，只好像风车一样不断地换人，还一味地抱怨："人才难找啊！"

七是墨守成规。有相当一部分企业是家族企业，从一个家庭作坊起步的，最初的规模很小，老公管厂，老婆管钱，双管齐下，夫妻一条心，黄土变成金，日子过得确实蛮滋润的。但随着企业的发展，盘子大了，市场也变了，家族式管理的局限性显露出来了。如何解决？唯一的办法就是改制、放权，可又有几个老板敢果断改制、真正放权呢？所以相应的品牌和品牌文化难以得到有效推广。

八是受制于人。一些企业把代理商当"爷"供奉，要啥给啥，将渠道掌管大权完全托付给代理商。结果代理商被宠坏了，脾气大了，架子也大了，厂家稍有不对，就要挟、刁难，令企业敢怒不敢言，任其摆布。企业的品牌和品牌文化成了一句空泛的口号。

12.3 温州建设集团的品牌文化诠释

温州建设集团的品牌文化：以实力构建品牌地位，用文化滋润品牌成长。

优秀的企业品牌是依靠实力构建而成的，这种实力包括企业的高知名度、高尚品质、独有特色、领先技术和高雅文化。企业品牌是企业或品牌主体一切无形资产总和的文化浓缩，品牌展示着独特的文化魅力，文化支撑着品牌的丰富内涵，没有文化就不可能创造品牌，更不可能成就名牌，用文化滋润品牌，品牌才能卓越成长。

12.3.1 以实力构建品牌地位

优秀的企业品牌是依靠实力构建而成的，这种实力包括企业的高知名度、高尚品质、独有特色、领先技术和高雅文化。

（1）高知名度

知名度是表示一个组织被公众知道、了解的程度，社会影响的广度和深度，即评价名气大小的客观尺度。企业品牌的高知名度是指公众对企业名称、商标、产品等方面知道和了解的程度。高知名度是企业形象的重要组成部分，企业的高知名度通常包括以下三方面内容：

①企业组织的知名度，包括企业组织名称、性质、历史、规模和在同行业中的地位，公众了解得越多，企业的名气就越大；

②产品知名度，包括厂标、商标、品名、造型、性能和质量等；

③企业第一管理人知名度，企业厂长（经理）的知名度是企业重要的财富，作为企业法人，其知名度自然和企业联系在一起。

高知名度对企业的生存和发展起着重要作用。虽然知名度不像产品那样会给企业带来直接的利润，但它却是企业潜在的财富，会间接地给企业带来许多好处，因为任何经济交往都是从知道和了解开始的。企业知名度是评价企业形象的重要项目：褒义的知名度是与企业良好的形象相联系的，如建立在优质产品和完好服务基础上的独特商标、商誉等会名扬四海；贬义知名度则反映了低劣的企业形象，如以次充好的劣质产品，损害消费者利益的厂家，难免声名狼藉。因此，任何企业都要把提高自己的知名度从而树立良好形象作为公共关系活动的重要内容。提高企业知名度的方法和途径很多，常见的有召开记者招待会、赞助文化活动、组织体育团体、发送广告、举办展览会和展销会等。

（2）高尚品质

品质主要指的是定型的科学技术内在信息状态，作为企业要素的人力、人才、产品、服务等，都必须借助科学技术手段，不断提升其内在的科技内涵，进行必要的信息化披露，准备接受质量标准的衡量和评测。具体而言，企业及产品品质是指企业及产品所具备的一种或几种为达到客户满意所具备的固有特性，包括功能（performance）、特点（features）、可信赖度（reliability）、耐用度（durability）、服务度（service ability）、高品质的外观（premium image）等。

从外观上看，是否具有高品质的感觉，也很重要，因为这是消费者能以肉眼去判断的地方。

（3）独有特色

特色是一个事物或一种事物显著区别于其他事物的风格、形式，是由事物赖以产生和发展的特定的具体的环境因素所决定的，是其所属事物独有的。温州建设集团要发挥自己的特色，要创造和发展自己的特色。温州建设集团历史悠久，国有企业特色明显，信誉度高，知名度高，员工的奉献精神强、凝聚力合力强……这些都是企业的财富，都是企业的特色。

（4）领先技术

就是在同行企业共同发展共同前进过程中，在技术领域，走在最前面，或在某些或某一技术方面居第一位或走在前面。譬如，在建筑行业的信息化技术、建筑节能技术、住宅产业化技术、新型建筑结构与施工技术、地基基础与地下空间技术、建筑用钢技术、化学建材技术、水工业技术和城市垃圾处理技术等方面或某些方面居于领先地位。

（5）高雅文化

高雅，是指高尚、不粗俗，是内在气质的一种外在表现。《三国志·魏志·崔林传》："禀自然之正气，体高雅之弘量。"

高雅文化是指高雅的企业文化。高雅的企业文化，是通过学习型组织建设，提升企业文化品位，诠释企业文化的深刻内涵，进而构建现代化的、有知识含量及技术含量的知识型企业。

高雅文化可以让人胸襟开阔，可以摆脱一些名缰利锁的羁绊。古人云："君子坦荡荡，小人常戚戚。"高雅文化可以让人生活充实，让人修养丰厚。

12.3.2 用文化滋润品牌成长

品牌文化赋予品牌以精神文化内涵，品牌的精神价值是消费者心理满足的重要源泉。关于品牌与文化的关系，Davidson 提出了"品牌的冰山"论，认为品牌的标志、符号等相当于冰山浮出水面的 15% 的部分，而冰山藏在水下 85% 的部分是品牌的价值观、智慧和文化，冰山的冲击力来自庞大的水下部分。

企业品牌是企业或品牌主体等一切无形资产总和的文化浓缩，品牌展示着独特的文化魅力，文化支撑着品牌的丰富内涵，没有文化就不可能创造品牌，更不可能成就名牌，用文化滋润品牌，品牌才能卓越成长。

品牌的成长需要文化滋润，就像禾苗需要雨露滋润，就像万物生长需要阳光滋润。文化滋润品牌才能成长、成熟，并更好地发挥作用。

【实践描述】

品牌 × 品牌 = 品牌^2
—— 以实力构建品牌地位，用文化滋润品牌成长

张　钿

由中国建筑业企业联合会等单位联合举办的 2008 建筑业与房地产年会于 12 月 17 日

在海南博鳌召开。由于我集团公司 2008 年在企业经营、管理创新等方面业绩突出，企业综合实力和影响力迅速提升，经评审，集团获得"2008 中国建筑业综合实力领军品牌 100强"荣誉称号，并在会上受到表彰。

优秀的企业品牌是依靠实力构建而成的，这种实力包括企业的高知名度、高尚品质、独有特色、领先技术和高雅文化。企业品牌是企业或品牌主体一切无形资产总和的文化浓缩，品牌展示着独特的文化魅力，文化支撑着品牌的丰富内涵，没有文化就不可能创造品牌，更不可能成就名牌，用文化滋润品牌，品牌才能卓越成长。

温籍台胞何朝育先生生于 1916 年 6 月 26 日，祖籍温州市瓯海区三垟乡池底村，他艰苦创业的心路历程不仅令人称道，对家乡的无私反哺情怀更令人钦佩。累计无偿向温州市捐赠 1.3 亿元人民币，是迄今为止向温州市捐款数额最多的温籍乡亲，先后在我市捐资兴建了"育英"系列项目。如今在温州，提起"育英"两字，无人不知，无人不晓。"育英"已经成为爱的象征、奉献的标志，"育英"事业将永远地载入温州的历史，每个温州人也将永远铭记何朝育、黄美英夫妇的这份恩情。

而对"育英"系列项目的承建者温州建设集团而言，如何将项目建设得经典、出色、令人满意，使其"育英"品牌效应放大，进而使温州建设集团的品牌效应也能同时比翼齐飞，这是我们品牌文化发展的极好机遇，也是重要的无形资产和品牌发展的巨大财富。

1990 年和 1991 年的台北温州同乡会会刊《温州会刊》连续两期刊登了时任温州大学校长魏萼清所写的《温州大学简介》，希望粗具规模的温州大学得到海内外同胞的资助，亟须建造图书馆，恳请乡亲大力支持的消息时，情倾故里的温籍台胞何朝育、黄美英夫妇商量后决定以黄美英的名义捐 400 万元人民币（后来追加到 628 万元），在温州大学捐建一座图书馆。1991 年 11 月 15 日，何朝育先生和著名数学家、温州大学名誉校长苏步青一起为温大育英图书馆奠基。自此之后的近 20 年时间里，何朝育夫妇曾 8 次回温，在我市为温州家乡人民捐建"育英"系列工程。在这期间，温州建设集团与何朝育夫妇结下了深厚的育英情结，在承建了包含何老浓浓桑梓情怀的温州大学育英图书馆之后，我们以高质量、高信誉、高效益的卓越建筑品牌赢得了何老的充分认可与信赖，随后我们又承建了原温师院育英大礼堂、温医附属育英儿童医院、温医附属一院育英门诊楼、温州育英学校等"育英"系列工程。随着"育英"系列项目相继奠基、落成、开放，温州建设集团的品牌也伴随着"育英精神"而绵延传承。

自温州建设集团承建第一个育英工程开始，我们就深知何老对家乡、对工程包含了太多的情感，我们必须要让何老满意，让市民满意，让社会满意，将工程做精做优，赋予建筑新的生命。正是我们秉承了"做一项工程，立一个丰碑"的宗旨，我们交出了一份让各方都满意的答卷；正是我们始终坚持内强素质，外塑形象，不断丰富品牌内涵、提升品牌价值的理念，把优秀的企业文化和高度的社会责任感与使命感融入每一次的建设之中，才有我们承建的一个又一个"育英"系列工程，才有我们和何老深厚的"育英"情结；也正是因为我们集团将这种企业文化延续至今，才有我们集团在建筑行业的良好知名度、美誉度和忠诚度。

近 60 年的执著坚守，铸就品牌灵魂，用户的满意和放心是我们永远的追求。在长期的生产经营过程中，我们深刻地领悟到企业品牌是一种精神、一种品位、一种格调、一种气质，是能引起用户共鸣的内在推动力，而企业文化正是品牌的精神力量、品牌价值的核心所在，但企业文化建设不可能吹糠见米、一蹴而就，它是一项长期的建设工作，不能因领导者的更替而削弱、中断，它需要企业强而有力、行之有效的制度来作保证，需要企业全体领导、干部与职工共同遵守和奉行企业的价值观念、行为准则和经营理念，并身体力行。

缺乏文化底蕴的企业品牌，犹如一口干涸的枯井，再美轮美奂的建筑也是苍白无力，没有生命、灵魂与气质的，企业也终归昙花一现，被世人所遗忘。温州建设集团决不做建筑业的山寨品牌，我们将品牌声誉视为企业的生命，立志打造百年品牌，做用户永远信赖的企业。

十年企业靠经营，百年企业靠文化。企业文化和品牌，都是塑造企业影响力、控制力、领导地位的有力武器，将直接影响着企业的长远发展，甚至决定着企业的成败与兴衰。能借助品牌项目铸造品牌工程，就能产生倍加的品牌企业效果。因此，加强企业文化建设，着力打造常青品牌，是每个企业必须攻坚的重要课题。只有企业文化拥有自己的根系和滋养的土壤，才能孕育出品牌的花朵，才能铸就百年的辉煌，才能使企业生生不息。

第13章 博学而笃志，切问而近思

——学习型文化建设

> 博学是广博地学习，以开拓知识的范围；笃志是树立远大志向，并坚定不移地努力实现；切问是切切实实地问；近思是由近及远地想。简言之，就是要广博地学习，又要有所追求；要多问问题，又不要好高骛远，能与时俱进。

13.1 学习型文化的理论描述

"当代学习的不足，导致了人类状况的恶化和人类差距的扩大。这种状况使个人和社会对付全球问题所提出的挑战方面，都未能做好准备。学习上的失败从根本上说是我们一切问题的问题，这是因为这种失败限制了我们对付全球问题中的每个问题的能力。"（林均，1984）特别是知识经济时代的来临，学习型文化越来越受到人们的关注。学习型文化能促进员工进行有效的学习，获取更多新知识、新观点，有利于企业知识资本的积累和保持知识的有效性。同时，学习型文化也有利于企业与外部合作伙伴保持密切的联系，提高企业更新知识的能力，开阔视野，博采众长，通过学习不断创造和更新知识，为企业变革做准备，提高企业的知识积累和应变能力。

13.1.1 学习型文化的含义

根据当前创建学习型文化的实践，结合彼得·圣吉在《第五项修炼》中提出的理论，对学习型文化的含义作如下分析。

学习型文化，就是在企业文化发展过程中导入学习型理论，以此来引导企业成长为学习型企业的一种文化。学习型文化高度重视人的因素，特别是人的素质全面提高，注重企业和员工的协调发展，是人本管理最高层次的体现。学习型文化是一种鼓励个人学习和自我超越的企业文化，是一种形成共同价值观、改善心智模式、培养系统思考能力的企业文化，是一种以学习力提升创新力进而增强企业和员工的竞争力的企业文化。学习型文化有以下三层重要含义。

（1）变革、创新的文化

没有变革就不会产生学习的行动，没有学习的行动就不会有创新的成果。学习型文化就是把企业变革过程与学习型文化创建过程紧密结合，针对企业发展战略和变革目标，在企业结构、人员优化、制度建设、战略转型等方面不断创新，使努力学习、推进变革成为大多数员工的自觉行为，从"要我学"，变成"我要学"。

（2）理论与实践结合的文化

"习"比"学"更重要。创建学习型文化不能只停留在"学"的层面，做表面和口头文章，更要勇于实践，不断深入探索学习型文化的创建模式。特别是要克服变革与创新过程中的阻力，解决钳制企业发展的"瓶颈"，努力营造一种文化氛围，形成具有企业自身特色的学习型文化。

（3）惠仁、共赢的文化

学习型文化不仅强调个人学习，更注重将个人学习与团队学习相结合。没有个人的学习就不会有企业的学习，没有企业的学习就不会产生企业学习型文化。因此，应坚持把个人成长与企业发展相结合，充分调动和挖掘每一位员工的自身潜能，积极开展形式多样的团队学习活动，增加员工自我拓展空间，为企业建设积蓄能量。

（4）动态、系统的文化

学习型文化根植于知识系统，其内容也是系统的，包括技术、业务、文化、实践的学习等。而且学习的方式也不是一成不变的，而是动态的优化，应不断围绕企业战略目标、业务经营计划展开学习，使学习具有自我调适功能。

13.1.2 学习型文化的特征

学习型文化可以归纳为以下特征。

① 学习型文化是一种鼓励员工自学与自我超越的文化。学习型企业的学习包括个人学习、团队学习和企业学习。企业只有积极地培育鼓励员工个人学习和自我超越的文化，才能在更新自身知识、技能以及系统理解的同时，不断提升企业的智力水平和创造力，才能在飞速变化的社会环境中生存下去并取得竞争优势。因此，倡导员工个人学习和鼓励自我超越是学习型企业企业文化的基础。

② 学习型文化是一种构建共同愿景的动力文化。共同愿景是企业中人们所共同持有的意象或景象，是学习型企业倡导的一种重要文化理念。有共同愿景的企业其愿景已远远超出狭隘的个人私利，企业的使命感会把员工导向更广阔的奉献与关怀，这样的企业有高于满足股东与员工需求的目标，能产生远高于个人愿景所能产生的创造能力，有助于团队学习精神的形成。例如，日本松下电器公司的创始人松下幸之助就将"促成社会进步，增进社会福祉，并致力于世界文化的进一步发展"作为企业员工的信条，把"工业报国、光明正大、友善一致、奋斗向上、顺应同化、感谢报恩和礼貌谦让"作为他们的精神支柱，赋予员工共同的理想和愿景，使企业发展成为一个团结合作和具有极强学习和创新能力的企业。因此，学习型文化是一种构建共同愿景的动力文化，也是实现企业愿景的重要手段。

③ 学习型文化是一种强调开放、创新、应变的文化。在学习型企业中，学习过程必须在一个开放的环境中进行，这不仅有利于员工之间的相互学习，同时也有利于企业向外部企业如竞争对手、联盟企业、顾客、供应商、设计公司以及软件公司学习。因此，学习型文化应是一种开放型的文化，鼓励企业内部以及企业之间的开放、交流和学习应是学习型文化的一个重要理念。同时，在顾客需求和市场环境快速变化的时代，一个企业如果只有开放的企业结构和文化而没有创新应变的文化，也是不能掌握未来的，企业文化的发展必须跟上时代变迁的步伐。

④ 学习型文化是一种全体成员的生存方式。在学习型文化中，个人之间以及员工与

企业之间的关系，首先是文化共同体，表现为具有共同的价值观和目标，即具有共同愿望，是"你愿中有我，我景中有你"，真正实现了是"我们的、大家的"；其次是利益共同体，企业的发展和员工的个人生涯发展是一致的，企业通过职业生涯设计帮助每一个员工制定达到个人与企业发展目标一致的生涯规划；再次是生命共同体，员工与员工之间已经超越了契约的纽带，不仅是心灵的默契，而且是生命的联结。学习型文化的企业成了员工安身立命之所，它不只是为员工提供生存的物质保证，还是教育人、培养人的企业，而且使员工的潜能得以发掘，展示生命的活力，实现生命的价值。

⑤ 学习型文化是一种普遍学习的文化。在学习型文化中，员工都在进行各种各样的学习。这不仅有一般意义上的知识文化科学技术学习，而且更主要的是在进行修炼式的学习；不仅是员工自己学习，而且是团体学习、企业学习、专职学习、业余学习、培训学习、干中学习，等等。在学习型文化中，"每个人都是热情的学习者，每个人都是老师、辅导员和教练"。

13.1.3 建设学习型文化的必要性

① 建设学习型文化是适应知识经济时代的需要。随着知识经济时代的到来，企业的生产要素和生产活动过程发生了巨大变化：在人、财、物和技术资源等要素中加入了知识和信息；在产、供、销中加入了信息流和网络。企业家和管理学家普遍感到必须建立新的企业以适应知识经济时代的需要。通过变革传统企业结构和文化，建立适应知识化、网络化和高速化发展时代的企业的关键方面是培育特殊形式的企业文化，"因为企业整合的维持越来越有赖于对企业目的及其核心价值观的共识和理解"，这种生气勃勃、以人为本的、可塑的企业文化，是让所有成员不断学习的企业文化。

② 建设学习型文化是改变思维方式的需要。正如拉尔夫·D. 斯泰西所言，"构建世界的模式主要由我们的思维方式决定"，创建什么样的未来企业取决于我们的思维方式，这种思维方式看到的或者注重的是片段的、分割的、局部的、单个的、静止的和线性的东西。我们必须用复杂性科学来自我反思，改变思维方式，重新设计权利使用形式和有效管理。用系统的思维方法和辩证的思维方法来看待自然与社会，看待可持续发展，形成学习型个人、学习型企业和学习型社会。

③ 建设学习型文化是由企业文化的二元性决定的。企业文化的二元性是指企业文化是与社会文化密切相关的"亚文化"。企业文化中特有的价值观念和行为准则，一方面是由一些特定的、与企业有关的价值观念和行为准则组成，另一方面也是由个人在社会过程中带到企业去的整体社会文化的价值观念所组成。因此企业文化有局部的相对稳定性，但同时又受到社会文化的制约。只有很强的企业文化才能抵消或减弱社会文化对企业文化的影响。

13.1.4 学习型文化的价值理念精髓

在知识经济时代，成功的企业主要是学习型企业。学习型文化作为企业发展中强大的内在驱动力量，能够以其确定的使命、战略、目标和愿望为企业确立正确的发展方向，指引企业成功迈向未来，引导全体员工对企业产生高度归属感和认同感，全心奉献于企业共同愿望，这主要取决于学习型文化核心理念的支持。

（1）人本主义

人本主义强调人文价值与人性尊严，重视人伦关系与人生责任的思想。学习型文化的

核心应体现为尊重人、关心人，强调从观念上出发，潜移默化地贯彻到企业成员中。企业文化的精髓是提高人的文化素质，重视人的学习能力和学习机制，尊重人的独立人格。国内外许多成功的企业大多在企业内部建立了一种人与人之间全面信任与平等的关系环境。

例如，美国洛杉矶迪斯尼乐园为了崇尚平等，员工全部都戴着有名无级别的胸卡，彼此不论级别，一律以名字相称。行政人员必须每年参加为期一周的"下放"，在游乐场内担任卖爆米花或卖票的角色，亲自体验下属员工的实际情况。

国内的联想集团也推行了"称谓无总"的措施，强调打破等级观念和官僚习气，倡导人与人之间的平等交流和"信任、欣赏、平等、亲情"的企业文化。

（2）鼓励个人学习和自我超越

个人学习是企业学习的基础，只有通过个人学习，企业的学习才成为可能。虽然个人学习并不能保证整个企业都在学习，但如果没有个人学习，企业学习就无从谈起。因此，一个真正的学习型企业的经营理念和价值观应当引导员工认识个人学习的重要性。

同时，倡导员工必须有一种自我超越的精神追求，使每个员工在这种企业文化的影响下，建立个人愿望，通过自我超越认识到自己知识力量的不足和学习的必要，使员工能全身心地投入，将学习作为一种真正的终身学习。企业只有积极地培育鼓励员工个人学习和自由超越的文化，才能在更新自身知识、技能以及系统理解的同时，不断提升企业的学习水平和创造力，才能在迅速变化的社会环境中生存下去并取得竞争优势。因此，倡导员工个人学习和鼓励自我超越是学习型文化的基础。

（3）开放与共享

一个开放和信任的企业文化鼓励员工对现有的模式提出怀疑和挑战，保持企业的开放氛围和有效的沟通。新的经验、技能或知识产生之后，必须有一种共享机制来保证它们向团队的其他成员和整个企业扩散。真正能够创造竞争优势的是知识在企业内流动和转化为能力。客观上，学习型企业具有一套完整、高效的沟通与传播网络，实现知识流动和增值功能。

日本富士施乐公司的员工可以通过企业内部网络了解企业内容，包括企业人力资源状况、各职位所需的技能和评价方法、企业历史上的重大事件、企业客户、竞争对手与合作伙伴的详细信息、企业内研究人员的研究文献和研究报告等企业内部资料，并可以在虚拟公告板发表自己的看法和意见。

（4）创新性和应变性

在社会和市场环境快速变化的时代，一个企业如果没有创新应变的企业文化，也是不能掌握未来的，企业文化的发展必须跟上时代变迁的步伐。培育一种创新、应变的企业文化是企业保持强大创造力和竞争力的关键。因此，具有能够快速改变和更新知识的能力是学习型文化的又一特点，它要求企业必须有一种创新应变的人文精神，使企业能根据顾客需求和市场环境的变化，不断更新企业的知识基础，让员工不断地更新观念、开阔视野，积极参与企业变革和企业文化创新，增强企业的应变能力。在美国的硅谷，人们对于想出经营新点子的人从不抱什么偏见，没有人会在乎你的年龄和学位，在哪里干过。在这里，最重要的是你思考的质量和你的想象力。

（5）宽容性

学习型文化最关键的因素就是重视员工的勤奋精神与进取精神，忽视无意的工作失误，给予员工犯错误的合理尺度，鼓励员工积极学习和创新。许多著名公司都允许下属在合理尺度内犯无意的错误。例如，IBM 一位管理人员在进行一项风险投资时，使公司损失了 1000 万美元，沃特森对这名经理说，我们只不过是替你交了 1000 万美元的学费而已。

13.1.5　学习型文化的构成要素

Ellyard 与学习顾问 Dr. Julin Atkin 合作发展了一种学习型文化。Ellyard 在 2001 年的《新千年的构想》一文中提出了学习型文化应包括八大因素（Ellyard，P. 2001）。对于这八个学习型文化的因素，可以简要描述如表 13-1 所示。

表 13-1　　　　　　　　　　　对学习型文化八个因素的描述

因素	范畴	基本含义	主要特征
（1）终身学习	理念	终身学习的深刻含义绝不只是人类在某一阶段的事，而是贯穿于人的一生，是不断积累、日益发展、长期连续的过程；学习和工作将在人的一生中交替进行或者同时进行。	确保学习者固有的、天然的学习动机、激情与乐趣不消退；学校与家庭为学习者提供相等机会；可以在时时处处学习；其目的为将来而学习。
（2）自主学习	类型与方式	学习者在学习目标、过程及效果等方面进行自我设计、自我管理、自我调节、自我检测、自我评价和自我转化的主动建构过程。	学习活动是学习者自我发起、驱动与控制；鼓励独立学习，有更多的自主权；他们选择学习什么、学习时机、怎么学习；他们对自己终身学习负责。
（3）应急性学习		当学习者寻求一个问题解决时，好奇心驱使他即时地积极地开展学习。	在学习之前，有强烈的学习动机。它主要表现为创造适时的问题式学习。
（4）个性化学习		学习者在学习目标、内容、方式、手段、风格、策略等方面表现出与他人不同的优势特色，充分体现个人的特色。	左脑型学习与右脑型学习的结合；学习者用自己喜欢的方式，学得有效；现代技术使不同的学习途径得到保证。
（5）改造性学习		学习者在瞬息万变的世界里，应质疑与改变思想体系和行为方式，达到新的满足。	学习从根本上改变了那些需不断提升的学习者看法。为适应不断变化与发展的形势而学习。
（6）合作性学习		合作学习是以学习小组为基本形式、以动态因素的互动合作为动力资源、以发展目标为导向、以促进集体学习与有利决策的一种活动。	创建相互依靠的学习共同体（有效合作与团队精神）；将学习材料内化为自己的效果；成员间的相互解释赋予了积极的意义，产生强大的多功能效应。
（7）情景性学习		学习者在真实或虚拟的学习情境中体验有关自己所处环境的感知与理解的新知识的效果。	学习材料与学习者的经历相关；变事物的特质学习为在真实或近似真实情景中学习；在实验、实践中以便有可能形成抽象。
（8）学会学习	方法	学会学习是学会怎样学习的方法论意义。当明确了要学什么以后，关键的是怎样学的问题。它包括学习态度、方法、习惯、思维、意识等问题。	学习者具有高度创新意识和创新能力，包括学习的创新、思维的创新；学习者须懂得自身如何学习与思维；发展个人与企业的能力。

对上述学习型文化八大因素的理解、描述与我国的企业学习型文化既有一致性的一面，又有差异性一面。

13.2 学习型文化的培育

建立新的有效的学习观和学习方式已刻不容缓，而它的建立应包涵一定的因素且必须与特定文化背景相吻合。

13.2.1 学习型文化的培育原则

在学习型文化建设中，更注重对员工学习力的培养、心灵的塑造、精神的训练，建立个人对企业整体的认同感，进而形成整个企业的向心力和凝聚力。其应遵循的原则如下。

①科学定位的原则。学习型企业的文化建设，必须从企业的实际出发，在对企业进行全方位诊断的基础上，充分挖掘和提炼企业的各种积极因素，提出科学的规划方案。把企业文化的定位同企业的发展壮大紧密结合，为企业文化的建设开辟广阔的前景。

②全方位构筑的原则。全方位的系统文化，还包括了视觉文化、管理文化、营销文化、品牌文化以及形象文化的多个方面，企业文化建设必然突出核心，辐射全局，并将文化的精髓深入到每个员工的心中，深入到每道工序之中，激发员工强烈的团队精神。

③内涵深化的原则。企业文化教育的内涵源于企业的经营特色和管理风格，源于对知识经验的积累、提炼和创新。不同的企业都有其相对独立的文化内涵，但其本质都是"以人为本"的管理思想。因此在企业经营管理中，要用系统的方法分析和解决问题，按"工作学习化，学习工作化"的要求来学习和工作。

13.2.2 学习型文化的现状分析

当前，许多企业在培育创建学习型文化方面仍存在一些问题，主要表现如下。

① 队伍素质与战略目标存在差距。目前，一些企业的员工队伍的综合素质与其肩负的重大责任和战略目标相比还存在差距，而且由于市场压力不够突出，员工的风险危机意识不足，导致学习动力不足。

② 文化建设中的关键环节结合不紧密。一方面，培训与学习未能有机统一，存在针对性不强、重业务轻管理、重知识轻技能等方面的现象，特别是对业务管理类人员的培训不够；另一方面，个人自主学习与团队学习、临时学习与终身学习、业务学习与职业生涯规划等方面的结合力度也不够。

③ 激励保障的软环境建设步伐较慢。目前，企业学习、激励与保障等方面的机制建设还比较薄弱，鼓励学习、崇尚创新的制度软环境建设比较落后，为培育学习型文化、创建学习型企业提供的保障力度较弱。

④ 对创建学习型文化的认识存在误区。主要包括：将创建活动当做思想运动，没有与企业的业务实践相结合，只做表面文章，虽投入了大量人力、物力，却收不到实效；过多依靠外脑与外力，没有以我为主，虽然出台了不少"学习成果"，却缺乏实际应用价值；急功近利，不能做到循序渐进和持之以恒，存在"运动式"倾向。

13.2.3 培育学习型文化的路径安排

建立学习型企业的过程就是建设学习型文化的过程，结合我国企业文化建设的现状，企业在培育学习型文化的过程中应主要从以下几个方面入手。

（1）树立学习型价值观

我国宋代朱熹就曾经提出："无一事而不学，无一时而不学，无一处而不学，成功之路也。"这一终身学习的价值观应当牢固树立。

价值观对人们的行为具有重要的支配作用，树立学习型价值观是学习型文化建设的第一步。企业要成为真正的学习型企业，首先要使全体成员达成学习的共识，树立把企业建设成为学习型企业的价值追求，使学习成为每一个员工的自觉行为和习惯。例如，我国的一汽集团培育的"一切为了用户，为生存而学习，我为一汽奉献汗水和智慧"以及"学习、抗争、自强"的企业文化就体现了员工为了企业的生存和发展而学习的价值取向，从而使学习成为整个企业员工共识化的行动。

企业要树立学习型价值观，必须使员工时刻保持强烈的竞争意识和学习能力；把学校学习、教育的观念转变为终身学习、教育的观念；掌握有效的学习方法，不断开阔视野；善于交流合作，互助互学，相互尊重，提高学习能力；勇于创新和尝试，使企业和员工在变动的环境中持续学习和成长。

（2）培育适合学习的企业机制

① 建立企业内部学习共享机制。在企业内部应充分利用已建立起来的内部沟通网络，增强员工之间的相互交流和学习。传统企业的部门界限阻碍了信息、知识的流动，将个人和各部门彼此孤立起来，不利于学习型文化的形成。因此，企业必须打破这些部门的界限，建立开放式的工作环境，制定有关学习和共享知识的制度和措施，促使形成企业内信息和知识的传播机制，使企业最大限度地扩散和交流知识。要使企业在此基础上能通过学习不断增强自身创造和积累知识的能力，以最终带来绩效的改善和学习型文化氛围的形成。

② 建立切实有效的学习机构。在学习型企业中，学习处于战略地位，必须有特定的部门、机构，专门推行学习型文化建设。在学习型文化中，必须由高层管理团队亲自领导，具体职能由人力资源部门执行。

③ 领导要做学习的推动者。学习型企业的建立必须要有领导者的推动，否则什么都不会发生。学习型企业的领导者要演好三个新的角色，即设计者、仆人、教师。企业领导者要能够识别和抑制变革与学习的巨大阻力，即启动阶段的阻力如"没有时间""没有经验""意义在哪里""怕言行不一"，发展阶段的阻力如"认为不可思议""否认有效""冲突对立"，纵深阶段的阻力如"不肯放权""过于分散""新的目标"等。领导者要能够整合企业所有力量，齐心协力及时冲破阻力，否则学习将停滞或倒退。

④ 建立强有力的激励机制。激励机制是通过一定的奖励制度来激发企业成员学习、工作的积极性、主动性和创造性，进一步强化学习的动机、行为，使学习持久进行下去。激励的主要形式有：第一，物质报酬激励，即以一定的金钱、福利、津贴等来奖励企业成员的学习成就和工作业绩，以满足他们在物质上的需求；第二，成长激励，即以提供培训机会、晋升提拔、帮助设计职业生涯等形式，让员工的知识能力得到锻炼和提高，满足他们成长的欲求；第三，工作激励，通过工作扩大化、工作丰富化、工作轮换、灵活的工作时间方案等，来提高工作生活质量，满足企业成员在工作中心理、精神上需要；第四，荣誉激励，通过冠名制度、知识产权制度、授予荣誉称号、大力宣传企业英雄事迹等，来满足人们在地位、自尊、自我实现上的需要。

（3）创建一种对外开放的企业机制

知识经济时代，企业可以通过知识、信息的内部交流和共享来增强企业的学习能力，

但企业还应建立一种对外开放的企业机制，形成开放型的企业文化，使企业能最广泛地从外部收集和积累知识。企业可以通过咨询外部专家、与客户及供应商交流和合作等形式，使企业及其员工能向其他先进企业学习、向合作者学习、向专家学习、向顾客学习，不断吸取来自科学研究、合作者、消费者乃至市场竞争者的知识和信息。

联想集团总裁柳传志提出的"鸵鸟理论"提醒联想不要自高自大，要善于发现和学习别人的长处。联想在每一次合作中都能做到以我为主，积极吸收、消化国际最先进的技术，学习国际大公司在技术、产品开发、生产管理、渠道建设以及市场运作等多方面的管理经验和科学方法，以最快捷和最有效的方式获得自己所需要的知识，带动自身学习、创新能力和管理水平的提高，正如柳传志所说："我认为联想是学习型企业。"

（4）培育创新的企业文化精神

知识经济时代，知识更新换代比以往更快，今后企业的竞争实际上就是创新与速度的较量。因此，企业必须营造一种宽松的创新环境，树立崇尚创新、鼓励挑战的风尚，让每个人都成为企业获得新知识的源泉。

① 企业鼓励员工挑战传统，对那些陈旧的理论和经营管理方式提出质疑。同时鼓励员工冒险，容忍他们失败，为他们进行创新提供一个宽松的环境。强生公司前总裁小R. W. 约翰逊就说过："失败是我们最重要的产品。"

② 企业必须非常重视发挥员工的想象力，鼓励他们通过学习不断去涉足更复杂的知识领域，去面对变化激烈的外部环境，使他们面对更多的挑战，并鼓励他们提出新观念、创造出更多新知识和新工作方式，为企业的发展注入更多创新的动力。

（5）在企业内部营造终身学习的文化氛围

知识经济时代，知识更新日新月异，企业和员工必须树立终身学习的文化理念，同时注意知识共享，才能跟上知识经济时代的步伐。企业要树立终身学习的文化理念，首先要使企业成员认识到学习的重要性，使学习成为人们的自觉行动和终身追求，并将其上升为企业的一项战略职能，使各层次人员都能全身心地投入学习并具备不断学习的能力，进而使企业发展成为一个具有高度自觉性的学习型企业。

企业要营造一种有利于知识共享的文化氛围，由于企业之间的竞争往往取决于企业整体的学习创新能力，因此，企业必须注意在企业内通过建立学习团队、提倡知识共享等途径，在企业中营造一种平等、民主、自由的学习气氛，形成一种高度信任、有利于知识传播和共享的人文环境。

（6）选择多样化方式、讲究持续发展

学习状况在一定意义上已经成为决定一个国家和民族兴衰存亡的主要因素之一，而直接影响学习状况的就是学习方式。任何员工在学习过程中为了达到一定的学习目的，自觉不自觉地总要选择和运用一种程序、形式对学习对象进行理解、记忆并使之内化为可接受的东西贮存下来，并在适当时机加以运用。

在选择学习方式时，从学习效率角度考虑，应当选择专家引领、辅导报告，并鼓励或激励员工"自学""自立""自为""自律"，让员工拓宽信息渠道，以便在选择学习内容、学习材料等方面具备更高的自由度。这既与 Ellyard 提出的给员工更多的自主权，让他们选择学习什么、学习时机、怎么学习（即自主性学习）的观点较为一致，又符合充分体现个人特色的个性化学习。

13.2.4　培育学习型文化的保障

（1）建立学习型文化的领导责任制

由企业行政牵头，党、政、工、团齐抓共管，共同负责学习型文化的建设工作，将责任层层分解，压力逐级传递，让每位员工都在学习的氛围中活跃起来。

（2）构建管理干部带头学习机制

一个企业能否顺利发展，干部是关键，培育学习型企业也不例外，应从管理班子入手，自上而下推进。培育学习型企业，就是要使企业管理干部改变观念，明确带头学习的责任，并通过他们带动员工学习风气的兴起。

（3）落实培育学习型文化的配套政策

① 建立动力机制。探索科学的人才培养机制，特别是加强创新型、复合型人才的培养，形成育才、引才、荐才、聚才、用才的良好机制与环境，在干部选拔、人才使用等方面充分体现量才录用、择优选拔的原则。

② 搞好创先达标工作。企业应搞好学习型企业建设的评比和达标活动，对先进典型，给予必要的精神和物质奖励，激发员工崇尚科学、学习知识技能的热情。

③ 提供必要的经费保证。对培育学习型文化的有关活动、教育培训工作及学习型企业软硬件建设，应拨出专门经费。

13.2.5　学习型文化评价指标

学习型文化评价指标有如下六点。

① 企业的愿景是否明确，是否具有挑战性。就是说各级企业要明确知道学什么，达到什么效果，其目标不是轻易就可以实现的，要通过持续的学习才能达到。

② 培训体系是否形成，运作是否有效。在学习型企业中，培训体系是多方位的联合体系，包括企业管理体系、设施管理体系、制度体系、课程管理体系、考评体系等。

③ 员工职业生涯发展通道是否建成，发展是否顺畅合理。通过学习型文化的创建，是否能让员工学有所用，真正凭能力、靠本事实现个人的发展。

④ 淘汰机制和退出机制是否建立。这是根本的压力源，也是学习型文化持续提升的根本所在。

⑤ 企业是否形成不断变革、持续改进的机制。通过学习型文化的创建，不断适应外界环境变化的要求，使得企业和个人主动变革。唯有不断变革、持续改进的机制形成才能实现激励作用。

⑥ 企业的业绩能否持续提升。这是学习型文化变虚为实的落脚点，学习型文化创建活动的实际成果（包括企业和个人两个方面）就是通过学习使企业绩效和个人绩效有持续的提升，这是它成功的标志。

13.3　温州建设集团的学习型文化诠释

温州建设集团的学习型文化：博学而笃志，切问而近思。

博学是广博地学习，以开拓知识的范围；笃志是树立远大志向，并坚定不移地努力实现；切问是切切实实地问，近思是由近及远地想。简言之，就是要广博地学习，又要有所

追求；要多问问题，又不要好高骛远，能与时俱进。

13.3.1 "博学而笃志，切问而近思"的出处

"博学而笃志，切问而近思"出自《论语·子张第十九》，子夏曰："博学而笃志，切问而近思，仁在其中矣。"《注疏》载："博，广也。笃，厚也。志，识也。言广学而厚识之，使不忘。切问者，亲切问于己所学未悟之事，不泛滥问之也。近思者，思己历未能及之事，不远思也。若泛问所未学，远思所未达，则于所习者不精，所思者不解。仁者之性纯笃，今学者既能笃志近思，故曰仁在其中矣。"学习的关键在于自身的体会，如人饮水，冷暖自知。所以，一定要从切身处去问，接近处去思。其实，也就是我们今天对理论联系实际的要求，只不过说法有所不同罢了。〔子夏，姓卜，名商，字子夏。春秋末晋国温（今河南温县西南）人，一说卫国人。少孔子四十四岁，约生于公元前507年，卒年未详。据《史记·仲尼弟子列传》载："子夏居西河教授，为魏文侯师……"魏文侯于公元前424年即位，则子夏卒年必于公元前424年之后，合享年九十多岁。《论语·先进十一》有一孔门弟子排行榜：德行：颜渊、闵子骞、冉伯牛、仲弓；言语：宰我、子贡；政事：冉有、季路；文学：子游、子夏。对孔子思想的传承和传播，孔门弟子中贡献最大者莫如曾子、子夏二人。〕

13.3.2 关于博学

博学的一般含义是学识渊博，知道得多，了解得广，学问丰富。博学，就是要深入学习，广泛学习，详细询问，周密思考，明确辨别，切实实行。要么不学，学了没有学会绝不罢休；要么不问，问了没有懂的绝不罢休；要么不想，想了没有想通绝不罢休；要么不分辨，分辨了没有明确绝不罢休；要么不实行，实行了没有成效绝不罢休。别人用一分努力就能做到的，我用一百分的努力去做；别人用十分的努力做到的，我用一千分的努力去做。如果真能够做到这样，虽然愚笨也一定可以聪明起来，虽然柔弱也一定可以刚强起来。

作为一个人，生活在这个世界上，首先就是一种博学，就是在生活过程中的点点滴滴的经验与智慧，而一个人自己在有意无意中所积攒的东西其实对别人来说就可能是一种博学，当别人遇到困难，你能够在第一时间去帮助他，为他提出有建设性的意见，并且你的意见对需要帮助的人有所作用，那么，就可以说明你很博学。

博学，也是一种处世为人的态度。首先，是一个开放的态度，热爱这个世界以及关于它的知识，不自闭，能更多地、更敏锐地把握事物好的一面。其次，是一种执著的态度，热情、坚持不懈且陶醉其中地探索自己内心的困惑，以至于全人类的困惑。这样的人处世积极、坚毅。而且，博学也是一种谦虚的态度，知道自己的不足才能好学、进步。傲慢和博学是有矛盾的。也许博学是一种美德，其好处在于使人明事理。广义地说，博学是推动人类社会进步的创造力的基础。从狭义上说，博学是帮助你自己日后建功立业的手段。

13.3.3 关于笃志

笃志即志向，指人们在某一方面决心有所作为的努力方向。人生当立志。无志则人难做，事难成。

不管你是谁，都免不了在探索自己的人生出路中寻找到准确的人生目标。这是对自己也是对生命的负责。

人生之所以迷茫，归根结底主要是没有远大的志向和为之奋斗的明确目标。没有人生的目标，只会停留在原地。没有远大的志向，只会变得慵懒，只能听天由命，叹息茫然。想不让机会溜走，不叫青春逝去，只有靠志向和理想冲出迷茫。

人生立志，这里先从"志"说起。古人对"志"的解释，是认为"心之所指曰志"，也就是指人的思想发展趋向。当代汉语对"志向"一词是这样解释的："未来的理想以及实现这一理想的决心。"理解了"志"的含义后，"立志"的含义就很好理解了。所谓立志，就是立下未来的人生理想。

一个没有目标的人就像一艘没有舵的船，永远漂流不定，只会到达失望、失败和丧气的海滩。

聪明的人，有理想、有追求、有上进心的人，一定都有明确的奋斗目标，他懂得自己活着是为了什么。因而他的所有的努力，从整体上说都能围绕着一个比较长远的目标进行，他知道自己怎样做是正确的、有用的。有了明确的奋斗目标，也就产生了前进的动力。因而目标不仅是奋斗的方向，更是一种对自己的鞭策。有了目标，就有了热情，有了积极性，有了使命感和成就感。有明确目标的人，会感到自己心里很踏实，生活得很充实，注意力也会神奇地集中起来，不再被许多繁杂的事所干扰，干什么事都显得成竹在胸。

琼·菲特说："信心和理想乃是我们追求幸福和进步的最强大推动力。"

☼【实践描述】

学习型企业文化的修炼
——2010 年开展"创建学习型党组织"活动

李新立

为加强学习型企业文化建设，深入开展学习型党组织创建活动的领导，集团公司于2010 年 3 月专门成立了以邵奇杰同志为组长的"创建学习型党组织工作领导小组"。领导小组下设办公室。并于 2010 年 3 月 25 日制订了"温州建设集团公司 2010 年学习型党组织创建活动工作计划"。

学习型党组织创建活动工作目标是：进一步加强集团公司全体党员的学习，积极营造学习的良好氛围，建设一支高素质学习型党员队伍。通过学习型党组织创建活动，带动和引领学习型企业文化建设，推进集团公司又好又快发展。

学习型党组织创建活动有三个实施步骤。一是启动阶段：2010 年 1 月至 3 月。成立创建学习型党组织工作领导小组，制订工作计划，召开创建动员会，明确任务、落实责任。二是实施阶段：2010 年 3 月至 11 月。在宣传发动的基础上，结合实际，完善工作机制，创新活动载体，认真实施创建工作计划，全面开展创建活动。三是检查小结阶段：2010 年12 月份。对创建活动进行检查，并在此基础上筹划下年度创建计划。

学习型党组织创建活动工作实施方法有如下几种。① 开展集团两级班子领导人员"荐好书、读好书、讲好书、用好书"系列活动。组织开展向集团两级班子领导人员现场赠书仪式，赠书内容包括国际形势、金融财政、管理、反腐败、学习型组织等方面的知识。同时，在集团网站上开设专题报道栏和读书论坛，积极营造浓厚的读书氛围，为创建活动开好头、起好步。②组织开展"创学习型领导班子，做学习型领导干部"创建活动。围绕"一个班子一个龙头"主题，结合"四好班子"建设，对中层以上领导干部采取"请进来、走出去"的办法，通过党委中心组读书会、学习交流会、聘请专家学者来讲学和赴外地先进单位参观及培训等活动，努力创建学习型领导班子，积极发挥领导干部的示范带头作用。③组织开展"创建学习型党支部，做学习型党员"创建活动。围绕"一个支部一个堡垒""一个党员一面旗帜"主题，通过开展纪念"七一"系列活动，组织党员到红色革命教育基地和集团承建工程，在参观中加强学习。同时，将创建"学习型党组织"、争当"知识型党员"活动作为保安全、保质量、保工期、保效益的重要途径，树形象、创信誉的重要举措，做到施工战线延伸到哪里，党的组织就建在哪里，活动就开展到哪里，党支部和党员的作用就发挥到哪里。此外，紧跟党的理论创新步伐，抓好围绕中心抓党建的课题探索，并推出一批优秀政研成果。今年要完成三篇党建课题研究：一是"注重学习提升创新动力，助推企业升级转型"；二是"施工战线延伸到哪里，思想政治工作就渗透到哪里"；三是"不断加强企业文化建设——打造市场竞争新优势"。通过这些课题的探索，推动学习型党组织创建活动深入发展。④深入开展全员读书活动。通过举办读书班、培训班、研讨会、专业岗位培训、学习交流会和干部职工自学等多种形式，强化在工作中学习、在学习中工作的意识，不断提升干部职工思想道德、科技文化素质，积极推进适应集团科学发展需要的人才队伍建设。⑤以"创建'四强'党组织、争做'四优'共产党员"为主题，开展争先创优活动。先进基层党组织要成为政治引领力强、推动发展力强、改革创新力强、凝聚保障力强的"四强"党组织，优秀共产党员要争做政治素质优、岗位技能优、工作业绩优、群众评价优的"四优"共产党员。并在此基础上，认真总结创建经验，树立和宣传先进典型，把全年创建活动推向高潮。

集团直属各党支部、各公司党支部，高度重视，周密计划，圆满地完成了"创建学习型党组织"活动的各项任务，为集团的学习型企业文化建设起到了极大的作用。

切问而近思
——品读曾国藩为人之"谨"

季晓慧

近日有幸拜读了《品读曾国藩——做人·做事·做官》一书，有所心得，尤其是他为人之"谨"，经多次认真阅读思考并从中感悟，颇受教益。

曾国藩认为"无多言，多言多败"。他认为"无多言"的理由之一，是"巧语悦人，自扰其身"，也就是花言巧语、巧言令色者危害甚大，由此往往易令当事者晕头转向，混淆是非，掌权者就往往会受制于左右而做出本不想做的事情，因此而毁灭德性。理由之二，是"多言"往往"妄语"，且"词气虚骄"，因而"惹人厌烦"，于己于事不利。他就常常反省自己，身居翰林，谈学论道乃常有之事，往往强言争辩，"彼此持论不合，反复辩诘"，事后常常悔悟。为戒"妄语"，他付出了艰苦的努力，甚至刻意疏远朋友，被大家戏谑为"淡而无味，冷而可厌"，仔细想来，实属无奈呀！理由之三，他认为君子应"讷于言而敏于行"，事情靠做出来，不是靠说成功的，多言无益。小人言而无信，可以信口雌黄，而君子却不行，他要言必信，行必果。

从中我们不难看出，曾国藩坚持的"无多言，多言多败"的人生座右铭，并非鼓励大家不管什么情况下都表现为"噤若寒蝉"，"嘘"声一片，胆小怕事，谨小慎微，无所事事。恰恰相反，他真正想说明的是，为人要务实，不要投机钻营、巧言令色，贻误正事、大事，乃至有利于公平大义的事。他同时主张君子要"讷言敏行"，恪守信诺，微言大义，大胆做事，造福黎民；切忌狂妄，主张低调为人。

曾国藩的为人之"谨"，不仅仅在于他的一味低调，"讷言敏行"，他对"谨"的理解和把握还有更高的层面。

他认为"君子慎独，亦要慎行"。由此，他一生恪守本分，低调为官，反对特权。他之所以这样，完全取决于他独特的"得失荣辱"观。他自认为一生最爱一样东西——书，除了书就是衣服。他说："衣服则当差者必不可少，书籍则我生平嗜好在此。"他以为，凡尘俗世往往以为得便是荣，失便是辱，殊不知，有些不该得也要得实际上是一种耻辱，有些失之无害的失却是对荣誉的维护。人在得失面前，最难保持真实的自我与无比珍贵的尊严；活着的最好方式莫过于有尊严地活着，坦荡地面对这个充满物质名利的世界。他深受庄子智慧的启发，也就是"一种既和世俗混合而又不失去自我的人生风范"。人生的目的并非完全与世沉浮，随波逐流，而是更好地保全自我并实现自我，于是有了外在圆融精神与内在方正的自由精神的统一之说。这一点，恰恰是我们作为凡夫俗子必须领会却往往少有人完全领会的真正有益的思想。

曾国藩为人之"谨"，还在于谨慎择友方面。他认为："择友是第一要事，须择志趣远大者。"他一生交友看清了"面交""义交""心交"的迥然不同的方式与结局。他觉得最好的朋友是"莫逆于心"，做到彼此默契，真心不欺，互相帮扶，却又淡水绵长。当面温柔背后诽谤的人往往对朋友落井下石，花言巧语的人最喜欢诋毁和出卖朋友。他提倡交朋友就要结交正直的、诚信的、博学的，否则不如少交甚至不交。他同时也提倡以"诚"待人，也只有自己真诚才能结交到真诚的有益的良友。

曾国藩为人之"谨"被大多数人奉为为人处世的成功"秘诀"，往往认为只要谨小慎微，凡事一味委曲求全，就能以圆通之术，破解成功之密钥。可从他的人身经历看，此言差矣！其实，曾国藩为人之"谨"，也绝非毫无原则。

他认为："谨于小而反忽于大，且有谨其所不必谨者。"如果一个人不论时间环境，什么事都谨小慎微，那是很难有所作为的。处处怕得罪人，就可能处处得罪人。他虽厌恶巧言令色的奸佞，也并不欣赏是非不分的"老好人"。

咸丰元年（1851年），曾国藩目睹官吏腐败严重，他就毫不忌讳地上了一道陈词尖锐的奏疏《敬陈圣德三端预防流弊疏》，痛斥官场流弊现象及祸害。他的坦诚直言，着实惹恼了登基不久的咸丰皇帝，他的奏疏被狠狠地掷到地上。虽然并没有立即造成严重的后果，但是也因此引起了当权者的不满，不久曾国藩因病告假都没能得到批准。即便如此，曾国藩并没有认为自己做得不对，却认为是"谨"的精神境界的提升。在他巡查地方治安，痛杀了一批打家劫舍的歹徒，而引起巡抚骆秉章的不满时，曾国藩不但当面直言自己做得并不过分，还毫不避讳地指出，治安混乱的根本原因是吏治不严。把这个一省的最高长官说得满脸通红，恼羞成怒地反过来逼问吏治不严到底是谁的责任。

读到了这里，我不仅为曾国藩"有谨其所不必谨者"即为人之"谨"的最高境界而拍手叫绝！

第14章 人无礼而不生，事无礼则不成

——礼仪文化建设

> 人不学礼就无法立足，做人没有礼节就不能生活，做事没有礼节就不能成功。企业每一位员工都应当学礼仪、懂礼仪、用礼仪，礼待他人，行走天下，利他、利己、利企、利国。

14.1 礼仪文化的理论描述

14.1.1 礼仪文化的含义

（1）礼仪与礼仪文化

我国素以文明古国、礼仪之邦著称于世，在五千年的历史演变过程中，不仅形成了一套宏大的礼仪思想和礼仪规范，而且其精髓深入人心，形成了完整的伦理道德、生活行为规范，进而内化为中华民族的自觉意识并贯穿于心理与行为活动之中。这个完整的伦理道德、生活行为规范就构成了一种文化，即礼仪文化。国尚礼则国昌，家尚礼则家大，身尚礼则身正，心尚礼则心泰，事尚礼则事成。我国传统文化中礼仪规范常被视作人生之本、立业之基。从现代管理学中延伸出来的职业形象和职业礼仪规范，也正在成为众多企业所关注的热点问题。

礼仪中的"礼"指的是礼貌、礼节；礼仪中的"仪"指的是仪表、仪态、仪容、仪式等。

礼仪就是社会活动和人际交往中约定俗成的规范或程序，具体包括仪表、仪态、仪容、礼貌、礼节、风度等。

企业礼仪文化是指在企业经营管理活动过程中为塑造企业的良好形象，在仪表、仪态、仪容、礼貌、礼节、风度等方面约定俗成的规范或程序。

为了正确理解企业礼仪文化的内涵，应当明确以下几点。

第一，企业礼仪文化是企业道德的外在表现。企业员工平日注重对礼仪的培育和提高，就体现了他们道德修养的内涵，反映他们对真善美的一种态度。可以从一个人的礼仪看出他或企业的处世态度、为人原则、修身养性等方面的状况。

第二，企业礼仪文化是企业员工共同遵守的行为规范。企业按照一定的程序，通过一定的礼仪形式，提示员工在生产经营中如何待人接物，如何处理自己与他人以及社会的关系。因此，它具有约束和规范员工行为的作用。

第三，企业礼仪文化是企业员工相对固定的行为模式。许多企业很重视企业礼仪建设，这种建设的目的不在礼仪本身，而在于通过礼仪的提示和强化，使员工形成一定的价值观念和行为模式。

（2）礼仪文化的基本要求

中国素有"礼仪之邦"之称。长期以来，许多企业在自己的经营管理实践中形成了一套礼仪和礼节，如待人接物使用文明礼貌用语，尊重对方的民族生活习惯，创作厂歌、朗诵厂训、悬挂厂旗、穿着厂服等。企业礼仪的形成和完善，无疑会给企业文化建设和企业发展注入新的活力。

企业礼仪文化的基本要求如下。

第一，要适应时代发展的需要。随着企业与社会交往日益扩大，企业内部和外部关系日趋复杂。企业在建设企业礼仪时，要主动适应时代发展的需要。例如，许多企业与外方、与外商的接触日趋频繁，这就要求企业适应时代发展的需要搞好涉外礼仪，使对方感到亲切、友好、热情。

第二，要体现本国、本民族的特色。各个国家和民族都有自己的传统礼仪，我们既要尊重本国、本民族的传统礼仪，也要尊重别的国家和民族的传统礼仪。例如，在与欧美客商洽谈业务时，穿西装表示对对方的尊重。在举行签订仪式时，礼仪小姐春、秋季穿上旗袍，身披绶带，既反映了中国民族服装文化的气韵，又显出庄重大方的气质。

第三，要讲究实际效果。内容决定形式，形式对内容有反作用。企业进行礼仪文化建设，采用一定形式是必要的，没有一定形式，礼仪的内涵就体现不出来，但这些形式必须服从内容，为内容服务。就是说，企业搞礼仪活动，是为了展示自己的企业价值观、企业精神和企业形象。如果企业礼仪建设只做表面文章，那么只能是形式主义。现在，有些商厦、宾馆学习外国经验，门口站立身穿礼服、身披绶带的礼仪小姐，由于缺乏应有的内涵和修养，结果这些礼仪小姐仅仅成了一道"风景线"，并未达到预期效果。

第四，企业礼仪的培育要经过一个长期的过程。企业礼仪的培育不可能一蹴而就，要靠一个个阶段的培育积累，要经历一个长期的潜移默化的过程，才能被企业员工自觉地认同、接受和内化。而要做到这一点，除了使员工懂得企业礼仪的重要性，还要使企业礼仪融化在每个员工的日常言谈举止之中，在经营管理过程中，待人以礼，不卑不亢，并用礼仪来约束和规范企业员工的言行举止。

14.1.2　礼仪文化的影响力

礼仪文化建设已经成为企业与国际市场接轨的必修课，在公共关系、对外交往、商务活动、职场管理、信息沟通等方面起着积极的作用。完善的礼仪文化成为企业职业化、规范化管理和国际化程度的标志。

（1）礼仪文化有利于企业形象和企业素质的提升

礼仪文化作为企业文化建设的重要组成部分，可以从侧面反映出一个企业的形象和素质。通过礼仪建设可以提升企业核心竞争力。员工通过公司立身处世，公司通过员工服务社会，每一个企业员工在职场上的各种表现与行为都是该企业形象的缩影，社会往往透过员工行为对企业进行评价。因此，建设并不断完善礼仪文化，使公司员工懂得在现代商务活动中的基本礼仪，不仅能反映该员工自身的素质，而且能折射出该员工所在公司的企业文化水平和经营管理境界。加强礼仪文化建设力度，可以内修企业素质，外树企业形象，是企业长远发展的战略，是企业兴衰荣辱的大计。

（2）礼仪文化是适应信息时代发展的需要

2000 年以后，信息时代概念的引入代表着一种快节奏经济时代的到来。信息时代的到来，使得许多传播技术和沟通手段在本质上发生了改变：距离上的面对面到远程通过电话、网络进行会务；节奏上的低频率到高频率、快节奏。人际沟通的方式和频率的变化给人类社交礼仪方面所涉及的领域进行了新的界定。因此，完善的礼仪文化建设能够保证员工在新时代新领域的人际交往中达到"人和"的境界。完善礼仪文化建设，是经济发展的需要，是时代的需要。

（3）礼仪文化能形成良好风气

企业是社会的企业，企业的发展离不开社会、离不开人，社会风气的好坏往往影响着企业项目的成败。目前，一些领域和一些地方道德失范，是非、善恶、美丑界定混乱，拜金主义、享乐主义、极端个人主义有所滋长，见利忘义、损公肥私行为时有发生，不讲信用、欺骗欺诈成为社会公害，以权谋私、腐化堕落现象依然存在。礼仪文化建设是以德治国、端正社会风气的软制度和潜规则。企业作为社会的重要分子，应该融入社会，对风气净化和礼仪建设具有表率义务。大型国有企业更是如此，应当走在礼仪文化建设的前列，为建设和推动良好的社会风气作出自己的贡献。

（4）礼仪文化在企业中有重要的战略地位

无论是国有企业还是私有企业，无论是涉外企业还是国内企业，随着服务领域的逐渐扩大，业务过程中所需要的交往也逐步增多，对于涉外企业而言，更是需要频繁地与外国友人进行交流。礼仪关乎人格，更关乎国格，无论国门内外，除了具备精湛的专业技能和科学的管理水平，还必须了解如何与人相处的法则和规范。这就要求企业自身的礼仪文化建设达到一定的高度。礼仪的学习能够帮助企业顺利地走向全国，走向世界，能够使人与人之间更好地交流交往，树立自身形象的同时映射企业形象。同时，礼仪文化建设能够给员工的职场和事业成功提供"软化剂"和"推进器"。

孔子曰："不学礼，无以立。"在现代生活中，礼仪依旧是每一个现代人必备的基本素养。企业员工要学习礼仪、讲究礼仪，不仅能提高自身的内在素质，而且有助于维护自身乃至所在单位的良好形象。对于企业而言，要想成为一流的企业，必须要有一流的企业风范、一流的员工素质与之相匹配，这就要求必须有与之相配套的企业礼仪文化建设。

礼仪是对礼节和仪式的统称。它是指在人际交往中自始至终地以一定的、约定俗成的程序、方式来表现的律己、敬人的完整行为。礼仪活动受环境的制约，根据适用范围分为政务礼仪、商务礼仪、服务礼仪、社交礼仪、涉外礼仪等几大分支。礼仪文化与企业文化中其他文化系统相比，具有自身独具的特征，表现在规范性、限定性、可操作性、传承性、变动性。

14.1.3　企业礼仪文化的功能

企业交往过程中，礼仪无时不在、无处不在，渗透到企业经营管理的方方面面，发挥着越来越大的作用。礼仪之所以被广泛提倡，之所以受到社会各界的高度重视，是因为它对企业文化建设，对社会、个人具有诸多方面的影响作用。

（1）教育导向功能

礼仪是企业的文明程度、道德水准的重要标志，也是企业精神风貌的重要标志。我国著名的思想家颜元说过："国尚礼则国昌，家尚礼则家大，身尚礼则身修，心尚礼则心泰。"

礼仪对企业员工的教育导向作用尤为突出。在人际交往中，礼仪不仅反映着个人的交际技巧和能力，更反映着一个人的气质、风度和教养。通过礼仪教育，可以提高员工自身的道德修养和文明程度，更好地显示自身的优雅风度和良好的形象。一个彬彬有礼、言谈有致的人，在其人生道路上将会如沐春风，受到人们的尊重和赞扬，而且员工自己就是一片春光，给别人、给企业、给社会带来温暖和欢乐。礼仪教育是培养和造就新一代企业员工的重要内容。

（2）塑造形象功能

企业礼仪培育和建设得如何，直接关系到企业的声誉、作风和形象。文明的企业礼仪表现了企业待人接物、处理公共关系的良好风格，体现了企业对员工、消费者、竞争伙伴的尊重、负责、诚恳、可信、可靠、可亲的特征。尤其是当外部公众受到企业真诚礼遇后，必将在一定的场合运用口头或其他传播方式向社会宣传，这势必有助于扩大企业被公众知晓的范围和了解的程度，从而提高企业的知名度和美誉度，在公众中形成良好的企业形象。

（3）企业凝聚功能

企业礼仪有助于提高企业的道德水准。文明的企业公关礼仪展示了企业的管理风格和企业的道德水准。礼仪把企业的道德规范程式化和固定化，从固定的礼仪中，人们接受了一定的道德要求。

有许多企业积极推崇企业礼仪，譬如为过生日的职工送生日蛋糕，为退休职工送中秋月饼，提倡职工间礼貌用语、互相谦让等。实践证明，企业礼仪是企业内部的一种润滑剂，它能促进企业内部团结，增进友谊，增强企业的凝聚力。

国外企业也很重视企业礼仪的作用。例如，日本松下公司是世界上九大公司之一，现有职工 20 多万名，产品 14000 多种，工厂分布在 130 多个国家和地区。公司要求所有的员工每天早晨朗诵本公司的"纲领、信条、七大精神"，并合唱公司歌曲。对于这个简短的仪式，公司的一名高级管理人员说："好像我们已经融为一体了。"由此可见，企业礼仪对于振奋职工的精神、增强企业的凝聚力有着重要作用。

（4）建立信誉功能

许多企业有效地利用礼仪这种行为规范，教育干部和职工规范自己的言行，建立良好的信誉观。例如，宝钢认为：信誉是企业的生命……取信需十年，毁誉于一朝，宝钢人特别是管理者和经营者都要特别维护企业的信誉。信誉是强大的无形力量，也是无形的财富。宝钢一贯强调：敬业创业，立志立德，诚信为本，智勇仁强；并确定了赢得信誉的三大任务：保证质量、按期交货、售前和售后服务。正是因为这样，宝钢人在工作、学习和社会生活中表现出特有的精神面貌，自觉维护宝钢人的荣誉。

由上可见，企业公关礼仪对于企业而言，不是可有可无，而是非有不可。实践证明，凡是有公关礼仪规范并努力实施的企业，其管理水平、道德水准、文明程度必然很高，企业形象和企业经营必然极佳；反之，则相反。因此，重视企业公关礼仪建设，是企业文化的内在要求。

14.2 礼仪文化的培育

14.2.1 企业日常交际礼仪

礼仪中最基本的是日常交际礼仪，包括介绍礼仪、会面礼仪、称谓礼仪等。

（1）介绍礼仪

介绍是一切社交活动的开始，是人际交往中与他人沟通、建立联系、增进了解的一种最基本、最常见的形式。介绍可以缩短人与人之间的距离，扩大社交的范围，广交朋友，也可以增进彼此的了解，消除不必要的误会和麻烦。

根据介绍人的不同，介绍可以分为自我介绍、他人介绍和集体介绍三种类型。

① 自我介绍。自我介绍是人际交往中常用的一种介绍方式，是在必要的情况下十分有效的沟通途径。下列几种情况下往往需要作自我介绍。

第一，本人希望结识他人时。在许多人的聚会中，如果你对一个不相识的人感兴趣，想同他认识，但没人引荐，只好由自己充当介绍人。把自己介绍给对方时，应该作自我介绍。在交谈之前，可以先向对方点头致意，得到回应后，再向对方介绍自己的姓名、身份和单位等。一般情况下，对方也会主动地向你作自我介绍。

第二，他人希望结识本人时。在社交场合，有不相识的人对自己感兴趣，点头致意，表示出想结识的愿望时，自己应当主动作自我介绍，表现出对对方的好感和热情。

第三，需要让其他人了解、认识本人时。到一个单位联系工作和求职时，或在社交场合彼此都不熟悉，主持人提议将自己的情况作一番自我介绍，以便让大家了解、认识本人时，要作自我介绍。这时的自我介绍既是一种礼貌，也是下一步交流的前提和基础。

自我介绍时要注意以下三方面。

第一，根据不同场合、不同对象和不同的需要，自我介绍的内容是不同的。应酬式的自我介绍，应该简单明了，只介绍一下姓名即可；工作式的自我介绍，除介绍姓名外，还应介绍工作单位和从事的具体工作；社交式的自我介绍，则需要进一步的交流和沟通，在介绍姓名、单位和工作的基础上，进一步介绍兴趣、爱好、经历、同交往对象的某些熟人的关系等，以便加深了解，建立情谊。

第二，自我介绍要把握好时间，既要选择适当的时机，在对方有兴趣、有需要、干扰少、情绪好时介绍自己，又要简洁明了，用的时间越短越好，切不可信口开河、不得要领。

第三，自我介绍还要把握好态度，要实事求是，既不要过分谦虚，也不要自吹自擂、夸大其词。作自我介绍时要面带微笑，充满自信与热情，善于用眼神去表达自己的友善和关切，显得胸有成竹、落落大方。介绍时还要注意自己的语音、语调和语速，语气自然、语速正常、吐字清晰、从容不迫，这样会使对方产生好感，对自我介绍的成功大有好处。

② 他人介绍。他人介绍，又称第三者介绍，是指由第三者为彼此不相识的双方相互介绍、引见的一种介绍方法。他人介绍中，为他人作介绍的第三者为介绍者，而被介绍的双方为被介绍者。

介绍的礼节其实是相当有逻辑的。作介绍时，先介绍位卑者给位尊者认识，应该坚持受尊敬的一方有了解对方的优先权这一原则，严格遵守介绍的先后顺序。因为先介绍给谁，后介绍给谁，是个礼节性极强的问题。

第一，把男士介绍给女士。在为年龄相仿的男士与女士作介绍时，最好把男士引导到女士面前，把男士介绍给女士。例如："王小姐，我给你介绍一下，这位是李先生。"

第二，把职位低的人介绍给职位高的人。在社交场合，不分男女老少，一般以社会地位和职位的高低作为社会交际礼仪的衡量标准，把社会地位和职位低的人介绍给社会地位、职位高的人。

第三，把晚辈介绍给长辈。介绍同性别的人相识时，应该把年轻的同辈介绍给年长的人，以此表示对长辈的尊敬。

第四，把未婚者介绍给已婚者。一般情况下，应该把未婚者介绍给已婚者，但是如果未婚者明显年长，那么最好把已婚者介绍给未婚者。

第五，把主人介绍给客人。在主客双方身份相当时，应该先介绍主人，再介绍客人，以表示对客人的尊敬。

第六，把非官方人士介绍给官方人士。

他人介绍时要注意以下几点。

第一，如果只介绍两个平辈的同学或朋友相互认识，那非常简单，你只要说："安东，这位是李迪。李迪，来见见安东。"如果一时想不起被介绍人的名字，那么当场就可以向对方承认，同时也不妨自嘲一下，以化解尴尬的气氛。当然，如果介绍人一时想不起你的名字，你不妨挺身而出，主动予以解围：伸出你的手，并且报上自己的姓名："嗨，我叫王玉，很高兴见到你！"无论通过怎样的方式介绍，最重要的是，你被介绍给在场的每一个人认识了，每个人也都会很开心。

第二，在为他人介绍时，介绍者应该热情、诚恳，身体姿态文雅大方。无论介绍哪一位，介绍者应手心朝上，手背向下，四指并拢，以肘关节为轴，指向被介绍者一方，并向另一方点头微笑。切不可用手指头指来指去。必要时，可以说明被介绍一方同自己的关系，以便介绍的双方增进了解和信任。

第三，介绍者在为双方作介绍时，被介绍双方均应起身站立，面带微笑，目视被介绍者或对方，显出高兴、专注的样子。介绍后，身份高的一方和年长者，应主动与对方握手，问候对方，表示非常高兴认识对方等。身份低的一方或年轻者，应根据对方的反应作出相应的反应，如果对方主动伸手与你握手，你应立即将手伸出与对方相握。当双方身份相当时，主动、热情地对待对方是有礼貌的表现。

第四，他人作介绍后，看不起对方、摆架子、装腔作势应付对方是失礼的，而低三下四、阿谀奉承、讨对方的欢心也是有失人格的，都不是正确的态度。

③ 集体介绍。集体介绍是他人介绍的一种特殊形式，是指介绍者在为他人介绍时，被介绍者其中一方或者双方不止一个人，甚至是许多人。

在需要作集体介绍时，原则上应参照他人介绍的顺序进行。由于在正式活动中和隆重的场合，介绍顺序是个礼节性极强的问题，在作集体介绍时，应根据具体情况慎重对待。

第一，将一人介绍给大家。当被介绍双方地位、身份大致相当时，应使一人礼让多数人，人数少的一方礼让人数多的一方，先介绍一人或人数少的一方，再介绍人数较多的一方或多数人。

第二，将大家介绍给一人。当被介绍双方的地位、身份存在明显的差异，地位、身份明显高者为一个人或人数少的一方时，应先向其介绍人数多的一方，再介绍地位、身份高

的一方。

第三，人数较多的双方介绍。被介绍双方均为多人时，应按照先介绍位卑的一方、后介绍位尊的一方，先介绍主方、后介绍客方的顺序。介绍各方人员时，则应由尊到卑，依次而行。

第四，人数较多的多方介绍。当被介绍者不只双方，而是多方时，应根据合乎礼仪的顺序，确定各方的尊卑，由尊而卑，按顺序介绍各方。如果需要介绍各方的成员时，也应按由尊到卑的顺序，依次介绍。

（2）会面礼仪

由于各国、各民族、各地区历史、文化传统和风俗习惯的不同，人们所采用的会面礼往往也千差万别。人们熟知的世界上比较流行的就有握手礼、交换名片礼、脱帽礼、举手礼、鞠躬礼、屈膝礼、拥抱礼、亲吻礼、拱手礼、合十礼、敬烟礼等。其中，握手礼是我国乃至世界最通行、最普遍采用的礼节形式。

① 握手礼。据传说，握手礼起源于中世纪的欧洲，那时人们见面时，无敌意的双方为了证明自己的友好，就要放下手中的武器，伸开手掌让对方摸摸手心，这种习惯逐渐演变成现代的握手。

第一，握手的含义。握手礼多用于见面时的问候与致意。对久别重逢和多日未见的老朋友，以握手表示对对方的关心和问候；人们彼此之间经过他人介绍相识，通过握手，向对方表示友好和愿意与对方结识的心情。告别时，以握手感谢对方，表示愿意保持联系、再次见面的愿望。除此之外，握手礼还是一种祝贺、感谢、理解、慰问、支持和鼓励的表示。在交往中，握手礼运用得当，会显得彬彬有礼，很有风度。

第二，握手时伸手的先后顺序。握手时伸手的先后顺序是由握手人双方所处的社会地位、年龄、性别等各种条件决定的。握手应遵守"尊者决定"的原则，即握手者首先确定双方彼此身份的尊卑，由位尊者先行伸手，位卑者予以响应，而贸然抢先伸手是失礼的表现。

握手双方伸手的先后顺序是：年长者与年轻者相互握手，年长者应先伸出手来，年轻者方可伸手握之；身份高者与身份低者相互握手，身份高者应先伸出手来，身份低者方可伸手握之；女士与男士相互握手，女士应先伸出手来，男士方可伸手握之；已婚者与未婚者相互握手，已婚者应先伸出手来，未婚者方可伸手握之；等等。在公务场合，握手时伸手的先后顺序主要取决于职位、身份。而在社交场合和休闲场合，则主要取决于年龄、性别和婚否。接待来访客人，当客人抵达时，应由主人先伸手与客人握手表示"欢迎"。当客人告辞时，则应由客人先伸手与主人握手表示"再见"。如果握手的顺序搞颠倒，很容易让人发生误解。

第三，握手的方式。握手时要注意姿势。正确的姿势是：距握手对象约一米，双腿立正，上身略向前倾，自然伸出右手，四指并拢，拇指张开与对方相握。握手时应用力适度，上下稍许晃动三四次，然后松开手，恢复原状。与他人握手，一般应起身站立，除非是长辈或女士，否则坐着与人握手是失礼的。握手时要注意神态。握手前，双方可打招呼或点头示意。握手时，应面带微笑，目视对方双眼，并且寒暄致意，表现出关注、热情和友好之意。握手时要把握好力度。为表示对交往对象的热情和友好，握手时可以稍许用力，但切不可过大。遇到亲朋故旧，握手时用力可以稍大一些，但与异性和初次相识者握手时，用力千万不可过大。用力的大小，要因人而异，把握好分寸，以不轻不重、适度为好。握手时要掌握好时间。正常情况下，握手的全部时间应控制在三秒钟以内。

第四，握手的禁忌。握手的禁忌主要是：一是不要用左手同他人握手；二是不要在握手时争先恐后，造成交叉握手；三是不要戴着手套和墨镜与他人握手；四是不要抢先出手同女士握手；五是不要握手时东张西望、心不在焉或面无表情、有气无力；六是不要握手时另一只手插在衣袋里或拿着东西不肯放下；七是不要握手后马上揩拭自己的手掌；八是不要拒绝与他人握手；等等。

② 交换名片。交换名片也是常用的见面礼仪。名片在我国西汉时就已广为流行了。当时是削竹、木为片，刻上名字，供拜访者通报姓名用。这种竹、木片当时被称为"谒"，东汉时改称为"刺"，又称"名刺"。改用纸后，又叫"名纸"，现在普遍称为"名片"。名片是当代社会不论私人交往还是公务交往中最经济实惠、最通用的介绍媒介，被人称做自我的"介绍信"和社交的"联谊卡"，具有证明身份、广交朋友、联络感情、表达情谊等多种功能。

因为名片的内容和用途不同，在日常生活和社会交往中，名片可分为应酬性名片、社交名片和公务名片。在人际交往中，讲究对不同的对象使用不同的名片，希望给对方留下不同的印象，达到不同的效果。名片通常可在三种情况下使用。

一是交际时使用。在社交场合交换名片，用名片作自我介绍，以结交朋友或保持联系。这是名片最为通行、广泛采用的使用方法。

二是拜访时使用。前往他人家庭或工作单位拜访时，可将名片递上代为通报；赠送礼品、鲜花时，可将名片附上；还可以用名片代为引荐他人，或在拜访对方未遇时留下名片并附简短留言。

三是感谢祝贺时使用。收到朋友的礼品和书信，可用名片作为收条或谢帖，还可以将名片代替短信，向朋友表示祝贺、感谢和慰问。

为使名片在人际交往中更好地发挥作用，我们要规范地使用名片，讲究交换名片的见面礼仪。

第一，递送名片的礼仪。参加各种正式的活动，应当随身准备好名片并放入专门的名片夹中或装在易于取出的口袋里。需要递送名片时，应起身站立，走到对方面前，面带微笑，眼睛友好地目视对方，用双手或者右手将正面面对对方的名片，恭敬地递送过去，同时并配以口头的介绍和问候。如果同时向多人递送本人名片时，可按由尊而卑或由近而远的顺序，依次递送。对以独立身份参加活动的来宾，也应同样递送名片，不可只给领导和女士，给人以厚此薄彼的感觉。递送名片时，不能一边自我介绍，一边到处翻找自己的名片，或者把一叠名片全掏出来，慢腾腾地翻找自己的名片，显得心不在焉，也不可漫不经心地滥发一气，尤其忌讳向一个人重复递送名片。

第二，接受名片的礼仪。接受他人名片应当毕恭毕敬，双手捧接或者用右手接，眼睛友好地注视对方，口称"感谢"，使对方感受到你对他的尊重。接过名片后，应捧在面前，从头到尾认真地看一遍，最好能将对方姓名、职务、职称轻声地读出来，以示敬重。看不明白的地方可以向对方请教。将对方的名片收藏于自己的名片夹或口袋里后，应随之递上自己的名片。如果接受了对方的名片而不递上自己的名片，也不说一下原因，是非常失礼的。接受了对方的名片，看也不看一眼就装入口袋，或者随手放在一旁，压上其他的东西，或者把对方的名片拿在手里随意摆弄，都会让对方感觉是一种不恭。另外，社交中最忌讳用左手递送和接受名片，交换名片时要切实加以注意。

③ 其他会面礼。在各种社会交往中，除了握手礼之外，常见的还有如下会面礼。

第一，脱帽礼。遇到升国旗、奏国歌时，应右手握住帽子前檐中央，摘下帽子致礼。在正式场合，脱帽礼还常常是鞠躬礼的前奏。有时与相遇者侧身而过，从礼节上讲也应回身说声"你好！"用手将帽子掀一下即可。

第二，致意礼。在公共场所远距离遇到相识的人，在公共场所人多不宜交谈或在同一场合再次见面时，可以向对方举右手打招呼并点头致意。在外交场合，遇见身份高的领导人，应有礼貌地点头微笑致意并表示欢迎，不要主动上前握手问候。只是在领导人主动伸手时，才向前握手问候。如果遇到身份高的熟人，一般也不要径直去问候，而是在对方应酬活动告一段落后，再前去问候致意。

第三，举手礼。举手礼适合于向距离较远的熟人打招呼时使用。行礼时，右臂向前伸直，掌心向着对方，四指并齐，大拇指张开，左右轻轻晃动一两下。军人和穿制服人员的敬礼也是举手礼的一种，他们在同其他人握手和相识前，一般要先行举手礼。

第四，鞠躬礼。鞠躬礼主要用于在公共场合表示欢迎或感谢，或用于颁奖、演出、婚礼和悼念等活动。但这种礼节在日本、韩国和朝鲜十分盛行。行鞠躬礼必须脱帽，双腿立正，目光注视受礼者，以腰为轴，上身向前倾。男士的双手应贴放于两腿外侧的裤线处，女士的双手则应下垂，搭放在腹前。鞠躬的幅度越大，所表示的敬重程度就越大。一般的问候、打招呼鞠躬15°左右，迎客、送客表示诚恳之意鞠躬30°~40°，90°的大鞠躬常用于悔过、谢罪等特殊情况。

第五，拱手礼。拱手礼又叫长揖，是我国民间传统的重要礼节，现在主要适用于过年时的团拜，向亲朋好友表示感谢，向长辈祝寿，对朋友结婚、生孩子、乔迁和晋升表示祝贺等。行拱手礼，要上身挺直，双手抱拳，举至下巴处，自上而下或自内而外，有节奏地晃动两三下。外国客人认为这是一种民族气息很浓、既文明又风趣的礼节："自己握住自己的手摇，代替握住别人的一只手摇。"

第六，合十礼。合十礼，又称合掌礼，是亚洲信奉佛教的地区常采用的一种礼节。行礼时，要面对受礼者，手掌合拢并齐，掌尖与鼻尖基本持平，手掌稍向外向下倾斜，微微低头。当别人向我们施这种礼节时，我们也应以这种礼节还礼。

第七，拥抱礼。拥抱礼是西方国家传统的礼节形式。在人们见面、告别，表示祝贺、慰问和欣喜时，常采用拥抱礼。正规的拥抱礼，应该两个人正面相对站立，各自举起右臂，将右手搭在对方的左肩后面；左肩下垂，左手扶住对方右腰后侧。首先向各自对方的左侧拥抱，然后向各自对方的右侧拥抱，最后再次向对方的左侧拥抱，拥抱三次后礼毕。在一般的场合行此礼，不必如此讲究，次数也不必如此严格。

第八，亲吻礼。亲吻礼也是西方国家常用的会面礼，它常与拥抱礼同时采用，即双方见面时既拥抱，又亲吻。由于双方关系不同，行礼时，亲吻的部位也不相同。长辈亲吻晚辈，应当亲吻额头；晚辈亲吻长辈，应当吻下额或面颊；同辈之间，同性应当贴面颊，异性应当亲吻面颊；真正亲吻嘴唇，即接吻仅限于夫妻之间或恋人之间，其他关系是不能吻嘴唇的。男子对尊贵的女宾往往亲一下手背或手指以示尊敬。行亲吻礼时，特别忌讳发出亲吻的声音，或者将唾液弄到对方的脸上。

第九，吻手礼。吻手礼也是一种流行于欧洲的会面礼。行礼时，男士行至女士面前，立正垂手致意，然后用右手或双手捧起女士的右手，轻轻抬起并弯腰俯身，用自己微闭的嘴唇，象征性地在女士的手背或手指上轻轻一吻，然后抬头微笑相视，把手轻轻放下。

第十，敬烟礼。在中国人的相互交往中，常以敬烟作为一种礼节。但是，在国际场合若以敬烟为礼，则不符合国际交往礼节。

（3）称谓礼仪

称谓即称呼，指的是人们在交往、应酬时，用以表示彼此关系的名称用语。称呼的运用与对待交往对象的态度直接相关，是给对方的第一印象。因此，称呼对方时千万不可马虎大意。经常选用的称呼主要有以下几种。

① 泛尊称。对男子一般称"先生"，对女子称"夫人""小姐""女士"。对已婚的女子称"夫人"，对未婚女子称"小姐"，对不知婚否和难以判断的，可以称之为"女士"。

泛尊称可以同姓名、姓氏和行业性称呼分别组合在一起，在正式的场合使用。如"克林顿先生""玛格丽特·撒切尔夫人""上校先生""秘书小姐"等。

② 职务称。在公务活动中，可以对方的职务相称。例如，称其为"部长""经理""处长""校长"等。职务称还可以同姓名、姓氏相结合使用，例如，"周总理""桥本龙太郎首相""部长先生"等。

对职务高的官方人士，如部长以上的高级官员，不少国家可称"阁下"。例如，"总统阁下""大使先生阁下"。对有高级官衔的妇女，也可称"阁下"。但在美国和德国等国家没有称"阁下"的习惯，对这些国家的相应人员，应该称"先生"。

③ 职衔称。对交往对象拥有社会上备受尊重的学位、学术性职称，专业技术职称，军衔和爵位的，可以"博士""教授""律师""法官""将军""公爵"等称呼相称。例如，"乔治·马歇尔教授""卡特博士""法官先生"等。

④ 职业称。对不同行业的人士，可以被称呼者的职业作为称呼。比如，"老师""教练""警官""医生"等。

⑤ 姓名称。在一般性场合，彼此比较熟悉的人之间，可以直接称呼他人的姓名或姓氏，如"乔治·史密斯""张志刚"等。

中国人为表示亲切，还习惯在被称呼者的姓前面加上"老""大"或"小"等字，而免称其名，如"老王""小张"等。更加亲密者，往往不称其姓，而只呼其名，如"志刚""卫东"。

⑥ 特殊性的称呼。对君主制国家的王室成员和神职人员应该用专门的称呼。例如，在君主制国家，应称国王或王后为"陛下"，称王子、公主、亲王等为"殿下"，有爵位的应称爵位或"阁下"。对神职人员应根据其身份称为"教皇""主教""神父""牧师""阿訇"等。

除以上常用的称呼外，在交往中还有以"你""您"相称的"代词称"和亲属之间的"亲属称"。

但要注意的是，在人际交往过程中，称呼不当就会失敬于人、失礼于人，有时后果不堪设想。因此一定要注意称呼的禁忌。

一是错误的称呼。称呼对方时，记不起对方的姓名或张冠李戴，叫错对方的姓名，都是极为不礼貌的行为，是社交中的大忌。如果没有听清楚或没有把握，宁可多问对方几次，也不要贸然叫错。

二是易产生误会的称呼。不论是自称还是称呼他人，要注意不要使用让对方产生误会的称呼，如"爱人"，中国人爱把自己的配偶称为"爱人"，而外国人则将"爱人"理解为婚外恋的"第三者"。还有"同志""老人家"等，易让外国人产生误会的称呼，不要

使用。

三是带有歧视、侮辱性的称呼。正式场合，不要使用低级、庸俗的称呼或用绰号称呼，如"哥们儿""姐们儿""死党"等。绝不能使用歧视性、侮辱性的称呼，如"老毛子""洋妞""黑鬼"等。

14.2.2 企业社会交际礼仪

人际交往能力是一个人成功的翅膀，而优美、得体地运用社会交际礼仪将使人更具魅力。礼仪把握和运用得如何，决定着一个人的自我形象、气质魅力和基本素质。了解把握有关在正式社交场合应用的礼仪规范，如有关拜访与聚会的礼仪、参加晚会与聚会的礼仪、宴请的礼仪及礼品馈赠的礼仪等，可以帮助我们更好地树立企业形象。

（1）拜访礼仪

拜访是最常见的社交形式，是人们联络感情、扩大信息、增进友谊、发展自身的重要交际活动。拜访又叫做拜会、拜见，就是指前往他人的工作单位或住所，去会晤、探望对方。不论是公务交往还是私人往来，拜访都是人们在社交中经常采用的一种社交方式。拜访是双向性的活动。在拜访中，作为访问、做客的一方为客人，也叫来宾；作为待客、接待的一方为主人。在拜访活动中，主客双方都遵守礼仪的规范，拜访活动才能圆满成功。

① 做客的礼仪。讲究做客的礼仪，最重要的是要尊重主人，做到客随主便。

第一，事先有约。有约在先，是做客拜访礼仪中最主要的一条。事先有约，既反映了个人的修养，也体现了对主人的尊重。约定时间和地点，应以主人方便为前提，主人提出的方案应予优先考虑。一般情况下，家庭拜访的时间最好安排在节假日的下午或晚上，尽量避开可能的吃饭、休息时间。晚上拜访也不宜太晚，以免影响主人休息。还要注意约定人数，尤其在公务拜访中，要约定参加的人员和身份。一经约定，就不要随意变动，尤其是主要成员，否则会令主人打乱计划和安排，影响拜访的效果。

第二，做好准备。正式拜访前，要准备好自己的服饰，注意仪容仪表。参加正式的活动，要着正式的服装，以表示对主人的尊重。拜访对方或看望亲朋好友，如需要带上适当的礼品，也要事先做好准备，以免临时抱佛脚。

第三，遵守时约。约定拜访时间和人员后，务必认真遵守，不可轻易变更。如果万一有特殊原因不能按时赴约或要取消拜访时，一定要尽快打电话通知对方，千万不要让对方空等。当与对方见面时，要再次表示歉意。

第四，上门有礼。拜访他人时，不论是办公室还是住所，进门之前都要先敲门或按门铃。敲门的声音不要太大，轻敲两三下即可；按门铃时，响两三声即可。要等有人应声允许进入或主人出来迎接时方可进去。不可不打招呼就推门而入，即使门是开着的，也要以其他方式让主人知道有人来访，待主人允许后进入。与主人相见，要主动向主人问好，并同主人握手为礼。如果双方初次见面，还应对自己略作自我介绍。对主人的同事、亲属，应主动打招呼、问好，不能视而不见，不理不睬。如有礼品，可适时向主人奉上，不要道别时再说。进入房间时，要主动跟随主人之后，而不要走在主人之前。入座时，不要自己找座位，而要根据主人的邀请，坐在主人指定的座位上。如拜访对象是长者或身份高者，应待主人坐下或招呼坐下后再入座，不要抢先坐下。如果拜访他人时，主人开门后未邀请入室，就不要擅自行事；如果入门后主人没请你脱下外衣或入座，通常表示主人没打算留客，自己来得不合时宜，此时，应简短说明来意后告辞，不要不邀而入或者好奇地向室内窥视。

第五，做客有方。拜访都是有目的的，所以要紧紧围绕拜会的主题，争取达到满意的目的和效果。除了拜访者主动交谈外，还要注意主人的态度、情绪和反应，注意尊重主人，把握好交谈的技巧。还要注意自己的行为举止符合礼仪的要求。如坐姿要端正、文雅，不要东倒西歪；主人倒茶时，应从座位上欠身，双手捧接，并道"谢谢"；主人端上水果、小吃时，应等年长者动手后，再取之；吸烟者要尽量克制，想吸烟时应先征得主人或在场的女士的同意，并注意吸烟的礼仪要求。要限定自己的活动范围，未经主人允许，不要到其他房间走动，不要触动主人室内的物品和陈设，也不要对主人家的个人生活和家庭情况过度地关心，否则就是失礼的表现和对主人的不尊重。

第六，适时告辞。在同主人交谈的过程中，如果发现主人心不在焉，或有其他事情，或已到约定时间，应主动"见好就收"，适可而止。通常，一般性的拜访不要超过一小时、初次拜访不要超过半小时为好。提出告辞后，就要态度坚决，不要犹豫，不要"走了"说过几次，却迟迟不动。即使主人有意挽留，也应坚辞而去，不要拖延时间。出门以后，就应主动请主人留步并握手告别，表示感谢。不要任凭主人远送，也不要站在门口与主人恋恋不舍，没完没了地说车轱辘话，要懂得客走主安的道理。

② 待客的礼仪。讲究待客的礼仪，最重要的就是要待客以礼，做到主随客便。

第一，认真准备。一般要搞好室内卫生，摆放好室内物品，创造良好的待客环境；注意个人的仪容和着装，要干净、整洁；要准备好待客的物品，如茶水、果品、小吃等。如果在办公室或接待室招待客人，也要做好准备，让客人有宾至如归的感觉。接待客人切忌主人衣着不整、蓬头垢面或室内乱七八糟，让客人难以入座。

第二，热情迎接。对于来访的客人，主人可根据需要亲自或派人在大门口、楼下、办公室或住所门外迎接。对常来常往的客人，一旦得知对方抵达，应立即起身，相迎于门外。迎接客人时，切忌夫妇俩只接待自己的客人，对对方的客人无动于衷；也不能有不速之客来访时，表现出对客人讨厌的态度。

第三，以礼待客。对待客人要主动、热情、周到、善解人意。同客人交谈要精力集中，表现出浓厚的兴趣，不要表现得心不在焉或使交谈冷场。要热情地招待客人，敬茶、递烟、送水果。茶水要浓度适中，量度适宜，倒茶不要过满，一般倒七八成满较合适。端茶时，应用双手，一手握杯柄，一手托底。对各位客人一视同仁，做到热情、平等相待。接待客人时，忌讳在客人面前摆架子、爱答不理、无精打采，或看书、看报、听广播、看电视、打电话，或忙家务、训斥孩子、与家人聊天等，把客人冷落在一旁，让人理解为逐客。

第四，礼貌送客。当客人提出告辞时，主人应真诚挽留。如客人执意要走，主人应尊重客人意见。不要在客人未起身前，主人先起身相送，也不要主动先伸手与客人握手告别，让人感觉有厌客之嫌。送客人，要送到室外或电梯门口，重要的客人要送到大门口、楼下或其乘坐的车辆驶离之处。对远方的客人，还要送到机场、车站等地方，等客人乘坐的交通工具启动后再离去。同客人告别时，要与之握手，对来访表示感谢并道"再见"。客人离去时，要挥手致意，目送客人远去。

（2）聚会礼仪

在社会交往中，聚会是一种经常的、极为流行的交际形式。由于聚会形式多种多样，内容丰富灵活，可以广泛地交流信息，结识朋友，增进友谊，所以深受各阶层人士的喜爱和欢迎。聚会，也被称为沙龙。沙龙是法语中"会客室"或"客厅"一词的音译。在法国大革命前后，许多法国人常常聚集在某些私人的客厅里，讨论他们关注的哲学、文学、艺术、政治、经济等社会问题，并逐渐成为一种时尚。这种做法后来传到了欧洲其他国家和世界各地，人们将这种主要在室内举办的专门的社交性聚会称为沙龙。沙龙也就成了各种社交聚会的代名词。

① 聚会的类型。聚会的形式很多，主要有交际性聚会、联谊性聚会、学术性聚会、文艺性聚会、综合性聚会等。这些聚会采取的活动方式也多种多样，可以有讨论会、座谈会、茶话会、聚餐会、酒会、生日派对、联欢会、节日晚会、舞会、家庭音乐会等。

② 聚会的礼仪。任何一种形式的聚会，都要提前做好各项准备工作，才能保证活动取得圆满成功。一般情况下，应事先议定聚会的时间、地点、形式、主人和参加者。各种聚会的形式中，以讨论会和座谈会较为正规，其参加的人数、讨论的问题、会议的议程和目标都有一定的规定。参加者不能晚到，与会者每个人都有发言的机会。参加这样的聚会，要提前做好准备，对自己的发言要反复推敲，参加讨论要积极，发言前要认真考虑。其他形式的聚会往往没有这样正规，参加者要根据不同的聚会形式，按礼仪规范的要求去做。

第一，做好聚会的准备。确定聚会的时间、地点、形式、主人和参加者之后，要着手做好准备工作。作为聚会的主人，要布置好聚会举办的场所，准备好活动需要的各种物品和活动的议程安排，完成迎接其他参与者到来的一切准备工作。作为参加者，要对自己的仪容仪表和服饰进行必要的修饰与斟酌。男士应理发、剃须，换好西服套装或休闲装；女士应做发型、化妆，换上时装套裙或休闲装。如果是夫妻或情侣二人一起参加活动，两人的衣着打扮也要协调一致。

第二，恪守时约。参加聚会要遵守时间，按时赴约，不得无故迟到、早退或爽约。万一有特殊情况难以准时到达或不能参加，要及时通知主人，并向大家表示歉意。

第三，讲究聚会礼仪。在聚会中，要主动与他人交谈，除了老朋友以外，应主动扩大自己的交际范围，更多地结识新朋友。同人交谈，要诚恳虚心，既要主动发表自己的见解和主张，也要善于向他人学习和请教，以开阔视野，增长知识。聚会中，要注意尊重妇女，尊重老人，主动地关心、帮助、照顾、保护妇女和老人，积极为他们排忧解难。要多体谅主人，主动帮助主人做一些事情。参加聚会时，要先问候主人，聚会结束后，向主人告别后方可离去。聚会中即使有些事不一定尽如人意，也不要说三道四，当着他人的面对主人指责非议，让主人难堪。只有遵守聚会的礼仪规范，才能得到更多的朋友，取得社交聚会的成功。

(3) 宴请礼仪

在社会交往中，宴请是最常见的交际活动，尤其是宴会，又是最高层次的社交活动之一。所以宴请礼仪在整个社交礼仪中占有非常重要的地位。

宴请主要分为宴会、招待会、茶会和工作进餐四种形式。宴请活动采用何种形式，要根据活动的目的、邀请的对象、人数、时间、地点以及经费开支等各种因素而定。

① 宴会。宴会是最正式、最隆重的宴请。宴会种类繁多，按举办时间划分，可分为早宴、午宴、晚宴，以晚宴档次最高；按餐别划分，可分为中餐宴会、西餐宴会、中西合餐宴会；按性质划分，可分为工作宴会、欢迎宴会、节庆宴会；按礼宾规格划分，可分为国宴、正式宴会、便宴和家宴。一般情况下，宴会持续时间为两个小时左右。

第一，国宴。是国家元首或政府首脑为国家庆典或欢迎外国元首、政府首脑而举行的规格最高的正式宴会。宴会厅内要悬挂国旗，并由乐队演奏国歌和席间乐。国宴由国家元首或政府首脑主持，席间由主人和主宾致辞和祝酒。国宴的礼仪要求最为严格，参加国宴者必须着正装，座次按礼宾次序排列。

第二，正式宴会。其规格仅次于国宴，除了不挂国旗、不奏国歌以及出席人员的规格不同外，其余的安排大体与国宴相同。礼仪要求也比较严格，宾主按身份排席次和座次，许多国家还在请柬上注明对客人的服饰要求。席间一般也有致辞和祝酒，有时也设乐队演奏席间乐。正式宴会对服务人员以及餐具、酒水和菜肴的道数均有一定的要求。

第三，便宴。便宴不属于正式宴会，故比较亲切、随便，更适合于日常友好的交往。

第四，家宴。即在家中设宴招待客人，是便宴的一种形式。家宴往往由主妇亲自下厨烹调，家人共同招待客人，显得亲切、自然，让客人产生宾至如归的感觉。西方人士喜欢采用这种方式，以示友好、融洽。

② 招待会。招待会指不备正餐，较为灵活的宴请方式。它备有食品、酒水、饮料，由客人根据自己的口味选择自己喜欢的食物和饮料，然后或站或坐，与他人一起或独自一个人用餐。招待会一般不排座次，可以自由活动。常见的招待会有冷餐会、酒会等。

第一，冷餐会。又叫自助餐宴会，是一种非常流行、灵活、方便的宴请形式。冷餐会一般在中午 12 时至下午 2 时、下午 5 时至 7 时左右举办。客人不排座位，可以按食品类别顺序多次取食。酒水陈放在桌子上，供客人自取，也可由服务人员端送。食品、饮料应按量取食，不可浪费。冷餐会可设在室内或院子里、花园里，可不设桌椅，站立进餐，也可设桌椅自由入座。

第二，酒会。亦称鸡尾酒会，规格可高可低，适用于各种节日、庆典、仪式及招待性演出前后。酒会以酒水为主，佐以各种小吃、果汁，不用或少用烈酒，食品多为三明治、面包托、小香肠、炸春卷等，不设刀叉，以牙签取食。食品和酒水由服务人员用托盘端送，或部分放置在小桌上由客人自己取。酒会一般采取站立的形式，不设座椅，仅设小桌或茶几，以便客人随意走动，广泛交流。请柬上往往注明整个活动延续的时间，客人可在期间任何时候到达或退席，来去自由，不受时间约束。

③ 茶会。茶会是一种简便的接待形式，通常安排在下午 4 时或上午 10 时左右在客厅举行，内设茶几、座椅。会上备有茶、点心或地方风味小吃，请客人一边品尝，一边交谈。茶会不排座次，如果是为贵宾举行的活动，入座时应有意识地将主宾和主人安排坐在一起，其他人员可随意就座。茶叶的选择要照顾到客人的嗜好和习惯，茶具要选用陶瓷器皿，不要用玻璃杯，也不要用热水瓶代替茶壶。欧洲人一般用红茶，日本人喜欢乌龙茶，美国人用袋茶，外国人参加的茶会还可以准备咖啡和冷饮。

④ 工作进餐。工作进餐是现代生活中一种经常采用的非正式宴请形式，是利用进餐的时间和形式，边吃边谈工作。工作进餐一般不排座次，大家边吃边谈，不必过分拘束，形式较为灵活。如果是双边正式工作进餐，往往要排座次。为便于谈话，常用长桌。工作进餐可以由做东者付费。在国外，工作进餐经常实行"AA 制"，由参加者各自付费。

常见的宴会席位排列如下。

席位排列体现了来宾的身份和主人给对方的礼遇，所以受到宾主双方的同等重视。礼宾次序和国际惯例是安排席位的主要依据。

举办中餐宴会一般用圆桌，每张餐桌上的具体位次有主次尊卑之分。宴会的主人应坐在主桌上，面对正门就座；同一张桌上位次的尊卑，根据距离主人的远近而定，以近为上，以远为下；同一张桌上距离主人相同的位次，排列顺序讲究以右为尊，以左为卑。每张餐桌应限制在 10 个人之内，并且为双数。

在每张餐桌位次的具体安排上，还可以分为两种情况。

第一，每张餐桌上只有一个主人，主宾在其右首就座，形成一个谈话中心。见图 14-1。

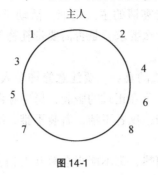

图 14-1

第二，每张桌上有两个主位的，如主人夫妇就座于同一桌，以男主人为第一主人，女主人为第二主人，主宾和主宾夫人分别坐在男女主人右侧，桌上形成了两个谈话中心。见图 14-2。

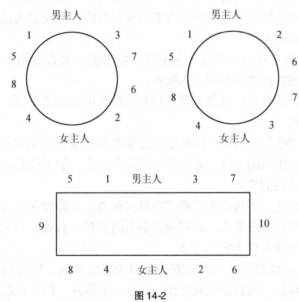

图 14-2

如遇主宾的身份高于主人时，为表示对他的尊重，可安排主宾在主人位次上就座，而主人则坐在主宾的位置上，第二主位坐在主宾的左侧。如果本单位出席人员中有身份高于主人者，可请其在主位就座，主人坐在身份高者的左侧。以上两种情况也可以不作变动，按常规予以安排。

为便于宾客及时准确地找到自己的位次，除安排服务人员引导外，还要在桌子上事先放置座位卡。

（4）赴宴礼仪

出席正式宴会，必须遵守宴会的礼仪规范，注意自己的文明举止，维护国家、单位以及个人的良好形象。

①应邀。接到赴宴的邀请，本身是个荣誉，不能看做是一般的进餐。能否出席都应尽早答复对方，以便主人作好安排。

接受邀请后，不要随意变动。万一遇到特殊情况不能出席，尤其是作为主宾不能出席时，应尽早向主人解释、道歉，甚至亲自登门表示歉意。

应邀参加活动之前，要核实宴请的主人是谁，活动举办的时间、地点，活动的性质，是否邀请配偶参加，服饰上有什么要求，是否需要带礼物等，提前做好各项准备，防止出现差错。

②修饰仪容仪表。出席正式的宴会，要注意修饰个人的仪容仪表，做到整洁、优雅。尤其参加涉外宴会或西餐宴会，要穿正式的服装，男士穿深色西服套装，女士穿裙装或旗袍并化淡妆。如果不加任何修饰，仪容不洁，着装不雅，既会被人轻视，也会被认为不尊重主人，不重视此次宴请活动。

宴会进行中，无论天气如何热，都不能当众解开衣扣，脱下衣服。如小型宴会，主人请客人宽衣时，男宾可脱下外衣，搭在椅背上。

③掌握好时间。有的国家习惯正点或晚一两分钟到达，我国的习惯是正点或提前两三分钟到达。比规定时间提前5分钟以上到达，对主人是不礼貌的。可以在车上等等或在周围转一转，调整一下时间。身份高的人可略迟些到达，一般客人应早些到达。结束时主宾退席后，其他人员可陆续告辞。席间确有事需提前退席，应向主人说明后悄悄离去，也可事前打好招呼，届时离去。

④抵达和献花。到达宴会场所后，应先到衣帽间脱下大衣和帽子，然后前往迎宾处主动向主人问好，并根据活动内容向主人祝贺。

参加庆祝活动，可按当地的风俗习惯和相互关系赠送花束或花篮；赴家庭宴会，也可酌情给女主人赠送鲜花。

⑤入座。进入宴会厅前，应先了解自己的桌次和座位，按指定的桌次和位次就座。若无明确排定，应遵从主人的安排，并注意与其他人谦让。如邻座是长者或女士，应主动为他们拉开椅子，协助他们坐下。

入座后，姿势要端正，不可将手托腮或双肘放在桌上。脚放在本人座椅下，不可伸出或架起二郎腿乱颤，以免影响他人。不可玩弄桌上的酒杯、盘碗、刀叉、筷子等餐具。不要用餐巾擦餐具，以免让人认为餐具不洁。

⑥交谈交际。在用餐前后，尤其在餐前稍事等候的时候，应与同桌的人交谈，尤其是左邻右舍。如果不认识，可以作自我介绍，交换一下名片。谈话的题目要注意对象和场合，不要一个人夸夸其谈，引人不悦，也不要一言不发，好像专门为吃饭而来。

⑦进餐。大家入座后，主人应招呼客人用餐。在中国是男主人提议，在西方则是女主人宣布就餐开始。

吃东西要文雅，不要发出声音，嘴内有东西不要张嘴说话。热汤不要用嘴吹，喝汤不要啜。

不要吸烟、咳嗽、清嗓子、吸鼻涕、打喷嚏，如有此需要，应起身去卫生间处理。万一不能控制时，也要用餐巾捂住鼻子、嘴巴，事后向周围的人道"对不起"。

⑧祝酒。正式宴会祝酒，主人和主宾要先发表一篇专门的祝酒词。主人、主宾致辞祝酒时应暂停进餐，停止交谈，注意倾听。主人和主宾讲完话，与贵宾席人员碰杯后，往

往到其他桌敬酒，各桌人员应起立举杯，碰杯时要目视对方致意。客人不宜先提议为主人干杯，以免喧宾夺主。

敬酒干杯时，要有自知之明，保持风度，切忌饮酒过量。一般正式宴会，要主动将饮酒控制在本人酒量的 1/3 以内，切不可饮酒过多，失言失态，或醉酒误事。

不会喝酒或不能饮酒时，要注意礼貌拒酒。别人给自己斟酒时，不要乱推乱躲，将酒杯倒扣。可以提前声明或以饮料代酒，也可以倒入杯中少许酒不喝。

西餐宴会的祝酒、干杯，同中餐有很大不同，在西餐宴会上，祝酒干杯讲究只用香槟酒，这时即使不会喝也要沾几滴。西方人一般只祝酒不劝酒，只敬酒不真正干杯，喝与不喝、喝多喝少随个人自便。在餐桌上饮酒失态是有失身份的。

⑨ 宴会中意外情况的处理。宴会中，由于不慎发生异常情况时，如用力过猛，刀叉撞击盘子发出声响，或碰掉餐具、碰倒酒水等，应沉着冷静，不要着急。餐具发出声音，可向邻座或主人说声"对不起"。餐具落地后，不能拿起来擦拭一下再用，应由服务人员另送一套。宴会上如果主人为每个出席者准备了小纪念品，可以在活动结束时带走，并对主人表示感谢。但宴会上的招待品，如糖果、水果、香烟、其他食品等则不应带走。

出席私人的宴会后，往往应在三日内向主人致函或用名片表示感谢。

14.3　温州建设集团的礼仪文化诠释

温州建设集团的礼仪文化：人无礼而不生，事无礼则不成。

"人无礼而不生，事无礼则不成"出自《荀子·大略第二十七》。意思是人不学礼就无法立足，做人没有礼节就不能生活，做事没有礼节就不能成功。企业每一名员工都应当学礼仪、懂礼仪、用礼仪，礼待他人，行走天下，利他、利己、利企、利国。礼仪对个人是自身素质和修养的外在流露，对企业则是文明程度的标尺。

14.3.1　人无礼而不生

人无礼而不生，是说人不学礼就无法立足，做人没有礼节就不能生活。这要求企业的每一个人都应当学礼仪、懂礼仪、用礼仪，礼待他人。

"礼"在中国古代是社会的典章制度和道德规范。作为典章制度，它是社会政治制度的体现，是维护上层建筑以及与之相适应的人与人交往中的礼节仪式。作为道德规范，它是国家领导者和贵族等一切行为的标准和要求。在孔子以前已有夏礼、殷礼、周礼。夏、殷、周三代之礼，因革相沿，到周公时代的周礼，已比较完善。作为观念形态的礼，在孔子的思想体系中是同"仁"分不开的。孔子说："人而不仁，如礼何？"他主张"道之以德，齐之以礼"的德治，打破了"礼不下庶人"的限制。到了战国时期，孟子把仁、义、礼、智作为基本的道德规范，礼为"辞让之心"，成为人的德性之一。荀子比孟子更为重视礼，他著有《礼论》，论证了"礼"的起源和社会作用。他认为礼使社会上每个人在贵贱、长幼、贫富等等级制中都有恰当的地位。在长期的历史发展中，礼作为中国社会的道德规范和生活准则，对中华民族精神素质的修养起了重要作用；同时，随着社会的变革和发展，礼不断被赋予新的内容，不断地发生着改变和调整。在封建时代，礼维持社会、政治秩序，巩固等级制度，调整人与人之间的各种社会关系和权利义务的规范和准则。礼既是中国古代法律的渊源之一，也是古代法律的重要组成部分。孔子说，殷因于夏礼，而有所损益，周因于殷礼，而有所损益。由此可知夏、殷时代已有礼。孔子又说，他能讲述夏礼和殷礼，但由于文献不足，他虽能言之，却不能"征之"。也就是说，礼是随着时代的变化而改变的，不能当做绝对不变的僵化的内容而一味复古。周公制礼，典章制度较前代更为完备，发展到了"郁郁乎文哉"（《论语·八佾》）的程度，使孔子赞叹不已，宣称"吾从周"。周人本以"尊礼"著称，到了春秋时代，王室衰微，礼乐征伐自诸侯出，陪臣执国命，等级制度破坏，统治者内部对于礼任意僭用，礼崩乐坏，所以司马迁说"孔子之时，周室微而礼乐废"（《史记·孔子世家》）。但由于周代礼制非常完善、周密，仍为士大夫所向往，力图予以恢复。春秋时代，孔子以前的人，如师服、内史过等，与孔子同时代的人，如叔向、晏婴、游吉等，论礼的很多。但论礼最多并自成体系的首推孔子。他一生以诗书礼乐教弟子，《论语》中有 34 处记载孔子论礼。他从理论上说明礼的重要性，立身治国都非有礼不可。礼与仁义是儒家学说的核心。

14.3.2 事无礼则不成

事无礼则不成，是说做事没有礼节就不能成功。礼待他人，行走天下，利他、利己、利企、利国。礼仪对个人是自身素质和修养的外在流露，对企业则是文明程度的标尺。

礼的原则是尊重、遵守、适度和自律。

尊重原则：要求在各种类型的人际交往活动中，以相互尊重为前提，要尊重对方，不损害对方利益，同时又要保持自尊。

遵守原则：遵守社会公德，遵时守信，真诚友善，谦虚随和。

适度原则：现代礼仪强调人之间的交流与沟通一定要把握适度性，不同场合、不同对象，应始终不卑不亢，落落大方，把握好一定的分寸。

自律原则：交流双方在要求尊重自己之前，首先应当检查自己的行为是否符合礼仪规范要求。

礼仪的本质是治人之道。它对人们的日常行为进行规范，以保证社会秩序的健康、有序、稳定。礼仪是一种文化，是一个人内在修养和素质的外在表现，反映一个国家、地区、民族、企业员工的文明程度、文化底蕴和风俗习惯。礼仪是处理人际关系的润滑剂。它让人们相处时，团结、轻松、和谐、快乐。

总而言之，礼仪是做事成功、事业成功的重要因素。

【实践描述】

礼待他人，行走天下
——集团举办"文明礼仪 快乐心情"专题讲座

黄宇慧 杨林杰

"礼仪不是表面的，是实效的。""世界因为你而精彩。"

为进一步加强集团公司的礼仪文化建设，2010 年 11 月 24 日，全国优秀礼仪指导师孙海丹在集团 8 楼会议室为集团女职工带来了一场精彩的"文明礼仪 快乐心情"专题讲

座。总部各部门和各基层单位70多名女职工聆听了讲座。

孙海丹老师通过大量鲜活的工作生活事例，生动讲解了仪表、仪容、仪态、社交言谈等方面的文明礼仪知识，特别强调了礼仪的价值在于"实效、忍让、双赢"。同时，她以幽默风趣的语言，亲切热情地和大家交流了在人际交往中的心得和体会，使大家接受了一次礼仪文明的洗礼。现场气氛和谐融洽，取得了良好的培训效果。

孙老师的讲课结束后，集团公司工会女职委主任对在座的女职工提出了要求，希望大家都能以自身良好的言行教育引导家人、同事，成为文明礼仪的倡导者和传播者，还要结合本职岗位注意待人接物方面的礼貌用语和办公环境整洁卫生等方面的细节。

目前，集团公司正在开展礼仪文化创建活动，女职工们纷纷表示，要将所学到的文明礼仪知识灵活运用到实际工作中去，进一步提高服务质量和工作水平，为集团公司的发展作出自己的贡献。

第15章 学会感恩，知足惜福，用感恩的心去工作

——感恩文化建设

> 人要学会感恩。拥有一颗感恩的心，生命就会充满温馨；长存一颗感恩的心，灵魂就会更加纯净。人要知道满足，要珍惜眼前幸福，不要总是抱怨，要有积极的态度和追求。心怀感激、知足惜福并不仅仅有利于企业，而且能带来更多值得感激的事情，这是宇宙中永恒的法则。

15.1 感恩文化的理论描述

15.1.1 关于感恩

英国作家萨克雷说："生活就是一面镜子，你笑，它也笑；你哭，它也哭。"你感恩生活，生活将赐予你灿烂的阳光；你不感恩，只知一味地怨天尤人，最终可能一无所有。感恩是一种处世哲学，是生活中的大智能。人生在世，不可能一帆风顺，种种失败、无奈都需要我们勇敢地面对、豁达地处理。人遇逆境或遇挫折时，是一味埋怨生活，从此变得消沉、萎靡不振？还是对生活满怀感恩，跌倒了再爬起来？成功时，感恩的理由固然能找到许多；失败时，不感恩的借口却只需一个。殊不知，失败或不幸时更应该感恩生活。感恩，使我们在失败时看到差距，在不幸时得到慰藉、获得温暖，激发我们挑战困难的勇气，进而获取前进的动力。就像罗斯福那样，换一种角度去看待人生的失意与不幸，对生活时时怀有一份感恩的心情，则能使自己永远保持健康的心态、完美的人格和进取的信念。感恩不纯粹是一种心理安慰，也不是对现实的逃避，更不是阿Q的"精神胜利法"。感恩，是一种歌唱生活的方式，它来自对生活的热爱与希望。

一般认为，"感恩"最初源自基督教教义，是一个宗教味道比较浓烈的概念。其本义是要信徒感谢主为了拯救世人所做的牺牲——被钉在十字架上，感谢主（上帝）的慈爱与宽容，感谢弟兄姊妹的帮助与支持等。但是也有不少人认为，中国远古社会的农事崇拜、祭祀和宗教萌芽就已经蕴涵了"感恩"的含义，那时人们认为自然界具有生命及神奇的能力，因而向山川草木、江河湖海表示敬畏，求其保佑和降福。同时，人们认为中国社会一直就有"感恩"传统。《诗经》有"投桃报李"之说，文人有"谁言寸草心，报得三春晖"之句，百姓也有"滴水之恩，涌泉相报"之语。

"感恩"二字，牛津字典给的定义是："乐于把得到好处的感激呈现出来且回馈他人。"感恩是因为我们生活在这个世界上，一切的一切，包括一草一木都对我们有恩情！感恩是一种认同。这种认同应该是从我们的心灵里产生的一种认同。我们生活在大自然

里，大自然给予我们的恩赐太多。没有大自然谁也活不下去，这是最简单的道理。对太阳的感恩，那是对温暖的领悟。对蓝天的感恩，那是我们对蓝的纯净的一种认可。对草原的感恩，那是我们对"野火烧不尽，春风吹又生"的叹服。对大海的感恩，那是我们对兼收并蓄的一种倾听。

感恩是一种回报。我们从母亲的子宫里走出，而后母亲用乳汁将我们哺育。而更伟大的是母亲从不希望她得到什么，就像太阳每天都会把她的温暖给予我们，从不要求回报，但是我们必须懂得感恩。

感恩是一种钦佩。这种钦佩应该是从我们血管里喷涌出的一种钦佩。感恩之心，就是对世间所有人所有事物给予自己的帮助表示感激，铭记在心；感恩之心，就是我们每个人生活中不可或缺的阳光雨露，一刻也不能少。无论你是何等的尊贵，或是怎样地看待卑微；无论你生活在何处，或是你有着怎样特别的生活经历，只要你胸中常常怀着一颗感恩的心，诸如温暖、自信、坚定、善良等美好的处世品格就会随之而来。自然而然地，你的生活中便有了一处处动人的风景。

感恩是一种对恩惠心存感激的表示，是每一种不忘他人恩情的人萦绕心间的情感。学会感恩，是为了擦亮蒙尘的心灵而不致麻木；学会感恩，是为了将无以为报的点滴付出永铭于心，譬如感恩于为我们的成长付出毕生心血的父母双亲。

感恩是一种生活态度，是一种品德，是一片肺腑之言。如果人与人之间缺乏感恩之心，必然会导致人际关系的冷淡，所以，每个人都应该学会感恩，这对于现在的孩子来说尤其重要。因为，现在的孩子都是家庭的中心，他们只知有自己，不知爱别人。所以，要让他们学会感恩，其实就是让他们学会懂得尊重他人。对他人的帮助时时怀有感激之心，感恩教育让孩子知道每个人都在享受着别人通过付出给自己带来的快乐的生活。当孩子们感谢他人的善行时，第一反应常常是今后自己也应该这样做，这就给孩子一种行为上的暗示，让他们从小知道爱别人、帮助别人。

感恩是尊重的基础。在道德价值的坐标体系中，坐标的原点是"我"，"我"与他人，"我"与社会，"我"与自然，一切的关系都是由主体"我"而发射的。尊重是以自尊为起点，尊重他人、社会、自然、知识，在自己与他人、社会相互尊重以及对自然和谐共处中追求生命的意义，展现、发展自己的独立人格。感恩是一切良好非智力因素的精神底色，感恩是学会做人的支点；感恩让世界这样多彩，感恩让我们如此美丽！感恩之心是一种美好的感情，没有一颗感恩的心，孩子永远不能真正懂得孝敬父母、理解帮助他的人，更不会主动地帮助别人。让孩子知道感谢爱自己、帮助自己的人，是德育教育中一个重要的内容。

15.1.2　关于感恩文化

所谓感恩文化，是指企业在生产经营活动中，通过长期实践所积淀起来的组织与社会、组织与个人、组织内部人与人之间的感恩之情、感恩之行的总和。这样的一种企业文化包括三个方面：其一是企业员工之间的相互感恩；其二是企业和员工之间的双向感恩；第三则是企业和员工对社会的感恩。这三个方面的内容相互联系、有机结合，体现了企业感恩文化的本质。

（1）员工之间的相互感恩

对于员工个人来说，感恩是一种处世哲学，是生活工作中的大智慧。它要求员工之间相互理解，相互体谅。对别人的工作积极支持，对别人的困难表现宽容，对别人的帮助心存感激。企业员工在自己心中培植一种感恩的思想，可以沉淀许多浮躁、不安，消融许多不满与不幸。它能使员工们的生活、工作变得更加美好，让员工在企业的大家庭中找到战胜困难的勇气，让员工在企业中找到归属感，更加积极向上。

（2）企业和员工之间双向感恩

感恩必然能够促使人们扩充心灵空间的内存，让人们逐渐增加仁爱和宽容，并减少人与人之间的摩擦，融化人与人之间的距离和矛盾，增强人与人之间的合作。对于一个企业来说，也是如此，只不过这时感恩的双方是企业和员工而已。一方面，员工要对企业感恩。员工必须认识到是企业给他们提供了自我展示的舞台，是企业为他们搭建了实现人生价值的平台，也是企业为他们营造了自我发展的氛围。当然，也是由于企业提供的工作，才有了员工衣食住行的可能。对这一切，任何员工都必须时常感恩，用自己辛勤的工作回报企业，为企业的发展贡献自己的力量和才智。另一方面，企业尤其是企业的领导要对员工感恩。员工用自己的劳动为企业创造价值，他们经常无偿为公司加班加点，他们为了获得某项订单忍受大量的冷眼和鄙视，他们为了准时交货常常顶着高温，挥汗如雨，他们为了维护企业的形象常独自咽下委屈和泪水。对这一切，任何企业尤其是企业的领导人都是不能忽视的，他们必须认识到正是由于各位员工做好了自己的工作才能有企业的正常运转，正是由于员工们共同努力才有企业的进步和发展。然而，今天很多企业对待自己的员工却总是单方面地要求员工感恩，而把自己摆在施恩者的地位，结果导致员工积极性不断下降，企业整体效率不断降低，甚至随着企业的不断发展壮大而每况愈下。的确，员工和企业之间的关系是以经济指标（利润）为基础的，这就要求彼此之间形成基于市场规律的"员工感恩，企业也感恩"的内部双向感恩。

（3）企业和员工对社会感恩

企业和员工都不能脱离社会，企业的发展也离不开社会各界的支持，所以企业必须深刻理解饮水思源的内涵，抓住机会或创造机会以回报社会，为推进社会进步尽自己的一臂之力。我们在前面已经提到了一个企业是一个国家、一个民族的经济细胞，在国家发展和民族振兴中具有举足轻重的地位。但是我们也应该看到只有国家和社会的进步、发展，才能为企业的持续提升创造条件，旧中国的无数事例就是最好的证明。企业将回报社会提上议事日程，联合个人共同促进社会进步；社会进步了，企业也将获得更大的收益。

15.1.3 企业感恩文化的作用

（1）感恩文化能提高员工忠诚度

许多企业都在苦思冥想如何才能留住人才，如何才能拴住人心，如何才能激发士气，但往往在高昂的薪金、闲适的居所、系统的培训、完善的保障之后，依然存在"人在曹营心在汉""做一天和尚撞一天钟"的现象。优厚的待遇确实能使员工安分工作，但这永远是消极的制度模式，缺乏感恩文化熏陶的"给多少钱干多少活"的企业，是没有不懈创造力和持续感召力的。培育企业的感恩文化，能使员工深刻懂得"饮水不忘掘井人"的道理，时刻牢记企业恩情，以发自内心的实际行动回报企业，变"要我忠诚"为"我要忠诚"。

（2）感恩文化能提高员工的劳作质量

顾客是企业的衣食父母，同样也是员工的衣食父母。员工只有把工作过程视为对顾客

的高效优质回报过程，才能从根本上提高工作效率，优化工作质量。以任何形式的他律来提高工作效率，都是无法与发自内心的自律相比拟的。感恩文化影响下的员工更能不断地提高服务的质量，将自己的工作和企业的经济效益结合起来考虑，改进自己的不足，也让顾客体会到他们对社会的那颗感恩之心。

（3）感恩文化能提高员工的团队精神

企业是一个有机整体，企业的产品和财富是全体员工共同协作、共同创造的成果。所以，员工之间应该彼此心存感恩之情。感恩基础上的劳动协作才是最深层次的团队精神。感恩文化是企业的一种公共产品，也是团队合作的润滑剂，员工在这样一种文化氛围中，更易达成共识，降低磨合成本，减少对周围环境和未来状况的不可预知性。感恩文化搞得好的企业，其竞争力往往很强；拥有强势竞争力的企业，通常也具备感恩文化的人文气氛。

（4）感恩文化能提高员工的归属感

现代企业十分强调员工的归属感，经常将其作为企业建设的一个重要内容。企业通过培育感恩文化，能使员工树立正确的人生观、世界观，找到自我实现的途径。将个人的价值实现同企业的发展完美地结合起来，在企业的大家庭中找到归属，形成与企业发展荣辱与共的愿望。

（5）感恩文化能提升企业的品牌价值

企业的品牌价值包括很多内容，其中非常重要的两个方面就是企业提供的服务和企业对社会的效应，人们也越来越重视对企业品牌价值的挖掘和提升。感恩文化培育下的企业，一方面，员工之间相互协作，相互提携，各尽其能、各司其职，将自己看做企业的主人，充分地发挥自己的主动性，将自己的劳动和企业很好地结合起来；在工作过程中，他们总是怀着强烈的使命感、责任感、光荣感和自豪感，积极奋斗，为顾客提供优质的服务。另一方面，企业将自己的发展同国家、社会的发展有机地结合起来，积极地回报社会，树立良好的"社会"企业的品牌。一个在内部形成积极向上的双向感恩文化和在企业外部形成社会感恩文化的企业，往往能有力地提升自己的品牌价值，在社会范围内形成良好的效应，形成巨大的无形资产。

（6）感恩文化能提升企业的核心竞争力

核心竞争力是衡量一个企业的最重要指标，一个企业的核心竞争力具体表现在以下几个方面。首先是企业的凝聚力和向心力，其次是企业的产品质量，第三就是企业的科技进步和创新能力。在感恩文化熏陶下的企业员工对企业心存感恩，对企业有很高的忠诚度，在工作中也能自律地提高劳作的质量，在科技创新上也能释放自我的潜能，大胆假设、小心求证，积极创新。企业的领导则通过对员工的感恩，点燃员工的工作热情，不断地对员工进行激励，鼓励员工进行技术和管理上的创新。这一切能很好地提升企业的核心竞争力。

（7）感恩文化能促进企业协调稳定可持续发展

一个企业能否协调稳定可持续发展的关键就在于这个企业是否具有可持续发展的能力，这就要求企业的领导和员工用发展的眼光而不是短视来看待企业的问题。企业感恩文化的培育，能使企业的领导不断地调整管理的思维和方式，引进先进的经验，集中精力解决企业的发展问题，尤其是鼓励技术的创新，提升企业的核心竞争力。同时，也使企业的领导公正地协调企业各个部门、各个员工的利益，将大家的心智集中起来，更好地促进社会的稳定发展。而对于员工来说，他们能更好地体恤感恩他人、感恩企业的重要性，积极地调整自我，将自己人生价值的实现同企业的可持续发展联系在一起，不计较一些细微的得失，为企业的发展贡献自己的力量。

企业感恩文化的建设不仅对促进企业自身的发展有非常重要的作用，而且对维持社会的稳定、保证社会的和谐发展也能起到重要的作用，尤其是企业将利润拿来感恩社会的时候。总的说来，在国家政府强调经济发展、构建和谐社会的今天，企业必须大力提倡感恩文化。

15.2 感恩文化的培育

15.2.1 建立公平公正的制度体系

感恩文化需要一个公平公正的制度体系来支撑，完整的制度体系是感恩的前提和保障。企业感恩文化应是一种基于员工自身需要的文化自觉和行动自觉，意味着平等与尊重、付出与福利回馈。员工是企业创造价值的主体，企业要对员工怀有感恩之心，在感恩情怀下完善各种机制，通过有效的途径和制度保障，对员工进行人道关怀，使全体员工共享企业发展成果。企业营造感恩文化的氛围中，必须进一步梳理有利于企业与员工之间、员工与社会之间、企业与社会之间和谐相处的反哺文化，这当中，反哺文化的形成和建立，不能完全依靠人的主观意识，而是取决于相对公正公平的客观制度。

有则"七人分粥"的故事，很能说明企业建立一套切实可行的制度的重要性。有七个人住在一起，每天共喝一桶粥，粥每天都不够。一开始，他们抓阄决定谁来分粥，每天轮一次。这样，每周下来，他们只有一天是饱的，就是自己分粥的那一天。后来他们开始推选出一个道德高尚的人出来分粥。强权就会产生腐败，大家开始挖空心思去讨好他、贿赂他，搞得整个小团体乌烟瘴气。然后大家开始组成三人的分粥委员会及四人的评选委员会，互相攻击扯皮下来，粥吃到嘴里全是凉的。最后想出来一个方法：轮流分粥，但分粥的人要等其他人都挑完后拿剩下的最后一碗。为了不让自己吃到最少的，每人都尽量分得平均，就算不平，也只能认了。大家快快乐乐，和和气气，日子越过越好。

同样是七个人，不同的分配制度，就会有不同的风气。制定制度的关键是简单明了、容易操作，体现效率与公平。所以，企业营造感恩文化氛围，首先面对的问题应该是机制和制度，企业的机制和制度是否完全公平、公正、公开，员工的"责、权、利"是否有机统一和完美结合。

15.2.2 营造感恩的人情化氛围

"乌鸦有反哺之恩""羊羔有跪乳之德"，中华民族是一个有浓厚人情化传统的优秀民族。企业内部的感恩文化不单单是指企业员工共享企业发展成果和福利待遇有多高，更多的是整个企业的人情味，直接体现在企业对员工的尊重程度。学术上把企业文化分为三类：物质文化、制度文化和精神文化，而企业感恩文化应纳入精神文化的范畴。企业的精神文化要发挥作用，首要前提是真正重视员工的尊严，企业内部要保持相对畅通的信息度，尊重并发挥企业内部工会等组织的权力，企业重大决策、利润分配方案必须设法让员工共同参与，让员工认同企业的价值观，进而对企业核心价值观无限忠诚。

人们熟知的麦当劳通过"尊重人权"，对员工进行激励，使员工个体的目标与企业的总体目标协调一致。在麦当劳，职工不论职位高低一律以大哥、大姐相称，不准加任何头衔，甚至可直呼职员的名字，使员工感到公司有人情味，有种归属感。人情味在中国企业内部是相对缺失的，特别是国有企业和私营企业，权力意识和家族观念根深蒂固。

闻名遐迩的沃尔玛崇尚"尊重个人"，彰显企业感恩文化的人情味，沃尔玛不只强调尊重顾客，为顾客提供一流的服务，而且还强调尊重公司的每一个员工。在沃尔玛，不把员工当做雇员来看待，而是视为合伙人和同事，公司规定对下属一律称"同事"而不称"雇员"。沃尔玛的管理者必须以真诚的尊敬和亲切对待下属，了解员工的为人及其家庭，还有他们的困难和需求，尊重和赞赏下属，帮助他们成长和发展。包括沃尔玛的创始人沃尔顿在内，沃尔玛的领导和员工及顾客之间呈倒金字塔的关系，顾客放在首位，员工居中，领导则置于底层，员工为顾客服务，领导则为员工服务。领导的工作就是给予员工足够的指导、关心和支援，以让员工更好地服务于顾客。公司内部没有上下级之分，下属对上司也直呼其名，营造了一种上下平等、随意亲切的气氛。这让员工意识到，自己和上司都是公司内平等而且重要的一员，只是分工不同而已，从而全心全意地投入工作，为公司也为自己谋求更大利益。

15.2.3　力求感恩回馈工作的合理化

合理化的核心是公平，公平合理是员工工作自主性的原动力，通俗地说，就是员工的努力付出程度和努力所得到的回馈是企业内部约定俗成的正比关系，这种回馈包括物质报酬和精神激励两个层面。当员工认为自己的努力和付出与得到回报的价值不匹配的时候，他就会降低工作的主动性、积极性和创造性；如果员工觉得自己所得与付出之比不及别人，同样会降低积极性。

有则猎狗与兔子的故事，形象地说明了企业效益分配合理性对员工具有多么重要的激励作用。一只猎狗将兔子赶出了窝，一直追赶它，追了很久仍没有捉到。牧羊人看到此种情景，讥笑猎狗说："你们两个之间小的反而跑得快得多。"猎狗回答说："你不知道我们两个的跑是完全不同的！我仅仅为了一顿饭而跑，他却是为了性命而跑呀！"

猎人听后便想：猎狗说得对啊，那我要想得到更多的猎物，得想个好法子。于是，猎人又买来几只猎狗，凡是能够在打猎中捉到兔子的，就可以得到几根骨头，捉不到的就没有饭吃。这一招果然有用，猎狗们纷纷去努力追兔子，因为谁都不愿意看着别人有骨头吃，自己没的吃。就这样过了一段时间，问题又出现了。大兔子非常难捉到，小兔子好捉。但捉到大兔子得到的奖赏和捉到小兔子得到的奖赏差不多，猎狗们善于观察并发现了这个窍门，专门去捉小兔子。慢慢地，大家都发现了这个窍门。猎人对猎狗说："最近你们捉的兔子越来越小了，为什么？"猎狗们说："反正没有什么大的区别，为什么费那么大的劲去捉那些大的呢？"

猎人经过思考后，决定不将分得骨头的数量与是否捉到兔子挂钩，而是采用每过一段时间就统计一次猎狗捉到兔子的总重量的方法。按照重量来评价猎狗，决定一段时间内的待遇。于是猎狗们捉到兔子的数量和重量都增加了。猎人很开心。但是过了一段时间，猎人发现，猎狗们捉兔子的数量又少了，而且越有经验的猎狗，捉兔子的数量下降得就越厉害。于是猎人又去问猎狗。猎狗说："我们把最好的时间都奉献给了您，主人，但是我们随着时间的推移会慢慢变老，当我们捉不到兔子的时候，您还会给我们骨头吃吗？"

猎人作了论功行赏的决定。分析与汇总了所有猎狗捉到兔子的数量与重量，规定如果捉到的兔子超过了一定的数量后，即使捉不到兔子，每顿饭也可以得到一定数量的骨头。猎狗们都很高兴，大家都努力去达到猎人规定的数量。一段时间过后，终于有一些猎狗达到了猎人规定的数量。这时，其中有一只猎狗说："我们这么努力，只得到几根骨头，而我们捉的猎物远远超过了这几根骨头。我们为什么不能给自己捉兔子呢?"于是，有些猎狗离开了猎人，自己捉兔子去了。

猎人意识到猎狗正在流失，并且那些流失的猎狗像野狗一般和自己的猎狗抢兔子。情况变得越来越糟，猎人不得已引诱了一只野狗，问它到底野狗比猎狗强在哪里。野狗说："猎狗吃的是骨头，吐出来的是肉啊!"接着又道，"也不是所有的野狗都顿顿有肉吃，大部分最后骨头都没的舔!不然也不至于被你诱惑。"于是猎人进行了改革，使得每条猎狗除基本骨头外，可获得其所猎兔肉总量的 $x\%$，而且随着服务时间加长，贡献变大，该比例还可递增，并有权分享猎人总兔肉的 $y\%$。就这样，猎狗们与猎人一起努力，将野狗们逼得叫苦连天，纷纷强烈要求重归猎狗队伍。

15.2.4 力保"制度、人情、合理"的均衡性

企业感恩文化是提倡以感恩反哺处理好企业、社会、客户、合作伙伴、员工之间关系的文化，其中包括最基本的五种感恩互动关系：一是企业和员工对社会的感恩意识；二是企业和员工对客户的感恩意识；三是企业和员工对合作伙伴的感恩意识；四是企业和员工之间的双向感恩意识；五是企业员工之间的相互感恩意识。这五种关系与企业文化所倡导的核心价值观相一致，互为补充、有机统一。

均衡性就是有效处理"制度、人情、合理"三方面的关系，就是解决企业内部"情、理、法"三者关系的认识问题。有人认为中国是"情→理→法"，西方是"法→理→情"；还有人提出了中间路线"理→情→法"，说中国人最讲求"理"，"理"讲不通了，再用"情"来打动，只有遇到"情理"不通的家伙才要动用"法"，指出这是中国的特色之路，现在拥护这种路线的人很多；也有人认为"情、理、法"这三者不是一个顺序关系，情理法的核心是"理"，"理"就是伦理、是价值观、是行为准则、是习俗、是规律，所以企业中的"理"就是企业文化，"情"要合乎"理"，"法"也要顺乎"理"，情和法之间存在一定对立性，所谓执法无情，法不容情，但是两者都要服从于"理"。在对"情、理、法"的认识上，三者既非先后推理关系，也非核心对立关系，而是三角均衡关系，其纽带是和谐和均衡。

中国的均衡与和谐文化博大精深，中华民族悠久绵长的感恩文化与和谐文化相辅相成。

15.2.5 用感恩文化挽留人心

企业员工流失是企业感恩文化负面效应的集中反映，营造企业感恩文化氛围也是留住员工和使已流失的员工再主动归来的有效途径。一个优秀的企业除了事业留人、待遇留人、工作环境留人外，更重要的还是文化留人，使人才在企业感恩文化氛围中能充分感受到受尊重、心理满足和荣誉感。

一般而言，企业员工流失大致有三类，有一类优秀员工是被其他企业挖走的，因为对方给的那个条件、机会实在太好了。好的公司在优秀员工离职前，给即将离职的优秀员工

开一个欢送会送他走，希望他跟企业是合作伙伴或者再回来。这种文化在惠普就很普遍。1997 年 10 月，中国惠普公司助理总裁高建华突然要求离开惠普，去苹果公司工作。高建华走之前，中国惠普公司老总请他吃饭，当时，高建华说了很多惠普的不当之处，老总不但不介意，反而对他说："你在外面闯闯，锻炼锻炼没啥，如果有朝一日当你感到不舒服，想回来的话，我给你最后的 offer（帮助），随时随地你只要打一个电话，马上就可以回来。"这番话很有人情味，实际上，高建华在苹果公司仅仅两年，又回到了惠普。

另外一类员工是做了一段时间以后，他不认同这个企业的价值观念，他有各种各样的考虑，有的人可能认为福利待遇不够理想，有的人觉得这个环境、个性、价值观念跟他本人的期望不一致，以致在一到两年的短时间内员工流失的比率通常比较高。作为企业，一方面可以加强员工认同企业价值观的引导、培训，另一方面也要接受员工和企业之间是双向选择的事实，企业在一开始招聘引进员工的时候就要开宗明义，阐明核心价值观，使留下来的尽量都是认同企业价值观念的一批人。

第三种员工是被企业淘汰的，无论是工作态度不符合企业的职业道德规范，还是工作能力不能适应企业所有的工作岗位，企业在不得已的情况下，以离职补助或为其找到其他适合的工作等形式劝其离开。第三种员工是少数，除非企业的人力资源部门出现严重的失职。

15.2.6 知恩图报，反哺社会

中华民族是一个尊伦理、重孝道、讲情义的民族，"知恩图报""滴水之恩当涌泉相报""谁言寸草心，报得三春晖""感恩报德，至死不忘"一直被认为是中华民族引以为豪的传统美德。"投桃报李"源自春秋《诗经》，"结草"典故见于《左传·宣公十五年》，"衔环"典故见于《后汉书·杨震传》中的注引《续齐谐记》，后世将"衔环"和"结草"合在一起，流传至今，比喻感恩报德，至死不忘。本书认为，在构建和谐社会和呼唤企业社会责任回归的当下，把感恩情结运用到企业文化建设上具有非常重要的意义。从企业的社会使命上看，一个企业的价值更多地取决于其对社会贡献的大小。企业要以担负社会责任来打造企业的强势文化，不断做大、做强、做长久，进而打造人民群众广泛接受和受益的强势品牌。相反，一个丧失社会责任或者社会责任感不强的企业一味地攫取高利润和物质财富，其行径和一个立足于社会、唯利是图的自然人本质上是类同的。

企业构建感恩文化的重要体现就是企业自觉履行社会责任；而企业履行社会责任，最直接的表现就是成功创造巨额利润后反哺社会，比如有财务预算的捐赠、捐助，参与和支持公益事业，修筑公共设施，持续性地资助希望工程和社会弱势群体等。世界知名企业壳牌是经营石油、天然气、化工和其他特定业务的能源企业，能源企业和高耗能、污染是分不开的，进入中国市场之后，壳牌非常注重环保、教育等公益活动，以对环境和社会负责任的方式盈利地开发和提供资源，推动企业的可持续发展。壳牌有一个全球通用的行为准则，即《壳牌商业原则》，明确规定可持续发展是壳牌的核心理念之一。壳牌企业对可持续发展的实践就是要在经济、社会和环境三者之间寻求平衡，在尊重社会和保护环境的前提下，追求商业上的成功。壳牌把公益活动当成是社会投资，把开展公益活动作为尊重社会和环境的表现形式之一，把公益活动作为企业的社会责任或者社会表现，而不是简单地捐助，更不是为了表现而表现，这就是一个企业践行感恩文化的全部内涵。

15.3 温州建设集团的感恩文化诠释

温州建设集团的感恩文化：学会感恩，知足惜福，用感恩的心去工作。

15.3.1 学会感恩

人要学会感恩。拥有一颗感恩的心，生命就会充满温馨，常存一颗感恩的心，灵魂就会更加纯净。在人的生命历程中，从小时候起，就领受了父母的养育之恩；等到上学，有老师的教育之恩；工作以后，又有领导、同事的关怀、帮助之恩；年纪大了之后，又免不了要接受晚辈的赡养、照顾之恩。作为单个的社会成员，我们都生活在一个多层次的社会大环境之中，都首先从这个大环境里获得了一定的生存条件和发展机会。也就是说，社会这个大环境是有恩于我们每个人的。对每个人而言，感恩是一种爱，是一种对爱的追求、对善的坚守；感恩也是一种对生命的尊重、对责任的执著。

学会感恩，用感恩的心去体会生活。我们要感恩天空，给我们提供了一个自由飞翔的空间；我们要感恩大地，给我们无穷的支持与力量；我们要感恩太阳，给我们提供了光和热；我们要感恩绽放的鲜花、如茵的绿草，让我们拥有充满生机的世界……

学会感恩，用感恩的心去担当责任。我们要感恩企业，给了我们施展才华的平台；我们要感恩领导，为我们担负了更多的责任；我们要感恩同事，对我们无私的支持和帮助；我们要感恩家人，对我们真心的奉献和关爱；我们要感恩朋友，对我们知心的关怀和援助……有爱就有感恩，学会感恩，才会担当责任，这既是一个人追求生命价值的道德准则，也是一个企业、一个社会持续发展的不竭动力。

学会感恩，是自我的原始本能。动物尚知反哺报恩，人更应该饮水思源。学会感恩，就是要返璞归真，回到生命的自动自发的境界，以传承爱心、弘扬善德为己任，这是每个人担当责任的基础，也是社会良性运行的心理基础。

学会感恩，是企业得以永续发展的前提。企业要弘扬一种崇德扬善的文化，以感恩、负责、推动社会进步为目标，为客户提供可信赖的产品，为股东创造可持续的价值，为员工提供良好的工作环境与成长空间。

学会感恩，你的内心会豁达而开朗，你对世界上所有的美好会心存感激，你的生活也会快乐许多。快乐是生活中最宝贵的财富，是一种生命情绪的自然流露，快乐要靠自己用心去汲取。感恩的心容易感动，感恩的心充满感激，有了感恩的心你就会快乐而满足。

在美国，从1863年起，亚伯拉罕·林肯总统宣布了感恩节为国家节日。其间的两百多年，每年一次的感恩活动，从小地方传播开去。这是一个充满感谢和爱的节日。美国人欢聚一堂，进行一次特殊的祈祷，感谢、颂扬上苍在过去一年里的仁慈和恩惠。非但如此，它更成为一种社会活动。有人在超市门口放个大筐，让人们留下一份食品给那些食不果腹的穷人，政府机关、学校和教堂准备大量的食物，敞开大门，分发给一些无家可归的人。更可贵的是，平日里无忧无虑的孩子在这一天却极其认真地挨家挨户敲开邻居的家门，募集食品。这也就从小培养了帮助穷人的意识，给了他们自己和所有美国人行善的机会。

历来讲究养育之恩、知遇之恩、提携之恩、救命之恩的中国人，是否更应提倡"知恩图报""滴水之恩，涌泉相报"的作风呢？虽然我们没有感恩节，但我们是否也该学着去感激一些东西，为了自己，也为了自己生活着的这片土地呢？

古人云"施人慎勿念，受施慎勿忘"。学会感恩，让生命可以轻装一点，未来才会充满阳光。

15.3.2 知足惜福

人要知道满足，要珍惜眼前幸福，不要总是抱怨，要有积极的态度和追求。心怀感激、知足惜福并不仅仅有利于企业，而且能带来更多值得感激的事情，这是宇宙中永恒的法则。

（1）关于知足

知足是老子的伦理观点，语出《道德经》，认为"祸莫大于不知足"，不知满足，进而追求，定招灾祸。知其足，不追求，安于所得，无为无德，反而常常满足。知足才能避免灾祸，才能全生保身。俗语："知足者常乐。"

知足的基本解释是：知道满足，满足于已经得到的，详细解释是：自知满足，不作过分的企求。《老子》载："知足者富，强行者有志。"汉代刘向的《列女传·王章妻女》载："人当知足，独不念牛衣中流涕时耶？"唐代杨炯的《泸州都督王湛神道碑》载："叹疏广之知足，慕祁奚之请老。"茅盾的《尚未成功》中记载："你从前教书的时候不是时时刻刻想望着眼前这样的生活么？现在弄到了，你倒又不知足！"

知足还是不知足？

人不该不知足，不该贪婪，那是一个极端，但过分知足而造成自满，却是另一个极端。真正的知足是什么呢？该是贪婪与自满二者之折中，而那个折中点该是出于智慧的"中庸之道"。

（2）关于惜福

惜福即是珍惜眼前幸福，一种知足常乐的心态。是说不要总是抱怨，但是却要有积极的态度和追求。

惜的基本字义：① 爱，重视：爱惜，顾惜，怜惜，珍惜；② 舍不得：吝惜，惜别，惜力，惜墨如金；③ 感到遗憾，哀痛：可惜，惜悯，惋惜。

福的基本字义：① 一切顺利，幸运，与"祸"相对：福气，享福，造福，祝福，福利，福音，福相；② 旧时妇女行礼的姿势：万福；③ 祭神的酒肉：福食，福酒，福物；④ 保佑："小信未孚，神弗福也"，福荫，福佑。

15.3.3 用感恩的心去工作

心怀感激、知足惜福并不仅仅有利于企业，而且能带来更多值得感激的事情，这是宇宙中永恒的法则。

用感恩的心去工作，你就会很快发现，一切都美好起来，一些微不足道的不快也很快过去。企业也是一样，所有的同事都更愿意帮助那些知恩图报的人，老板也更愿意提拔那些一直对公司抱有感恩心态的员工，因为这些员工更容易相处，对工作更富有热情，对公司更忠诚。作为企业的一分子，无论你是才华出众的领导人物，还是默默无闻的小职员，如果你始终抱着对工作、对企业、对老板感恩的心，就很容易成为一个受欢迎的人，会更有亲和力和影响力。

一个懂得感恩的人，一定是一个具有良好修养的人，一个真诚待人的人。如果一个下属不懂得感恩，就不值得领导提携；如果一个员工不懂得感恩，就不值得老板重用；如果一个孩子不懂得感恩，就是家庭教育失败。感恩是一种能力，更是获得能量与能力的途径。

用感恩的心去工作，你就不会产生抱怨；用感恩的心去工作，你就不会感到乏味；用感恩的心去工作，你就不会在困难面前退缩；用感恩的心去工作，你会觉得工作是为自己；用感恩的心去工作，你在受到批评时就不会感到委屈；用感恩的心去工作，你才能真正做到严以律己宽以待人。

应当知道：给你磨炼的人，就是给你恩惠的人；给你痛苦的人，就是给你快乐的人；给你批评的人，就是给你成长的人；给你失落的人，就是给你荣耀的人。拥有一颗感恩的心，你的生命就会充满温馨；长存一颗感恩的心，你的灵魂就会更加纯净。感恩不仅是一种生活态度，而且还和工作有关。一个人如果想把自己的事业干好，那么就要敬业、就要努力、就要奋斗、就要认真。最重要的是要有一颗感恩的心，如果有了感恩的心，那么他在工作中就一定会包容、知足，换取的将是事业上的成功。

海伦·凯勒曾说过："我一直哭着没有鞋子穿，但等到我知道连双脚也没有的人，我又感觉到幸运之极了。"对人需要感恩，对物需要感恩，对工作更需要一颗感恩的心。感恩是美德也是一种智慧，能成就生命和事业的辉煌！

15.3.4　感恩词

感恩词——

拥有感恩，就像拥有阳光。

领悟感恩，生活就有希望。

感恩对于个人是感恩心态，对于社会就是感恩文化。感恩文化是一种基于人身需要的文化自觉和行动自觉，意味着平等与尊重、服务与回报、付出与牺牲，是一种植根于生活的精神，是透过行动和机制的情怀实践和价值实现。

感恩文化具有传递性，个人无论作为施或受的对象，都会增强其感恩心态，从而更加自觉地关爱社会或他人，整个社会的感恩文化就会上升到一个新的水平。

感恩文化对于社会非常有益，它可以让人保持一种平和的心态，团结合作，相互关爱，与建设社会主义和谐社会的主题非常吻合。

很多时候我们对自然、社会、单位、领导、同事、下属、客户等，甚至父母妻儿的付出漠然置之，认为那是自己应该得到的，是天经地义的。其实，并非如此。大写的人，一撇一捺，每一个人要想能够顶天立地，必须要有众多人的鼎力相助，否则，大写的人就会坍塌，甚至一败涂地。中外历史上很多英雄豪杰，成在"振臂一呼，应者云集"，败在"离心离德，孤家寡人"。所以，感恩其实就是一种利人利己的责任；对自己的责任，对亲人的责任，对他人的责任，对单位的责任，对社会的责任。因为只有铭恩于心，才会有恒久的责任。

带着一颗感恩之心，我们拾级而上！

揣着一颗感恩之心，我们漫步人生！

☆【实践描述】

一名普工的"成长"经历

——怀着感恩的心去工作

张加熙

我是一名黑龙江支边青年,1980年12月因政策性招工进入温州建设集团公司当普工。当时能进入国有企业,可是梦寐以求、可望而不可即的事,真是太幸运了。我暗暗发誓,一定要好好工作,感恩企业,报答国家。

由于自己的努力与勤奋,得到了同事们的信任和领导的赏识,提前3个月转正,当年还安排我去温州雁荡山休养,即使是有些老工人也享受不到这样的殊荣,舆论一片哗然。在这30年之间,我先后获得多项奖励:1981年先进生产工作者、省建工系统红旗设备操作手;1982年先进生产工作者、读书积极分子、优秀学员;1983年全脱产学习班优秀学员;1984年公司先进生产工作者;1985年先进生产工作者;1986年成绩显著晋级奖励;1990年先进生产工作者;1991年先进生产工作者、优秀党员、"双基"学习优秀学员;1992年先进生产工作者;1999年优秀党员;2000年荣获集团公司1998—1999年度"最佳职工";2007年优秀共产党员;2008年6月抗震救灾援建荣立三等功。

1981年1月进入本单位时,当时单位前身是温州地区第一建筑工程公司,当时公司设有职工学校,这可是千载难逢的好时机,我当时参加夜校初中班、应用文学习班学习,通过学习提高了自己的文化水平特别是自己的思想觉悟,也为自己今后的工作、学习打下了良好的基础。时至今日我在单位干过拌灰工、材料员、司务长、劳工科长、综合科科长、培训科科长等工作。从一名普通员工,走向管理岗位,真是从内心感谢集团公司各级领导对我的信任与这么多年的培养与帮助。我要感恩,要在工作中感恩,要用感恩的心去工作。

我刚进单位以拌灰为主,因是普通员工,地位似乎低人一等,凡是脏活、累活非我莫属。但我有个平常心、感恩心,心里很知足,怎样做好自己的本职工作才是最重要的。灰浆机是我的生产工具,其实它就是我的饭碗,可我所使用的灰浆机被水泥残浆冻得像麻花,实在是难看又难使,我想应该让它脱胎换骨。于是我就利用工作空余时间不懈地敲打,用刮刀刮,功夫不负有心人,灰浆机终于焕然一新,被公司评为优良设备。名气出来了,后来有检查团慕名而来,戴上白手套来摸,手套还是白的,他们很惊讶,甚至觉得不可思议。其实只要你有个良好的心态,用感恩的心去做,就没有什么干不好的事情。

1984年11月我调任材料员,感谢领导的信任,让我参与温州文化宫施工班子的现场管理工作,我下决心一定要努力工作,决不辜负领导对我的期望。温州文化宫工程是我第一个具体负责的工地,由于当时城市的综合性管理,白天车辆不让进,建筑材料进出只好夜间进行,工地成了我的家。我必须根据施工员的施工计划,结合施工进度与工程部位制订现场材料计划表,对材料进耗与所需的材料进行调控,为确保施工用料提供保障。在平常的工作中,我虚心向同行学习,以高度的责任感对企业、对工程负责,认真做好材料成本分析,降低材料成本与材料损耗,把好材料质量关、把好材料数量验收关、把好材料场地堆放的规划关、把好材料预算节约关，做好成本控制。公司领导一再强调，人工费只占工程成本的三成，建筑材料费用却占七成，建筑工地脚踏人民币，可见材料管理的重要性。当时公司对材料管理有奖励制度，每月根据一号表进行材料横拉，如有盈余三七分成，项目三，公司七，由于管理得当，月月有提成。通过大家的共同努力，文化宫的最后工程竣工决算这一块有很大的盈余，这是对公司最好的回报，也是对我最好的鼓励。因工作出色，1987 年 7 月还光荣加入了中国共产党。2008 年 6 月我也参与了四川援建工作，根据援建施工现场指挥部的工作安排，我负责仓库的材料保管与现场的材料供应，为四川的重建作出了自己应有的贡献。

　　1989 年 11 月我又调任食堂司务长，在这么多职工中公司领导看中了我，这是对我最大的信任与寄予的重托。我能干好吗？我一定要干好，要对得起领导，对得起职工，决不能让大家失望。当时温州人民路工地一条龙，海螺系列工地遍地开花，我肩负着十几个食堂的后勤保障工作，但众口难调，再说当时是计划经济，粮食受控制，于是要千方百计设法、四面八方调剂，工地夜晚浇水泥要提供夜餐，为做好食堂工作，天天深入基层，及时帮助食堂解决困难，做好茶水供应和环境卫生工作，结果食堂被管理得井然有序，菜肴符合职工口味，受到领导与职工的称赞与好评。两年零六个月的时间，其中有困难与艰辛，要干好不容易，但我凭着一颗感恩的心和良知去从事自己的工作，最终得到了大家的认可。

　　1992 年 5 月我又调往劳工科，从事劳动工资管理工作。我仍保持自己的一贯工作作风，认真负责，大胆管理，兢兢业业干好本职工作。接任劳工时，有些特种工种职工要求提前退休时，需提供 15 年的连续工资册给劳动局，由于历史原因，工资册等保管不善，资料不齐，为了这些职工的切身利益与企业的效益与和谐，为了理顺资料，我自觉放弃节假日休息时间，去仓库整理补充断档的工资册，里面又脏又闷，汗流浃背，灰尘满身，经过长时间的艰难整理，工资册终于理顺了，又发挥了它应有的功能。由于自己的责任心，从事劳动工资工作时间较长，平时注意资料收集，为今后的资料查询、登记打下了良好的基础。特别是集团公司机构调整，转岗分流，离岗人员情况摸底，都因有了第一手原始资料，为集团公司的改制工作创造了条件。

　　1999 年 7 月因集团公司机构调整，被调往集团公司劳动再就业，任综合科科长，后与劳务公司合并任培训科科长至今。特别是随着改革开放的不断深入，在潜移默化之中，不知不觉地养成认真学法、自觉守法、善于用法的行为习惯，努力提高自己的法制意识、法律法规基本知识水平。根据劳动合同法有关规定，劳动合同签订、工资准时发放、职业技能培训、民工安全教育，都列入了正常的日常工作。我们每年要通过安全教育与黑板报形式将安全生产、劳动合同签订、综合治理等相关方面的法律法规知识对民工进行宣传教育，养成自觉遵守公司各项规章制度的行为习惯，逐步做到依法务工。为了进一步提高自己的工作能力，现学会了熟练操作电脑，利用 QQ 与 OA 系统为自己提供服务，在互联网上获取相应的必备知识，在日常工作中加以适应与应对。到 2009 年，已向《建设集团报》投稿 21 篇、出黑板报 6 期，并在 2009 年 6 月向浙江省企业报协会投稿并获得三等奖。

　　其实，工作无小事，小事也有大学问。只要你有一颗感恩的心与良好的心态，用感恩的心去工作，去学习，不要怕吃苦，不要怕吃亏，通过自己的努力与勤奋，就没有干不好的事情。

心宽路就宽——要学会感恩

邵海莲

相信每个人都有同样的经历，在生活中，在朋友身边，总少不了规劝亲朋好友们不要为了鸡毛蒜皮的小事而钻牛角尖。殊不知只有学会宽容，才意味着你的人生更加快乐。而这点，也是我最近读了《心宽路就宽》这本书之后才感悟到的。这本书由"心宽一尺、路宽一丈""做自己的心理管家""让快乐贴身相随""生活中要懂得感恩""开创自己的命运""不做欲望的蠢人""悦纳自己、善待他人""别让生活的困境压垮你"8 个部分组成。其中我对"做自己的心理管家"和"生活中要懂得感恩"两个部分的短文记忆尤为深刻。"做自己的心理管家"部分，使我们懂得怎样去保持好自己的心态，心态的重要性是非同小可的，积极的心态能成就人生，反之则足以毁灭一个人的人生。当我们学会驱逐心灵的阴影时，留在我们心里的就只有灿烂的阳光。那不管做什么事相信都会事半功倍了。

另外，"生活中要懂得感恩"部分又使我懂得了另一个人生哲理："滴水之恩，当涌泉相报。"相信这句话对大家来说并不陌生，也相信一定有很多人都理解它的意思，那就是别人对我们的帮助，我们一定要谨记在心，一定要心存感激，假以时日一定也要对需要关怀的人付出同样的爱心。那些对生活怀有一颗感恩之心的人，即使遇上再大的灾难，也能挺过去。感恩者遇上祸，祸也能变成福。

记得有位先哲曾经说过："人如果没有宽容之心，生命就会被无休止的报复和仇恨所支配。"所以我们一定要铭记于心，在生活中，我们一定要学会宽容，因为宽容是做人的需要，宽容也是处世的需要，只有学会宽容，我们的人生道路才能变得越来越宽阔。

第16章 尊贤使能，俊杰在位

——人才文化建设

> 一个国家的领导人，能够尊重有学问的人，任用有才能的人，让才德出众的人掌握权力，那么全世界有才能的人，就愿意在你的组织里做事。做企业亦是如此，就是要尊重并使用有道德、有才能的人，把品德、才能都出众的人用在高位上。

16.1 人才文化的理论描述

16.1.1 关于人才

（1）关于人才的定义

"人才"一词，最早见于《诗经·小雅》注中："菁菁者莪（é），乐育才也。君子能长育人才，则天下喜乐之矣。"中国古代的人才大多冠以"贤""能""士"，即有德行、有才干，德才兼备的人。

百度里的百科名片对人才有这样的详细解释：① 指人的才能。汉代王充的《论衡·累害》载："人才高下，不能钧同。"晋代葛洪的《抱朴子·广譬》载："人才无定珍，器用无常道。"《北史·崔亮传》载："立中正不考人才行业，空辨氏姓高下。"唐代刘知几的《史通·叙事》载："故知人才有殊，相去若是，校其优劣，讵可同年？"② 指有才学的人。晋代葛洪的《抱朴子·逸民》载："褒贤贵德，乐育人才。"宋代王安石的《上仁宗皇帝言事书》载："则天下之人才，不胜用矣。"清代恽敬的《兵部侍郎裘公神道碑铭》载："今上加意人才，大臣多以公名举奏，升内阁侍读学士。"③ 指人的容貌。宋代孙光宪的《北梦琐言》卷十七载："楷人才寝陋，兼无德行。"元代无名氏的《渔樵记》第一折载："有妻是刘家女，人见他生得有几分人才，都唤他做玉天仙。"《三国演义》第六五回载："马超纵骑持枪而出，狮盔兽带，银甲白袍，一来结束非凡，二者人才出众。"④ 指美貌女子。茅盾《子夜》载："他常到某某屋顶花园巡阅，也为的是要物色人才。"

到目前为止，最权威的概念是中共中央、国务院 2010 年 6 月 6 日印发的《国家中长期人才发展规划纲要（2010—2020 年）》对人才的定义：人才是指具有一定的专业知识或专门技能，进行创造性劳动并对社会作出贡献的人，是人力资源中能力和素质较高的劳动者。

（2）关于人才定义的争议

人才一词，越来越时髦、越时尚，几乎每个企业都在强调"以人为本"，都在强调

"重视人才""吸引人才"。于是,伯乐们越来越多,人才越来越稀缺,人才越来越难寻求,人才的自我感觉越来越好,人才的价格一路飙升。

何谓人才,这本身就是一个模糊的概念,也没有明确的衡量标准。具体有以下几种提法。

① 早期具有代表性的人才概念是这样表述的:人才,指为社会发展和人类进步进行了创造性劳动,在某一领域、某一行业或某一工作上作出较大贡献的人。这个概念强调了人才劳动的特征是创造性劳动,强调了人才的贡献大于一般人,强调了人才通过自己的活动,产生的社会作用是推动人类社会的进步。这一概念为以后人们更深入地揭示人才的内涵奠定了重要的基础。

② 20 世纪 90 年代初期,具有代表性的人才概念是这样表述的:人才,指在一定社会条件下,能以其创造性劳动,对社会或社会某方面的发展,作出某种较大贡献的人。这一概念,在继承和保留 80 年代初期人才概念的精华部分外,新提出了"在一定社会条件下"这样的限制词。这一提法规定了人才劳动的社会历史性。

③ 近些年又有人提出:人才,指那些具有良好的内在素质,能够在一定条件下通过取得创造性劳动成果,对社会的进步和发展能产生较大影响的人。这个概念,包含以下四个基本点:第一,人才的内在素质要好。第二,人才的活动离不开一定的物质条件和精神条件。没有条件,人才将无用武之地。第三,人才能进行创造性劳动,取得创造性劳动成果。第四,人才的贡献比一般人大,他的作用是直接推动社会的进步。

④ 政府有关部门的曾经定义是:人才,指取得中等专业以上学历的人。企业可能是受此影响,用一些简单和显现的标志作为判断人才的标准,于是将人才与学历、职称、就职经验、是否海归等同起来。受此牵引,那些还没有达标的人才,没学历的补学历,有学历的补出国,有工作的忙跳槽,如同群马奔腾,直到把伯乐们看得眼花缭乱。

⑤ 有企业界人士认为:人才,是那些认同公司的核心价值观,具有职业素养和较高工作能力,能够持续地为企业创造价值的人。一个清洁工人,能够长期地把地扫成世界一流,就是人才。一个员工能够安心本职工作,持续不懈地提高工作效率,也是人才。以此标准衡量,企业中人人都是人才,人人都可能成为人才,我国企业缺少的不是人才,而是培育与牵引人成才的机制与制度。

⑥ 一些猎头专家认为:人才就是有能力完成某件事的人,必须是能够为企业创造价值的人,而学历、职称、经验等与一个人的价值创造没有直接的联系。他们认为,人才是双刃剑,使用好了,会提升企业的核心竞争力,成为企业竞争的利器;使用不好,反而会破坏企业的管理体系,成为企业的心腹之患。因此,引进人才固然重要,但也有引狼入室的风险,有人才潇洒走一回的无奈,有人才变为庸才的尴尬。因此管理人才更重要。

综上所述,人才尚无一致认可的标准定义,只有中共中央、国务院的权威定义。

(3)关于高级人才标准

根据情商社会学家分析,21 世纪第一层次的职业当属于高智力集团。因此,近几年,国内企业不惜以年薪 50 万、100 万招聘高级知识人才,组成企业高智力集团。新的职业结构对高级人才的素质要求愈来愈高。未来的高级知识人才既不是单纯的技术专家,也不是精通领导艺术的专家。他们不仅要胜任卓有成效的管理工作,还要有力地领导自己的团队在同心协力完成既定目标的同时,时刻准备迎接新的挑战。但是,"高级人才"的标准到底是什么?可谓仁者见仁,智者见智。

① 能力优于知识。企业要求的人才不是应试人才，而是做事人才。面对日益激烈的市场竞争，企业的生存和发展系于一端，那就是人才的能力。近几年，发达国家的大企业不惜以年薪 10 万、20 万美元物色一名高级知识人才。他们有远见和新意，同时又善于听取他人意见，懂得扬长避短，他们的能力应当由以下这些部分组成。第一，技术与业务能力。目前的企业更加需要计算机开发与应用、产品营销、管道工程、电子工程等方面的人才。没有过硬的技术才能或是只会纸上谈兵的人必然会被市场竞争淘汰。第二，组织与规划能力。如今许多被认为是少数领导人士才具备的组织能力现在已经成为选择职员的重点。比如说设置工作流程、制定市场营销方针、统一调拨财力物力、协调分配任务等都需要高标准的组织规划能力。人的能动性要得到充分发挥，而不局限于按部就班的传统模式。第三，说服与交流能力。即语言能力，懂得如何表达信息和思想，并能够听取信息与思想。公司间的交往要求职员能应付越来越多的人际关系并具有越来越高的游说能力。同时，在本来节奏快的工作环境中，内部的交流显得更加重要，尽管惜时如金，但没有交流就缺乏动力和发展的源泉。第四，数字与计算能力。这种能力并非是理工科人才必备的，绝大多数人才都应当具备，部门与部门之间的配合以及公司运作的衔接通畅都离不开数字与计算。第五，想象能力。它是白领职工都需要的技能。富于想象力，有利于收集并获得广泛、大量的信息与知识；想象力还可以开拓思维方法及观察的视野，换一句话说，想象力在某种程度上可以带动创造性和创新能力。第六，文理贯通能力。文理贯通要求职员学会利用个人天赋提高工作经验，各种知识的融合可以提高工作效率，文科积累的教育经验与理科专业技能的结合将是明天的白领人士们最有参考价值的学习方向。

② 成就超越潜力。猎头公司基本不为找不到工作的人找工作，而只为企业猎取不愁工作的人。据南方猎头的负责人介绍，一般他们"猎"的人才都要有至少 5 年的工作经验，有的甚至在 10 年以上，因为工作经验是人才进一步发挥自身价值的基础。工作业绩也是他们考查"猎物"的一个重要指标。优秀的工作业绩是实实在在且最具说服力的，有过去的优秀业绩才可说明有将来的工作潜力。比如如果"猎物"是在华南地区工作的一个销售经理，就要用他上任前一年同一部门的销售数字，和他上任后几年销售成绩的平均数字来相比较。如果两个数字基本持平，就证明他能力一般；如果有大幅度的增长，就可以说明他是个有很强工作能力的人才。对技术人员而言，标准是看他拿到了哪些证书，他开发的项目有多大的效益和影响等。当然，这也不能一概而论，因为不同行业之间是有差异的，比如做市场开发就更注重创新而不是多年的经验。美国《财富》杂志是这样评价金领的：他们年龄在 25 岁至 45 岁之间，受过良好的教育，有一定的工作经验、经营策划能力、专业技能和一定社会关系资源，年薪在 15 万美元到 40 万美元之间。据国家统计局城市社会经济调查总队在北京、上海、浙江等 10 个省市对 9956 户城市高收入家庭进行的问卷调查显示，金领高收入阶层的月薪大都在 1 万元以上，有一套属于自己的住房，市场价格在 80 万元左右，有一辆进口车或至少有一辆奥迪、桑塔纳等档次的国产轿车；饮食不超过家庭总支出的 1/4。

③ 复合型人才。所谓复合型人才，包括知识复合、能力复合、思维复合等多方面，不仅是某个专业技能方面要有突出的经验，还需在相关领域具备较高的技能，简而言之，其特点就是多才多艺，既在某个专业领域有一定的深度，知识面又有一定的宽度。要做到一个基本的复合是非常不容易的，往往需要多方面的学习和长期的实践积累。简而言之，就是一个人要具备两个及以上的职业所具备的素质及能力。

新世纪的高级人才观，不再把那些"一旦拥有，享用终身"的学历、职称当做主要衡量标准，而是更加因地制宜、实事求是：有的人今天是人才，明天可能就不是人才；在甲地不是人才，在乙地可能就是人才。

16.1.2　关于人才文化

人才体现为一种文化。人才的培育、成长、涌现及其作用的发挥，人才消长的规律性，人才得以熏陶、孕育的人文环境，无不与文化有关，也与经济的需求、社会的进步有关。因而人才是经济文化发展的产物，它反过来又成为推动经济文化发展的主体力量。人才文化基于企业文化之基础，立足于以人为本、各尽其用的原则，使人才能得到尊重、尽其所能。

（1）人才文化的含义

人才文化是一个内涵丰富、结构复杂、层次分明的特殊文化形式，在人才强企战略中具有十分重要的作用。

所谓人才文化，是指人们在长期的人才工作实践中，或与人才工作相关的行为过程中逐步形成的关于人才识别、选拔、培养、管理、使用等方面的理念、信仰和价值观。譬如，"人才第一""人才至上""人人是人才，赛马不相马"等。

人才文化是一个内涵丰富、外延明确，内在结构复杂、层次多样，包含诸多子文化系统的文化系统，并且这个系统是开放的而不是封闭的，具有很强的自组织能力。例如，从内在行为模式看，它是由知识、理念、价值观、创新思维等一些子系统构成。而外在行为模式则更为丰富。由于人才在社会实践中的不同功能与作用，其自身就是多层次的。人才广布于社会各行各业，又具有一定学历层次、较高的专业技术水平、能力和创新思维，并且在相应的岗位上有突出贡献。

根据中央人才工作会议（2003）精神，人才至少分为三个层次，即高素质的劳动者、专门人才、拔尖创新人才。所谓人才文化系统，是一个开放的文化系统，是讲人才文化作为人类大文化中的一个子文化，在其形成与发展过程中，不仅要以自身的工作实践为基础，同时还要不断汲取其他文化的营养，不断丰富其自身的内涵，人才文化才能不断发展、完善。不同历史阶段与不同社会形态之间的人才文化所存在的不只是量的差异，而且是质的区别。

（2）人才文化的特征

根据人才文化的含义及层次可以概括出以下几个人才文化的特征。

① 人才文化是一种特殊的文化形式，是文化渗入有关人才的各项工作、活动等的结果。这种特殊性不只是表现有关人才工作与活动的特殊性和人才在整个人群中的特殊地位与作用，还在于文化渗入有关人才工作与活动之后形成的内在行为模式与外在行为模式，都与其他文化现象有着严格的区别，有的甚至是质的区别。

② 人才文化中的以"人"为本的理念较之其他文化显得更为突出和重要。这是因为形成人才文化的主体"人才"以及与人才相关的工作与活动在人类的各项活动中作用突出、地位特殊，而人才文化本身又是围绕人才而展开，一切都以人为本，所以在这里"人"的地位与作用比之其他文化显得更为重要。

③ 在有关人才文化的建设与发展中，教育与科学技术的作用日益重要和突出。随着教育与科学技术的发展，构成人才文化的内在行为模式与外在行为模式都将会发生较大的

变化，从而推动人才文化进步与发展。而人才文化的发展，又将对教育和科学技术的进步产生巨大的反作用力。正是在这样一个相互作用的过程与关系之中，人才文化与教育和科学技术共同进步，共同发展。

（3）人才文化建设的意义

越来越多的企业把追求长远发展、基业长青作为自己的目标，越来越多的企业意识到企业长远发展的关键是文化、人才和机制，意识到人才是当今企业最核心的竞争力之一。企业需要什么样的人才，如何才能吸引住人才，怎样让人才发挥出最大的绩效，企业对这些问题的认识和回答，形成了企业自己特有的人才文化。

人才文化是企业文化在解决、处理企业内人才相关事务、问题上的具体体现。好的人才文化对外表现为树立企业人才品牌，增加企业美誉度；对内表现为增加企业凝聚力和员工敬业度。数据显示，优秀企业文化可以造就敬业团队，比较一般团队，敬业团队可以使员工保留率提高50%，客户满意度提高56%，生产效率提高38%，利润率提高27%。

人才文化是随着企业的发展被逐渐意识到和重视起来的。一般来说，人才文化的发展经历了"无人""人不同于机器""认可人的技能""投资培养员工""匹配人的才干""肯定人的价值"这样六种状态，各种状态在其不同的历史条件下发挥了不同的作用。

（4）业界最新的六大人才文化理念

随着经济全球化发展，新一轮人才大战正在掀起，招募人才被提升为企业"第一要务"。不断创新人才文化理念与战略，以求紧紧跟上人才竞争步伐，全面提升企业核心竞争力，成为企业发展的必然。业界最新的人才理念主要有"无边界"理念、"非平衡"理念、"共成功"理念、"能本"理念、"情感"理念、"幸运儿"理念等六大理念。

①"无边界"理念。源自杰克·韦尔奇的无边界理念。主张人才流动化发展，给予每个人充分的发挥空间；提倡永续学习，强调知识的价值与学习的价值等；鼓励员工去挖掘自己的伟大思想，学习和占有他人的伟大思想。因此，重视人，重视人的知识、人的价值、人的思想是"无边界"理念所要达到的最高目标。"无边界"理念让人们的思想与创造性随时都能无边界地发挥，给人才创造出全新的企业环境。

②"非平衡"理念。不断打破平衡，推动企业组织与制度创新，建立企业人才任用、奖励和股权激励机制，以适应外界变化，给人才不断提供新舞台和发展空间，让人才能够在企业快速成长起来。

③"共成功"理念。让员工与企业平起平坐，双方为共同的利益而奋斗。建立起让每个员工都能发挥出自己最大价值、实现自己最大梦想的人才机制。公司尊重员工的创新精神，创造员工个人成功寓于团队成功之中的企业环境，帮助员工实现设定的目标。

④"能本"理念。重视人的基本素质，重视人的能力的不断提高，更快地挖掘人力资源和人才价值，不断实现以人的能力为本的管理升华。强调人才要具有优秀的合作精神、良好的交流能力、出色的分析能力和创造性等，摒弃"唯学历论"。

⑤"情感"理念。建立和发展人才关系管理体系，挖掘和运用流出人才，取得人才资源的长远效益。人才流动不可避免，重要的是要对人才进行"情感投资"，即使人才流出后仍能成为企业的永久财富。

⑥"幸运儿"理念。着眼社会与未来，提前争夺未来人才。与高校建立联系，定向培养，做好人才的提前储备。

16.2　人才文化的培育

16.2.1　人才文化培育的内容

人才文化培育的主要内容有三个主要方面。

（1）尊重人才

尊重人才，往往有两种态度。一是希望各类人才都投奔到自己的麾下，为自己装点门面，然后听我指挥随我利用。二是主动招贤，敬贤、让贤，为各类人才充分自由地发挥其专长创造各种有利条件，使人才在其最合适的位置上发挥其最大的作用，二者貌似相似，但有本质的区别。前者是假尊重人才，后者才是真正的尊重人才。在尊重人才这方面通用电气公司（GE）做得很好。通用电气不在意员工来自何方，毕业于哪个学校，出生在哪个国家，年轻人在这里可以获得很多机会，根本不需要论资排辈地等待，通用电气有许多30岁刚出头的经理人，他们中的大部分是在美国以外的国家受的教育，在提升为高级经理人之前，他们至少在通用电气的两个分公司工作过，在公司内，年轻人所取得的成就能让其他人所知。

怎样评价是否尊重人才，也有两种途径。一是统计本地区、本单位、本部门录用了多少名博士、硕士、留学生或大专以上学历者占多数。这是目前比较常见和通用的方式。另一种是看本地区、本单位、本部门现有的各类人才是否安心工作，是否能够充分发挥他们的才能，有无条件取得工作成绩。通过这些才可以真正看得出是否真正地尊重人才。可惜的是，这种方法却很少被重视。在这方面做得较好的是沃尔玛的内部选才。零售业巨子沃尔玛也是一家求贤若渴的公司。10年来，沃尔玛一直耕耘着国际市场，如今它不仅跻身全球五百强行列，而且它在世界范围的员工数也增加到110万。公司的用人原则由原来的"获得、留住、成长"转变为"留住、成长、获得"。这不是简单的调换位置，它体现了沃尔玛用人指导方针的变化，更加重视从原有员工中培养选拔优秀人才，而不是在人才匮乏时一味地从外部聘用。

（2）重用人才

自古以来，人才备受重视。战国时候，刚刚上台的燕昭王很想广揽天下英才，有一番作为。他向臣子郭隗请教，郭隗没有直接告诉他应该怎么做，而是给他讲了一个故事。故事说，很久很久以前，有一个国王想买千里马，不久后用五百金买了一副千里马骨头。国王大怒："我要的是活马，可是你竟然买了一副马骨。"谁知这位亲信却振振有词地说："马骨尚且用了五百金，何况活马。天下人一定会认为大王真心买马，好马就会自己找上门来。"果然，不久千里马纷至沓来。燕昭王听完，恍然大悟，筑起黄金台，拜郭隗为师，天下英雄无不慕名而至。

古至如此，今又如何？《千金市马骨》告诉我们一个道理：重用人才，是招贤纳士的一个重要法宝。这个故事，现已流传2000多年了，然至今仍被人们津津乐道。今天，我们姑且不讲《千金市马骨》可信度有多高，但我们不得不承认，从古至今越是高明的政治家越是善于用人，越是人才兴旺越是国家昌盛。这是一条颠扑不破的真理。刘邦、曹操、李世民、朱元璋、爱新觉罗玄烨莫不如此。"治大国如烹小鲜"，贵在用人。共产党因为尤其重视人才、善用人才，所以不断从一个胜利走向另一个胜利，创造一个又一个的"中国速度""中国力量",让世界为之震惊。

识人、用人、育人:"识人"是基础,"用人"是关键,"育人"是保障。

发现人才固然重要,所以古人曰:"世有伯乐,而后有千里马。""千里马常有,而伯乐不常有。"但如果发现了,而弃之不用,那与没有发现又有什么不同?更不可像李林甫、杨国忠等辈一样忌才。唐玄宗派其选才,他们在全国转了一圈空手而归,复命说"野无遗贤",致使唐朝得不到可用之才。

当然,发现人才的目的是为了使用人才。如何用其之长,避其之短,人尽其才,才尽其用,好钢用在刃上,那才是最最关键的。

用人是最好的,但最见成效的还是"育人"。在实践中锻炼,在锻炼中成才,这样的例子也是不胜枚举的。左宗棠历来不服曾国藩,总觉得自己什么都比曾强,文武更是胜其十倍。然一日,欧阳兆熊对左宗棠说:"带兵打仗,曾国藩或许不如你,但识人用人却强过你多倍,曾门下如李鸿章、沈保祯、彭麟玉等19个巡抚中占有15席,你的楚军除你这个统帅外再无第二人。"左听后"哑口无言,面有赧色"。曾国藩那个朝代没有专门的培育干部的机构,可他的育人之术是世人公认的,他育人的最好办法就是在使用中育人。

拼市场、拼竞争、拼实力,归根结底是拼人才。所以说,重用人才是打造人才高地的不二法宝。

(3)培养人才

企业要基业长青,培养人才非常关键。一个企业的人才,不可能全部或者大部分通过外部引进来达成目的,实际上更多要靠企业自己的文化环境、氛围去培育。企业一定要有"培养精英之人,成就不凡之事"的使命感去做培养人才工程,形成自己良好的培养人才机制,建立一套有效的人才培育体系,打造好企业的人才长城。

16.2.2 人才文化培育的策略

(1)人才需求与企业发展战略相匹配

根据企业发展的核心能力,可以把企业分成三种类型。一是客户亲密型,主要特点为把握好客户需求,能让客户获得超出期望的满意体验;二是运作高效型,指流程卓越,效率高,低成本;三是产品领先型,指产品独特,持续创新,领先潮流。

三种类型的企业,其工作环境特点、文化及对人员能力的要求等都有不同。所以,企业需要的人才,一定要能够与企业的战略匹配起来。

(2)营造尊重氛围,注重人的情感

要注重了解员工的才干所在,并能合适地分配相应工作,调动其发挥出才干。注重人的情感,让员工感受到尊重,感受到在这里工作有尊严,能够被认可。

美国心理学家威廉·詹姆斯说:人类最深层次的需求,便是获得赏识。而最具才华的人,会带着他们的才华,前往他们觉得最受赏识的地方。赏识意味着许多东西:机会、经济报酬、公司重视、工作与家庭之间的平衡等。这是人才文化最基础的部分。

(3)从管理者做起

人才文化的根本,是让企业中尽可能多的员工能愉快地胜任工作,提高员工的敬业度,使整个企业取得最佳绩效。要打造敬业员工,最最关键的,就是一线的经理们。敬业员工是由那些优秀经理带出来的。

盖洛普公司曾经做过这样的测试,比较各层管理者对一个员工的影响有多大。其结果是，直接上级对员工的影响系数为0.4，而公司中高层管理者对员工的影响都小到可以忽略不计。不难理解，公司的高层尽管号召力巨大，但又有几个员工能经常见到这些高管人员呢？员工日常接触的就是他的直接上级，员工眼中的公司就是他的经理。员工参加公司，可能是受公司外在形象吸引慕名而来，但是他们能待多久，在岗位上是否敬业，能不能干出业绩，则主要取决于经理。员工接受任务、交付结果，都是通过其直接上级进行，某种意义上说，他的经理就是他感受的实实在在的公司。如果经理平庸无能，则无论公司多么"如雷贯耳"，老总多么"魅力超群"，都留不住人才。所以，公司要想基业长青，每一个经理都至关重要。

荷兰有一个钻石加工基地，那些经过打磨的钻石在阳光下发射出璀璨的光彩。钻石是世界上最坚硬的物体，用什么才能打磨这些钻石呢？打磨钻石的是另一颗钻石。如果说敬业员工是企业的钻石，他必定要经过另一颗钻石的打磨，这颗钻石就是优秀经理。管理者的价值就体现在他所培养的员工身上。经理最大的职责就是培养出敬业员工。

（4）从理念层贯穿到制度层

人才文化要落到实处，必须从理念层贯穿到制度层，解决好以下四个方面的机制问题。一是人才选拔机制。注意适时引进外部人才，为企业输送新鲜血液；选拔干部时要注重管理才干的评测，注意形成干部梯队，如IBM长板凳计划、GE的接班人计划等。二是人才培养机制。注意按需培养，为将来发展培养，而不是把培养仅仅当成一种福利。另一方面，要给骨干以更多机会，还要注重个人素养修炼，注重工作中的培养与传帮带。要设立多发展通道，让不能走管理"台阶"的人才同样能因自己出色的才干得到很好的回报。三是人才评价机制。根据企业业务特点及文化准则，建立人才核心胜任力模型，多维度、多角度对人才进行评价，评价结果与考核挂钩，如联想集团的述能会、圆桌会等形式。四是人才流动机制。允许内部流动，鼓励通过内部流动拓展工作能力，鼓励通过内部流动增加工作新鲜感，激活内部人才的蓄水池。

（5）通过打造最佳"一把手"形象建立人才品牌

最佳"一把手"品牌是企业品牌核心要素之一，反映了在劳动力市场上人才对企业的高度认同和认知感，可驱动企业不断优化内部的人才生态环境，并为人才创造一种体验价值，使员工有自豪感和荣誉感，增加对企业的认同，增加凝聚力。就中国目前情况，要有效地树立人才品牌，可以通过打造最佳"一把手"形象入手。

具体可侧重采取以下措施。① 注重扩大企业领导人的影响力。历次获奖的最佳"一把手"品牌，都有一个典型特点，就是领导人具有远见卓识和独特的个人魅力。不管是联想、海尔还是微软，这些获奖的最佳"一把手"就是企业最佳品牌的形象大使。有意识地扩大企业领导人的影响力，有益于增加外界对企业的深入认识和信任。② 注重与大学建立联系。要注重和大学的沟通和交流，要特别关注校园招聘，关注和国内外知名大学建立长期战略合作伙伴关系，关注对贫困大学生进行投资，及为大学生毕业实习提供场所。③ 建立独特的企业文化与人力资源的系统。最佳"一把手"的获奖企业，往往不仅向社会提供了优质的产品与服务，同时他们在业界所提出的价值主张也能够被消费者和各类人才所认同和接受。这些企业在输出产品与服务的同时，也在输出文化。这些企业都比较关注人力资源的系统建设，能从企业未来发展的角度进行人力资源规划，根据企业未来的业务战略、资本战略选拔任用开发企业的人才，其人力资源的系统能力、整体的竞争能力都比较强。④ 使产品服务在业界具有知名度和美誉度。产品品牌是最佳"一把手"品牌的基础。

一个企业如果不能向社会、向消费者提供最优质的产品服务，不能赢得客户的完全满意与忠诚，这个企业也很难赢得人才的青睐，很难真正创建一个最佳的"一把手"品牌。一个企业获得了最佳"一把手"品牌以后，对企业产品的提升也具有重大影响。

庄子云："以天下为之笼，则雀无所逃。"人才如雀，给他尊重和包容，给他舞台和发展，就如同形成了大如天下之笼。人才就会尽情地在舞台上跳舞，企业就会在人才的舞步中蓬勃发展。

16.2.3　人才文化培育的重点

（1）招揽人才、吸引人才

尊重人才、善于用人，才能够团结人，凝聚人心。"争天下者必先争人，取市场者必先取人。"企业兴衰的决定因素是企业人才，企业的竞争归根结底还是企业人才的竞争。微软是全球最吸引人才、有利于人才发展、留住人才的公司。微软认为：公司的首要任务就是寻找致力于通过软件的开发来发展人们生活的人才，不管这样的人生活在何处，微软都要将他们网罗至旗下。微软有将近40%的员工是通过这个途径进入公司的。无论企业的领导多么出色，都不是全才，需要有一批杰出的人才在其周围担任高级管理和经营职位，因此要尊重员工、重视员工、知人善任、树立人本意识，充分激发和调动员工的积极性和创造性，发现和挖掘人的潜质并加以培养和使用，使员工的个人发展和企业的发展融为一体，实现人才资源的优化配置。

怎样才能招揽人才、吸引人才呢？新的人才使用方法主要有三种方式。一是人才使用的委托制。有时，公司无法采取有效的措施留住某位或某类员工，这时公司可以考虑换一换思路，同样可以达到用人的目的。例如，美国摩根公司与几个技术公司建立顶峰联盟，由这个联合公司管理摩根的信息技术业务活动。二是与竞争对手合作。在激烈的人才竞争中，要招聘并留住优秀的员工，企业往往可与其他企业甚至与竞争对手企业建立合作关系。美国AT&T公司等30个大型企业组织人才联盟，加盟企业可相互推荐即将下岗的熟练员工，人才联盟还采用标准化人才评估方法，为加盟企业选出适当的员工。三是跨行业间的人才使用。美国密歇根州瀑布工程公司是一个塑料配件制造商。该公司与当地的汉堡大王、快餐店合作招聘员工。如果求职人员缺乏瀑布工程公司生产工作必需的技能，却符合汉堡大王快餐店的招聘标准，就由瀑布公司推荐这类员工。汉堡大王快餐店的员工也有调入瀑布公司的机会，这样做，即使汉堡大王快餐店更能吸引求职人员，也为瀑布公司提供了一批可靠的新员工。此外，他们也为员工创造了跨行业发展的机会。

在市场经济条件下，谁能真正做到尊重人才、尊重知识，谁就能占领市场，谁就能取得最后的胜利。

（2）注重人才使用

企业的拥有者怎样选好人、用好人，最大限度地调动人的积极性、创造性和主观能动性，使企业的骨干力量形成一个团结合作、奋发向上的优秀团队，这是一个企业能否生存发展的关键。世界上最常用、最需要的学问恐怕就是识人、用人学问了。被很多人佩服得五体投地的清末名臣曾国藩在识人、用人的问题上可以说是研究了一生，还写了一部人学专著《冰鉴》。一部浩如烟海的《二十五史》和司马光主笔的《资治通鉴》都是通过大量的历史事件，总结识人、用人和因而成败得失的记录。但是，这门最需要、最常用的学问，又是最深奥、最难学、变化多端、难以把握的学问。古今中外很多大人物因用人而成

功或因用人而失败的例子屡见不鲜。而其中很多事情往往坏在他最亲近、最相信的身边人身上。因而，识人、选人、用人就成了管理者必须认真研究的学问。

企业用人向来没有一定的模式，都是根据企业、人员和外部环境的变化而变化。但原则上有几个共性问题必须注意。

① 要扬长避短，合理使用。世上的人虽然是各种各样，但是，以企业家用人的眼光去看，大致可分为三类。一是可以信任而不可大用者。这是那些忠厚老实但本事不大的人；二是可用而不可信者，是指那些有些本事但私心过重，为了个人利益而钻营弄巧甚至不惜出卖良心的人；三是可信而又可用的人。作为企业家，都想找到第三种人。但是这种人不易识别，往往与用人者擦肩而过。为了企业的发展，企业家各种人物都要用。只要在充分识别的基础上恰当使用，扬长避短，合理使用，就能最大限度地发挥他们的作用。

② 不要"大马拉小车"或"小马拉大车"。所谓"大马拉小车"，就是小企业用了大才之人。如三国的庞统当了知县，非百里之才，到任后终日饮酒作乐，消极怠工。但是，"大马"一旦跑起来小车就有被颠覆或摧毁的危险。"小马拉大车"虽然没有这个危险性，但是，由于"小马"气力太小，拉而不动，企业也就无法前进。因而，多深的水养多大的鱼是企业选人用人的明智选择。

③ 要尊重人的本性。尊重人的本性，不要追求员工们对企业的绝对忠诚。记得马克思曾说过：人的各种活动，都是为了追求最大利益。你和你的员工走到一起都是为了追求个人的物质利益或精神利益。虽然其中有感情、友情的成分，但在根本利益发生冲突时，感情、友情就会被冲淡。山盟海誓的夫妻还能大难来时各自飞，某些员工口头上对企业的忠诚只可一笑了之，不可信以为真。要宽严相济、恩威并施，用物质和精神利益最大限度地调动其积极性。

④ 不要过分纠结于下属的过错。作为企业用人，不是在寻求圣人、贤人，而是寻求对企业有用的人。员工中尽管有的人有这样那样的毛病，只要不危害企业的利益，不必过分关注和追究。西汉的陈平投靠刘邦后，就有人告他的状，说他在家时与他嫂子私通，投靠项羽不被重用，投靠汉王后又收受贿赂，等等。刘邦找到陈平问清情况。陈平说："这些事都有。我哥死后，为了侄子，我娶了嫂嫂，项羽不重用我我才离他而去，到你这里你没发报酬我只好收礼养家。我可以帮你打天下，但我不是圣贤，你要找圣贤我可以辞职。"刘邦最后还是把他留下了。后来陈平当了丞相，在保汉室、灭诸吕中发挥了关键作用。

⑤ 要大胆放权，分级管理。企业稍有发展后，就要采取分级管理。多当"裁判员"、少当"运动员"，切莫事事亲自过问。这样，一可以满足中层人员的权力欲，调动他们的积极性；二可以客观公正地处理企业出现的各种问题，防止出现"不识庐山真面目，只缘身在此山中"的情况；三是可以躲过与员工的直接对立。

⑥ 对员工不要过分苛刻。该给员工的工资、福利、奖励一定要言必信、行必果。对有突出贡献的要舍得给"票子"、给位子，千万不要吝啬。同时也要切记莫受个别员工的蒙蔽。因为管理和被管理始终是对立的，为了某种利益或者是为了取得你的信任和欢心，被管理者往往会自觉不自觉地说出某些假话来蒙蔽你，你千万不要信以为真。最好多问几个"为什么"。因为这些人因此获得利益后，不仅不会感谢你，反而在背后笑你是个"笨蛋"或"傻帽"。

⑦ 要雪中送炭胜过锦上添花。在目前社会就业形势严峻的情况下，选人用人就有了很大的可选择性。因而选人用人时，在同等条件下，最好选择那些经济条件较差，生活困

难、急需工作的人。雪中送炭胜过锦上添花，这些人的积极性和对企业的忠诚大都能令企业满意。

⑧ 不要论资排辈。提拔重用员工不要论资排辈，要以知识、能力和对企业的贡献而定。在同等条件下要把处在底层的员工提上来。例如，企业缺一个部门经理，一个一般员工和一个副经理条件相当，你如果把副经理扶正，他会认为这是顺理成章的事；你如果提一个员工当经理，他就会感到额外施恩，对企业的忠诚和积极性都会比原来的副经理高得多。虽然原来的副经理会受点影响，但是，这就给许多能力强、资历浅的员工带来了希望。

⑨ 要小事糊涂，大事明白。作为一个中小企业的老板，关键的技术、主要的客户、原材料和产品的购销网络一定要亲自掌握，定期或不定期地亲自参与。千万不可被一两个人所控制，否则，一旦有意外被卡住脖子就后悔不已了。

（3）积极培育人才

在培养人才上，建议企业从员工职业生涯规划、教育培训、配置使用、考核评价和激励与沟通等环节入手。

培养人才，从做好员工职业生涯规划做起。职业生涯规划不仅可以使个人在职业起步阶段成功就业，在职业发展阶段走出困惑，到达成功彼岸；对于企业来说，良好的职业生涯管理体系还可以充分发挥员工的潜能，给优秀员工一个明确而具体的职业发展引导，从人力资本增值的角度达成企业价值最大化。企业要帮助员工做好职业方向、发展方向的选择。帮助员工设计他的职业生涯发展方向，也包括根据这个员工的职业发展方向的选择，可能会重新设计他的岗位，这就是指将合适的人用在合适的岗位上，是企业管理的一个原点的理念。

企业培养人才，要做好内部培训。这是一个很重要的培养人才机制。变"一次培训"为"终身培训"，这是跨国公司宝洁公司的培养人才秘诀。企业老板要转变观念，将员工培训看做是双赢性的投资。以"员工"为中心，以"分析培训需求、确定培训目标""评估和落实培训效果"为基本点，建立并不断完善公司培训体系。企业应该尽可能建立起经营管理培训机构，而且不仅仅只是一个培训中心，培训只是一方面职能，更重要的是要成为人才发展的研发基地、评价基地和执行基地。同时培训机构还可以做各种岗位的模型。有了模型就可以延伸进行人才评估，并且对评估结果所揭示的员工的不足给予更有针对性的培训。

企业把握好培训时机。当企业遇到问题的时候，找出原因是什么，找出包含培训在内的多种解决办法。选择认为最适合的解决办法。如果培训是最后的选择，确定培训针对的对象和特定内容等。在员工培训形式上要做到多样性，包括脱产、半脱产、循环授课、现场培训、跟岗实习、导师带教、技术交流等；在培训层次上，要做到"多"层次，包括特种作业、岗位培训、技能等级、项目综合、专业技术、管理技能和任职资格培训等。坚持专业技能培训与素质能力培训相结合，在培训计划制订前做好调研以及需求分析，培训过程中注重全员性、全方位和全程性管理，培训结束后及时总结、分析和改进，积累经验、优化管理，确保"对象合适、内容适合、组织有序、效果理想"。根据公司未来发展需求，设计年度培养人才计划，打破传统师徒培育方式，采取集中培育和分阶段培育相结合的方式，未达标者需要再进行回炉培训。系统性的培育，能加快员工的成长。

企业培养人才，外部培训不可少。这也是企业培养人才的重要方法。企业应该给有价

值的人才接受外部深造培训的特殊奖励。对一些有培养前途、符合用人关键要素的人才，专门拨出时间离开现有的工作岗位到知名的大学去进修，譬如清华大学、北京大学、美国哈佛大学等，弥补某些方面的薄弱，使这些员工成为更有价值的人。

企业培养人才，应做好人员的配置使用。俗话说："一个萝卜一个坑。""萝卜"和"坑"之间还存在着是否协调的问题。如果"坑"小"萝卜"大，员工的能力没有被充分地发挥出来，就会大材小用，造成人才的浪费，对人才培育不利。人员配置是一项复杂的系统工程。现代企业组织内部分工细密，生产的各个环节、管理的各个岗位工作性质复杂，对人员的素质要求具有多样性。全面了解每个人员的素质和特点按照人员的能力水平及特长安排；与其相适应的工作岗位，使每个人既能胜任现有职位工作，又能充分发挥其内在的潜力，避免出现人才能力不足或能力过剩，造成人才浪费现象。这样才能保证企业的"人职系统"协调匹配，做到人尽其才，才尽其用，人职匹配，协调发展。

16.2.4 人才文化培育过程中的几个误区

企业的成长和成熟不仅表现在企业规模的发展上，也表现为企业对人才认识的成熟。目前，在实际企业管理工作中还存在种种关于人才文化的认识误区。

（1）高学历（或高资历）＝人才

很多人都听到并且也认同这样的说法，"学历不等于能力""文凭不等于水平"，但实际中却存在着相当多的"唯学历论"。譬如，招聘人员时，一定要硕士以上学历，或至少也要是本科或专科以上学历，公司的岗位工资定级和学历直接挂钩。须知，人才的最终衡量标准是其能否为企业作出贡献。在得出这个结果前，企业可以根据常理来推断，高学历的人作出突出贡献的概率会比较大，有良好经验背景的人作出突出贡献的概率也比较大。在这样的假设基础上，有意识地向高学历有所倾斜，无可厚非。但这只是你对高学历的假设，可能多数情况是这样，但却绝对不会百分之百是这样。有些企业即使发现了无学历人员的突出贡献和能力，即使看到高学历人员的碌碌无为，也不调整自己的做法；有些企业的流程则锁定了只有高学历人员才有发挥能力的机会，才有相应的待遇。这些其实是限制了企业内真正人才的发展，也限制了企业自己的发展，使企业进入了人才理念的误区。

（2）听话的人＝人才

企业文化中有一个很重要的要素，叫"执行"。越是人数多的团队，越要强调执行。可以说，没有执行就没有一切。但同时也必须认识到，员工最宝贵的不仅是能执行的那双手，更是会思考的头脑。只靠领导一个人的脑袋是不够用的，而员工由于其对具体工作的了解，由于其对具体技能的精通，往往可能会看到老板没看到的方面，或者能纠正看错的方面，这时正是员工发挥出更大价值的时候。如果管理者认为只有自己说的是对的，或者要求员工对自己的话奉若圣旨，就进入误区了。如果企业里提拔起来的都是所谓听话的人，则企业的能力必然层层衰减，企业内还会形成以不同管理者为核心的小圈子，凝聚力减弱，企业的创新也将被扼杀。人才要有悟性，这是关于"听话的人是人才"的另一个版本。做领导的希望下属能领悟到自己的想法，为自己排忧解难，这无可厚非。对员工也强调要把自己融入企业，要站在领导的角度去思考。但是，如果领导总是高深莫测地让员工去悟，甚至对自己也一头雾水的东西让员工必须悟出来，就进入了误区。员工不会"猜心术"，能直接沟通清楚的，还是直接沟通清楚为好。

（3）技术上或管理上担当重任的人 = 人才

人才都有出众的才华，有出众的才华，自然可以担负起重任。这样看人才，目光就齐刷刷地看向了那些高级总监及首席专家们，广大的员工被放到了人才的大门之外。当然，10%担当重任的人是人才，只要他们胜任，会为企业作出较大贡献。但剩余的90%同样重要。毕竟这些人奠定了企业的基础。他们的作用发挥得怎样，对企业发展有着至关重要的影响。其实即使是一项很简单的工作，不同的人做起来效果也会完全不同，有些人会做得非常出彩，这不仅是因为他们做得用心，也是因为他们有这方面的才干。所以，这些人当然也是人才。

（4）工作干得出色的人 = 人才

工作干得出色就是人才，是人才就要提拔和重用。很多管理者会对此说得理直气壮。于是，不少出色的业务骨干变成了蹩脚的经理，许多拔尖的技术专家无法再发挥技术专长。这是不少企业"自古华山一条路"人才发展路径所带来的必然结果。其实，业务有业务的特点，管理有管理的要求。自己的业务做好了未必能成为一个好的管理者，是技术尖子也未必能带好一个技术团队。单一的管理通道发展带来的结果往往是少了一个出色的业务骨干，多了一个平庸的经理。

（5）只有高工资才能留住人才

"收入多少"在很多情况下会起决定性作用，但也不尽然。有关调查显示，求职的年轻人更看重的是企业有没有发展机会。而离职的人员，不少是因为与企业内的直接上级不能很好地配合，即所谓"参加公司，离开经理"。

员工与企业有以下几种状态：一是权宜之计，企业对员工无丝毫吸引力可言，员工留在企业只是因为外面暂时没有别的机会而已；二是打工赚钱，员工为挣钱而在企业工作，给多少钱干多少活；三是为求发展，员工感到在企业里工作自己的能力会有提升，或后续会有更好的发展空间；四是情感依赖，员工对自己的工作环境、同事产生了一种相濡以沫的情感，愿意在工作中投入精力与激情；五是精神契合，员工的个人信念与企业信念完全一致，员工为自己是企业的一员而感到自豪，愿意为企业投入，愿意与企业绑在一起干事业。由此可以看出，到了特定阶段，员工会特别关心今后的发展。对未来的良好发展预期非常容易成为人们努力的动力。人是社会性的动物，有人际交往的需要。人们总希望自己在人群中能有特定的地位，希望得到尊重，希望能和志同道合的伙伴在一起，相互支持与信任。这些是存在于人类内心深处的情感需要。一旦与组织之间产生这种情感，人与组织之间的纽带便会大大加强，人们就会愿意付出心智，千方百计促进企业的发展。而如果个人的信念与企业信念完全一致，在企业里做的每一件事，都是员工发自内心认同的事，则更是从根本上留住了人才。所以，留住人才不能只是靠高工资，更要靠发展、靠情感、靠事业、靠信念和价值观。

（6）人才是干出来的

人才不是别人给你命名的，而是通过自己的成绩干出来的。有句名言"在赛马中识别好马"就是此意。这么说没有问题，但企业同样要注意另一个方面，成绩在合适的环境下才会更容易取得。管理实践中还有另一句名言："垃圾是放错了位置的资源。"如果企业没有把人员和岗位匹配好，如果员工做的事不是自己所擅长的事，那就很难有良好的业绩表现。如果管理者不能给员工信任，那么即使员工做的是自己擅长的事，恐怕也不敢全力投入。所以，企业在强调"人才是干出来的"同时，一定要注意为人才能"干出来"提供

良好的环境。想干事的给机会，能干事的给舞台，干成事的给待遇。

16.3 温州建设集团的人才文化诠释

温州建设集团的人才文化：尊贤使能，俊杰在位。

一位领导人，能够尊重有学问的人，任用有才能的人，让才德出众的人掌握权力，那么全世界有才能的人，就都愿意在他的组织里做事。做企业亦是如此，就是要尊重并使用有道德、有才能的人，把品德、才能都出众的人用在高位上。

16.3.1 尊贤使能

基于"因人授任"的观念，儒家有"亚圣"之称的孟子曾提出"尊贤使能"的理论。在孟子看来，人才形形色色，千奇百怪，但归根结底可以分为两大类：一类是道德情操特别优秀，堪为楷模，但办事能力相对薄弱，权略机变相对逊色的"贤者"；另一类是道德品质也许尚有瑕疵，声誉名望或许不那么让人仰慕，可办事能力出色超群，韬略权谋老练娴熟的"能者"。前者乃是大旗，是招牌，治国安邦不可或缺；但后者是得心应手的工具，是使国家机器运转的动力，治国安邦也须臾难离。因此，对这些"贤者"和"能者"，统治者都要倚重，都要任用，犹如车之两轮，鸟之双翼，共生而互补，并存而互用。同时，孟子还进一步说出了统治者任用"贤者"与"能者"的不同原则。按孟子的主张，对于"贤者"，是要"尊"；对于"能者"，则是要"使"。合在一起，便是所谓的"尊贤使能"。具体说，对待"贤者"，是要给予崇高的地位，提供优厚的待遇，让他们以其无与伦比的道德魅力感化民众，从而体现国家政治的正确导向，是谓"贤者在位"。对待"能者"，是要充分发挥其办事能力强、应变能力强的特殊优势，让他们担任具体的官职，委以干实事的权限，快出业绩，是谓"能者在职"。孟子认为，统治者如果在"贤者"与"能者"两类人才的任用上做到无所偏废，各有侧重，那么就算是真正掌握了用人的艺术，治国安邦便可很好地达到预期的目标。

企业亦是如此，要力争做到"尊贤使能"，才能基业发展，持续进步。

16.3.2 俊杰在位

"俊杰"的基本解释：指才智杰出的人，如"识时务者为俊杰"。

"俊杰"的详细解释：① 才智杰出的人。《孟子·公孙丑上》载："尊贤使能，俊杰在位，则天下之士皆悦，而愿立于其朝矣。"《史记·张耳陈馀列传》："张耳、陈馀，世传所称贤者；其宾客厮役，莫非天下俊杰，所居国无不取卿相者。"宋代叶适《文林郎前秘书省正字周君南仲墓志铭》载："天下繁委，当付俊杰，今庙堂无能，尽出胥吏。"明代冯梦龙《智囊补·明智·经务上》："识时务者，呼为俊杰。"胡厥文《悼念周恩来总理》载："庸才我不死，俊杰尔先亡。"② 才智杰出。明代方孝孺《与郑叔度》载："俊杰之士非恒人所知。"清代顾炎武《生员论中》载："苟以时文之功，用之于经史及当世之务，则必有聪明俊杰通达治体之士，起于其间矣。"

有这样一则典故。三国时蜀汉的政治家和军事家诸葛亮年幼时父亲就去世，依靠叔父诸葛玄过活。16 岁那年叔父也去世，于是在襄阳城西的隆中置了一点田产，盖了几间屋子，一面耕种，一面读书。诸葛亮在隆中住了 10 年。这期间他读了大量经史和诸子百家的著作，获得了丰富的政治、军事、历史等方面的知识。他又注意研究当时的政治形势，逐步形成了一套政治见解。当时，刘备正依附荆州牧刘表。他觉得要成大事，必须有智谋的人辅佐，因此一直在物色有见识的人才。后来，他听说司马徽在襄阳很有名声，便去拜访他，并问他对当今天下大势的看法。司马徽说："平庸的书生文士怎么会认清天下大势？能认清天下大势的人才是杰出人物。这里的"卧龙"和"凤雏"，才是这样的杰出人物。"

俊杰在位，就是要尊重并使用有道德、有才能的人，把品德、才能都出众的人用在高位上。

企业亦应重用德才兼备的人，并使其在高位上充分发挥作用。

☀ 【实践描述】

把品德、才能出众的人用在高位上
——"有德有才"是全人

朱 敏

公司的人才文化核心是"尊贤使能，俊杰在位"，就是要尊重并使用有道德、有才能的人。

随着建筑市场的繁荣昌盛，各地建材检测机构如雨后春笋般地建立。但是建材检测在建筑行业中属冷门专业，专业技术人才及高级管理人才极度匮乏。

在建材检测行业辛勤奋战了30余年的鲍世雄同志，具有极高的学术水平，在浙南地区享有很高的声誉，他从1980年开始担任浙江省建筑试验协会理事，并历任温州市建筑学会第四、五、六、七届理事。他从1963年温州建设集团公司中心试验室成立之初就担任主任，使公司中心试验室从无到有，逐渐发展壮大，积累了丰富的管理经验。正是由于鲍世雄同志在建材检测行业享有极高的知名度及丰富的技术、管理经验，从而成为众多商品混凝土公司和建材检测机构争抢的人才。

1999年，鲍世雄同志退休在即，许多检测机构和商品混凝土公司纷纷向其伸出橄榄枝，甚至有很多单位许以丰厚的待遇。而当时集团公司中心试验室正逐渐走向低谷，这个时候他如果选择离开，可以说是"名利双收"，如果继续留下就可能陷入困境。此时集团领导也恳切希望他能继续留下，带领试验室全体员工共渡难关，于是鲍世雄同志不计个人得失，婉言谢绝了各有关单位的邀请，选择继续留在公司试验室。他曾说："我是集团公司培养的，我取得的成就都是集团公司给予的，饮水思源，知恩图报，忘不了领导的知遇之恩，更忘不了同事的协助之恩，既然公司需要我，我就继续留下。"精湛的技术、高尚的道德情操感染了周围的人，在鲍世雄主任的带领下，试验室逐步完善内部管理，并于2002年改制为温州华星建材检测有限公司，通过了计量认证，正式挂牌对外经营。鲍世雄同志被集团任命为总经理，他果断提出"立足内部、扩大对外，寻求新的经济增长点"的工作方针，在巩固原有水泥、钢筋、砖、砂、石、试块、防水卷材等常规检测业务的同时，把检测项目延伸到水电类、门窗、钢管、扣件、外加剂、钢结构等项目的检测，从而奠定了华星检测公司在温州建材检测行业的地位，取得了很高的社会声誉。他还带领全体

员工广开渠道，积极拓展业务，2003—2005 年连续 3 年实现利润 90 余万元，为企业创造了很好的经济效益，使华星公司逐渐走出困境。

"德""才"不同的组合，会有不同类型的人。"有德有才"是全人，"有德无才"是庸人，"无德有才"是小人，"无德无才"是废人。"有德有才"，应重用。"有德无才"，应培养使用。"无德有才"，应慎用。"无德无才"，坚决不用。鲍世雄同志不仅技术娴熟更是品德高尚。鲍世雄同志虽没有豪言壮语，但他以实际行动体现了老一代职工无私奉献的精神和高尚的道德情操。他不计个人名利，心系企业，一心为企业着想，以企业为家，在平凡的岗位上作出了不平凡的成绩。

第17章　和以处众，宽以接下，恕以待人

——和谐文化培育

> 对待众人要和睦相处，对待下属要宽厚，对待别人要胸襟宽广。和谐文化就是让我们都养成宽容的美德，能够宽谅他人无心之过，让人有改过向上的机会，这才是君子之行，也是做人的基本道理。

17.1　和谐文化的理论描述

企业和谐文化，是和谐社会的重要支撑点，也是企业文化培育的着力点。加强企业和谐文化培育，既是创建和谐社会的客观需要，也是培育和谐企业，提升企业核心竞争力，促进企业又好又快发展的内在要求。

17.1.1　和谐文化的概念

按照现代汉语词典的解释，"和谐"即配合得适当和匀称。从文化的角度看，就是和美、和顺、和洽、协调、包容、以和为贵、和衷共济、团结合作之意。它是中华优秀传统文化思想之一。

（1）和谐企业

所谓和谐企业，就是企业内部各子系统、各要素处于相互依存、相互协调、相互促进、稳定有序的状态。企业内部各种群体之间既有分工、目标和个性上的不同，又有着共同认可的企业目标、价值观念和行为规范，能够相互理解，相互支持，形成良性的互动，这就构成了和谐企业。

（2）企业和谐文化

企业和谐文化的基本含义，是指企业在生产经营过程中形成的，并为企业员工认同和遵守的，以"和谐"思想为核心的企业价值观、行为规范、道德风尚、制度体制等思想方法和行为哲学的总和。

（3）企业和谐文化的内容

企业和谐文化最核心的内容，就是崇尚和谐理念，体现和谐精神，大力倡导和谐的理想信念，坚持和实行互助、合作、团结、稳定、有序的企业准则。也就是以和谐理念贯穿于企业的各项管理之中，以和谐作为企业文化的基本价值取向，并以此影响其他各种管理活动，立足于在更广的层面上调动员工等各方面的积极性，全面促进企业的和谐培育。

（4）企业和谐文化培育目标

企业和谐文化培育的主要目标是：建立起员工之间团结友爱、相互理解、相互帮助、

共同发展的和谐人际关系；树立起高度的社会责任意识，营造企业发展的良好外部环境，实现企业与社会、企业与自然的和谐相处；培育形成具有自身鲜明特色的企业品牌；对内形成企业凝聚力，对外提高市场竞争力，达到企业经济效益、环境效益和社会效益的统一，推动企业又好又快地发展。

17.1.2 和谐文化的意义

和谐文化是和谐企业的重要特征，也是企业和谐的精神动力。构建和谐企业，必须倡导和推进和谐文化。

（1）和谐文化是构建和谐社会的重要基础

构建和谐社会，是以胡锦涛为总书记的党中央从全面培育小康社会、开创中国特色社会主义新局面的全局出发提出的一项重大战略任务。和谐文化，是和谐社会的基本条件和重要内容，培育和谐社会，必须培育和谐文化；培育和谐文化，可以为推进社会主义现代化培育、构建社会主义和谐社会提供精神动力、思想保证、舆论支持和文化条件。企业是社会的细胞，企业和谐文化培育是社会主义和谐文化培育的重要组成部分。企业和谐，是实现社会和谐的重要因素。加强企业和谐文化培育对促进社会和谐具有重要的基础作用和保障作用。

（2）和谐文化是和谐企业培育的方向

培育企业和谐文化，可以进一步明确和谐企业培育的方向，巩固员工共同奋斗的思想基础。培育企业和谐文化，有助于我们充分认识和谐对于企业生存发展的重要价值，充分认识在激烈的市场竞争环境中培育和谐企业的必要性和重要性；有助于企业形成共同的思想观念，从而凝聚人心、振奋精神，巩固和加强构建和谐企业的思想基础，把全体员工的思想和力量都引导到企业又好又快的发展上来。只有最大限度地统一了员工的思想认识，和谐企业的培育才有牢固的思想保证。

（3）和谐文化能促进企业协调发展

培育企业和谐文化，可以进一步完善企业管理的政策制度，促进企业协调发展。作为企业管理者，经营管理企业的所有思想、方针、政策、制度，都是在一定的理论和价值观念指导下形成和实施的。各级领导干部组织推进企业发展的战略和措施，也会受一定价值观念的影响和支配。通过企业和谐文化培育，可以在更广的领域和更深的层次上，倡导和传播和谐理念，并渗透、转化、体现到一切经营管理行为和方式当中，提高培育和谐企业的能力和水平；可以在制定和实施各方面的方针、政策、规章制度时，更加自觉地贯彻落实以人为本的原则，更加自觉地体现和谐精神，追求和谐目标，实施和谐举措，促进企业两个文明全面发展。

17.2 和谐文化的培育

17.2.1 和谐文化的培育方法

（1）和谐关系

古往今来，不断有人在探求人际关系的奥秘，"劝和"是主旋律，留下了许多诸如"和为贵""和和美美""和气生财""家和万事兴""人和心，马和套""天时不如地利，地利不如人和"之类的警世格言。在培育和谐社会的今天，更要践行和谐的处世之道，建立起符合时代要求的新型人际关系，把世界、把企业变成和美家园。人是社会关系的总和，从和谐的愿望出发，朝着和谐的目标迈进，努力培育和谐友好的人际关系，是保持身心健康的基本条件，也是成事立业的重要保障。

① 以企业大局为重，不以自我为中心。几个人或者一群人，就组成了一个团体。想问题、办事情，把自己融入团体之中，这是一种培育性的处世态度。这种风格的人，往往好打交道、好与人共事，善于建立友好的人际关系。世界是丰富多彩的，每个人都可以有自己的特色和个性，但要与周围环境相协调，就要以与他人和谐相处为原则。世界上从不缺少以自我为中心的人，凡事均个人优先。以这种方式处世的人，在什么地方、什么时候都是不太招人待见的。你可以有你的个性，但也得考虑别人的感受；你可以快意恩仇，但不要让别人难受；你可以出类拔萃，但不必格格不入。历史上一些个性人物因为其个性鲜明而被人们记住，虽然可能有点审美价值，却不见得有多实用；欣赏可以，效仿却可能行不通。比如才华横溢的李白，本可纵情山水、笑傲江湖，却偏要跑到官场去凑热闹，又不敛张狂本性，喝酒、做诗时一兴奋，就叫杨贵妃磨墨，要高力士脱靴。讲得好听，叫藐视权贵，仔细一想，叫恃才傲物。这种做法值得推敲，将心比心，哪个愿意同此等人物打交道？性格决定命运，李白才华横溢，却潦倒地过完一辈子，恐怕应从性格中找原因。与他人相处，多做点换位思考，自己不要只当自己看，还要把自己当别人看，把别人当成自己看；不要把自己太当回事了，也不要把别人太不当回事了。还是要把自己和他人放在大局中，寻找处理相互关系的平衡点，以诚相待，与人为善，做一个可以和睦相处的人。

② 善于合作，不搞无原则对立。一个人在家里要与亲人打交道，在单位要与同事打交道，在社会上还要与各种不同的人打交道，学会同他人合作是一辈子的课题。家庭要和睦，班子要团结，单位要和顺，社会要有序，都离不开合作。要合作好，关键是要用规矩来维系人际关系，使每个人都按自己角色的要求做事做人。孔夫子说的"君君，臣臣，父父，子子"，虽有值得商榷之处，但在某种意义上，又说明了秩序的重要性。其实，秩序在哪个时代都不能缺位，是什么，就做什么。在今天，当领导的作好表率，当属下的尽好职责，当父母的作出样子，当儿女的守好规矩，各司其位，各尽其责，社会、家庭不就和谐有序了吗？矛盾无处不在，它们既有同一性，又有对立性。重视同一性，寻找同一性与对立性的平衡点，发展同一性以消解对立性，是和谐哲学的思维。一个人应该善于同各种不同的人打交道，学会同不同风格的人合作。在单位和社会上难免会碰到不想打交道却又不得不打交道的角色，需要宽容、忍让，需要理解、谅解，需要和而不同。与好相处的人一块把事情做好，与不好相处的人搞好关系，这也是一种智慧。面对不同意见，既要敢于坚持原则，又不能太固执，在沟通、对话的基础上进行必要的中庸、调和，也未尝不可。人和人相处，要的不是对立，而是对话；要的不是你衰我兴，而是双赢乃至多赢。人类的历史充满了太多的血雨腥风，人世难得开口笑，上疆场彼此弯弓月，流遍了郊原血，动不动就拳头相向，你死我活，留下了多少无法抚平的创伤。历史启示人们，耐心的对话、沟通，必要的妥协、退让，并不是懦弱。我们有充足的理由，向那些充满理性和智慧的外交家们致敬。正是有了他们的坚持和妥协，有了他们的沟通和协调，多少干戈化为玉帛。当今时代，是个外交越来越发达的年代，是少用拳头、多用舌头的时代，是争取对话、避免对立的时代。各种文明之间要的不是冲突，而是对话；人和人之间，又有什么理由不能增

进理解、求同存异呢？当然，合作、沟通、妥协也要有底线，和谐是和而不同，不是无原则的苟同，不是一团和气，必要的坚持和斗争也不可少。讲和气，还得要讲正气；通晓圆融，不能忘了原则。不过，这种坚持和斗争也可以和谐地进行，不见得一定要剑拔弩张、针锋相对。理直气和，义正词缓，刚柔相济，也是对原则的正气的坚持。

③ 理性竞争，不恶性争斗。社会的发展，让竞争深入到了人们的生活之中。今天的合作伙伴，说不定哪天又成了竞争对手；这件事上一起合作，另一件事又可能相互竞争。合作中有竞争，竞争中有合作，与合作相似，竞争也是一种生活常态。竞争并不可怕，可怕的是无序竞争。竞争也应按规则来，而不要恶性竞争；公平的竞争有了结果，就要愿赌服输，在秩序下开展新的合作。公平竞争、理性合作应成为人际关系永恒的主旋律。当今时代，有两种现象颇能给人启示。一个是某些国家的竞选。竞选乃八仙过海——各显神通，虽然热闹，但是活而不乱。一旦尘埃落定，众神归位，先前的对手不再对抗，能够心平气和地进行合作。还有一个是这些年的超级女声等选秀，优秀选手很多，但冠军却只有一个。经常可以看到这样的场景，失败者离开舞台的时候，成功者把鲜花、拥抱、掌声献给他们，甚至流下惋惜的热泪。彼此敬重、惺惺相惜，不把竞争对手当对头，这样的竞争，不是很有风度吗？从这两种现象中，我们可以悟出一些道理，以公平为价值取向，在规范中竞争，在竞争中和谐，在和谐中合作，应该成为一种社会常态。

（2）宽以待人

① 尊重下属的人格。下属具有独立的人格，领导不能因为在工作中与其具有领导与服从的关系而损害下属的人格，这是领导最基本的修养和对下属的最基本的礼仪。

② 善于听取下属的意见和建议。领导者应当采取公开的、私下的、集体的、个别的等多种方式听取下属的意见，了解下属的愿望，这样既可提高领导的威信，又可防止干群关系的紧张。

③ 宽以对待下属。领导应心胸开阔，对下属的失礼、失误应用宽容的胸怀对待，尽力帮助下属改正错误，而不是一味打击、处罚，更不能记恨在心，挟私报复。

④ 培养领导的人格魅力。作为领导，除权力外，还应有自己的人格魅力，如良好的形象、丰富的知识、优秀的口才、平易近人的作风等，这些都是与领导的权力没有必须联系的自然影响力。

⑤ 尊崇有才干的下属。领导不可能在各方面都表现得出类拔萃，而下属在某些方面也必然会有某些过人之处。作为领导，对下属的长处应及时地给以肯定和赞扬。如接待客人时，将本单位的业务骨干介绍给客人；在一些集体活动中，有意地突出一下某位有才能的下属的地位；节日期间到为单位作出重大贡献的下属家里走访慰问等，都是尊重下属的表现。这样做，可以进一步激发下属的工作积极性，更好地发挥他们的才干。相反，如果领导嫉贤妒能，压制人才，就会造成领导和下属的关系紧张，不利于工作的顺利开展。

（3）内心和谐

① 要和谐于心。我们讲和谐，重要的是人内心的和谐。温家宝总理在探望国学大师季羡林时，季羡林提到"我们讲和谐，不仅要人与人和谐、人与自然和谐，还要人内心和谐"。人内心和谐，就是主观与客观、个人与集体、个人与社会、个人与国家都要和谐。个人要正确对待困难、挫折和荣誉，"不以物喜，不以己悲"。作为一名企业员工，在工作上要以"修身、齐家、治国、平天下"为己任，做一个有作为、有贡献的人；在生活中以和谐的心理，踏踏实实工作，认认真真生活。

第一，要有豁达的心态。作为一名企业工作人员，应始终保持豁达平和的心态，努力做到"利而不害，为而不争，少私寡欲，顺其自然"。在工作、生活的过程中尽力而为，量力而行，对结果不过分强求，不盲目攀比，知足常乐，顺其自然；对待名利守得住清贫，耐得住寂寞，不为物欲所惑。

第二，要有宽容的心胸。只有保持宽容大度的心态，尊重多样化的生活方式和思维方式，才能适应不断变化的形势，进而与他人和谐相处；只有保持宽容大度的心态，虚心接受别人的批评、虚心学习他人的长处，积极吸纳社会生活中有益于自身发展的新思想、新观念、新技能，不断丰富和完善自己，才能做到与时俱进。

第三，要有积极进取的精神。作为一名工作人员，要培养积极进取的精神，根据时代和社会发展的要求及时充实自己，不断提高自身的思想道德素质和科学文化素质，在促进自身发展的同时为社会发展贡献自己的一份力量。

第四，要有诚信友爱品质。我国精神医学界著名临床学家、教育家杨德森在《中国人的心理解读》一书中说："以为有了知识，有了本领就有了一切，人际关系可多可少，可好可差，注重人际关系就是投机取巧，迎合奉承……这是极其错误与有害的。"人是各种社会关系的总和。人与人和谐相处就要有诚信友爱的品质。诚信是一种律己意识，是一种言必信、行必果，在真诚、真实、守信的基础上建立与他人的往来关系；友爱是一种利他意识，具有一种"老吾老，以及人之老；幼吾幼，以及人之幼"的情怀，在平等、互信、互爱的基础上确立人与人之间的联系方式。诚信友爱的品质有利于促进社会成员之间的互利互惠、和谐共赢。

② 要心理健康。拥有一颗平常心，做一个心理健康的人。

第一，加强心理保健，念好养心经。心非养不能正矣！养心之法很多，因人而异。古人云"养心在勤，养心在静，勤静结合，勤于用脑，老而不衰"。《浮生六记》认为"养心一是启智（闲情、逸致、浪游、健康）；二是做人；三是形式（布衣菜饭，以乐终身）"。又有人提出"善良、宽容、乐观、淡泊"是心理保养的四个诀窍。善良是心理养生的营养素，心存善良，就会以他人之乐为乐，乐于扶贫济困。经常保持善良之心，你的生活就会无比快乐。善良之人，待人善，待己善，做善事，发善心，出善举。古往今来，不胜枚举。宽容是心理养生的调节阀。人在社会交往中，吃亏、被误解、受委屈的事总是不可避免地要发生。面对这些，最明智的选择是学会宽容。宽容是一种良好的心理品质。它不仅包含着理解和原谅，更显示着气度和胸襟。一个不会宽容，只知苛求别人的人，其心理往往处于紧张状态，从而导致神经兴奋、血管收缩、血压升高，使心理、生理进入恶性循环。学会宽容就会严于律己，宽以待人，这就等于给自己的心理安上了调节阀。乐观是心理保养的不老丹。乐观是一种积极向上的性格和心境。它可以激发人的活力和潜力，解决矛盾，逾越困难。而悲观则是一种消极颓废的性格和心境，它使人悲伤、烦恼、痛苦，在困难面前一筹莫展，影响身心健康。乐观不仅表现在面部，更要体现在心理，体现在行动，体现在待人接物、做事、处世上。乐观的人健康长寿，乐观的人心理永远年轻，青春常在。淡泊是心理养生的免疫剂。淡泊是一种崇高的境界和心态，是对人生追求在深层次上的定位。有了淡泊的心态，就不会在世俗中随波逐流，追逐名利；就不会以物喜以己悲，就不会对世事、他人牢骚满腹，攀比嫉妒。只有淡泊名利、淡泊声色、淡泊仕情，人心才不会为物所役，才能使人始终处于平和的状态，保持一颗平常心，一切有损身心健康的因素，都将被击退。心被保养，就会泰然处世。处于世上，就会方圆得当，该方的方该圆的圆。

第二，学会冷静处事，别让情绪失控。为了一点小事，人会怒火攻心，大打出手。在遇到令人不快的事时，要调和自己的心态，不让自己游走在过激的边缘。心理学研究认为，在遇到危险、困难、痛苦等应激问题的时候，人类本能的反应是战斗或逃跑。在这样的本能反应下，面对羞辱是躲避还是反击，常常取决于当事人一贯的行事准则。在道德和法律的约束下，人们的行为一般还是在理性的范围以内。因此，重视道德和法律对人们本能攻击反应的约束就可以在这一层面上减少应激状态的发生。学会换位思考。准备大闹一场或是大干一仗的人要学会换位思考，尝试站在他人的角度看问题，你会发现对方并没有那么可恶，而你也并非完全正确。这样做的好处是显而易见的。定期检查自己的心理健康。人们都知道定期体检对维护身体健康的重要性，但都忽视了定期对心理健康进行监测和维护。在工作和生活中，难免会碰到令人不愉快的事情。这些事情对我们起到不良的心理暗示，再加上平时长期积存的小尴尬、小烦躁，一时难以找到合适的宣泄途径。这种长久的自我压抑会因为累积效应由量变到质变，这时发生的一些令人不愉快的生活事件就会作为一个"扳机点"而成为不良情绪的宣泄口。这种不良情绪不但影响自己，而且容易影响他人，令工作或是生活变得紧张。因此，定期与家人朋友交流，合理安排生活节奏，寻找适当的方式放松心情，必要时找心理医生倒倒苦水都是很不错的监测和维护心理健康的方式。遇到小事，先问问自己值不值得生气。在公共汽车上某人踩了你一脚，开车时别人抢了你的道……日常生活中，谁都难免会遇到这样的事，但在生气前，最好先问问自己，这样的小事情值不值得生气？有人专门对生气作过研究，结论令人吃惊，人们日常生活中所生的气，大多是不该生的气。当他人无意或在不得已的情况下冒犯了你，站在他的角度想想，相信自己就不会那么轻易生气了。生气并不是一种先天性的情绪和行为，而是后天学到的。人们生不生气，可以自己控制。遇到大事，学点"理性情绪法"。在面对较大突发事件的时候，一些人的第一反应是：豁出去，拼了！冲动之下，往往走向了犯罪。为什么情绪会如此失控呢？究其原因，一是人类的正常本能反应；二是平日不注意不良情绪的合理宣泄，所谓"恼羞成怒"，一是恼，二是羞，在国人传统的价值观看来，面子问题可不是一个小问题；三是没能养成定期调养心理健康的习惯。如此一来，遇到较大的突发事件，这些人往往不能控制好自己的情绪，容易做出失控的事。君子以让人为上策。谦逊辞让是人性中的第一美德。自谦，人服之；自夸，人疑之。待人圆待人宽，处处得心应手事事顺心。陈抟老祖说："我自无心于万物，何妨万物常围绕。"只有无争，才能无忧。得到便宜事，不可再做；得到便宜处不可再行。君子求义，小人求利，君子怀德，小人怀土。礼亏则息，礼过则诏。寸有所长，尺有所短，人非圣贤孰能无过。人生是非得失、毁誉成败、功名富贵，皆是过眼云烟，昙花一现。古之有才能者无不人生坎坷：姜尚在棘津受困，管仲做过囚犯，百里奚喂过牛，苏武牧羊，仲尼受厄匡地，都面不改色。他们浩气高千古，精忠贯斗牛。他们知足心常乐，无求品自高。这不是很好的典范吗？有人说仰首是春，俯首是秋；月圆是诗，月缺也是画，不是很有道理？

第三，对人对事对工作要有兴趣，积极面世。在我们周围，不乏对工作着迷、学习上瘾的人，但也有一些对工作厌倦、对学习无兴趣者。对此，人们一般的解释为人各有志，不能勉强。然而，医学家研究发现，后者的表现也呈现为一种病理现象，即"无兴趣综合征"。"无兴趣综合征"目前尚无有效的治疗方法，故预防显得尤为重要。首先，应加强心理和精神方面的调适，优化自己的心理素质。其次，要培养学习或工作的兴趣。研究表明，学习或工作最容易激发人的热情、智慧和责任感，从中产生兴趣（也包括人生的乐趣）。最后是进行适当的体育锻炼，以增强体质，防御疾病。对人要乐于相处，对事要乐于去做，对工作要乐在其中。

第四，学会往回跑，不要刻意追求名利。俄罗斯著名作家托尔斯泰写过这样一个故事：有一个农夫，每天早出晚归地耕种一小片贫瘠的土地，累死累活，收获甚微。一位天使可怜农夫的境遇，就对农夫说，只要他能不停地往前跑一圈，他跑过的地方就全部归其所有。于是，农夫兴奋地朝前跑去。跑累了，想停下来休息一会儿，然而一想到家里的妻子儿女们都需要更多的土地来生活，又拼命地往前跑……有人告诉他，你到该往回跑的时候了，不然，你就完了。农夫根本听不进去，他只想得到更多的土地，更多的金钱，更多的享受。可是，他终因心衰力竭，倒地而亡。生命没有了，土地没有了，一切都没有了，欲望使他失去了一切。故事发人深省，正如古希腊《伊索寓言》里告诉我们的："贪婪往往是祸患的根源。""那些因贪图更大的利益而把手中的东西丢弃的人，是愚蠢的。"欲望是人前进的动力。人活着，当然要努力奋斗往前走，但也要知道什么时候该"往回跑"。不然，欲望发展至贪婪成性，就会在欲望中沉沦，迷失方向，走向绝境。"往回跑"不是捞一把就走，而是一种智慧和境界。善良的人性，正直的品格，决定一个人的道德高低与价值取向。对于更多的人来说，能怀一颗平常善良之心，淡泊名利，对他人宽容，对生活不挑剔，不苛求，不怨恨，寒不改叶绿，暖不争花红，富不行无义，贫不起贪心，这何尝不是一种练达的"往回跑"呢？

第五，学会生活，做一个心理健康的人。在生活中要学会适度弯腰。这就是佛学的哲学之处，人生之路，通向成功之路，几乎没有坦途，学会走逆境，适度侧身弯腰，才有光明之未来。在处世中学点动静哲学。静中观物动，闲处看人忙，才得超尘脱俗的趣味。忙处会偷闲，动中能取静，便是安身立命的功夫。在生活中学会顺应自然。天上有星皆拱北，世间无水不朝东。人要适应自然环境，顺乎社会、历史、人生的规律，顺乎自己的才智、机遇、境况，不以晴喜，不以阴忧，遇逆境无须多愁，处顺境不要陶醉。

第六，在名利面前，少欲寡私。财、色是一种欲望，是人生之需求，但必须有节制，切莫过求。一个人，一旦感悟了生命，一旦领悟了存在的美好与神圣，也就同时强烈地意识到生命的广泛异化。

第七，做一个快乐的人，每天创造一个新快乐。喜欢制造变化的人，快乐往往比一成不变的人要多。成功，不是积累财富而是获得幸福。获得快乐有两种基础。一是健康，二是自由。幸福的特征就是心灵的平静。

第八，学会释放压力。生活工作中的压力需要常常放下，才能使我们焕发精神，挑战压力。

第九，做一个成功的人，而不是成名的人。要保持积极的精神态度，建立和谐的人际关系与人和睦相处，不断夯实生存的基本功，明白每天要做的事，并努力去做，果断地做自己要做的事，养成倾听别人意见的习惯，保持体力并创造更多的精力，不断超越自我、实现自我，在生活中找方法，积累经验。这样你离成功的距离就越来越近。

让我们拥有一颗平常心，做一个有思想、理智的人，做一个心理健康的人。

17.2.2　和谐文化培育须把握的几个问题

实践使我们认识到，培育企业和谐文化，必须注意把握以下几个方面。

（1）坚持以人为本，引领企业和谐文化培育

企业和谐文化更强调在全部管理要素中以人为本，以人性化管理启动员工的兴奋点，发挥员工的积极性，开发员工的创造性，使所有的员工对企业的发展充满信心。要努力创造一种尊重人、关心人、理解人、爱护人、成就人的企业文化氛围，大力倡导"人人能成才，处处有舞台"，为员工成才搭建平台，为人才成长提供均等的机会，充分发挥人才的创造潜能，促进人的全面发展和素质提高，为人才的发现、培训、锻造、成长提供"绿色通道"。

（2）树立和谐理念、营造和谐氛围

培育和谐文化，关键是要树立和谐理念、培育和谐精神。要在社会主义核心价值体系的引领和主导下，继承和弘扬我国传统文化中有利于社会和谐的内容，同时挖掘整合企业文化资源，在培育形成企业精神、核心价值观和经营管理理念的过程中，大力倡导爱国、敬业、诚信、友善等道德规范，大力推进企业内部三项制度改革，正确协调处理企业内部的各种利益关系，推进厂务公开和民主管理，正确维护员工的合法权益，不断营造企业内部的和谐环境，努力实现职工自身发展与企业和谐发展相融共进。

（3）开展群众性和谐创建活动，培育文明道德风尚

企业和谐文化是职工群众共建、共享的文化，要重在培育，重在实践。要把和谐文化培育融入群众性精神文明创建活动之中，广泛发动群众，积极开展形式多样、内容丰富，职工群众乐于参与、便于参与、能够受益的群众性和谐创建活动，形成知荣辱、讲正气、促和谐的文明道德风尚。通过开展群众性和谐创建活动的实践，使和谐理念深入人心，人人都崇尚和谐、追求和谐、维护和谐、发展和谐，努力打造和谐企业，为和谐社会培育贡献力量。

17.2.3 和谐文化培育要处理好几个关系

企业和谐文化是一种良好的生存状态，是一种融洽有效的组织氛围。构建企业和谐文化，关键在于处理好企业内外各种相关利益者的关系，以好的机制营造好的氛围。

（1）正确认识和处理企业和社会的关系

企业只有与外部社会建立起相互依存、相互支撑、趋于平衡的共生共融关系，才能不断销售产品和服务，并整合输入各种资源，推动企业的持续发展。对于客户，企业要坚持诚信，不断创新，为客户提供更有价值的产品和服务；对于供应商、经销商、银行等合作伙伴，企业需要处理好相互的利益关系，紧密协作、互惠互利，结成利益共同体；对于竞争对手，要坚持公平竞争准则，在竞争中有合作；对于政府，企业要遵纪守法，照章纳税，做良好的企业公民；对于社区，企业要维护自然环境，在发展的同时吸纳更多的劳动力就业，积极承担社会责任。正确认识和处理员工和所属企业的关系。企业是一个协作的系统，而参加组织协作的员工又有其个人目标和追求，员工个人的目标和需求如果得不到满足，其积极性也会受到影响。当前社会比较关注的劳资矛盾，干部间矛盾以及领导人和普通员工的冲突问题，本质上是因为一些企业没有在用人、分配原则等方面达成共识并落实为制度，导致个人与企业关系上没有形成一个认同的心理契约。构建企业和谐文化，关键在于新的心理契约的达成。这一心理契约的内核则是职业伦理。要在企业里营造一种职业化氛围，让员工认识到他做的所有事情都是职业的需要，必须按照职业的操守来做。无论是经理人员还是普通员工，都要明确自己岗位的责、权、利，各司其责。企业应本着按

能力任职、按贡献分配的原则，建立起以任职资格为核心的用工制度，以绩效考评为基础的分配制度；并用共同目标来统率全体员工，倡导职业伦理，设立管理层和普通员工间的沟通渠道，形成组织和员工之间共同信守的心理契约，为员工与企业之间的和谐奠定基础。

（2）正确认识和处理部门间的关系

企业部门间的关系和谐与否，在很大程度上决定着企业的运行效率。而由于各部门有着不同的工作目标，不同的思考和做事习惯，又经常要相互配合做事，这使得部门间的冲突容易发生。建立起良好的部门间关系，把冲突限定在培育性冲突的范围之内，消除本位主义，共同围绕企业最终创造价值的目标来做事，是构建企业和谐文化的应有之义。实际上，部门关系和谐的关键在于流程的建立和完善，形成以价值创造为中心的横向关系和协调机制。按照和谐理念来处理部门间关系，企业就要建立起围绕价值创造为主流程来服务的制度，树立起价值链上游为下游服务的流程意识，要求职能部门的行政命令转变为支持服务。

（3）正确认识和处理上下级关系

上下级关系是企业中联系最密切的关系。在当前我国企业中，上下级关系不和谐的情况仍然较多地存在。究其原因，除了极个别下属确实心态不正常，难于管理之外，大多数情况是由于上级倾向于用强制行政命令的方式对待下级，在对下属的错误进行批评时，不注意方式方法，且不给下属申诉辩白的机会，导致下属感觉被轻视而产生怨恨；另外，上级在分派任务和分配奖金时若给下属以不公正的感觉，也会导致冷漠甚至直接冲突。作为企业管理者，要处理和解决好上下级关系，关键是要以公正公开的分配程序，使下属员工感到公平；其次是要培养领导能力，更多地用专家权威、人格魅力来影响员工的行为，而不是依靠职位权威去发号施令。

17.3 温州建设集团的和谐文化诠释

温州建设集团的和谐文化：和以处众，宽以接下，恕以待人。

和谐文化就是让我们都养成宽容的美德，能够宽谅他人无心之过，让人有改过向上的机会，这才是君子之行，也是做人的基本道理。

17.3.1 和以处众

"和"是指和谐，协调，平稳，和缓，关系好，均衡，和解，媾和等。和以处众就是对待众人要和睦相处。

在企业文化培育过程中，要提倡"和为贵"，"和"的思想不仅符合马克思主义的辩证法观点，而且对于当下的企业有十分突出的现实意义。

由于长期以来对"和"的思想的错误理解，有些人认为提倡"和为贵"，就是不分是非，不分善恶。其实，"和"不是盲从附和，不是不分是非，不是无原则地苟同，而是"和而不同"。"和"的思想，强调世界万事万物都是由不同方面、不同要素构成的统一整体。在这个统一体中，不同方面、不同要素相互依存、相互影响，相异相合、相反相成。"和"的局面，不是通过消灭对立面而实现的，因为那将是缺乏生命力的"同"，通过"和"与"同"关系的认识，凸显了辩证法与形而上学之间的根本对立。

"和"的思想反映了事物的普遍规律，含有丰富的内容。现在我们说的"和"，包括了和谐、和睦、和平、和善、祥和、中和等含义，蕴涵着和以处众、和衷共济、政通人和、内和外顺等深刻的处世哲学和人生理念。

在"和为贵"的原则指导之下，应当提倡"协调"和"宽容"的工作方法，"协调"就是不同的对象和利益之间的调节，"宽容"即对于差异和不同的理解和包容。在企业实际工作中应当牢记"宽宏大度、体谅包容、和谐共存、协调并进"的十六字诀。

实际上，协调是人类社会出现之后，人们为处理人与自然、人与人之间的矛盾冲突而采取的"自觉的活动"。而社会越发展，协调工作越重要，从世界上看，因为文明之间的交融和激荡，依存和摩擦，"和谐共存、协调共进"的问题已经成为人类普遍关注的重大问题。从国内看，由于经济成分、组织形式、利益分配、地域差异等问题，协调的任务比以往任何时候都繁重。因为这些矛盾主要还是利益一致基础上的人民内部矛盾，所以解决这些矛盾，优先要考虑的还是协调，而不是激化。必须重视协调、善于协调，及时有效地做好协调工作，以促进经济社会的和谐稳定、协调适度发展。"和"的思想、"和为贵"的思想是做好协调工作的依据、凭借。同样对于国家与国家、人与自然之间的矛盾，也要采取协调的方式来解决。

17.3.2　宽以接下

"宽"，在这里主要是指：① 使松缓：宽心，宽解，宽慰；② 不严厉，不苛求：宽待，宽宏，宽厚，宽松，宽容，宽恕，宽仁，宽赦等。宽以接下，就是对待下属要宽厚，对待别人要胸襟宽广。

跟别人交往，你要心中装着别人，善于换位思考，与别人相处时把别人当成是另外一个自己，别人就会悦纳你，你也会逐渐赢得好人缘。

要心里容得下别人。正如自己有鲜明的个性一样，别人的个性也是风景，投以欣赏的目光，你就会被其中的迷人和魅力所感动。正如自己有独到的见解一样，别人的见解也是思想，报以豁达的胸怀，你就会被其中的不同和差异所启迪。容下别人的不同，其实是为自己的想法又多开辟了一条别致的思路；容下别人的不足，其实是为自己接纳别人的长处打开了一条通道。你的心越大，容下别人的东西就越多，你拥有的世界就越广阔。

心里装着他人，把别人当成另外一个自己，就要像喜欢自己的个性一样喜欢别人的个性，像呵护自己的心情一样呵护别人的心情，像宽待自己的缺点一样宽待别人的缺点。

心里装着他人，尊重别人的情感，理解别人的心境，信任别人的抉择，别人的美好中也会有自己的光泽，把别人当成是另外一个自己，以心换心，别人就会真诚地悦纳自己，自己也会闪亮在别人心里。

17.3.3　恕以待人

"恕"的基本字义：① 原谅，宽容，如恕宥，恕谅，恕罪，宽恕，饶恕，恕我直言；② 以自己的心推想别人的心，如恕道，忠恕。

恕以待人就是对人宽容，能够宽谅他人的无心之过，让人有改过向上的机会，这才是君子之行，也是做人的基本道理。

宽容是一种受人尊敬的情感，是一种良好的心态，也是一种崇高的境界，能够宽容的人，其心胸像天空一样宽阔、透明，像大海一样广浩深沉，宽容自己的家人、朋友、熟人容易，因为，他们是我们爱的人。然而，宽容曾经深深伤害过自己的人或者自己的敌人，即"以德报怨"，则是最难的，也是宽容的最高境界，这才是人性中最美丽的花朵。

宽容是心理养生的调节阀。人在社会的交往中，吃亏、被误解、受委屈的事总是不可避免地发生，面对这些，最明智的选择就是学会宽容。宽容是一种良好的心理品质；宽容是一种非凡的气度、宽广的胸怀；宽容是一种高贵的品质、崇高的境界；宽容是一种仁爱的光芒、无上的福分；宽容是一种生存的智慧、生活的艺术。它不仅包含着理解和原谅，更显示着气质和胸襟、坚强和力量。一个不会宽容、只知苛求别人的人，其心理往往处于紧张状态，从而导致神经兴奋、血管收缩、血压升高，使心理、生理进入恶性循环。

仇恨是一把"双刃剑"，报复别人的同时，自己也同样受到伤害，所以"冤冤相报的结果就是两败俱伤"。心中装着仇恨的人的人生是痛苦而不幸的人生，只有放下仇恨选择宽容，纠缠在心中的死结才会豁然脱开，心中才会出现安详、纯净的"爱之天空"——恨能挑起事端，爱能征服一切。

在企业工作及生活中，每个人难免与别人产生摩擦、误会甚至仇恨，这时别忘了在自己心里装满宽容。宽容是温暖明亮的阳光，可以融化人内心的冰点，让这个世界充满浓浓暖意。

宽容是甘甜柔软的春雨，可以滋润人内心的焦渴，给这个世界带来勃勃生机。

宽容是人性中最美丽的花朵，可以慰藉人内心的不平，给这个世界带来幸福和希望。

忘掉仇恨，远离仇恨，用一颗宽容的心去宽容一切，拥抱一切，和谐共存是永恒的主题。

☼ 【实践描述】

读懂我的父亲

——用感恩一生的"心"完成两辈人的事业

郑旭艳

我和我父亲两代人都是温州建设集团员工，多年积淀的集团企业文化深深地植根于心。父亲从部队退伍之后在建设集团工作40余年直至退休，是有40多年党龄的老党员。就是因为集团公司领导看到了这批老工人和建设集团一起创立，一起成长，无私的奉献，千方百计地帮助解决这批老工人的困难，现在像我一样的很多职工子女被吸纳为建设集团新成员。和谐的大家庭氛围，让我们舒心、顺畅，让我们不能不为之而努力。

我童年的一半是在建设集团构件公司里度过，排列有序的灰白水泥板是我的队列，五孔板洞口一端的世界是我灿烂的万花筒，扑面而来的是熟悉的水泥气息，这一切是我妙趣横生的童年世界里挥之不去的记忆，建设集团不仅是我现在的单位，更是我现在的"家"。

而引领我来到这个地方的人是我的父亲，一名20世纪60年代越南战场荣立战功，复原之后就在建设集团里干了一辈子的人。他是一位默默无闻、悄无声息的普通锅炉工。

小的时候从宽敞明亮的农村家来到城市，厂里一个小小房间成为我们临时的家，所以父亲工作的时候我总是会偷偷跑过去，一旁静静坐着看着父亲工作的样子。记得来到锅炉房就好像到了另一个世界，房子很暗很黑，终年不能与阳光亲密接触，即便是白天也要开个大灯。我明明知道那种房间不是我喜欢的类型，可是我却乐意一遍一遍地到那个又黑又暗的地方去，因为我喜欢看着父亲工作的样子。

看到锅炉的第一眼，觉得长得就像中年男人的啤酒肚，胃里轰隆隆地响，打开锅炉门，盛怒火气直往外喷，小时候并不懂为什么大冬天父亲只需要穿一件单衣，而夏天肩上总要搭一条毛巾。再就是瞄上那些按钮，那些阀门，可能是按钮的颜色太吸引人了，就觉得像薄荷糖一样，红的，绿的，黄的，我喜欢那些按钮，很喜欢看着父亲有条不紊地操作着按钮，然后我便开始想象锅炉现在做什么事了。由于按钮的位置太高，每次我总叫父亲把我抱起来，按下那个颜色的按钮，可是我的快乐很快会被父亲抛弃，我开始讨厌我的父亲。

父亲认字不多，可是对这按钮、阀门熟记于心，像一个服务员问他的客人今天要点什么菜一样，父亲总是能很熟练地完成他时刻要改动的菜单。他用为数不多的知识硬是搞懂了所有的操作规程、工作原理，并在每天工作结束后，工工整整地记录一天的工作交接，而且总是会用亲手制作的钢筋圈套住门把。一个重重的铁锁，锁住锅炉房的大门。记得在锅炉房里有个大大的蓄水池，经常停水的那个年代，人们总想从那蓄水池打点水，但是都被大锁无情地拒之门外，我那时不理解我的父亲。

父亲带了好几个徒弟，手把手地教。他们虽然有着比父亲更高的学历，却是心浮气躁的毛小伙。若锅炉不按规程加燃料、放蒸汽，则有可能会引发爆炸，这就是当锅炉工的危险所在。父亲总是悉心教育，即便不是他上班的时间也会跟在边上……可终于有一天，父亲从家看到锅炉房里冒出了滚滚的浓烟，他两个箭步飞奔而去，就像一名战士冲入火热的战场，我看到父亲的英勇、果断使单位避免了一场灾难。当然，那天只有我妈看着飞奔而去的父亲的背影在惊慌地哭泣，而事后这件事悄无声息，父亲只说还好无事，就宽容那些年轻人吧。

到了1990年，混凝土开始在建筑施工中应用，用锅炉蒸汽烧制的五孔板数量慢慢少了，直至到1994年构件建立商品混凝土供应站，父亲彻底失去了岗位，这意味着我们家的主要经济来源明显减少，而我和我两个姐姐都还在读书，母亲再如何节约开支，生活也捉襟见肘，可父亲没有向厂里领导提过半点要求，包括家庭困难、安排家属工作及单位分房，而是用他那矮小的身材挑起厚重的箩筐，废弃的锅炉房变成了父亲箩筐的堆积场，父亲由工人变成农民。看着父亲褴褛的衣衫，挑着沉重的箩筐，艰辛地走在平坦的城市街头，只记得小时人们冷冷的目光和不屑的眼神，我竟为我的父亲难堪。我愤恨为什么父亲没能给我们充裕的物质和金钱来点缀生活，没能给我们更好的家庭背景作为我们生活的门面，这哪里是我们以前威武军装的父亲？我好想能与迎面走来的父亲擦肩而过。

父亲是一个平凡的工人，没有辉煌，哪怕瞬间，也说不出豪言壮语，更不会谆谆教导我们要"感恩"，要"知足"，要"惜福"，他只是告诉我们，没有共产党就没有他的勋章，没有建设集团就没有我城里的家园，要感谢党，感谢建设集团，做人要会知恩图报，工作要看国家需要，不能给企业增添麻烦。他从不对生活有什么抱怨，他一直觉得当一个建设集团的工人很荣耀，当一个建设集团里的农民也很知足。

父亲心中涌动着的是含蓄的感恩之情，干着几十年如一日的平凡工作，每一天就像被星空吞噬的尘埃，但他每一天的一言一行、一点一滴都感化着我。让我看到了敢上青天的雄鹰，敢下大海的巨龙，明白滴水之恩涌泉相报，明白父亲的工作绘就了我们建设集团风雨之后的彩虹，月缺之后的月圆。我理解了父亲，后悔当初的幼稚。而如今若说有人说起我是烧锅炉的女儿时，我没有气愤，没有羞耻，因为虽然我的父亲不值得炫耀，但却是让我感恩一生的人。

在集团里，有着许许多多像我父亲一样勤劳、忠诚、执著的老工人，他们与建设集团一起建立，一起成长，一起渡过难关，他们知识不渊博，却对工作执著认真，有着崇高的感恩之心，他们不辞辛劳，不计报酬，不争荣耀，用他们的汗水和一颗感恩的心努力工作，与建设集团相伴走过几十年的人生。然而集团公司并没有忘记他们，尽量地解决老职工子女就业问题，逢年过节对老职工嘘寒问暖……而今我在我的工作岗位上继承着父辈的光荣传统，不管能飞多高，不管能走多远，一定不能忘要感激一生的"家"，感激一生的"爱"，用感恩一生的"心"完成我和父亲两辈人的事业——建设集团的蒸蒸日上，和谐共荣。

第18章　CIS与企业文化传播
——CIS系统的运用

> CIS是企业文化的形象体现和外化，是企业文化中最活泼、最有影响力的部分，而企业文化的发展与建设又为正确实施CIS奠定了基础。因此，了解CIS对有效传播企业文化具有重要意义。CIS是将企业组织理念和企业文化通过统一的企业识别系统（包括理念识别系统、行为识别系统和视觉识别系统）设计加以整合和传达，使公众产生一致的认同感，从而营造最佳的企业运作环境。

18.1　CIS与企业文化

18.1.1　CIS的含义及演变

CIS是英文Corporate Identity System的缩写，意思是"企业识别系统"或"企业的统一化系统"或"企业的自我同一化系统"。CIS理论把企业形象作为一个整体进行建设和发展，是企业的识别系统。一个好的CIS将成为协助企业长期开拓市场的利器。CIS是一种现代企业经营战略，它并非一蹴而就，它经历了一个从CI到CIS的演进过程。CI（Corporate Identity）意即企业识别，其最初只是一种统一企业视觉识别，提高企业产品知名度，进而达到扩大销售目的的手段。CI的出现，是工业时代企业的大量涌现以及相应的激烈市场竞争的结果。早在20世纪初，意大利企业家密罗·奥利威蒂在伊布里亚开设工厂生产打字机，为了提高自己产品的竞争力，他一方面重视企业标志的设计，并使其商标不断完善，另一方面他还开设了托儿所，以此举提升企业形象。1914年，德国著名建筑学家比德贝汉斯受聘为德国AEG电器公司的设计顾问，并为其进行了统一的商标、包装、便条纸和信封设计，这为统一企业视觉起到了积极作用。以上这些商标、标志统一设计虽还不能视为严格意义上的CI设计，但却可以视为CI视觉识别的雏形。

CI正式发源于20世纪四五十年代的美国。在此期间，美国先后有3家企业采用CI设计，它们分别是CBS公司、IBM公司和西屋电器公司，其中以IBM公司的标志设计最为著名。因此，有人将当时IBM公司导入CI计划视为CI创立的标志。CIS的导入使很多企业取得了良好的经营业绩，如克莱斯公司在20世纪60年代初，一下子把市场占有率提高了18%；1970年，可口可乐公司导入了CIS，改造了世界各地的可口可乐标志，结果在世界各地掀起了CIS的热潮。日本紧随美国潮流，在20世纪六七十年代引入并发展了CIS，它发展和强化了"理念识别"，不仅创造了具有自己特色的CIS实践，而且对CIS的理论作出了贡献。20 世纪 80 年代前后，CIS 传入东南亚。我国港台地区在 20 世纪 70 年代末导入 CIS 也取得了一定的成就。我国改革开放以来，随着市场经济的发展，许多企业也渐渐重视并导入 CIS，如太阳神集团、三九集团、健力宝、李宁运动用品等已取得有目共睹的战绩。近年来，我国出现了许多 CIS 策划、设计等专业公司，为企业导入 CIS、提高企业的竞争力作出了贡献。

CIS 作为企业识别系统，具体包括企业理念识别、行为识别和视觉识别 3 个子系统。理念识别系统（Mind Identity System，简称 MIS）是指企业在实践过程中树立起来的并为广大用户所认知的基本信念。行为识别系统（Behavior Identity System，简称 BIS）是指企业在其经营理念指导下所形成的一系列可为他人认知的企业行为。视觉识别系统（Visual Identity System，简称 VIS）是指在企业经营理念的基础上，根据经营活动的要求，设计出识别符号，以刻画企业的个性，突出企业的精神，凸现企业的特征，目的是使企业员工、消费者和社会各界对企业产生一致的认同感。

CIS 是把企业文化、经营理念、管理行为融入现代商业策划设计和企业管理活动中，使之系统化、规范化、标准化。对内规范企业行为，强化员工的凝聚力和向心力，形成自我认同，提高工作热情，降低经营成本；对外传播企业理念和树立品牌形象，使社会公众对企业确立牢固的认知与信赖，避免认同危机，提高沟通的效率和效果，以之取得更大的经济效益与社会效益。作为外来品的 CIS，目前已经成为中国塑造企业形象的重要战略。

18.1.2 引入 CIS 的必要性

越来越多的国内企业要求导入 CIS。CIS 已经成为一个固定的"形象工程项目"，纳入企业家们的战略视野。

伴随信息时代的来临，科学技术日新月异地发展，产品同质化趋势令竞争对手之间难以在质的问题上区分伯仲。消费者更加成熟，更加挑剔，对产品的品质、信誉、品牌、文化等附加值的追求增多。不少国内公司的产品商标有十几个之多。形象要素的整合，品牌资源的整合，如何以一个统一的、全新的、现代的、国际通用的公司形象和品牌形象与世界经济接轨，是摆在我国企业面前一个普遍的迫切问题。于是，CIS 作为差异化战略为产品注入文化力、形象力，成为强化竞争优势的利器、战胜竞争对手的现代经营战略。

仅以人民集团与人民股份的竞争实例来说明 CIS 对企业的必要性。当人民股份已是"中国电器大王"的时候，人民集团还是一个名不见经传的"人民低压电器厂"，在销售业绩方面只是人民股份的零头。但是，当我们站在 CIS 角度观看人民集团与人民股份的"对抗赛"时，有人曾预测："人民集团一定会超过人民股份。"这是为什么呢？论企业规模、资金实力，论技术开发、产品质量，人民股份肯定不比人民集团差，甚至更强。但是人民股份为何很快被人民集团追赶？人民股份是地处上海的国有企业，传统观念、传统精神、崇尚低调宣传等根深蒂固。人民集团坐落在温州，早在 1996 年就全面导入了 CIS，从视觉形象到理念识别，都已与国际接轨。在形象策略方面，两个企业可以说相差甚远。人民股份的标志是"'工'字图案"，下面保留着拼音字母"RENMIN"，似有陈旧落伍之感；人民集团的标志与英文"PEOPLE"则是全新设计，同国际接轨；人民股份对 CIS 不是很重视，人民集团将 CIS 看做一件大事。这一念之差，可能正是竞争市场上成败的关键一招。

知道海尔、正泰、万科、娃哈哈、联想等这些中国著名品牌是怎样建立起来的，知道

IBM、可口可乐、麦当劳、松下电器这些国际品牌是怎么建立起来的，就会知道 CIS 对企业到底有多大作用。

其实不必去赘述 CIS 那些基本功能，只从 CIS 是企业实施品牌经营的基本战略、是提高市场竞争力的锐利武器这一点看就能足以说明。

我们用中国军队作例证。应该说，世界上 CIS 导入最好的是军队。

军队的视觉：军旗、服装、军衔、肩章等；军队的理念、精神：人民军队为人民；军队的严明纪律：三大纪律八项注意。哪一条不是最棒的？

军队为什么要 CIS？第一，为了区别于老百姓和其他军队；第二，增强战斗力，军队 CIS 的根本目标是增强战斗力。

中国军队由小到大，由弱到强，最终战胜不知比自己强大了多少倍的对手。其实，企业导入 CIS，是由模仿军队而来的。企业导入 CIS 的目的或功用，就在于区别同行业竞争者，提高市场竞争力，同军队 CIS 有着非常相似的目标。

但是，企业导入 CIS 的难度比军队要大得多。这是因为企业多如牛毛，将自己同众多的竞争对手区别开来会有无数的难题。

18.1.3　CIS 与企业文化的联系与区别

CIS 与企业文化既有密切联系，又有某些区别。

密切联系表现为 CIS 是一种专门用于企业识别系统的经营管理战略，其宗旨是通过特定的传播媒体将企业文化理念和经营行为转化为公众印象和公众态度，在社会公众心目中树立起良好的企业形象，得到良好的认同和支持。

从 CIS 的构成来看，它的 3 个层次——理念识别、行为识别和视觉识别，与企业文化的精神层、制度层、物质层之间存在着一一对应关系，这种对应关系是由它们自身的内涵和外延决定的。即企业文化的精神文化层对应企业理念识别，制度文化层对应行为识别，物质文化层对应视觉识别。它们之间大体上相一致。

但两者之间又有所区别。

① 企业文化是一种客观存在，是人类认识的对象本身，而 CIS 则是企业文化在人们头脑中的反映，属于人类的主观意识。如果没有已经存在的企业文化，就不会有公众心目中的 CIS。因此，企业文化是 CIS 的根本前提，企业文化决定 CIS。

② 由于人类认识过程受到一定的限制，因此公众心目中形成的 CIS 并不是企业文化的客观、真实、全面的反映，有时甚至还有扭曲的成分。这决定了 CIS 与企业文化之间必然存在某些由人类认识造成的差距。当然，随着认识过程的不断深入，两者之间的差距会逐渐缩小。

③ 企业出于自身的需要，企业文化的有些内容是不会通过传播媒介向外传播的，或是向外传播一些经过特别加工的信息，这使得 CIS 与企业文化在内涵上也有差别。比如，可口可乐的配方是可口可乐公司文化的重要特色，但这显然是不能向外公开的商业秘密。

从认识过程来看，客观对象必须转化为可以传播的信息，才能通过媒介被人类认识，这种在媒体上反映出的关于企业文化的全部信息就构成了 CIS。所以可以说，CIS 是企业文化在传播媒介上的映像。

18.2　CIS 的应用

CIS 作为企业形象的综合识别系统，可以有效地传播企业文化。

18.2.1　理念识别系统的运用

理念识别（MIS）是指一个企业由于具有独特的企业愿景、企业使命、企业核心价值观、企业精神、企业经营理念等而区别于其他企业。MIS 是 CIS 的灵魂和整体系统的原动力，它对 BIS 和 VIS 起着决定作用，并通过 BIS、VIS 表现出来，就好比一个人具有的内在的独特气质只能通过他的行为和外表才能感受得到。理念识别的诸要素中，企业的核心价值观是最基本的要素。

（1）基本内容

理念识别系统主要包括基本理念、行为理念、管理理念、CS100 顾客满意理念、道德修炼五个方面。

第一，基本理念。基本理念是理念识别系统的元理念，是奠基性的理念，具有理解上的抽象性和影响上的根本性，直接决定理念识别系统其他理念的方向和选择。基本理念主要包括：① 企业愿景，即企业全体员工对于企业发展的共同理想；② 企业宗旨，即通常所说的企业使命；③ 企业目标，即战略目标；④ 经营定位，即对企业经营活动的范围、目标、实施策略等的科学界定；⑤ 企业核心价值观，即企业诸多价值观中的根本价值观、元价值观，是统率其他价值观的深层价值观；⑥ 企业哲学，即企业在经营管理过程中提炼的企业观和方法论，是企业文化最本质的概括与总结；⑦ 企业精神，即企业在生产经营过程中长期培育而形成的一种为全体员工所认同、相对稳定并占主导地位的集体意识与心理状态；⑧ 企业作风，即通过员工一贯的态度和行为方式表现出来的精神风貌。

第二，行为理念。行为理念是理念识别系统的具体化，是实现企业发展战略的支撑子文化理念，应对的常常是企业经营的各个具体的操作层，是企业文化落到实处的关键点。行为理念主要包括：① 市场理念，即正确认识市场，以市场的需求、准则来策划、调节企业的经营、管理等活动，从而达到企业发展目的的思想观念；② 经营理念，即企业在长期的经营活动中形成的并一贯坚持的理想和信念；③ 发展理念，即企业为不断壮大自身、谋求发展的思想观念；④ 创新理念，即企业打破常规、突破现状、敢为人先、敢于挑战未来、谋求新境界的思维定式；⑤ 学习理念，即关于学习方针、目标和方法的指导思想；⑥ 人才理念，即企业重视人才、爱护人才、合理开发人才、使用人才、留住人才、提升人才的指导思想和价值观念；⑦ 安全理念，即企业做好安全工作的指导思想；⑧ 信息理念，即对信息的收集、获得、反映、研究、使用等观念的价值的表述；⑨ 质量理念，即企业重视质量、加强质量管理和质量文化建设的根本观念和追求；⑩ 科技理念，即企业强调"科学技术是第一生产力"、尊重知识和人才、加强技术开发、把科技放在发展战略首位考虑的思想观念；⑪ 环境理念，即企业对环境的保护，对环境进行综合治理和优化，使企业的效益与环境提升发展的思想观念；⑫ 竞争理念，即企业正确对待同行之间对市场和资源的争夺，充分利用市场经济优胜劣汰的法则，在市场经济中求得企业生存和发展的观念；⑬ 和谐理念，即企业确立共同精神和行为规范，以实现企业内外和谐的思想观念。

第三，管理理念。管理理念是指在一定的生产方式下，企业依照一定的原则、程序和方法，对自身的人、财、物及其经济活动过程进行有效的计划、组织、指挥、激励、协调和控制，并以合理的劳动实现既定目标的观念。管理理念是企业内部组织关系的指导性理念，是组织顺畅实现的思想依据。管理理念主要包括：① 向上管理，即下级向上级负责，协调上下关系促进上下和谐、企业持续发展的思想观念；② 向下管理，即上级对下级负责，协调双方关系应采取的基本态度；③ 平行式管理，即企业内部单位之间，部门之间，员工之间，对外企业与企业、企业与社会其他部门和团体之间的关系处理原则；④ 对客户的管理，即对客户的服务性管理，为客户创造价值活动的管理，以满足客户的需求，打造客户的忠诚度；⑤ 对同盟者管理，即对企业价值上的各个环节中相关的企业、单位或个人以及所有协作者的关系协调，价值利益分享者所持的观点；⑥ 对竞争者管理，即从大局和长远出发，同竞争对手竞争与合作的指导思想；⑦ 对社会管理，即企业对社会尽责和履行义务的思想观点；⑧ 对国家管理，即企业为国家做贡献，应有自己的鲜明观点；⑨ 对环境管理，即按照经济规律和社会规律，实现经济发展与环境保护相统一。

第四，CS100 顾客满意理念。顾客是企业的生命，满足顾客需求是企业生存和发展的根本保证，谁拥有最忠诚的顾客，谁就拥有未来的发展。针对顾客满意的重要性，特别提倡 CS100（Customer Satisfaction 100，顾客满意 100 分的缩写）顾客满意的思想。CS100 顾客满意理念主要包括：① 服务理念，即满足客户需求、创造客户价值、培育客户忠诚度等企业服务工作指导思想；② 企业座右铭，即企业为统一员工意志、行动，实现企业目标，将企业的重要理念提炼成的警句和格言；③ 企业形象，即企业内在精神世界的对外显现，是给社会公众所留下的印象；④ 客户的期望，即站在客户的需求立场，思考如何能满足客户的服务需求；⑤ 员工的努力方向，即从发展壮大的目的和所需合格员工的标准出发，对员工提出努力方向和要求；⑥ 客户满意策略，即巩固和扩大客户资源，提高经营效益。

第五，道德修炼。企业如人，高尚的道德是企业塑造形象的持久动力所在，企业追求的境界决定企业最终的永续发展。道德修炼理念给企业最有力的社会认可力，彰显企业胸襟，决定企业最终事业有多大。道德修炼主要包括：① 道德理念，即关于企业道德规范和行为准则总和的观点和思想；② 个人修养，即企业员工个人接人、待物、生活、工作、处事的修养方向或原则；③ 诚信理念，即企业关于诚实、守信用的观点；④ 义利理念，即企业对义和利关系的认识；⑤ 责任理念，即正确认识所承担工作和应尽的职责、义务的观念；⑥ 荣誉理念，即如何对待荣辱的观点；⑦ 奖励原则，即利益分配的原则；⑧ 监督原则，即制订科学的监督原则和有效的监督机制；⑨ 企业警示录，即用以警示员工的思想观念或警句、格言。

（2）理念识别系统的文化理念提炼

理念识别系统的文化理念是该企业员工在长期的价值实践中，经过不断选择，积累沉淀，反复提炼、概括而逐渐形成的。在企业文化理念的形成过程中，人们的自觉意识，即有目的、有意识、有组织地概括企业文化理念，起着十分重要的作用。它可以加速企业文化理念的形成、稳定和成熟，并且有利于企业文化的传播，会促使企业文化的强大。

第一，理念识别系统中的文化理念提炼方法。常用的方法有如下几种。

① 经验荟萃法，即对本企业历史和现实文化素材进行收集、整理，取其中精华的经验上升为企业文化理念。

② 特征归纳法，即对本企业在各个活动领域中文化判断、文化评价和文化选择的特征，加以归纳、总结而形成企业文化理念。

③ 传统梳理法，即以企业发展历史为线索，对一步步遗传下来的优良思想、作风加以整理、概括，提出企业文化理念。

④ 典型分析法，即对本企业有代表意义的人物、团体和事件进行重点剖析，从中发现、提炼出那些适用于整个企业的思想，作为企业文化理念。

⑤ 目标导向法，即围绕企业的远大目标，结合本企业的实际，提出企业文化方面的决策，把这种决策作为企业文化理念。

第二，企业文化理念提炼的组织形式。提炼企业文化理念的组织形式要灵活多样、生动活泼。企业经常采用的形式有如下几种。

① 群众讨论，即在广泛发动员工群众的基础上，采取编组讨论的形式，共同概括企业文化理念。

② 书面征集，即通过各种宣传媒介号召员工书面拟订、设计企业文化理念。对群众的书面意见进行加工整理，择优汰劣，以形成企业文化理念。

③ 智囊咨询，即企业领导人把概括、提炼价值观的任务交给"智囊团"，由他们进行认真研究后提出企业文化理念，供领导和群众选择。

④ 集体决策，即通过一定的会议形式，如员工代表大会、股东代表大会、企业党政工团联席会，对员工的意见和智囊团的方案进行充分论证，作出有关企业文化理念的决议。

不论采取何种形式，都要实行领导与群众相结合，一方面要充分发动群众，做到人人参与，献计献策。群众参与得越广泛，卷入程度越深，其价值经验反映得越充分，概括得越深刻。另一方面要加强领导，企业家要把它当做一件大事，始终给予高度关注，同时，要认真听取员工意见，集思广益，博采众长，以求得最完备的概括。

第三，理念识别系统的文化理念命名。企业文化理念是企业文化的核心，是企业的灵魂和精神支柱。因此，在企业提出自己的价值观的同时，一般要对企业文化或文化价值进行命名。命名是对企业价值观的进一步概括和确定。命名的方法，常见的有下列六种。

① 厂名命名法，即经本厂或本公司的名字命名企业文化。如海尔集团的文化命名为"海尔精神"，玉林柴油机厂的文化命名为"玉柴精神"。

② 产品命名法，即以本企业的主导产品命名企业文化。如沈阳高中压阀门厂的文化价值观命名"阀门精神"，哈尔滨标准件厂文化则用其主导产品螺丝钉命名为"螺丝钉精神"。

③ 商标命名法，即以本企业名优产品的商标命名企业文化。常州的自行车总厂以名优产品金狮牌自行车，把本企业文化命名为"金狮精神"；青岛橡胶九厂把自己的企业文化命名为"双星精神"（该厂双星牌运动鞋为名牌产品）。

④ 人名命名法，即以对本企业或本企业价值观有重大影响的英雄模范人物的名字命名企业文化。如鞍钢的"孟泰精神"，大庆的"铁人精神"。

⑤ 形象比喻法，即把企业文化价值观比作某种事物或形象。如北京王府井百货大楼的"一团火精神"，有些企业的"火车头精神""不锈钢精神""火炬精神""春蚕精神""铺路石精神""一本三函"精神及"三维立体"模式等。

⑥ 期望命名法，即以本企业广大员工对企业前景和命运的美好期望和祝愿命名企业

文化。如有的企业文化价值观命名为"万年常青精神",有的命名为"一流精神"。

第四,企业文化理念的阐释。对提炼出的文化理念,要用恰当的语言加以表述。表述方式可以多种多样,但不管采用什么表述,都要求做到概念清晰、明确和准确,不容许有任何含糊其辞,模棱两可,让人有随意解释的余地。概念不明,含混不清,缺乏稳定性、规定性,便不会成为人们思想和行为的规范。同时,还要做到语句简明、扼要、明快、通俗易懂,并力求生动、形象,以便于员工群众口诵心记、铭刻不忘。语句冗长、复杂,语词生涩、难懂,不仅妨碍员工群众认同,而且不利于广泛传播和向下传递。企业文化理念的概括表述仅有几个字或几十个字,但内容含义却十分丰富和深刻。要使员工接受、认同它,首先就要让员工理解它的含义。理解是接受、认同的前提,而且,理解过程中也包含人们对他所理解事物的接受和认同。对企业文化理念不甚理解,即使能够熟练背诵,员工也不会很好地接受企业文化理念,更谈不上认同和贯彻企业文化理念了。要让员工很好地理解企业文化理念,必须对企业文化理念作认真阐释。所谓阐释就是对企业文化理念的内涵进行解释和阐述。企业文化理念作为一种概念,它有定义和释义。阐释既包括下定义,也包括作释义,并且要对定义和释义作出发挥和论证。也就是说,对每一个文化理念都要揭示它的实质、特征,指明它是什么,同时,还要揭示确定这个文化理念的依据,指明为什么要提出这样的要求,并且要进一步指明人们怎么做是相符的行为,怎么做是不相符的行为。

理念识别系统中的文化理念阐释方式方法很多,通常采用的有如下三种。

① 逐条阐释法与综合阐释法。前者是逐条或逐字、逐句地对文化理念的表述内容作出阐释,后者是对表述内容作综合的分析和发挥。

② 权威阐释法与现身说法。前者是由企业领导权威出面对企业文化理念作出解释和发挥,带有指令性;后者是由理解正确、体会深刻的典型人物,介绍自己的理解和感受,这种方法生动形象,富有感染力。

③ 报告辅导法与群体互动法。前者是由专门负责传播的机关及其人员,以书面语言或口头语言方式,向员工提供辅导性报告,这种方法具有专家身份效应;后者是在基层组织的小型团体内部,以讨论的方式开展互帮互学。

18.2.2 行为识别系统的运用

企业文化内化于心、外化于行是企业文化建设的追求,只有企业文化理念被广大员工真正所掌握和自觉践行,才能转化为巨大的物质力量,形成强大而持久的企业综合竞争力。

(1) 理念如何转化为行为

理念转化为行为必须具备四个方面的主要主观条件。

① 员工对行为情境的判断能力。人们对行为情境的判断,就其主要方面是价值判断,即怎样的情境是有利的,怎样的情境是不利的。价值判断的依据,对员工来说,自然就是被他们所认同的价值观。然而,价值观是概括的、抽象的,而需要评量、判断的情境是具体的、复杂的,甚至是瞬息即变的。因此,人们要成功地对情境作出判断,不仅需要具备灵活应用价值观的能力,而且需要具备对行为情景的洞察力、理解力和一定预测能力。缺乏这些能力,便无法对行为情境进行迅速而正确的判断,从而也就丧失了正确抉择行为的前提。

② 员工的行为技能和技巧。任何一种行为方式都是由若干个别的动作构成的。这些动作因不同组合,便构成不同的行为方式。例如,哭与笑,招手致意与挥拳反对,跑过去

欢迎来宾与跑过去把来犯者赶走，拥抱亲昵与攻击侵犯，竞争与合作等，把这些行为方式分解成个别动作，我们会发现，它们是极其简单的。之所以人类的行为如此复杂，是由于人们把这些简单的个别动作作了不同形式的组合而已。所谓行为技能就是把个别动作组合、编制成一定行为方式的本领。而这种本领熟练化了，熟能生巧，技能就变成了技巧。掌握行为技能、技巧，对于价值观向行为的过渡是十分重要的。价值观作为人们行为的规范，它只是对人们的行为作出质的规定，即规定什么式样的行为是正确的、善的、美的，而什么式样的行为是错误的、恶的、丑的。并且这种质的规定是原则性的、概括性的，甚至是模糊的。企业价值观，就是一组概括化了的判断行为的原则。仅凭这些原则，人们仍然无法行为。若要有效地采取行为，则必须掌握行为的技能和技巧。人们掌握了行为技能这种本领，就可以作出符合价值观的选择。而且，人们掌握了技巧这种本领，就可以使行为自动化、熟练化，从而使行为选择变得十分自然，十分得心应手。

③ 员工的行为习惯。行为习惯就是固定不变的、习惯了的行为方式。习惯带有惯性，带有自动的倾向。人们养成了某种习惯性的行为，就产生了对这种行为方式的强烈依赖，在一定的情境下，只有按习惯方式行为，心理上才能满足。否则，人们心理会不满，会感到丧失了什么，若有所失，甚至不知所措。企业的习俗，就是企业群体所养成的习惯。习俗建立于个人习惯基础上，同时对个人习惯的养成起促进作用。如果个人养成了按企业价值观要求而行为的习惯，并汇聚成整个企业的习俗，那么，企业行为就获得了体现价值观、忠实于价值观的巨大动力。企业组织再也不用担心人们产生有违价值标准的行为了。

④ 价值实践及培养和训练。由价值观转化为人们判断行为情境的能力，转化为人们行为的技能、技巧和行为习惯，不是自发的、自然而然就实现的。它离不开人们的价值实践，也离不开对员工有意识、有计划、有组织的培养和训练。优秀企业的经验表明，下列措施有利于人们行为技能、技巧和习惯的形成。第一，编制员工日常行为指南手册，把企业价值观分解成对员工日常行为的具体要求；第二，发动员工共同制定行为公约和守则，并采取上下结合，定期与不定期结合的形式，对员工执行情况进行检查、评价和奖惩；第三，选择具备典型意义的人和事，进行行为分析，并着重揭示由价值观到行为的转化的历程；第四，组织员工交流价值实践经验，促进员工互动；第五，开展专题行为模拟训练，如交往行为训练，合作行为训练，参与决策行为训练，协商、调停、仲裁矛盾和冲突的行为训练。对每项训练要设计好行为情境、行为模式、行为技能和技巧，对参与训练的成员要分派角色，明确角色规范，对员工的练习行为要给予及时评价；第六，对行为困难者和问题行为者，以咨询方式进行个别辅导以使他们尽早摆脱困扰，或矫正失范行为。

（2）不断强化价值观

① 关于强化理论。价值观作为行为动机是可以得到强化的。强化是管理心理学中的重要概念。强化理论是基于一个很简单的假设：一种行为的结果如得到奖励，该行为就会趋向于重复；反之，一种行为的结果招致惩罚，该行为就会减少重复。这种方法原先是在训练动物时采用的，后来以哈佛大学教授斯金纳为代表的一些学者发现，它同样适用于人类行为。强化理论认为，当行为的结果有利于个体时，行为就可能重复出现，反之则会消退并终止。这种情形在心理学中被称为"强化"，所以该理论也因此被称为强化理论。导致强化的因素主要分四类：正强化、负强化（也称规避）、惩罚和自然消退。前两类可以增强或保持一种行为，后两类则会削弱或减少某种行为。

正强化是一种增强行为的方法。指当某个行为出现后，随即加以奖酬。譬如，当管理

人员看到某职工工作出色就加以表扬，就是对工作出色的行为作了正强化，从而增加这种行为的重复性。正强化还包括提薪、晋升、奖励等手段。

负强化也是一种增强行为的方法。负强化指预先告知某种不符合要求的行为可能引起的后果。譬如，在工厂中，事先以规章制度的建立使职工知道迟到要扣奖金，这样职工为避免扣奖金这一不愉快的结果发生，而被激励要准时上班。

惩罚是指用某种令人不快的结果来减弱某种行为。譬如，当有的职工上班迟到，工作出错，管理人员可用批评、纪律处分、罚款等措施，以制止该行为的再次发生。但是，惩罚也有副作用，如会激发职工的愤怒、敌意等。因此，尽可能采用其他强化手段。

自然消退是通过不提供个人所愿望的结果来减弱一个人的行为。譬如，对职工的某种行为不予理睬，以表示对该行为的蔑视，从而使这种行为得以消除。

引起行为动机加强的刺激叫奖励或报偿；引起行为动机削弱的刺激叫惩罚或剥夺。也就是说，要加强员工的行为动机，并使其与价值观相符的行为持续下去，就要给员工一定的奖励或报偿；而要削弱或纠正员工的某种错误观念，并使其错误观念相应的错误行为终止，就要给员工一定的惩罚或剥夺。

② 关于强化实践。实验结果表明，奖赏优于惩罚，表扬优于批评。因此，在引导员工形成价值观、养成良好行为习惯过程中，我们一定要以奖赏为主，辅之以惩罚。滥用惩罚，过多诉诸负强化，会损伤员工的自信心和自尊心，不利于价值观的接受、认同和外化。奖赏就是给员工以一定的满足。可以满足员工的东西是多种多样的，既有物质的满足，也有精神的满足，还有社会性满足和心理的或生理的满足。以什么东西去满足员工，要视企业的条件和员工的不同需要而定。千篇一律的物质满足，并不一定能强化员工对企业价值观的认同和良好行为习惯的养成。相反，还可能诱发出员工不健康的价值取向，导致行为的混乱和失范。

18.2.3 视觉识别系统的运用

视觉识别是在企业经营理念的基础上，根据经营活动的要求，设计出识别符号，以刻画企业的个性，突出企业的精神，凸显企业的特征，目的是使企业员工、消费者和社会各界对企业产生一致的认同感。

视觉是人类获取外部信息的主渠道，据科学统计，一个人的视觉占全部获取信息的83%，而听觉只占13%，其他方式只占4%。

（1）视觉识别系统的作用

企业专用印刷体、企业造型象征图案参见下表。

形象要素	载体	大众
企业名称	产品	
品牌标志	办公器具设备	用户
专用印刷字体	招牌旗帜标志牌	
企业标准色	衣着制服	消费者
象征造型图案	交通工具	
宣传标语口号	包装用品	社会公众
	广告传播	
	展示陈列	

企业名称通常是公司的正式名称，一般均以中文及英文两种文字表示。企业名称越简洁、越明白，就越容易给人以深刻的视觉印象。

例如日本索尼电器公司，以前不叫"索尼"。其名称是一串难以拼读的长名，外国人实在难以记住，因而在国际上默默无闻。后取拉丁语"声音"（SONUS）和英语"好儿子"（SONNY）合为"索尼"（SONY），简单、响亮，一下子就使企业形象鲜明地突出起来。又如娃哈哈、红蜻蜓、红草帽等企业名称，在识别方面的竞争力都很强。

（2）企业标志、品牌设计

企业标志、品牌标志，是企业或产品的文字名称、图案记号或两者结合的一种设计，用以象征企业或产品特性。

企业标志作为一种特定的符号，是企业形象、特征、信誉、文化的综合与浓缩，它虽然只是一个代号，但却传播着十分丰富的内容。企业标志和品牌可以二合一即企业标志和品牌标志相同，也可以在同一企业标志下，采用多品牌方法。

企业标志和品牌经国家商标局注册后，国家法律予以保护，经注册后的标志和品牌被称为商标。

（3）企业标准字体设计

企业标准字体和品牌标准字体，是为了强化企业名称及品牌的传达力和识别力，经过特殊设计和规范使用的文字造型，同企业标志品牌一样，也能表达丰富的内容，因而在视觉识别设计时应受到十分重视。

（4）企业专用印刷字体

企业专用印刷字体，即指公司平时主要使用的文字（中文、英文）、数字等专用字体或指定用体、精选或创作的专用字体，以及规定用于主要品牌、商品、公司名称及对内外宣传、广告的专用文字、数字字体，促使视觉识别更加统一和规范。

（5）企业标准色

不同的颜色往往会使人产生不同的心理感觉、情绪体验，它能表达情感，能在无意识的状态下影响人们的情绪、心理及行为。企业用象征自己特性的色彩来加以识别，这种规定的颜色叫企业色，也称企业标准色。企业色的选择要有自己的特色，而且要与企业的理念相吻合，这样才能体现富有个性的企业形象，如麦当劳的黄色、可口可乐的红色等。

（6）企业造型、象征图案

企业造型、象征图案即指企业标志和品牌图形以外，企业用以象征自己特性的图形或图案，目的在于强化视觉传递形象，如吉祥物、辅助形象等。

（7）标语、口号

标语、口号即指用于对外宣传的有关本公司的专业、特长和经营思想等要素的口号，如雀巢咖啡"味道好极了"的传播口号，海尔"真诚到永远"的口号等。

上述视觉识别的内容，还可用于产品设计、事务用品、办公、设备、环境、招牌、旗帜、制服、衣着、建筑物外观、橱窗、交通、运输工具、包装用品、展示、陈列规范等一切地方。

18.3 应用 CIS 须注意的问题

18.3.1 注意辨别真伪 CIS

近年来，CIS 业界出现了真 CIS、假 CIS、伪 CIS。假 CIS、伪 CIS 是泛指那些花一两万元作一套简单的视觉识别（VI）系统的低劣作品。正是这些假冒伪劣的所谓 CIS 扰乱了 CIS 市场，贬低了 CIS 功效，误导了企业家对 CIS 的理解，使企业家对 CIS 的认识误入歧途。

假 CIS、伪 CIS 是迄今我国 CIS 市场的普遍现状，鱼龙混杂，真假难分，甚至杂草多于禾苗，令人不堪其忧。

这一现状的存在，是因为有它客观存在的土壤。这就是一部分希望省钱的企业，或刚刚起步的小企业，或者对 CIS 认识处于表层认知的企业，他们需要这样"先来一下"的所谓 CIS，不过当他们中的大多数人，在走过一段路程发现这些营养不良的 CIS 导致企业走上歧路之后，才发觉早知如此，何必当初！所以，我们还是要提醒那些企业家：CIS 是一项战略系统工程，不是简单的一个标志、一种标准字体或包装设计那么简单。CIS 是投资，不是费用。要作 CIS，必须作出相应的投资预算。"种瓜得瓜，种豆得豆"，真伪效果截然不同。对 CIS 认识的深度，决定 CIS 开发的力度，由此决定 CIS 的效益与收获。透过 CIS 表层，了解 CIS 的真谛。将 CIS 作为一门征战市场的现代经营战略去学习、投入、实施、管理，方能体会到什么是真正的 CIS。

真正的 CIS 是战略，是过程，是培育品牌的必由之路。所以 CIS 策划必须自企业的战略层面入手，研究企业的经营方向、事业领域、发展目标，并以此为依据，去调查分析、研究企业形象和品牌运作方面存在的问题，提出公司未来的品牌战略目标、形象定位、品牌路线等重大问题。将 CIS 战略策划路线、理念精神、视觉形象、行为规范一以贯之，整体规划，长期施行，并在 CIS 导入过程中实施战略性管理，使 CIS 推行计划始终沿着公司形象塑造的主线进行，外显形象、内强素质，品牌价值与日俱增，公司知名度、信誉度不断提升。

真正的 CIS 是从研究企业品牌资源这个核心问题入手，从品牌资源整合、品牌形象设计、品牌传播推广到品牌扩张与延伸、品牌战略性管理的全过程 CIS。其结果是将区域性品牌发展成为全国知名品牌、著名品牌，直至国际品牌。CIS 必定在其中扮演导演的角色。

真正的 CIS 具有强烈的个性和震撼力，它不仅来自"既要与众不同，更要大众认同"的形象设计，更要有深刻的理念内涵。对 CIS 的皮毛理解和浮浅认识，显然是与之相距甚远，真假 CIS 有如此大之区别，相当于买奥迪，还是买奥拓，虽然只有一字之别，其性价显然不同。

18.3.2 注意 CIS 专业公司选择

很多经理都想找到一家专业公司为他们作 CIS，花钱得到他们想得到的东西。但是，CIS 专业公司又太少，对于普通的广告公司，又不太相信他们的 CIS 专业水平。

目前，许多企业家选择 CIS 专业公司成了头一件大事。尤其是一些初次接触 CIS 的企业，对于如何选择一家满意的专业公司，就更成为他们首先关心的问题了。一般的企业都会注意到，首先了解 CIS 设计公司的业绩，做过哪些成功案例，这是非常必要的，也是检验一家公司是否专业的重要标准之一。但是，企业要找 CIS 专业公司，则应在"专业"二字上下工夫。首先看这家公司是专业作 CIS，还是随带作 CIS。因为在难以计数的广告公司中，几乎没有一家不标榜自己会作 CIS 的。在广告界，CIS 是一面旗帜，谁都得高高举起，否则便会觉得水准低了一等。

虽然每家广告设计或策划公司都在名片上或服务项目中标上"CIS 策划""CIS 设计"，至于他们是否都能做，那就是另一回事了。一些所谓的广告人，连 CIS 的基本概念都搞不清，或只能背几句书本上的条文，就打着 CIS 策划的招牌，难怪企业家轻视他们。他们那些可怜的 CIS 知识远远不及企业经营者们，如何去给企业作 CIS！

一个 CIS 专业公司，应该具备以下几个条件。

第一，对中外 CIS 理论与中国 CIS 实践应该有比较透彻的了解。因为对 CIS 本身的认知程度、理论水平与实务能力，是策划导入 CIS 成功与失败的关键因素。

第二，有敏锐的专业眼光和嗅觉，能够在接触与交流中为企业把脉，提出对导入 CIS 的方向和需要解决的主要问题。

第三，具有 CIS 战略总体策划的高度和全面导入 CIS 设计的能力，尤其是有无理念识别（MI）和行为识别（BI）策划设计的能力和操作经验。这是检验 CIS 公司专业高度的又一标尺。如果说只能设计 VI 的，肯定不是专业的 CIS 策划公司。

第四，具有根据企业的实际情况和战略目标展开 CIS 策划、导入、推进和管理的能力。

第五，是否具有整合企业品牌的能力，这是检验专业 CIS 公司品牌策划、品牌战略的核心水准。

第六，有无长期跟进服务，协助企业推动 CIS，实施 CIS 计划售后服务的能力。

上述六条标准也许有些苛刻，但应该说，称得上真正的 CIS 专业公司，应该具备这些条件，至少，应该作为我们 CIS 专业公司努力的方向。

18.3.3 注意推行 CIS 与专业公司的配合

CIS 如何求得专业公司帮助，同时又怎样给予专业公司以有效的配合，这是导入 CIS 过程中的一个实际问题。

推进 CIS 的主体是企业，而不是 CIS 专业公司。但是在 CIS 实践中却常常遇到这样的企业，错误地将专业公司当成了推动 CIS 的主体。这样的经营者对 CIS 策划设计的界定不清。比如说，产品的专卖店形象设计，如何体现企业识别元素，如何统一视觉风格等，均属 CIS 识别设计范围；但专卖店的装潢设计，应该是装修公司根据 CIS 识别设计规定出视觉形象效果图进行，有的企业却看成是 CIS 设计师的事。这是一个如何将 CIS 设计转化为具体应用媒体上的问题。但一些中小企业在装潢专卖店时，更多的是为了节省装潢设计费，便请了一些木匠，而木匠不懂装潢设计，故而将专卖店的装潢设计推诿给 CIS 专业公司。CIS 策划公司不是装潢设计公司，但一些 CIS 专业公司怕得罪客户，硬着头皮答应，结果拿出的是非马非驴的装潢设计图。于是推行 CIS 在实施中成了"四不像工程"。而这种企业若是不同专业公司签订 CIS 导入服务或长期聘用顾问指导 CIS 实施，是几乎没有能力推动 CIS 计划的。但另一类型 CIS 意念很强的企业则不是如此。他们明确地知晓企业本身是导入 CIS 的主体，因此能同专业公司配合默契，具体某些项目不是 CIS 策划公司专业

范畴内的，可以分流实施，CIS 策划公司予以监督形象效果，使得 CIS 计划得以顺利施行。

18.3.4 注意企业 CIS 网站的利用

CIS 网站是指在网络上通过视觉表现为主要手段将企业特有的形象识别系统表达出来，使企业形象在外部公众中形成统一的共识，以其结构组织、页面风格、层次关系等表现出企业的营销主题：是致力于树立品牌，也是注重建立与客户的关系；是宣传企业独特的产品和服务，也是定位于某些顾客群体，而不是仅仅以复杂的广告设计及大量宣传的叠加。只有表达这些要点后，我们才能决定采用何种技术手段与艺术表现形式来实现其目的、站点结构、内部链接及结构布局等。

现代企业形象的树立是企业宣传中的一项重要内容，单以平面表现取胜的传统企业识别手法，已不能解决现代社会呈现的多样化市场问题。随着网络的普及与发展，企业在 Internet 上拥有自己的站点和主页将是必然趋势，网上形象的树立日益成为企业宣传产品和服务的关键。

CIS 网站及丰富的网上内容使企业在潜在用户的心目中具有吸引力和可信度。CIS 网站也是传统广告的内容和形式的最好延伸。传统广告媒体往往由于时间和篇幅的限制，很难将产品或企业的详细信息传递给目标用户。因此，很多企业都通过传统媒体重点宣传其 Web 网站的地址，而将其详细介绍内容放置在其 CIS 网站中，指示用户通过网站对详细内容进行了解，极大地延伸了广告的信息量和内涵。加之网络的全球性，更是极大地扩大了广告受众的覆盖率。

CIS 网站是企业重要的资源，它在保护企业品牌及企业文化的同时，为它注入新的活力，企业识别的继承与发展，企业的历史、文化、理想、追求都可以融合浓缩到通过站点的构建、网页的设计来体现。

附：国务院国资委《关于加强中央企业企业文化建设的指导意见》

国资发宣传〔2005〕62号

各中央企业：

为深入贯彻"三个代表"重要思想和党的十六大精神，认真落实以人为本，全面、协调、可持续的科学发展观，充分发挥企业文化在提高企业管理水平、增强核心竞争能力、促进中央企业改革发展中的积极作用，现就加强和推进中央企业企业文化建设提出如下意见。

一、企业文化建设的重要意义、指导思想、总体目标与基本内容

1. 加强企业文化建设的重要性和紧迫性：当前，世界多极化和经济全球化趋势在曲折中发展，科技进步日新月异，综合国力竞争日趋激烈。文化与经济和政治相互交融，文化的交流与传播日益频繁，各种思想文化相互激荡，员工思想空前活跃。深化改革、扩大开放和完善社会主义市场经济体制的新形势，使中央企业既面临良好的发展机遇，又面对跨国公司和国内各类企业的双重竞争压力，迫切需要提高企业管理水平和提升企业竞争能力。先进的企业文化是企业持续发展的精神支柱和动力源泉，是企业核心竞争力的重要组成部分。建设先进的企业文化，是加强党的执政能力建设，大力发展社会主义先进文化、构建社会主义和谐社会的重要组成部分；是企业深化改革、加快发展、做强做大的迫切需要；是发挥党的政治优势、建设高素质员工队伍、促进人的全面发展的必然选择；是企业提高管理水平、增强凝聚力和打造核心竞争力的战略举措。中央企业大多是关系国民经济命脉和国家安全，在重要行业和关键领域占支配地位的国有重要骨干企业，肩负着弘扬民族精神、促进经济发展、推动社会进步的重任。中央企业必须坚持以"三个代表"重要思想、党的十六大和十六届三中、四中全会精神为指导，在提高效益、促进发展的同时，在建设先进企业文化中发挥示范和主导作用，为发展社会主义先进文化、全面建设小康社会作出应有的贡献。

中央企业在长期发展实践过程中，积累了丰厚的文化底蕴，形成了反映时代要求、各具特色的企业文化，在培育企业精神、提炼经营理念、推动制度创新、塑造企业形象、提高员工素质等方面进行了广泛的探索，取得了丰硕的成果。但是，中央企业的企业文化建设工作发展还不够平衡，有的企业对企业文化建设的重要性认识不足，企业文化建设的目标和指导思想不够明确，片面追求表层与形式而忽视企业精神内涵的提炼和相关制度的完善，企业文化建设与企业发展战略和经营管理存在脱节现象，缺乏常抓不懈的机制等。因此，中央企业的企业文化建设亟须进一步加强和规范。

2. 企业文化建设的指导思想：以邓小平理论和"三个代表"重要思想为指导，贯彻落实党的路线、方针、政策，牢固树立以人为本，全面、协调、可持续的科学发展观，在弘扬中华民族优秀传统文化和继承中央企业优良传统的基础上，积极吸收借鉴国内外现代管理和企业文化的优秀成果，制度创新与观念更新相结合，以爱国奉献为追求，以促进发展为宗旨，以诚信经营为基石，以人本管理为核心，以学习创新为动力，努力建设符合社会主义先进文化前进方向，具有鲜明时代特征、丰富管理内涵和各具特色的企业文化，促

进中央企业的持续快速协调健康发展，为发展壮大国有经济，全面建设小康社会作出新贡献。

3. 企业文化建设的总体目标：力争用三年左右的时间，基本建立起适应世界经济发展趋势和我国社会主义市场经济发展要求，遵循文化发展规律，符合企业发展战略，反映企业特色的企业文化体系。通过企业文化的创新和建设，内强企业素质，外塑企业形象，增强企业凝聚力，提高企业竞争力，实现企业文化与企业发展战略的和谐统一，企业发展与员工发展的和谐统一，企业文化优势与竞争优势的和谐统一，为中央企业的改革、发展、稳定提供强有力的文化支撑。

4. 企业文化建设的基本内容：企业文化是一个企业在发展过程中形成的以企业精神和经营管理理念为核心，凝聚、激励企业各级经营管理者和员工归属感、积极性、创造性的人本管理理论，是企业的灵魂和精神支柱。企业文化建设主要包括总结、提炼和培育鲜明的企业核心价值观和企业精神，体现爱国主义、集体主义和社会主义市场经济的基本要求，构筑中央企业之魂；结合企业经营发展战略，提炼各具特色、充满生机而又符合企业实际的企业经营管理理念，形成以诚信为核心的企业道德，依法经营，规避风险，推动企业沿着正确的方向不断提高经营水平；进一步完善相关管理制度，寓文化理念于制度之中，规范员工行为，提高管理效能；加强思想道德建设，提高员工综合素质，培育"四有"员工队伍，促进人的全面发展；建立企业标志体系，加强企业文化设施建设，美化工作生活环境，提高产品、服务质量，打造企业品牌，提升企业的知名度、信誉度和美誉度，树立企业良好的公众形象；按照现代企业制度的要求，构建协调有力的领导体制和运行机制，不断提高企业文化建设水平。

二、企业文化建设的组织实施

5. 企业文化建设的工作思路。要站在时代发展前沿，认真分析企业面临的客观形势与发展趋势，以宽广的眼界和与时俱进的精神，面向世界、面向未来、面向现代化，以提升企业竞争力和提高经济效益为中心，确保国有资产保值增值和促进员工全面发展，将企业文化建设纳入企业发展战略，作为企业经营管理的重要组成部分，与党的建设、思想政治工作和精神文明建设等相关工作有机结合，加强领导，全员参与，统筹规划，重点推进，既体现先进性，又体现可操作性，注重在继承、借鉴中创新，在创新、完善中提高。

6. 企业文化建设的规划。根据本企业的行业特征和自身特点，确定企业的使命、愿景和发展战略；总结本企业多年形成的优良传统，挖掘企业文化底蕴，了解企业文化现状，在广泛调研、充分论证的基础上，制定符合企业实际、科学合理、便于操作、长远目标与阶段性目标相结合的企业文化建设规划。在制定规划时要着眼于企业文化的长远发展，避免走过场。在实施过程中必须与时俱进，常抓常新，随着企业内外部环境的变化，及时对企业文化建设的具体内容和项目进行充实和完善，促进企业文化的巩固与发展。

7. 企业文化建设的实施步骤。要根据企业文化建设的总体规划，制定工作计划和目标；深入进行调查研究，根据企业实际，找准切入点和工作重点，确定企业文化建设项目；提炼企业精神、核心价值观和经营管理理念，进一步完善企业规章制度，优化企业内部环境，导入视觉识别系统，进行企业文化建设项目的具体设计；采取学习培训、媒体传播等多种宣传方式，持续不断地对员工进行教育熏陶，使全体员工认知、认同和接受企业精神、经营理念、价值观念，并养成良好的自律意识和行为习惯；在一定时间内对企业文化建设进行总结评估，及时修正，巩固提高，促进企业文化的创新。各中央企业可结合本企业实际，确定企业文化建设的具体步骤。

8. 企业文化载体与队伍建设。要进一步整合企业文化资源，完善职工培训中心、企业新闻媒体、传统教育基地、职工文化体育场所、图书馆等企业文化设施。创新企业文化建设手段，丰富和优化企业文化载体设计，注重利用互联网络等新型传媒和企业报刊、广播、闭路电视等媒体，提供健康有益的文化产品，提高员工文化素养，扩大企业文化建设的有效覆盖面。重视和加强对摄影、书法、美术、文学、体育等各种业余文化社团的管理引导，组织开展健康向上、特色鲜明、形式多样的群众性业余文化活动，传播科学知识，弘扬科学精神，提高广大员工识别和抵制腐朽思想、封建迷信、伪科学的能力，营造健康、祥和、温馨的文化氛围，满足员工求知、求美、求乐的精神文化需求。注意培养企业文化建设的各类人才，加强引导和培训，建立激励机制，充分发挥他们在企业文化建设中的骨干带头作用。注重发挥有关职能部门和工会、共青团、妇女组织的作用，形成企业文化建设的合力，依靠全体员工的广泛参与，保持企业文化旺盛的生机与活力。

三、企业文化建设的基本要求

9. 以人为本，全员参与。要牢固树立以人为本的思想，坚持全心全意依靠职工群众办企业的方针，尊重劳动、尊重知识、尊重人才、尊重创造，用美好的愿景鼓舞人，用宏伟的事业凝聚人，用科学的机制激励人，用优美的环境熏陶人。搭建员工发展平台，提供员工发展机会，开发人力资源，挖掘员工潜能，增强员工的主人翁意识和社会责任感，激发员工的积极性、创造性和团队精神，达到员工价值体现与企业蓬勃发展的有机统一。坚持为增强综合国力作贡献，为社会提供优质商品和优良服务，妥善处理各方面的利益关系，实现报效祖国、服务社会、回报股东、关爱员工的和谐一致。

在企业文化建设过程中，要坚持把领导者的主导作用与全体员工的主体作用紧密结合。尊重群众的首创精神，在统一领导下，有步骤地发动员工广泛参与，从基层文化抓起，集思广益，群策群力，全员共建。努力使广大员工在主动参与中了解企业文化建设的内容，认同企业的核心理念，形成上下同心、共谋发展的良好氛围。

10. 务求实效，促进发展。在企业文化建设中，要求真务实，重实际、办实事、求实效，反对形式主义，避免急功近利，使企业文化建设经得起历史和实践的检验。要立足企业实际，符合企业定位，将企业文化建设与生产经营管理紧密结合，企业文化的创新与企业改革的深化紧密结合，按照系统、科学、实用的要求，创建特色鲜明的企业文化体系。要坚持把发展作为第一要务，牢固树立抓住机遇、加快发展的战略思想，围绕中心、服务大局，开拓发展思路，丰富发展内涵。要落实科学发展观，把物质文明、政治文明和精神文明统一起来，既追求经济效益的增长，又注重社会效益的提高，实现政治上和谐稳定，经济上持续增长，文化上不断进步，切实保障员工合法权益，促进经济效益、社会效益、员工利益的协调发展。

11. 重在建设，突出特色。要制定切实可行的企业文化建设方案，借助必要的载体和抓手，系统思考，重点突破，着力抓好企业文化观念、制度和物质三个层面的建设。要把学习、改革、创新作为企业的核心理念，大力营造全员学习、终身学习的浓厚氛围，积极创建学习型企业、学习型团队。围绕企业深化改革的重点和难点，鼓励大胆探索、勇于实践，坚决破除一切妨碍发展的观念和体制机制弊端，增强企业活力，提高基层实力。注重

把文化理念融入到具体的规章制度中，渗透到相关管理环节，建立科学、规范的内部管理体系。并采取相应的奖惩措施，在激励约束中实现价值导向，引导和规范员工行为。要从企业特定的外部环境和内部条件出发，把共性和个性、一般和个别有机地结合起来，总结出本企业的优良传统和经营风格，在企业精神提炼、理念概括、实践方式上体现出鲜明的特色，形成既具有时代特征又独具魅力的企业文化。

大型企业集团要处理好集团文化与下属企业文化的关系，注重在坚持共性的前提下体现个性化。要以统一的企业精神、核心理念、价值观念和企业标志规范集团文化，保持集团内部文化的统一性，增强集团的凝聚力、向心力，树立集团的整体形象。同时允许下属企业在统一性指导下培育和创造特色文化，为下属企业留有展示个性的空间。在企业兼并重组和改制的过程中，要采取多种有效措施，促进文化融合，减少文化冲突，求同存异，优势互补，实现企业文化的平稳对接，促进企业文化的整合与再造，推动兼并、重组、改制企业的创新发展。

12. 继承创新，博采众长。要注意继承发扬中华民族的优秀传统文化，挖掘整理本企业长期形成的宝贵的文化资源，并适应社会主义市场经济的需要，用发展的观点和创新的思维对原有的企业精神、经营理念进行整合和提炼，赋予新的时代内涵，在继承中创新、在弘扬中升华。要将弘扬中华优秀传统文化与借鉴国外先进文化相结合，一方面从当代中国国情和中央企业实际出发，正确制定和调整企业文化战略，充分体现民族精神、优秀传统文化的精髓和中央企业的特点，有效抵御外来文化的消极影响，避免照抄照搬；另一方面要紧紧把握先进文化的前进方向，以开放、学习、兼容、整合的态度，坚持以我为主、博采众长、融合创新、自成一家的方针，广泛借鉴国外先进企业的优秀文化成果，大胆吸取世界新文化、新思想、新观念中的先进内容，取其精华，去其糟粕，扬长避短，为我所用。在开展国际合作业务的过程中，要注意学习和借鉴合作方的先进文化，尊重文化差异，增进文化沟通，注重取长补短，促进共同发展。

13. 深度融合，优势互补。企业文化来源于企业实践又服务于企业实践，使企业的经营管理活动更富思想性和人性化，更具时代特色和人文精神。要强化企业文化建设在企业经营管理中的地位，发挥企业文化的作用，促进企业文化与企业战略、市场营销和人力资源管理等经营管理工作的深度融合，把全体员工认同的文化理念用制度规定下来，渗透到企业经营管理的全过程。在管理方法上要注意强调民主管理、自主管理和人本管理，在管理方式上要使员工既有价值观的导向，又有制度化的约束，制度标准与价值准则协调同步，激励约束与文化导向优势互补，通过加强企业文化建设，不断提高经营管理水平。

14. 有机结合，相融共进。要通过企业文化建设，不断改进和创新思想政治工作的方式方法，提高思想政治工作的针对性、实效性和时代感，增强思想政治工作的说服力和感召力，促进思想政治工作与企业生产经营管理的有机结合。避免把企业文化建设与思想政治工作割裂开来。加强理想信念教育，弘扬以爱国主义为核心的民族精神和以改革创新为核心的时代精神，弘扬集体主义、社会主义思想，使中央企业广大员工始终保持昂扬向上的精神风貌。发掘思想政治工作的资源优势，既鼓励先进又照顾多数，既统一思想又尊重差异，既解决思想问题又解决实际问题，营造良好的思想文化环境。

要把企业文化建设与精神文明建设有机结合起来，用社会主义的意识形态和价值取向牢固占领中央企业文化主阵地，通过良好的文化养成，不断提升员工整体素质。坚持依法治企和以德治企相结合，加强员工思想道德建设，倡导公民道德规范，深入开展诚信教育，引导员工恪守社会公德、职业道德和家庭美德，自觉抵制各种错误思潮和腐朽思想文化的侵蚀。按照贴近实际、贴近生活、贴近群众的原则，创新内容、形式和手段，广泛开展各类群众性精神文明创建活动，大力选树与宣传企业先进典型和英模人物，营造团结进取的企业氛围和健康向上的社会风气，展示中央企业的良好形象。

四、加强对企业文化建设的领导

15. 企业领导要高度重视和积极抓好企业文化建设。企业领导要站在促进企业长远发展的战略高度重视企业文化建设，对企业文化建设进行系统思考，出思想、出思路、出对策，确定本企业企业文化建设的目标和内容，提出正确的经营管理理念，并身体力行，率先垂范，带领全体员工通过企业文化建设不断提高企业核心竞争能力，促进企业持续快速协调健康发展。

16. 建立和健全企业文化建设的领导体制。建设先进的企业文化是企业党政领导的共同职责，要把企业文化建设作为一项重要的工作纳入议事日程，与其他工作同部署、同检查、同考核、同奖惩。企业文化建设的领导体制要与现代企业制度和法人治理结构相适应，发挥好党委（党组）、董事会和主要经营者在企业文化建设中的决策作用。各企业要明确企业文化建设的主管部门，安排专（兼）职人员负责此项工作，形成企业文化主管部门负责组织、各职能部门分工落实、员工广泛参与的工作体系。在企业文化建设过程中，要注意发挥基层党组织和群众组织的作用，广大党员要做好表率，带领全体员工积极投身企业文化建设。

17. 完善企业文化建设的运行机制。要建立企业文化建设的长效管理机制，包括建立科学的管理制度、完善的教育体系以及制定严格的绩效评估办法。要明确工作职责，建立分工负责、关系协调的企业文化建设责任体系，保证企业文化建设工作的顺畅运行。要建立考核评价和激励机制，定期对企业文化建设的成效进行考评和奖惩。要建立保障机制，设立企业文化建设专项经费并纳入企业预算。加大企业文化建设软硬件投入，为企业文化建设提供必要的资金支持和物质保障。

18. 加强对企业文化建设的指导。国资委要加强对中央企业企业文化建设的指导，针对中央企业的不同情况进行专题调研，不断总结和推广中央企业开展企业文化建设的先进经验，用丰富鲜活的案例启发、引导企业开展企业文化建设。要定期组织企业经营管理者和企业文化建设专职人员的培训，帮助他们掌握企业文化专业知识。要加强企业文化的理论研究与实践研究，认真探索企业文化建设的理论体系、操作方法和客观规律，搞好分类指导。各中央企业要加强对基层单位企业文化建设的领导，定期开展检查，促进基层单位企业文化建设的规范有序进行。企业文化建设是一项长期的任务，是一个逐步形成和发展的过程，各中央企业要加强实践探索，逐步完善提高，推动企业文化建设的深入开展。

国务院国有资产监督管理委员会
二〇〇五年三月十六日

注：原载中央企业党建思想政治工作研究会会刊《企业文明》2005 第 5 期

主要参考文献

[1] 中国企业文化促进会. 中国企业文化建设调查研究报告[M]. 北京:中国经济出版社,2008.

[2] 王超逸. 企业文化教程[M]. 北京:中国时代经济出版社,2006.

[3] 吴何. 现代企业管理[M]. 北京:中国市场出版社,2010.

[4] 王超逸,李庆善. 企业文化学原理[M]. 北京:高等教育出版社,2009.

[5] 李瑞环. 务实求理[M]. 北京:中国人民大学出版社,2010.

[6] 《公司的力量》节目组. 公司的力量[M]. 太原:山西教育出版社,2010.

[7] 方铭. 儒学与二十一世纪文化建设[M]. 北京:学苑出版社,2010.

[8] 高燕. 视觉隐喻与空间转向:思想史视野中的当代视觉文化[M]. 上海:复旦大学出版社,2009.

[9] 曹胜高. 国学通论[M]. 北京:北京大学出版社,2008.

[10] 林语堂. 国学拾遗[M]. 西安:陕西师范大学出版社,2008.

[11] 叶朗,朱良志. 中国文化读本[M]. 北京:外语教学与研究出版社,2008.

[12] 卞孝萱,胡阿祥. 国学四十讲[M]. 武汉:湖北人民出版社,2008.

[13] 王宗湖. 现代企业文化学[M]. 北京:对外经济贸易大学出版社,2007.

[14] 王振滔. 商海王道[M]. 北京:机械工业出版社,2007.

[15] 侯贵松. 企业文化怎样落地[M]. 北京:中国纺织出版社,2005.

[16] 李建华. 现代企业文化通识教程[M]. 上海:立信会计出版社,2010.

[17] 王成荣. 企业文化学教程[M]. 北京:中国人民大学出版社,2009.

[18] 王吉鹏. 企业文化建设[M]. 北京:中国经济出版社,2010.

[19] 贾春峰. 贾春峰说企业文化[M]. 北京:中国经济出版社,2005.

[20] 罗长海. 企业文化学[M]. 北京:中国人民大学出版社,2006.

[21] 张大中. 中国企业文化年鉴[M]. 北京:中国大百科全书出版社,2004.

[22] 李兴国. 北京市民文明礼仪读本[M]. 北京:北京出版社,2005.

[23] 王吉鹏. 价值观的起飞与落地[M]. 北京:中国经济出版社,2009.

[24] 陈丽琳. 企业文化的新视野[M]. 成都:四川大学出版社,2005.

[25] 王超逸. 中外企业文化理念大全[M]. 北京:中国经济出版社,2008.

[26] 定雄武. 企业文化[M]. 北京:北京理工大学出版社,2006.

[27] 王成荣,周建波. 企业文化学[M]. 北京:经济管理出版社,2007.

[28] 张洪吉. 再造顾客价值空间[M]. 北京:中国经济出版社,2007.

[29] 张德,潘文君. 企业文化[M]. 北京:清华大学出版社,2007.

[30] 林坚. 企业文化修炼[M]. 北京:蓝天出版社,2005.

[31] 阎世平. 制度视野中的企业文化[M]. 北京:中国时代经济出版社,2004.

[32] 李笑天. 中国企业文化经典案例[M]. 北京:中央编译出版社,2009.

[33] 吴永林,叶茂林. 人本管理[M]. 北京:经济管理出版社,2008.

[34] 刘光明. 企业文化[M]. 北京:经济管理出版社,2007.

[35] 哈佛商业评论. 文化与变革[M]. 李原,孙健敏,译. 北京:中国人民大学出版社,2004.

[36] 王吉鹏,李明. 企业文化诊断评估理论与实务[M]. 北京:中国发展出版社, 2006.

[37] 佩里·安德森. 思想的谱系:西方思潮的左与右[M]. 袁银传,曹荣湘,等译. 北京:社会科学文献

出版社,2010.

[38] 特雷斯·E. 迪尔,阿伦·A. 肯尼迪. 企业文化:现代企业的精神支柱[M]. 上海:上海科学技术文献出版社,1989.

[39] 爱德加·H. 沙因. 企业文化与领导[M]. 朱明伟,罗丽萍,译. 北京:中国友谊出版公司,1989.

[40] 托马斯·小彼得斯,小罗伯特·H. 沃特曼. 成功之路[M]. 北京:中国对外翻译出版公司,1985.

[41] 威廉·大内. Z 理论:美国企业界怎样迎接日本的挑战[M]. 上海:上海人民出版社,1984.

[42] 约翰·科特. 企业文化与经营业绩[M]. 北京:华夏出版社,1997.

[43] 汤姆·彼德. 管理的革命[M]. 北京:光明日报出版社,1998.

[44] John P Kotter. 企业文化与经营业绩[M]. 北京:中国人民大学出版社,2004.

[45] 彼得·圣吉. 第五项修炼:学习型企业的艺术与实务[M]. 上海:上海三联书店,2002.

[46] 苏珊 C. 施奈德,简-路易斯 巴尔索克斯. 跨文化管理[M]. 石永恒,主译. 北京:经济管理出版社,2002.

[47] 涩泽荣一. 论语与算盘[M]. 宋文,永庆,译. 北京:九州出版社,1994.

[48] 河野丰弘. 改造企业文化[M]. 彭德中,译. 台湾:远流出版公司,1998.

[49] 李睿. 对企业文化建设的思考与建议[J]. 中国民用航空,2007(6):32-35.

[50] 陈中义. 企业发展 文化为基[J]. 四川建筑,2006(6):23-27.

[51] 赵铁成. 论企业文化与企业绩效的关系[C]//张文范,卢继传. 中国新时期思想理论宝库:第三届中国杰出管理者年会成果汇编. 北京,中国文史出版社,2007:227-231.

[52] 汤一介. 儒学与"和谐社会"建设[J]. 中国社会科学,2010(6):27-30.

[53] 杨泽波. 从德福关系看儒家的人文特质[J]. 中国社会科学,2010(4):44-45.

[54] 王铁灿. 两种中国文化传统:区分、辩证与融通[J]. 中国社会科学,2010(5):194-198.

[55] OTANI K. Managing primary care using patient satisfaction measures[J]. Journal of Healthcare Management,2005(5):311-325.

[56] Montoya—Weiss M, Voss G B, Grewal D. Online channel use and satisfaction in a multichannel service context[J]. MSI Reports,2005(2):16-19.

[57] Oliver, Rust, Varki. Customer Delight:Findings, and Managerial Insight[J]. Journal of Retailing 1997,75(5):311-336.

[58] Macintosh G, Lockshin L S. Retail relationships and store loyalty:A multi-level perspective[J]. International al journal of research in Marketing,1997,14(2):487.

[59] NB. B L. Customers'motivations for maintaining relationships with service providers[J]. Journal of retailing, 1977,75(1):15-57.

[60] LDMM. Defensive strategies for managing satisfaction and loyaltyin the service industry[J]. Psychology & Marketing,1998,15(8):775-791.

[61] T O Jones, W E Sasser. Why Satisfied Customers Defect[J]. Harvard Business Review,1995,73(6):88-99.

后　记

　　温州建设集团有限公司已经成功地走过了近 60 年的光辉历程,其中积淀和凝聚着深厚的文化底蕴和国有企业所折射出的独有光环,历经"国一代""国二代""国三代"的"温建人"共同努力,已经成为高知名度、高尚品质、独有特色、领先技术和高雅文化的现代化企业。为进一步挖掘和提炼温州建设集团的企业文化精髓,继承和弘扬优秀文化传统,丰富和倡导企业文化的时代内涵,以其推动企业的长久活力和可持续发展,我们著述了《如何构建现代企业文化——温州建设集团企业文化建设工程》一书与读者一起分享。

　　本书主要特点:通俗易懂、易学易会,强调实用性、针对性和可操作性,注重时代性、前瞻性和系统性,突出可读性、哲理性和趣味性,以求获得最佳的读、做效果。

　　本书由邵奇杰、李建华著。每章后面的"实践描述"分别由金海、朱中亮、张加熙、李新立、贾晓晓、张瑜、郭智超、陈晓龙、朱敏、潘斌、兰海宁、厉娜、张钿、黄宇慧、季晓慧、杨林杰、邵海莲、郑旭艳供稿。金海、吕德乐、蓝艳蕾做了很多辅助性工作。

　　在著述过程中参阅了大量文献、各种网站以及网上署名或未署名的文章,由于数目众多,无法在参考文献中一一列附,与此同时,还得到了有关部门、专家和老师的大力支持,在此一并致以谢意。

著　者

2014 年 6 月 18 日